江苏省"十三五"会计学品牌专业精品教材
苏州大学会计学本科专业综合改革试点教材

编著 王则斌 郁 刚

高级财务会计专题

GAOJI　CAIWUKUAIJI　ZHUANTI

苏州大学出版社
Soochow University Press

图书在版编目(CIP)数据

高级财务会计专题 / 王则斌,郁刚编著. —苏州：苏州大学出版社,2017.11(2024.7 重印)
"十三五"普通高等教育会计专业精品系列教材
ISBN 978-7-5672-2291-5

Ⅰ.①高… Ⅱ.①王…②郁… Ⅲ.①财务会计-高等学校-教材 Ⅳ.①F234.4

中国版本图书馆 CIP 数据核字(2017)第 275769 号

高级财务会计专题

王则斌 郁 刚 编著

责任编辑 施小占

苏 州 大 学 出 版 社 出 版 发 行
(地址:苏州市十梓街 1 号 邮编:215006)
广东虎彩云印刷有限公司印装
(地址:东莞市虎门镇黄村社区厚虎路20号C幢一楼 邮编:523898)

开本 787×1092 1/16 印张 25.5 字数 600 千
2017 年 11 月第 1 版 2024 年 7 月第 7 次印刷
ISBN 978-7-5672-2291-5 定价:58.00 元

苏州大学版图书若有印装错误,本社负责调换
苏州大学出版社营销部 电话:0512-67481020
苏州大学出版社网址 http://www.sudapress.com

"十三五"普通高等教育会计专业精品系列教材

编委会

顾　问　冯　博
主　任　王则斌
副主任　罗正英
委　员　周中胜　权小锋　俞雪华　张雪芬
　　　　陈　艳　郁　刚　蒋海晨　倪丹悦

会计是经济管理的一个重要组成部分,经济越发展,会计越重要。会计的产生和发展,无不深深扎根于经济改革和发展的沃土之中。改革开放以来,我国的会计理论和会计实务发生了深刻的变化。从1992年"两则""两制",到2000年统一会计制度,再到2006年企业会计准则体系的建立,以及近年来企业会计准则的修订完善和新准则的发布,标志着我国已初步完成了会计国际化的进程,实现了会计准则的国际趋同。

在会计改革的进程中,出现了许多新的热点、难点和特殊问题,如企业所得税的纳税调整、衍生金融工具与套期保值业务、外币财务报表的折算、如何消除物价变动对传统财务会计的影响以及合并财务报表的编制,等等。为了帮助读者系统地学习和掌握上述会计学的热点难点问题,编者根据多年的教学经验和研究积累,编写了这本《高级财务会计专题》。

本书在内容编排上,其指导思想是既要满足当前我国会计实务的需要,又要考虑未来经济活动的发展对会计实务的影响,即做到现实性与前瞻性的结合,据此确定了本书的内容结构。全书共分五篇十七章,主要有非货币性资产交换、债务重组、租赁、股份支付、所得税会计、衍生金融工具与套期保值会计、外币交易会计与外币会计报表的折算、物价变动会计,以及合并财务报表的编制等内容。

本书在编写过程中,充分考虑到学生的学习特点和需求,突出实务并兼顾理论,其特色表现在:第一,以《中级财务会计》为起点,进行深层次研究。本书所述内容既与中级财务会计相区别,又对其进行补充和深化。第二,以各个有特色的会计业务为核心,进行专题探讨。本书阐述每个专题的原则是不回避难点,不故弄玄虚,力求阐述清晰明了。第三,理论与实践相结合,重视业务分析与案例演示。本书在按照国际、国内相关准则的规定处理各类会计业务的同时,以案例导入的形式,帮助学生发现、分析和解决问题。第四,方便学生课外学习。各章均列出了学习目的与要求、本章小结,安排了复习思考题、自测题(部分章节还附有案例分析题),以帮助提高学生的阅读能力,以及对复杂问题的分析决策能力。

本书由王则斌、郁刚编写,其中,王则斌负责第一章至第十三章的编写;郁刚负责第十四章至第十七章的编写。

由于作者水平有限,书中肯定还存在不少欠缺或不当之处,恳请读者批评指正,以便我们能够在再版时及时修改完善。

本书可作为高等院校会计学、财务管理、审计学等专业的本科教学用书,亦可作为会计学硕士研究生的教学用书,同时,也可作为实务界学习高级财务会计知识的参考书。

本书在编写过程中参阅了大量国内外高级财务会计方面的教材、专著和文章,受益匪浅,在此对文献和参考书目的作者表示诚挚的谢意。

编者

目录 Contents

第一篇　特殊业务会计专题

● **第一章　非货币性资产交换会计** / 3
　　第一节　非货币性资产交换概述 / 3
　　第二节　非货币性资产交换的确认与计量 / 5
　　第三节　非货币性资产交换会计信息的列报与披露 / 19
　　本章小结 / 19
　　思考题 / 20
　　自测题 / 20
　　案例分析题 / 20

● **第二章　债务重组会计** / 23
　　第一节　债务重组概述 / 23
　　第二节　债务重组的确认和计量 / 25
　　第三节　债务重组会计信息的列报与披露 / 38
　　本章小结 / 39
　　思考题 / 39
　　自测题 / 39
　　案例分析题 / 40

● **第三章　租赁会计** / 42
　　第一节　租赁概述 / 42
　　第二节　经营租赁的会计处理 / 46
　　第三节　融资租赁的会计处理 / 48
　　第四节　售后租回交易的会计处理 / 58
　　第五节　租赁会计信息的列示与披露 / 62
　　本章小结 / 63

思考题 /64

自测题 /64

案例分析题 /65

第四章　股份支付会计 /66

第一节　股份支付概述 /66

第二节　股份支付的确认和计量 /69

第三节　回购股份进行职工期权激励的会计处理 /74

第四节　股份支付会计信息的列报与披露 /75

本章小结 /76

思考题 /76

自测题 /76

案例分析题 /77

第五章　所得税会计 /79

第一节　所得税会计概述 /79

第二节　资产和负债的计税基础 /82

第三节　暂时性差异 /88

第四节　递延所得税负债和递延所得税资产的确认与计量 /91

第五节　所得税的确认和计量 /97

第六节　所得税会计的信息列报与披露 /101

本章小结 /102

思考题 /102

自测题 /102

第二篇　衍生金融工具与套期保值会计专题

第六章　衍生金融工具会计 /107

第一节　衍生金融工具会计概述 /107

第二节　衍生金融工具的确认与计量 /113

第三节　衍生金融工具的会计核算 /114

本章小结 /129

思考题 /130

自测题 /130

第七章　套期保值会计 /132

第一节　套期保值概述 /132

第二节　套期保值会计的确认与计量 /139

第三节 套期保值会计信息的列报与披露 / 147

本章小结 / 148

思考题 / 149

自测题 / 149

案例分析题 / 150

第三篇　外币折算会计专题

- **第八章　外币交易会计** / 157

    第一节 记账本位币的确定 / 157

    第二节 外币交易的会计处理 / 160

    第三节 外币交易会计信息的披露 / 169

    本章小结 / 169

    思考题 / 170

    自测题 / 170

- **第九章　外币报表折算方法** / 171

    第一节 外币报表折算的含义 / 171

    第二节 现行汇率法 / 172

    第三节 区分流动与非流动性项目法 / 175

    第四节 区分货币与非货币性项目法 / 178

    第五节 时态法 / 181

    第六节 外币报表折算方法的对比 / 184

    第七节 我国外币报表折算方法的规定 / 188

    本章小结 / 189

    思考题 / 190

    自测题 / 190

第四篇　物价变动会计专题

- **第十章　物价变动会计概述** / 195

    第一节 物价变动对传统会计模式产生的影响 / 196

    第二节 资本保持理论 / 200

    第三节 消除物价变动影响的基本方法 / 202

    本章小结 / 204

    思考题 / 204

- 第十一章 不变币值会计 / 205
  - 第一节 不变币值会计的基本构想 / 205
  - 第二节 不变币值会计的基本程序 / 206
  - 第三节 不变币值会计模式的评价 / 216
  - 本章小结 / 217
  - 思考题 / 218
  - 自测题 / 218

- 第十二章 现行成本会计 / 220
  - 第一节 现行成本会计的基本设想 / 220
  - 第二节 现行成本会计的基本程序 / 221
  - 第三节 现行成本会计模式的评价 / 227
  - 本章小结 / 228
  - 思考题 / 228
  - 自测题 / 228

- 第十三章 现行成本/不变币值会计 / 230
  - 第一节 现行成本/不变币值会计的基本设想 / 230
  - 第二节 现行成本/不变币值会计的基本程序 / 232
  - 第三节 现行成本/不变币值会计模式的评价 / 237
  - 本章小结 / 238
  - 思考题 / 239
  - 自测题 / 239

第五篇 合并财务报表专题

- 第十四章 合并财务报表的理论基础和编制程序 / 243
  - 第一节 合并财务报表概述 / 243
  - 第二节 合并财务报表编制的理论选择 / 246
  - 第三节 合并财务报表的合并范围 / 250
  - 第四节 合并财务报表编制的准备工作和程序 / 253
  - 本章小结 / 259
  - 思考题 / 259

- 第十五章 购并日的合并财务报表 / 260
  - 第一节 同一控制下合并日合并财务报表的编制 / 260
  - 第二节 非同一控制下购买日合并财务报表的编制 / 275
  - 本章小结 / 298

思考题 /298

自测题 /299

第十六章 购并日后的合并财务报表 /301

第一节 连续编制合并财务报表的注意事项 /301

第二节 同一控制下合并日后合并财务报表的编制 /302

第三节 非同一控制下购买日后合并财务报表的编制 /324

本章小结 /350

思考题 /350

自测题 /350

第十七章 企业集团内部交易的抵销 /352

第一节 企业集团内部交易抵销的注意事项 /352

第二节 内部存货交易的抵销 /353

第三节 内部债权债务的抵销 /368

第四节 内部固定资产交易的抵销 /375

第五节 内部无形资产交易的抵销 /390

本章小结 /391

思考题 /392

自测题 /392

主要参考文献 /393

第一篇

特殊业务会计专题

本篇主要介绍非货币性资产交换、债务重组、租赁、股份支付和企业所得税的会计处理。之所以作为会计的特殊问题，主要是因为中级财务会计基本上是按照会计要素展开讨论的，而上述内容大多在中级财务会计中未曾涉及，或虽有提及，但有许多特殊问题未展开讨论。

第一章

非货币性资产交换会计

 学习目的与要求

通过本章学习,了解并掌握:
1. 非货币性资产交换的概念;
2. 非货币性资产交换商业实质的判断;
3. 非货币性资产交换的确认与计量;
4. 非货币性资产交换的会计处理方法。

第一节 非货币性资产交换概述

▶▶ 一、非货币性资产交换的概念

非货币性资产交换,是指交易双方主要以存货、固定资产、无形资产和长期股权投资等非货币性资产进行的交换。该交换不涉及或只涉及少量的货币性资产(即补价)。

非货币性资产交换主要具有以下几个特点:

(一)交换的对象主要是非货币性资产

虽然通常情况下,企业在生产经营过程中所发生的各项交易活动大多是货币性交易,例如:企业以银行存款购进原材料、设备等。但有的时候,企业也会发生一些非货币性交易,即非货币性资产的交换。非货币性资产交换的对象主要是非货币性资产。例如,甲企业用自己生产的产品与乙企业的设备进行交换,这里,甲企业换出去的是产品,换进来的是设备;乙企业换出去的是设备,换进来的是产品(原材料),交易的对象均为非货币性资产。

（二）交换过程中有时也可能涉及少量的货币性资产

非货币性资产交换并不意味着不涉及任何货币性资产，在实务中，交换非货币性资产的同时，可能会收到或支付一定的货币性资产（即补价）。那么，在存在补价的情况下，如何判断该项交易是否属于非货币性资产交换呢？会计准则规定，认定涉及少量货币性资产的交换为非货币性资产交换，通常以补价占整个资产交换金额的比例是否低于25%作为判断标准。也就是说，支付的货币性资产占换入资产公允价值（或占换出资产公允价值与支付的货币性资产之和）的比例，或收到的货币性资产占换出资产公允价值（或占换入资产公允价值和收到的货币性资产之和）的比例低于25%的，视为非货币性资产交换；高于25%（含25%）的视为货币性资产交换，适用《企业会计准则第14号——收入》等的相关规定。其计算公式如下：

收到补价的企业：

$$\text{收到的补价} \div \text{换出资产的公允价值} < 25\%$$

或：

$$\text{收到的补价} \div (\text{换入资产的公允价值} + \text{收到的补价}) < 25\%$$

支付补价的企业：

$$\text{支付的补价} \div \text{换入资产的公允价值} < 25\%$$

或：

$$\text{支付的补价} \div (\text{换出资产的公允价值} + \text{支付的补价}) < 25\%$$

例如，甲企业用生产经营的设备与乙企业的厂房进行交换。甲企业换出设备的公允价值为200万元；乙企业换出厂房的公允价值为160万元，乙企业另支付40万元现金给甲企业。在这项交换中，从收到补价的甲企业看，其收到的补价40万元占换出资产的公允价值200万元的比例为20%（40/200）<25%，或［40/（160+40）］<25%，所以属于非货币性资产交换。从支付补价的乙企业看，其支付的补价40万元占换入资产的公允价值200万元的比例为20%（40/200）<25%或［40/（160+40）］<25%，所以属于非货币性资产交换。

二、货币性资产与非货币性资产

货币性资产，是指持有的货币资金以及将以固定或可确定金额的货币收取的资产，包括库存现金、银行存款、应收账款、应收票据、应收股利、应收利息、其他应收款以及准备持有至到期的债券投资，等等。

货币性资产是相对于非货币性资产而言的。二者区分的主要依据是资产在将来为企业带来的经济利益，即货币金额是否是固定的，或可确定的。如果资产在将来为企业带来的经济利益是固定的，或可确定的，则该资产属于货币性资产；反之，如果资产在将来为企业带来的经济利益是不固定的，或不可确定的，则该资产是非货币性资产。

例如，库存现金是企业持有的货币，其金额是固定的，符合货币性资产的定义，属于货币性资产。应收款项作为企业的债权，有相应的收款依据，虽然在收回货款的过程中有可能发生坏账损失，但是企业可以根据以往的经验，估计出发生坏账的可能性以及坏账金额，所以，应收款项在将来为企业带来的经济利益是固定的，或可确定的，也属于货币性资产。

非货币性资产，指货币性资产以外的资产，包括存货、固定资产、无形资产、长期股权投资、工程物资、在建工程以及不准备持有至到期的债券投资，等等。其主要的特点是将来为企业带来的经济利益是不固定的,或不可确定的。例如,企业持有的存货,将来为企业带来的经济利益,可能受到内部、外部主客观因素的影响,是不固定的,或不可确定的,不符合货币性资产的定义,所以,属于非货币性资产。不准备持有至到期的债券投资,因为企业不准备持有至到期,随时可能处置该债券投资,而债券的市场价格受多种因素的影响,所以,不准备持有至到期的债券投资在将来为企业带来的经济利益,是不固定的,或不可确定的,应属于非货币性资产。

此外,企业在合并中取得的非货币性资产,适用《企业会计准则第20号——企业合并》的规定;企业在债务重组中取得的非货币性资产,适用《企业会计准则第12号——债务重组》的规定;企业以发行股票形式取得的非货币性资产,适用《企业会计准则第37号——金融工具列报》的规定。

第二节 非货币性资产交换的确认与计量

非货币性资产交换的核算主要解决的问题是:如何确认和计量换入资产的入账价值,是否要确认损益。在非货币性资产交换中,无论是一项资产换入一项资产,一项资产换入多项资产,多项资产换入一项资产,多项资产换入多项资产,企业会计准则对非货币性资产的入账标准进行了不同的规定,凡是具有商业实质,且公允价值能够可靠计量的非货币性资产交换,应以公允价值作为换入资产的入账价值,换出资产的公允价值与其账面价值的差额计入当期损益;不符合上述条件的,则以换出资产的账面价值计量,且不确认损益。

一、非货币性资产交换确认与计量的基本原则

(一)以公允价值作为换入资产的入账价值

企业会计准则规定:非货币性资产交换同时满足下列两个条件,应当以换出资产的公允价值和应支付的相关税费作为换入资产的成本,换出资产的公允价值与其账面价值的差额计入当期损益。

1. 该项交换具有商业实质

非货币性资产交换具有商业实质,是换入资产能够采用公允价值计量的重要条件之一。在确定资产交换是否具有商业实质时,应当重点考虑由于发生了该项资产交换预期使企业未来现金流量发生变动的程度,通过比较换出资产和换入资产预计产生的未来现金流量或其现值,确定非货币性资产交换是否具有商业实质。只有当换出资产和换入资产预计未来现金流量或其现值两者之间的差额较大时,才能表明交易的发生使企业经济状况发生了明显改变,非货币性资产交换因而具有商业实质。

企业发生的非货币性资产交换,符合下列条件之一的,应视为具有商业实质。

(1)换入资产的未来现金流量在风险、时间和金额方面与换出资产显著不同。

换入资产的未来现金流量在风险、时间和金额方面与换出资产显著不同,通常包括但不

限于以下几种情况：

① 未来现金流量的风险、金额相同，时间不同。此种情形是指换入资产和换出资产产生的未来现金流量总额相同，获得这些现金流量的风险相同，但现金流量流入企业的时间明显不同。例如，某企业以一批存货换入一项房产，因存货流动性强，能够在较短的时间内产生现金流量，房产作为固定资产要在较长的时间内为企业带来现金流量，假定两者产生的未来现金流量风险和总额均相同，但由于两者产生现金流量的时间跨度相差较大，则可以判断上述存货与固定资产的未来现金流量显著不同，因而该项资产的交换具有商业实质。

② 未来现金流量的时间、金额相同，风险不同。此种情形是指换入资产和换出资产产生的未来现金流量时间和金额相同，但企业获得现金流量的不确定性程度存在明显差异。例如，某企业以其不准备持有至到期的国库券换入一幢房屋以备出租，该企业预计未来每年收到的国库券利息与房屋租金在金额和流入时间上相同，但是国库券利息通常风险很小，租金的取得需要依赖于承租人的财务及信用情况等，两者现金流量的风险或不确定性程度存在明显差异，上述国库券与房屋的未来现金流量显著不同，因而可判断该项资产交换具有商业实质。

③ 未来现金流量的风险、时间相同，金额不同。此种情形是指换入资产和换出资产产生的未来现金流量总额相同，预计为企业带来现金流量的时间跨度相同，风险也相同，但各年产生的现金流量金额存在明显差异。例如，某企业以其商标权换入另一企业的一项专利技术，预计两项无形资产的使用寿命相同，在使用寿命内预计为企业带来的现金流量总额相同，但是换入的专利技术是新开发的，预计开始阶段产生的未来现金流量明显少于后期，而该企业拥有的商标每年产生的现金流量比较均衡，两者产生的现金流量金额差异明显，上述商标权与专利技术的未来现金流量显著不同，因而该项资产的交换具有商业实质。

（2）换入资产与换出资产的预计未来现金流量现值不同，且其差额与换入资产和换出资产的公允价值相比是重大的。

企业如果按照上述第一个条件难以判断某项非货币性资产交换是否存在商业实质，即可根据第二个条件，通过计算换入资产和换出资产的预计未来现金流量现值进行比较后判断。这种情况是指换入资产对换入企业的特定价值（即预计未来现金流量现值）与换出资产存在明显差异。其中资产的预计未来现金流量现值，应当按照资产在持续使用过程和最终处置时所产生的预计税后未来现金流量，根据企业自身而不是市场参与者对资产特定风险的评价，选择恰当的折现率对其进行折现后的金额加以确定。

从市场参与者的角度分析，换入资产和换出资产预计未来现金流量在风险、时间和金额方面可能相同或相似，但是，鉴于换入资产的性质和换入企业经营活动的特征等因素，换入资产与换入企业其他现有资产相结合，能够比换出资产产生更大的作用，使换入企业受该换入资产影响的经营活动部分产生的现金流量，与换出资产明显不同，即换入资产对换入企业的使用价值与换出资产的使用价值明显不同，使换入资产预计未来现金流量现值与换出资产发生明显差异，因而表明该两项资产的交换具有商业实质。

例如，某企业以一项专利权换入另一企业拥有的长期股权投资，该项专利权与该项长期股权投资的公允价值相同，两项资产未来现金流量的风险、时间和金额亦相同，但对换入企业而言，换入该项长期股权投资使该企业对被投资方由重大影响变为控制关系，从而对换入企业的特定价值即预计未来现金流量现值与换出的专利权有较大差异;另一企业换入的专利权能够解决生产中的技术难题,从而对换入企业的特定价值即预计未来现金流量现值与换出的长期股权投资存在明显差异,因而两项资产的交换具有商业实质。

企业在判断非货币性资产交换是否具有商业实质时,可以从资产是否属于同一类别进行分析,因为不同类非货币性资产因其产生经济利益的方式不同,一般来说其产生的未来现金流量风险、时间和金额也不同,因而不同类非货币性资产之间的交换一般具有商业实质,而同类非货币性资产之间的交换一般不具有商业实质。

在确定非货币性资产交换是否具有商业实质时,企业还应当关注交易各方之间是否存在关联方关系。关联方关系的存在可能导致发生的非货币性资产交换不具有商业实质。

2. 换入资产或换出资产的公允价值能够可靠地计量

资产存在活跃市场,是资产公允价值能够可靠计量的明显证据,但不是唯一要求。属于以下三种情形之一的,公允价值视为能够可靠计量。

(1)换入资产或换出资产存在活跃市场。对于存在活跃市场的存货、长期股权投资、固定资产、无形资产等非货币性资产,应当以该资产的市场价格为基础确定其公允价值。

(2)换入资产或换出资产不存在活跃市场,但同类或类似资产存在活跃市场。对于同类或类似资产存在活跃市场的存货、长期股权投资、固定资产、无形资产等非货币性资产,应当以同类或类似资产市场价格为基础确定其公允价值。

(3)换入资产或换出资产不存在同类或类似资产的可比市场交易、采用估值技术确定的公允价值满足一定的条件。采用估值技术确定的公允价值必须符合以下条件之一,视为能够可靠计量:

① 采用估值技术确定的公允价值估计数的变动区间很小。这种情况是指虽然通过估值技术确定的资产的公允价值不是单一的数据,但是介于一个变动范围很小的区间内,可以认为资产的公允价值能够可靠计量。

② 在公允价值估计数变动区间内,各种用于确定公允价值估计数的概率能够合理确定的。这种情况是指采用估值技术确定的资产公允价值在一个变动区间内,区间内出现各种情况的概率能够合理确定,企业可采用类似《企业会计准则第13号——或有事项》计算最佳估计数的方法,确定资产的公允价值,这种情况视为公允价值能够可靠计量。

换入资产和换出资产公允价值均能够可靠计量的,应当以换出资产的公允价值作为确定换入资产成本的基础,一般来说,取得资产的成本应当按照所放弃资产的对价来确定,在非货币性资产交换中,换出资产就是放弃的对价,如果其公允价值能够可靠确定,应当优先考虑按照换出资产的公允价值作为确定换入资产成本的基础;如果有确凿证据表明换入资产的公允价值更加可靠的,应当以换入资产公允价值为基础确定换入资产的成本。

(二)以账面价值作为换入资产的入账价值

不具有商业实质或交换涉及资产的公允价值均不能可靠计量的非货币性资产交换,应当按照换出资产的账面价值和应支付的相关税费,作为换入资产的成本,不论是否支付补价,均不确认损益;收到或支付的补价作为确定换入资产成本的调整因素,其中收到补价方应当以换出资产的账面价值减去补价作为换入资产的成本;支付补价方应当以换出资产的账面价值加上补价作为换入资产的成本。

二、单项非货币性资产交换的确认与计量

（一）以公允价值作为换入资产的入账价值

1. 不涉及补价的

前已述及,非货币性资产交换同时满足(1)该项交换具有商业实质;(2)换入资产或换出资产的公允价值能够可靠地计量。应当以换出资产的公允价值和应支付的相关税费作为换入资产的成本,换出资产的公允价值与其账面价值的差额计入当期损益：

用公式表示为：

$$换入资产的入账价值 = 换出资产的公允价值 + 应支付的相关税费$$
$$交换损益 = 换出资产的公允价值 - 换出资产的账面价值$$

损益的确认应根据换出资产的类别不同而有所区别：换出资产如为存货,应视同销售处理,按照公允价值确认收入,同时结转销售成本,收入与成本的差额计入营业利润；换出资产如为固定资产、无形资产,换出资产的公允价值与其账面价值的差额计入营业外收入或营业外支出；换出资产如为长期股权投资、可供出售金融资产,换出资产的公允价值与其账面价值的差额计入投资收益。

[例1-1] 甲公司以一台设备换入乙公司的一辆小汽车,设备的账面原价为100万元,已提折旧44万元,公允价值为60万元；乙公司小汽车的账面原价为70万元,已提折旧6万元,已提减值准备2万元,公允价值为60万元,甲公司另负担设备的运费4万元。假设此项交换具有商业实质,且公允价值是可靠的。

分析 此项交换属于非货币性资产交换,且不涉及货币性资产(补价),具有商业实质,则应当以换出资产的公允价值和应支付的相关税费作为换入资产的成本,换出资产的公允价值与其账面价值的差额计入当期损益。

(1) 甲公司的会计处理：

甲公司换入小汽车的入账价值 = 换出设备的公允价值60万元 + 支付的相关税费4万元 = 64(万元)。

其会计分录为：

借：固定资产清理	560 000	
累计折旧	440 000	
贷：固定资产——设备		1 000 000
借：固定资产清理	40 000	
贷：银行存款		40 000
借：固定资产——小汽车	640 000	
贷：固定资产清理		600 000
营业外收入		40 000

(2) 乙公司的会计处理：

乙公司换入设备的入账价值 = 换出小汽车的公允价值60万元 + 支付的相关税费0 = 60

(万元)。

其会计分录为：

借：固定资产清理		620 000
累计折旧		60 000
固定资产减值准备		20 000
贷：固定资产——小汽车		700 000
借：固定资产——设备		600 000
营业外支出		20 000
贷：固定资产清理		620 000

2. 涉及补价的

企业在按照换出资产公允价值和应支付的相关税费作为换入资产成本的情况下，发生补价的，应当分别下列情况处理：

（1）支付补价的，应当以换出资产的公允价值加上支付的补价和应支付的相关税费作为换入资产成本，换出资产的公允价值与其账面价值的差额应当计入当期损益。换入的资产如涉及可抵扣的增值税进项税额的，应从换入资产的成本中扣除。

用公式表示：

换入资产的入账价值 = 换出资产的公允价值 + 支付的补价 + 应支付的相关税费 − 准予抵扣的增值税进项税额

交换损益 = 换出资产的公允价值 − 换出资产的账面价值

（2）收到补价的，应当以换出资产的公允价值减去收到的补价加上应支付的相关税费作为换入资产成本，换出资产的公允价值与其账面价值的差额应当计入当期损益。换入的资产如涉及可抵扣的增值税进项税额的，应从换入资产的成本中扣除。

用公式表示：

换入资产的入账价值 = 换出资产的公允价值 − 收到的补价 + 应支付的相关税费 − 准予抵扣的增值税进项税额

交换损益 = 换出资产的公允价值 − 换出资产的账面价值

[例1-2] 甲、乙公司均为增值税一般纳税人，甲公司以一批成本为240 000元、公允价值为300 000元的库存商品，换入乙公司的一台设备，该设备账面原价300 000元，已提折旧30 000元，公允价值为315 000元。甲公司向乙公司支付补价15 000元。假设增值税率为17%，不考虑除增值税以外的其他税费，也不考虑设备的增值税抵扣问题，此项交换具有商业实质。

分析 由于该项交换涉及补价，应首先判断是否属于非货币性资产交换。

乙公司收到补价：收到的补价15 000元/换出资产的公允价值315 000元 = 4.76% < 25%；甲公司支付补价：支付的补价15 000元/换入资产的公允价值315 000元 = 4.76% < 25%。可见，此项交换属于非货币性资产交换。

（1）甲公司的会计处理：

甲公司换入设备的入账价值 = 换出库存商品的公允价值300 000元 + 支付的补价15 000元 + 支付的相关税费300 000 × 17%元 = 366 000(元)。

会计分录为：

借：固定资产——设备	366 000	
贷：主营业务收入		300 000
应交税费——应交增值税（销项税额）		51 000
银行存款		15 000
借：主营业务成本	240 000	
贷：库存商品		240 000

（2）乙公司的会计处理：

乙公司换入库存商品的入账价值＝换出设备的公允价值315 000元－收到的补价15 000元＋支付的相关税费0－可抵扣的增值税进项税额300 000×17%元＝249 000（元）。

会计分录为：

借：固定资产清理	270 000	
累计折旧	30 000	
贷：固定资产		300 000
借：银行存款	15 000	
库存商品	249 000	
应交税费——应交增值税（进项税额）	51 000	
贷：固定资产清理		270 000
营业外收入		45 000

[例1-3] 甲公司与乙公司达成协议，甲公司以其拥有的一项专利权与乙公司生产用设备交换。甲公司专利权的账面价值为600万元（未计提减值准备），公允价值（同计税价格）为675万元；乙公司生产用设备的账面原价750万元，已提折旧为75万元，已提减值准备为30万元，公允价值为630万元。乙公司另支付45万元补价给甲公司。甲公司换入的设备仍作为固定资产核算，乙公司获得的专利权作为无形资产核算。假设此项交换具有商业实质，不考虑税费。

分析 甲公司以其拥有的专利权与乙公司生产用设备交换，在这项交换中涉及补价45万元。

首先判断是否属于非货币性资产交换。

甲公司收到补价：收到的补价45万元/换出资产的公允价值675万元＝6.67%＜25%；乙公司支付补价：支付的补价45万元/换入资产的公允价值675万元＝6.67%＜25%。可见，此项交换属于非货币性资产交换。

（1）甲公司的会计处理：

甲公司换入设备的入账价值＝换出专利权的公允价值675万元－收到的补价45万元＝630（万元）。

会计分录为：

借：固定资产——设备	6 300 000	
银行存款	450 000	
贷：无形资产		6 000 000

营业外收入	750 000

（2）乙公司的会计处理：

乙公司换入专利权的入账价值＝换出设备的公允价值 630 万元＋支付的补价 45 万元＋应支付的相关税费 0＝675（万元）。

会计分录为：

借：固定资产清理	6 450 000
累计折旧	750 000
固定资产减值准备	300 000
贷：固定资产	7 500 000
借：无形资产	6 750 000
营业外支出	150 000
贷：固定资产清理	6 450 000
银行存款	450 000

（二）以账面价值作为换入资产的入账价值

1. 不涉及补价的

前已论述，非货币性资产交换如未同时满足公允价值计量条件的，应当以换出资产的账面价值和应支付的相关税费作为换入资产的成本，不确认损益。

其公式为：

换入资产的入账价值＝换出资产的账面价值＋应支付的相关税费

[例 1-4] 以[例 1-1]为例：假设此项交换不具有商业实质。

分析 此项交换属于非货币性资产交换，不涉及补价，且不具有商业实质，应当以换出资产的账面价值和应支付的相关税费作为换入资产的成本，不确认损益。

（1）甲公司的会计处理：

甲公司换入小汽车的入账价值＝换出设备的账面价值 56 万元＋支付的相关税费 4 万元＝60（万元）。

会计分录为：

借：固定资产清理	560 000
累计折旧	440 000
贷：固定资产——设备	1 000 000
借：固定资产清理	40 000
贷：银行存款	40 000
借：固定资产——小汽车	600 000
贷：固定资产清理	600 000

（2）乙公司的会计处理：

乙公司换入设备的入账价值＝换出小汽车的账面价值 62 万元＋支付的相关税费 0＝62（万元）。

会计分录为：

借：固定资产清理	620 000
累计折旧	60 000
固定资产减值准备	20 000
贷：固定资产——小轿车	700 000
借：固定资产——设备	620 000
贷：固定资产清理	620 000

2. 涉及补价的

企业在按照换出资产的账面价值和应支付的相关税费作为换入资产成本的情况下，发生补价的，应当分别下列情况处理：

（1）支付补价的，应当以换出资产的账面价值，加上支付的补价和应支付的相关税费，作为换入资产的成本，不确认损益。换入的资产如涉及可抵扣的增值税进项税额的，应从换入资产的成本中扣除。

用公式表示：

换入资产的入账价值 = 换出资产的账面价值 + 支付的补价 + 应支付的相关税费 − 准予抵扣的增值税进项税额

（2）收到补价的，应当以换出资产的账面价值，减去收到的补价并加上应支付的相关税费，作为换入资产的成本，不确认损益。换入的资产如涉及可抵扣的增值税进项税额的，应从换入资产的成本中扣除。

用公式表示：

换入资产的入账价值 = 换出资产的账面价值 − 收到的补价 + 应支付的相关税费 − 准予抵扣的增值税进项税额

[例1-5] 以[例1-3]为例，假设此项交换不具有商业实质。

分析：甲公司以其拥有的专利权与乙公司生产用设备交换，在这项交换中涉及少量的货币性资产，即涉及补价45万元。

此项交换属于非货币性资产交换（前已论述），但不具有商业实质，则应当以换出资产的账面价值，加上（或减去）支付（或收到）的补价和应支付的相关税费，作为换入资产的成本，不确认损益。

（1）甲公司的会计处理：

甲公司换入设备的入账价值 = 换出专利权的账面价值600万元 − 收到的补价45万元 = 555（万元）。

会计分录为：

借：固定资产——设备	5 550 000
银行存款	450 000
贷：无形资产	6 000 000

（2）乙公司的会计处理：

乙公司换入专利权的入账价值 = 换出设备的账面价值645万元 + 支付的补价45万元 + 应支付的相关税费0 = 690（万元）。

会计分录为：

借：固定资产清理　　　　　　　　　　6 450 000
　　累计折旧　　　　　　　　　　　　　 750 000
　　固定资产减值准备　　　　　　　　　 300 000
　　贷：固定资产——设备　　　　　　　　　　7 500 000
借：无形资产　　　　　　　　　　　　6 900 000
　　贷：固定资产清理　　　　　　　　　　　6 450 000
　　　　银行存款　　　　　　　　　　　　　 450 000

三、涉及多项非货币性资产交换的确认与计量

非货币性资产交换同时换入多项资产的，由于换出的各项资产无法直接与换入各项资产的价值一一对应，因此，应对换入资产的入账价值总额进行分配。

（一）以公允价值作为换入资产的总成本

非货币性资产交换具有商业实质，且换入、换出资产的公允价值能够可靠计量的，应当以公允价值作为换入资产的总成本。

具体又分为下列两种情况：

1. 换入资产的总成本按照换出资产的公允价值总额为基础确定

（1）在资产交换具有商业实质，且换出各项资产和换入各项资产的公允价值均能够可靠计量的情况下，除非有确凿证据证明换入资产的公允价值总额更可靠，换入资产的总成本应当按照换出资产的公允价值总额为基础确定。其基本步骤为：首先，确定换入各项资产的总成本；其次，计算各项换入资产的公允价值占换入资产公允价值总额的比重；最后，按此比重对换入各项资产的总成本进行分配，以确定换入各项资产的入账价值。

[例1-6] 甲公司和乙公司均为增值税一般纳税人，适用的增值税率为17%。20×6年2月，为适应业务发展的需要，经协商，甲公司决定以生产经营过程中使用的厂房、库存商品换入乙公司生产经营过程中使用的办公楼、小汽车。甲公司厂房的原账面价值2 250万元，在交换日的累计折旧为750万元，公允价值为1 650万元；库存商品的原账面价值为300万元，公允价值（同计税价格）为375万元；乙公司办公楼的原账面价值3 000万元，在交换日的累计折旧为1 500万元，公允价值为1 800万元；小汽车的原账面价值为300万元，在交换日的累计折旧为120万元，公允价值为150万元。乙公司另外向甲公司支付补价75万元。

假定甲公司和乙公司都没有为换出资产计提减值准备；整个交易过程中没有发生除增值税以外的其他相关税费；甲公司换入乙公司的办公楼、小汽车均作为固定资产使用和管理；乙公司换入甲公司的厂房作为固定资产使用和管理，换入的库存商品作为原材料使用。

分析 本例涉及补价，应首先判断是否属于非货币性资产交换。

甲公司收到补价：收到的补价75万元/换出资产的公允价值2 025万元=3.7%<25%；乙公司支付补价：支付的补价75万元/换入资产的公允价值2 025万元=3.7%<25%。可见，此项交换属于非货币性资产交换。

对于甲公司而言，为了业务发展，需要办公楼、小汽车；乙公司为了扩大产品生产，需要

厂房、原材料,换入资产对换入企业均能发挥更大的作用,该项涉及多项资产的非货币性资产交换具有商业实质;同时,各单项换入资产和换出资产的公允价值均能够可靠计量,因此,甲、乙公司均应以公允价值为基础确定换入资产的总成本,并确认产生的相关损益。

(1) 甲公司的账务处理如下:

① 根据增值税的有关规定,企业以库存商品换入其他资产,应视同销售行为发生,计算增值税销项税额,缴纳增值税。

换出库存商品的增值税销项税额:$375 \times 17\% = 63.75$(万元)

② 计算换入资产、换出资产公允价值总额:

换出资产公允价值总额 = $1\ 650 + 375 = 2\ 025$(万元)

换入资产公允价值总额 = $1\ 800 + 150 = 1\ 950$(万元)

③ 计算换入资产总成本:

换入资产总成本 = 换出资产公允价值 − 收到补价 + 应支付的相关税费 = $2\ 025 - 75 + 63.75 = 2\ 013.75$(万元)

④ 计算确定各项换入资产的公允价值占换入资产公允价值总额的比例:

办公楼公允价值占换入资产公允价值总额的比例 = $1\ 800 \div 1\ 950 = 92.3\%$

小汽车公允价值占换入资产公允价值总额的比例 = $150 \div 1\ 950 = 7.7\%$

⑤ 计算确定换入各项资产的成本:

换入办公楼的成本 = $2\ 013.75 \times 92.3\% = 1\ 858.691\ 3$(万元)

换入小汽车的成本 = $2\ 013.75 \times 7.7\% = 155.058\ 7$(万元)

⑥ 会计分录:

　　借:固定资产清理　　　　　　　　　　　　15 000 000
　　　　累计折旧　　　　　　　　　　　　　　 7 500 000
　　　　贷:固定资产——厂房　　　　　　　　 22 500 000
　　借:固定资产——办公楼　　　　　　　　　 18 586 913
　　　　　　　——小汽车　　　　　　　　　　 1 550 587
　　　　银行存款　　　　　　　　　　　　　　　 750 000
　　　　贷:固定资产清理　　　　　　　　　　 15 000 000
　　　　　　主营业务收入　　　　　　　　　　 3 750 000
　　　　　　应交税费——应交增值税(销项税额)　　637 500
　　　　　　营业外收入　　　　　　　　　　　 1 500 000
　　借:主营业务成本　　　　　　　　　　　　 3 000 000
　　　　贷:库存商品　　　　　　　　　　　　　3 000 000

(2) 乙公司的账务处理如下:

① 根据增值税的有关规定,企业以其他资产换入原材料,视同购买行为发生,应计算增值税进项税额,抵扣增值税。

换入原材料的增值税进项税额 = $375 \times 17\% = 63.75$(万元)

② 计算换入资产、换出资产公允价值总额:

换入资产公允价值总额 = $1\ 650 + 375 = 2\ 025$(万元)

换出资产公允价值总额 = 1 800 + 150 = 1 950(万元)

③ 确定换入资产总成本：

换入资产总成本 = 换出资产公允价值 + 支付的补价 − 可抵扣的增值税 = 1 950 + 75 − 63.75 = 1 961.25(万元)

④ 计算确定各项换入资产的公允价值占换入资产公允价值总额的比例：

厂房的公允价值占换入资产公允价值总额的比例 = 1 650 ÷ 2 025 = 81.48%

原材料的公允价值占换入资产公允价值总额的比例 = 375 ÷ 2 025 = 18.52%

⑤ 计算确定换入各项资产的成本：

换入厂房的成本 = 1 961.25 × 81.48% = 1 598.026 5(万元)

换入原材料的成本 = 1 961.25 × 18.52% = 363.223 5(万元)

⑥ 会计分录：

借：固定资产清理		16 800 000
累计折旧		16 200 000
贷：固定资产——办公楼		30 000 000
——小汽车		3 000 000
借：固定资产——厂房		15 980 265
原材料		3 632 235
应交税费——应交增值税(进项税额)		637 500
贷：固定资产清理		16 800 000
银行存款		750 000
营业外收入		2 700 000

（2）在资产交换具有商业实质，且换出各项资产的公允价值能够可靠计量，但换入各项资产的公允价值不能可靠计量的情况下，换入资产的总成本应当按照换出资产的公允价值总额为基础确定。其基本步骤为：首先，确定换入各项资产的总成本；其次，计算各项换入资产的原账面价值占换入资产原账面价值总额的比重；最后，按此比重对换入各项资产的总成本进行分配，以确定换入各项资产的入账价值。

[例1-7] 以[例1-6]为例，假设甲公司换入乙公司的办公楼、小汽车的公允价值不能可靠计量，其他资料不变。

分析：该项交换具有商业实质，换出资产的公允价值能够可靠计量，换入资产的公允价值不能可靠计量，换入资产的总成本按换出资产的公允价值总额为基础确定，各换入资产的入账价值以其账面价值为基础确定。

甲公司的账务处理如下：

① 计算换入资产总成本：

换入资产总成本 = 换出资产公允价值 − 收到补价 + 应支付的相关税费 = 2 025 − 75 + 63.75 = 2 013.75(万元)

② 计算换入资产账面价值总额：

换入资产账面价值总额 = 1 500 + 180 = 1 680(万元)

③ 计算确定各项换入资产的账面价值占换入资产账面价值总额的比例：

办公楼账面价值占换入资产账面价值总额的比例 = 1 500 ÷ 1 680 = 89.29%
小汽车账面价值占换入资产账面价值总额的比例 = 180 ÷ 1 680 = 10.71%
④ 计算确定换入各项资产的成本：
换入办公楼的成本 = 2 013.75 × 89.29% = 1 798.077 4(万元)
换入小汽车的成本 = 2 013.75 × 10.71% = 215.672 6(万元)
⑤ 会计分录：

借：固定资产清理　　　　　　　　　　15 000 000
　　累计折旧　　　　　　　　　　　　　7 500 000
　　贷：固定资产——厂房　　　　　　　　　　22 500 000
借：固定资产——办公楼　　　　　　　17 980 774
　　　　　　——小汽车　　　　　　　　2 156 726
　　银行存款　　　　　　　　　　　　　　750 000
　　贷：固定资产清理　　　　　　　　　　　15 000 000
　　　　主营业务收入　　　　　　　　　　　3 750 000
　　　　应交税费——应交增值税(销项税额)　　637 500
　　　　营业外收入　　　　　　　　　　　　1 500 000
借：主营业务成本　　　　　　　　　　　3 000 000
　　贷：库存商品　　　　　　　　　　　　　3 000 000

2. 换入资产的总成本按照换入资产的公允价值总额为基础确定

在资产交换具有商业实质，且换入各项资产的公允价值能够可靠计量，但换出各项资产的公允价值不能可靠计量的情况下，换入资产的总成本应当按照换入资产的公允价值总额为基础确定。其基本步骤为：首先，确定换入各项资产的总成本；其次，计算各项换入资产的公允价值占换入资产公允价值总额的比重；最后，按此比重对换入各项资产的总成本进行分配，以确定换入各项资产的入账价值。

[例 1-8]　以[例 1-6]为例，假设乙公司换出的办公楼、小汽车的公允价值不能可靠计量，其他资料不变。

分析　该项交换具有商业实质，换入资产的公允价值能够可靠计量，换出资产的公允价值不能可靠计量，换入资产的总成本按换入资产的公允价值总额为基础确定。各换入资产的入账价值以其公允价值为基础确定。

乙公司的账务处理如下：
① 计算换入资产总成本：
换入资产总成本 = 换入资产公允价值 + 支付的补价 – 可抵扣的增值税 = 2 025 + 75 – 63.75 = 2 036.25(万元)
② 计算换入资产的公允价值总额：
换入资产公允价值总额 = 1 650 + 375 = 2 025(万元)
③ 计算确定各项换入资产的公允价值占换入资产公允价值总额的比例：
厂房的公允价值占换入资产公允价值总额的比例 = 1 650 ÷ 2 025 = 81.48%
原材料的公允价值占换入资产公允价值总额的比例 = 375 ÷ 2 025 = 18.52%

④ 计算确定换入各项资产的成本：

换入厂房的成本 = 2 036.25 × 81.48% = 1 659.136 5(万元)

换入原材料的成本 = 2 036.25 × 18.52% = 377.113 5(万元)

⑤ 会计分录：

借：固定资产清理		16 800 000
累计折旧		16 200 000
贷：固定资产——办公楼		30 000 000
——小汽车		3 000 000
借：固定资产——厂房		16 591 365
原材料		3 771 135
应交税费——应交增值税(进项税额)		637 500
贷：固定资产清理		16 800 000
银行存款		750 000
营业外收入		3 450 000

(二) 以账面价值作为换入资产的总成本

非货币性资产交换不具有商业实质，或换入资产和换出资产的公允价值均不能够可靠计量的情况下，换入资产的总成本应当以换出资产的原账面价值总额为基础确定。其基本步骤为：首先，确定换入各项资产的总成本；其次，计算各项换入资产的原账面价值占换入资产原账面价值总额的比重；最后，按此比重对换入各项资产的总成本进行分配，以确定换入各项资产的入账价值。

[例1-9] 以[例1-6]为例，假设该交换不具有商业实质，其他资料不变。

(1) 甲公司的账务处理如下：

① 计算换入、换出资产的账面价值总额：

换入资产的账面价值总额 = 1 500 + 180 = 1 680(万元)

换出资产的账面价值总额 = 1 500 + 300 = 1 800(万元)

② 计算换入资产总成本：

换入资产总成本 = 换出资产账面价值 − 收到补价 + 应支付的相关税费 = 1 800 − 75 + 63.75 = 1 788.75(万元)

③ 计算确定各项换入资产的账面价值占换入资产账面价值总额的比例：

办公楼账面价值占换入资产账面价值总额的比例 = 1 500 ÷ 1 680 = 89.29%

小汽车账面价值占换入资产账面价值总额的比例 = 180 ÷ 1 680 = 10.71%

④ 计算确定换入各项资产的成本：

换入办公楼的成本 = 1 788.75 × 89.29% = 1 597.174 9(万元)

换入小汽车的成本 = 1 788.75 × 10.71% = 191.575 1(万元)

⑤ 会计分录：

借：固定资产清理		15 000 000
累计折旧		7 500 000

     贷：固定资产——厂房   22 500 000
     借：固定资产——办公楼   15 971 749
         ——小汽车   1 915 751
       银行存款   750 000
     贷：固定资产清理   15 000 000
       库存商品   3 000 000
       应交税费——应交增值税(销项税额)   637 500

(2) 乙公司的账务处理如下：
① 计算换入、换出资产的账面价值总额
换入资产的账面价值总额 = 1 500 + 300 = 1 800(万元)
换出资产的账面价值总额 = 1 500 + 180 = 1 680(万元)
② 计算换入资产总成本：
换入资产总成本 = 换出资产账面价值 + 支付的补价 − 可抵扣的增值税 = 1 680 + 75 − 63.75 = 1 691.25(万元)
③ 计算确定各项换入资产的账面价值占换入资产账面价值总额的比例：
厂房的账面价值占换入资产账面价值总额的比例 = 1 500 ÷ 1 800 = 83.33%
原材料的账面价值占换入资产账面价值总额的比例 = 300 ÷ 1 800 = 16.67%
④ 计算确定换入各项资产的成本：
换入厂房的成本 = 1 691.25 × 83.33% = 1 409.318 6(万元)
换入原材料的成本 = 1 691.25 × 16.67% = 281.931 4(万元)
⑤ 会计分录：
     借：固定资产清理   16 800 000
       累计折旧   16 200 000
     贷：固定资产——办公楼   30 000 000
         ——小汽车   3 000 000
     借：固定资产——厂房   14 093 186
       原材料   2 819 314
       应交税费——应交增值税(进项税额)   637 500
     贷：固定资产清理   16 800 000
       银行存款   750 000

第三节　非货币性资产交换会计信息的列报与披露

一、信息列报

在以公允价值计量模式下,企业应在利润表中列示:

(1)换出资产如为存货,其公允价值与账面价值的差额列入营业利润。

(2)换出资产如为固定资产、无形资产,其公允价值与账面价值的差额列入营业外收入或营业外支出。

(3)换出资产如为长期股权投资、可供出售金融资产,其公允价值与账面价值的差额列入投资收益。

二、信息披露

企业应当在附注中披露与非货币性资产交换有关的下列信息:

(1)换入资产、换出资产的类别。是指企业在非货币性交换中,以什么资产与什么资产交换,即交换资产的性质。

(2)换入资产成本的确定方式。

(3)换入资产、换出资产的公允价值以及换出资产的账面价值。

(4)非货币性资产交换确认的损益。

本 章 小 结

非货币性资产交换是指交易的双方主要以存货、固定资产、无形资产和长期股权投资等非货币性资产进行的交换,该交换不涉及或只涉及少量的货币性资产。非货币性资产交换中,换入资产的入账价值有两种计量基础:公允价值和账面价值。采用公允价值计量时必须同时具备两个条件:该项交换具有商业实质以及换入资产或换出资产的公允价值能够可靠计量。否则,应采用账面价值计量。换入资产以公允价值计量时,换出资产的公允价值与其账面价值的差额,须确认损益,须视换出资产的类别不同分别确认销售损益、营业外收入或营业外支出、投资损益等。非货币性资产交换涉及补价的,支付补价的一方,支付的补价应构成换入资产入账价值的一部分;收到补价的一方,收到的补价应从换入资产入账价值中扣除。涉及多项非货币性资产交换的,首先判断是否符合公允价值计量的两个条件,采用公允价值计量的,换入资产的总成本原则上应当以换出资产的公允价值总额为基础确定;采用账面价值计量的,换入资产的总成本应当以换出资产的原账面价值总额为基础确定。无论是单项还是多项非货币性资产之间的交换,凡是以账面价值计量的,无论是否支付补价,均不确认交换损益。

【思考题】

1. 什么是非货币性资产交换?
2. 什么是货币性资产和非货币性资产?各包括哪些资产项目?
3. 非货币性资产交换中如涉及补价,如何认定?
4. 非货币性资产交换确认和计量的原则是什么?
5. 如何判断非货币性资产交换是否具有商业实质?
6. 非货币性资产交换损益如何处理?
7. 涉及多项非货币性资产交换的,其换入资产的入账价值如何确定?

【自测题】

1. A、B 公司均为增值税一般纳税人,A 公司以一栋闲置的厂房交换 B 公司生产的产品,作为本公司生产用设备。B 公司对换入的厂房仍作为固定资产管理。A 公司换出的厂房账面原价为 9 600 000 元,累计折旧 8 000 000 元,已提减值准备 320 000 元,交换日的公允价值为 3 360 000 元。B 公司换出产品的账面价值为 2 080 000 元,未计跌价准备,交换日的市场价格(不含税)为 2 560 000 元,公允价值等于计税价格,增值税税率为 17%。B 公司另向 A 公司支付补价 364 800 元,已通过银行存款支付,不考虑除增值税以外的其他相关税费。

要求:判断交易的性质并分别为 A、B 公司做出有关的会计处理。

2. 甲公司以一台设备换入乙公司的一辆小客车和一辆货运汽车。甲公司换出设备的账面原值为 600 000 元,已提折旧 100 000 元,未取得公允价值;乙公司换出小客车的账面原值为 440 000 元,已提折旧 100 000 元;货运汽车的账面原值为 200 000 元,已提折旧 20 000 元。假设在交换过程中甲公司支付了过户费、运费等费用 8 000 元,不考虑资产的减值准备因素,并假定该交换虽具有商业实质,但公允价值不能可靠计量。

要求:分别为甲、乙公司做出有关的会计处理。

【案例分析题】

一、案例简介

(一)海南椰岛的基本情况

海南椰岛(股票代码:600238)2000 年 1 月 20 日上市,是保健酒领域唯一的上市公司,主要经营酒业研发、生产、销售,食品饮料,淀粉产业,燃料乙醇和房地产产业。公司的控股股东为海口市国有资产经营有限公司(国有独资公司),持有公司股份 79 418 415 股,占公司股份总额的 17.72%。公司的实际控制人为海口市人民政府,持有海口市国有资产经营有限公司 100% 股权。

(二) 海南椰岛的非货币性资产交换

1. 2011 年的非货币性资产交换。根据海南椰岛的 2011 年年报披露,公司于 2007 年 1 月 18 日通过拍卖方式,共出资 12 139 500 元取得位于澄迈县白莲美且那利坑地段 772.28 亩国有土地使用权益(工业用地)。但由于历史原因,一直未能办理土地使用权登记手续。2011 年经海南省高院和海南省第一中院调解,公司与海南省澄迈县人民政府达成协议:双方同意将属于公司白莲美且那利坑 772.28 亩国有土地使用权益(工业用地)与澄迈县金江镇金马大道东侧 199.89 亩国有土地使用权(城镇住宅用地)通过评估以等价值方式进行异地置换。同时,澄迈县政府同意在符合规划的前提下,依法将公司位于老城开发区工业大道 4.5 公里处南侧约 237 亩工业用地改变为商住用地。目前,公司已取得其中 42 387.95 平方米土地的使用权,证号为金江国用(2011)第 4752 号,地类为城镇住宅用地,使用年限为 70 年。换出、换入资产的账面价值和公允价值如表 1-1 所示:

表 1-1 2011 年非货币性资产交换 单位:元

项目	名称	类别	账面价值	公允价值
换出资产	澄迈县白莲美且那利坑地段土地	在建工程	3 861 387.66	36 192 485.33
换入资产	澄迈县金马片区县人民医院东侧土地	无形资产		37 682 887.55

本次非货币性资产交换实现的收益 = 换出资产公允价值 - 账面价值 = 32 331 097.67 元。

2. 2012 年的非货币性资产交换。根据 2011 年的协议,交换的土地为 199.89 亩,2011 年仅取得 42 387.95 平方米(63.58 亩)的土地使用权,2012 年海南椰岛进一步取得了 76 685.38 平方米(115.03 亩)的土地使用权。换出、换入资产的账面价值和公允价值如表 1-2 所示:

表 1-2 2012 年非货币性资产交换 单位:元

项目	名称	类别	账面价值	公允价值
换出资产	澄迈县白莲美且那利坑地段土地	在建工程	6 985 758.45	65 476 968.67
换入资产	澄迈县金马片区县人民医院东侧土地	无形资产		64 065 583.46

本次非货币性资产交换实现的收益 = 换入资产公允价值 - 账面价值 = 57 079 825.01 元。2011 年和 2012 年取得的土地使用权合计 178.61 亩,剩余 21.28 亩土地置换工作将在未来年度完成。

二、案例分析

根据上述资料,并查阅海南椰岛 2010 年、2011 年、2012 年和 2013 年的年报资料,思考并回答下列问题:

1. 此项交易是否具有商业实质?
2. 交换双方是否存在关联方关系?

3. 交换实现的收益如何计算？是以换入资产公允价值计量还是以换出资产公允价值计量？

4. 此项非货币性资产交换交易是否为了提高公司的报告盈余？

5. 如何抑制上市公司利用非货币性资产交换交易粉饰财务业绩？

第二章

债务重组会计

 学习目的与要求

通过本章学习,了解并掌握:
1. 债务重组的概念、债务重组的方式;
2. 债务重组中债权人和债务人的会计处理方法;
3. 债务重组会计信息的披露原则。

第一节 债务重组概述

一、债务重组的概念

债务重组,是指在债务人发生财务困难的情况下,债权人按照其与债务人达成的协议或者法院的裁定作出让步的事项。债务重组涉及债权人与债务人,对债权人而言,为"债权重组",对债务人而言,为"债务重组"。为便于表述,本章统称为"债务重组"。

债务人发生财务困难、债权人作出让步是债务重组的重要特征。债务人发生财务困难,是指因债务人出现资金周转困难、经营陷入困境或者其他原因,导致其无法或者没有能力按原定条件偿还所欠的债务。债权人作出让步,是指债权人同意发生财务困难的债务人现在或者将来以低于重组债务账面价值的金额或者价值偿还债务。债权人作出让步的情形包括债权人减免债务人部分债务本金或者利息、降低债务人应付债务的利率等。

债务重组概念中强调了债务人处于财务困难的前提条件,并突出了债权人做出让步的实质内容,从而排除了债务人不处于财务困难条件下的债务重组、处于清算或改组时的债务重组,以及虽修改了债务条件但实质上债权人并未做出让步的债务重组事项,如在债务人发生财务困难时,债权人同意债务人用等值库存商品抵偿到期债务,但不调整偿还金额,实质上债权人并未做出让步,因而不属于债务重组准则规范的内容。

二、债务重组的方式

债务重组主要有以下几种方式:

(一) 以资产清偿债务

以资产清偿债务,是指债务人转让其资产给债权人以清偿债务的债务重组方式。债务人用于清偿债务的资产包括现金资产和非现金资产,主要有:现金、存货、金融资产、固定资产、无形资产等。在债务重组的情况下,以现金清偿债务,通常是指以低于债务的账面价值的现金清偿债务,如果以等量的现金清偿债务,则不属于本章所指的债务重组。这里所指的现金包括库存现金、银行存款和其他货币资金。

(二) 将债务转为资本

将债务转为资本,是指债务人将债务转为资本,同时债权人将债权转为股权的债务重组方式。债务人根据转换协议将应付可转换公司债券转为资本,属于正常情况下的转换,不能作为债务重组处理。

债务转为资本时,对股份有限公司而言,是将债务转为股本,对其他企业而言,是将债务转为实收资本。其结果是,债务人因此而增加股本(或实收资本),债权人因此而增加对债务人的长期股权投资。

(三) 修改其他债务条件

修改其他债务条件,是指不包括上述两种方式在内的修改其他债务条件进行的债务重组方式,如减少债务本金、降低利率、减少或免去债务利息、延长债务的偿还期限等。

(四) 混合重组

混合重组,是指采用以上两种或两种以上方式共同清偿债务的债务重组方式。其混合偿债方式的情形主要有:

1. 债务的一部分以资产清偿,另一部分则转为资本;
2. 债务的一部分以资产清偿,另一部分则修改其他债务条件;
3. 债务的一部分转为资本,另一部分则修改其他债务条件;
4. 债务的一部分以资产清偿,一部分转为资本,另一部分则修改其他债务条件。

需要注意的是,在债务重组中涉及的金融负债和金融资产只有在满足《企业会计准则第22号——金融工具确认和计量》规定的金融负债和金融资产终止确认条件时,才能终止确认。

第二节 债务重组的确认和计量

企业进行债务重组,无论是债权人还是债务人都应当分别按照债务重组的不同方式进行确认和计量。

一、以资产清偿债务

在债务重组中,企业以资产清偿债务的,通常包括以现金资产清偿债务和以非现金资产清偿债务等方式。

(一)以现金清偿债务

以现金清偿债务的,债务人应当在满足金融负债终止确认条件时,终止确认重组债务,并将重组债务的账面价值与支付的现金之间的差额确认为债务重组利得,作为营业外收入,计入当期损益。重组债务的账面价值,一般为债务的面值或本金、原值,如应付账款;如有利息的,还应加上应计未付利息,如长期借款等。

债权人应当在满足金融资产终止确认条件时,终止确认重组债权,并将重组债权的账面余额与收到的现金之间的差额确认为债务重组损失,作为营业外支出,计入当期损益。债权人已对债权计提减值准备的,应当先将该差额冲减减值准备,冲减后尚有余额的,计入营业外支出;冲减后减值准备仍有余额的,应予转回并抵减当期资产减值损失。未对债权计提减值准备的,应直接将该差额确认为债务重组损失。

[例2-1] 东吴公司与南方公司均为增值税一般纳税人,适用的增值税税率为17%。东吴公司于20×6年1月31日销售一批商品给南方公司,不含税价格为600 000元,按合同规定,南方公司应于20×6年5月1日前偿付货款。由于南方公司发生财务困难,无法按合同规定的期限偿还债务,经双方协议于5月31日进行债务重组。债务重组协议规定,东吴公司同意减免南方公司200 000元债务,余额用现金立即偿清。南方公司于当日通过银行转账支付了该笔剩余款项。东吴公司已为该项应收债权计提了70 200元的坏账准备。

(1)南方公司的账务处理:

① 计算债务重组利得:

应付账款账面余额	702 000
减:支付的现金	502 000
债务重组利得	200 000

② 应做会计分录:

借:应付账款——东吴公司 702 000
　　贷:银行存款 502 000
　　　　营业外收入——债务重组利得 200 000

(2)东吴公司的账务处理:

① 计算债务重组损失：

应收账款账面余额	702 000
减：收到的现金	502 000
差额	200 000
减：已计提坏账准备	70 200
债务重组损失	129 800

② 应做会计分录：

借：银行存款　　　　　　　　　　　　　502 000
　　营业外支出——债务重组损失　　　　129 800
　　坏账准备　　　　　　　　　　　　　 70 200
　　贷：应收账款——南方公司　　　　　　　　702 000

（二）以非现金资产清偿某项债务

债务人以非现金资产清偿债务的，债务人应当在满足金融负债终止确认条件时，终止确认重组债务，并将重组债务的账面价值与转让的非现金资产的公允价值之间的差额确认为债务重组利得，作为营业外收入，计入当期损益。转让的非现金资产的公允价值与其账面价值的差额作为转让资产损益，计入当期损益。

债务人在转让非现金资产的过程中发生的一些税费，如资产评估费、运杂费等，直接计入转让资产损益。对于增值税应税项目，如债权人不向债务人另行支付增值税，则债务重组利得应为转让非现金资产的公允价值和该非现金资产的增值税销项税额与重组债务账面价值的差额；如债权人向债务人另行支付增值税，则债务重组利得应为转让非现金资产的公允价值与重组债务账面价值的差额。

债务人以非现金资产清偿债务的，债权人应当在满足金融资产终止确认条件时，终止确认重组债权，并将重组债权的账面余额与受让的非现金资产的公允价值之间的差额，确认为债务重组损失，作为营业外支出，计入当期损益。重组债权已经计提减值准备的，应当先将上述差额冲减已计提的减值准备，冲减后仍有损失的，计入营业外支出；冲减后减值准备仍有余额的，应予转回并抵减当期资产减值损失。对于增值税应税项目，如债权人不向债务人另行支付增值税，则增值税进项税额可以作为冲减重组债权的账面余额处理；如债权人向债务人另行支付增值税，则增值税进项税额不能作为冲减重组债权的账面余额处理。

债权人收到非现金资产时，应按受让的非现金资产的公允价值入账。收到非现金资产时发生的有关运杂费等，应当计入相关资产的价值。

1. 以库存材料、商品产品抵偿债务

债务人以库存材料、商品产品抵偿债务，应视同销售进行核算。

[例2-2] 沿用[例2-1]资料，假设20×6年5月31日，经双方协商，东吴公司同意南方公司以其生产的产品偿还债务。该批产品的公允价值（不含增值税）为450 000元，实际成本为380 000元。东吴公司于当日收到南方公司抵债的产品，作为库存商品入库；东吴公司对该项应收账款计提了70 200元的坏账准备。

(1) 南方公司的账务处理：

① 计算债务重组利得：

应付账款的账面余额	702 000
减：所转让产品的公允价值	450 000
增值税销项税额(450 000×17%)	76 500
债务重组利得	175 500

② 应做会计分录：

借：应付账款——东吴公司　　　　　　　702 000
　　贷：主营业务收入　　　　　　　　　　　450 000
　　　　应交税费——应交增值税(销项税额)　76 500
　　　　营业外收入——债务重组利得　　　　175 500
借：主营业务成本　　　　　　　　　　　380 000
　　贷：库存商品　　　　　　　　　　　　　380 000

本例中，抵债的产品应视同销售，其公允价值与账面价值的差额体现在营业利润中，债务重组利得作为营业外收入处理。

（2）东吴公司的账务处理：

① 计算债务重组损失：

应收账款账面余额	702 000
减：受让资产的公允价值	450 000
增值税进项税额	76 500
差额	175 500
减：已计提坏账准备	70 200
债务重组损失	105 300

② 应做会计分录：

借：库存商品　　　　　　　　　　　　　450 000
　　应交税费——应交增值税(进项税额)　76 500
　　坏账准备　　　　　　　　　　　　　70 200
　　营业外支出——债务重组损失　　　　105 300
　　贷：应收账款——南方公司　　　　　　　702 000

2. 以固定资产抵偿债务

债务人以固定资产抵偿债务，应将固定资产的公允价值与该项固定资产账面价值和清理费用的差额作为转让固定资产的损益处理。同时，将固定资产的公允价值与应付债务的账面价值的差额，作为债务重组利得，计入营业外收入。债权人收到的固定资产应按公允价值入账。

[例2-3] 沿用[例2-1]资料，假设20×6年5月31日，经双方协商，东吴公司同意南方公司以一台生产设备偿还债务。该项设备的账面原价为600 000元，已提折旧150 000元，设备的公允价值为550 000元(假定企业转让该项设备需要交纳17%的增值税)，南方公司发生设备的拆除、搬运等清理费用7 000元。东吴公司对该项应收账款已提取坏账准备70 200元，抵债设备已于当日运抵东吴公司，东吴公司支付设备的安装等费用3 500元。

(1) 南方公司的账务处理：
① 计算固定资产清理损益与债务重组利得：

固定资产公允价值	550 000
减：固定资产净值	450 000
固定资产的清理费用	7 000
处置固定资产净收益	93 000

② 计算债务重组利得：

应付账款的账面余额	702 000
减：固定资产公允价值	550 000
增值税销项税额	93 500
债务重组利得	58 500

③ 应做会计分录如下：
将固定资产净值转入固定资产清理：

借：固定资产清理	450 000	
累计折旧	150 000	
贷：固定资产		600 000

发生清理费用：

借：固定资产清理	7 000	
贷：银行存款		7 000

确认债务重组损益和资产转让损益：

借：应付账款——东吴公司	702 000	
贷：固定资产清理		457 000
应交税费——应交增值税(销项税额)		93 500
营业外收入——债务重组利得		58 500
——处置非流动资产损益		93 000

(2) 东吴公司的账务处理：
① 计算债务重组损失：

应收账款账面余额	702 000
减：受让资产的公允价值	550 000
增值税进项税额	93 500
差额	58 500
减：已计提坏账准备	58 500
债务重组损失	0
应转回的坏账准备	70 200 - 58 500 = 11 700

② 应做会计分录如下：

借：在建工程	550 000	
应交税费——应交增值税(进项税额)	93 500	
坏账准备	58 500	

```
        贷：应收账款——南方公司           702 000
     借：在建工程                        3 500
        贷：银行存款                     3 500
     借：固定资产                      553 500
        贷：在建工程                   553 500
     借：坏账准备                       11 700
        贷：资产减值损失                 11 700
```

3. 以无形资产抵偿债务

债务人以无形资产抵偿债务,应将无形资产的公允价值与其账面价值的差额作为转让无形资产的损益处理。同时,将无形资产的公允价值与应付债务的账面价值的差额,作为债务重组利得,计入营业外收入。债权人收到的无形资产应按公允价值入账。

[例2-4] 沿用[例2-1]资料,假设20×6年5月31日,经双方协商,东吴公司同意南方公司以一项专利权偿还债务。该项专利权的账面原价为1 000 000元,已提摊销350 000元,评估后的公允价值为500 000元(假定企业转让该项专利权需要交纳5%的营业税)。东吴公司对该项应收账款已提取坏账准备70 200元。

(1) 南方公司的账务处理：
① 计算无形资产转让损益与债务重组利得：

```
   无形资产公允价值              500 000
   减：无形资产净值              650 000
       应交的营业税               25 000
   转让无形资产的收益           -175 000
```

② 计算债务重组利得：

```
   应付账款的账面余额            702 000
   减：无形资产公允价值          500 000
   债务重组利得                  202 000
```

③ 应做会计分录如下：

```
   借：应付账款——东吴公司         702 000
       累计摊销                   350 000
       营业外支出——处置非流动资产损益  175 000
       贷：无形资产——专利权        1 000 000
           应交税费——应交营业税       25 000
           营业外收入——债务重组利得   202 000
```

(2) 东吴公司的账务处理：
① 计算债务重组损失：

```
   应收账款账面余额              702 000
   减：受让资产的公允价值        500 000
   差额                          202 000
   减：已计提坏账准备             70 200
```

债务重组损失	131 800

② 应做会计分录如下：

借：无形资产——专利权	500 000	
坏账准备	70 200	
营业外支出——债务重组损失	131 800	
贷：应收账款——南方公司		702 000

4. 以股票、债券等金融资产抵偿债务

债务人以股票、债券等金融资产清偿债务,应按相关金融资产的公允价值与其账面价值的差额,作为转让金融资产的利得或损失处理；相关金融资产的公允价值与重组债务的账面价值的差额,作为债务重组利得。债权人收到的相关金融资产应按公允价值计量。

[例2-5] 沿用[例2-1]资料,假设20×6年5月31日,经双方协商,东吴公司同意南方公司以其持有的作为可供出售金融资产核算的某公司股票抵偿债务。该股票的账面价值为550 000元,公允价值变动收益计入其他综合损益的金额为80 000元,债务重组日公允价值为600 000元。东吴公司对该项应收账款已提取坏账准备70 200元。用于抵债的股票已于20×6年5月31日办妥了相关转让手续,东吴公司将取得的股票作为交易性金融资产核算。假设不考虑相关税费。

(1) 南方公司的账务处理：

① 计算债务重组利得：

应付账款的账面余额	702 000
减：股票的公允价值	600 000
债务重组利得	102 000

② 计算转让股票损益：

股票的公允价值	600 000
减：股票的账面价值	550 000
转让股票损益	50 000

③ 应做会计分录如下：

借：应付账款——东吴公司	702 000	
贷：可供出售金融资产		550 000
投资收益		50 000
营业外收入——债务重组利得		102 000

同时,将计入其他综合损益的80 000元转出：

借：资本公积——其他资本公积	80 000	
贷：投资收益		80 000

(2) 东吴公司的账务处理：

① 计算债务重组损失：

应收账款账面余额	702 000
减：受让股票的公允价值	600 000
差额	102 000

减：已计提坏账准备	70 200
债务重组损失	31 800

② 应做会计分录如下：

借：交易性金融资产	600 000	
坏账准备	70 200	
营业外支出——债务重组损失	31 800	
贷：应收账款——南方公司		702 000

▶▶ 二、债务转为资本

以债务转为资本方式进行债务重组,应分以下情况处理：

(1) 债务人为股份有限公司时,债务人应当在满足金融负债终止确认条件时,终止确认重组债务,将债权人因放弃债权而享有股份的面值总额确认为股本；股份的公允价值总额与股本之间的差额确认为资本公积。重组债务的账面价值与股份的公允价值总额之间的差额确认为债务重组利得,计入营业外收入。债务人为其他企业时,债务人应将债权人因放弃债权而享有的股权份额确认为实收资本；股权的公允价值与实收资本之间的差额确认为资本公积。重组债务的账面价值与股权的公允价值之间的差额作为债务重组利得,计入营业外收入。

(2) 债务人将债务转为资本,即债权人将债权转为股权,债权人应当在满足金融资产终止确认条件时,终止确认重组债权,将重组债权的账面余额与因放弃债权而享有的股权的公允价值之间的差额,先冲减已提取的减值准备,减值准备不足冲减的部分,或未提取减值准备的,将该差额确认为债务重组损失。同时,债权人应将因放弃债权而享有的股权按公允价值计量。发生的相关税费,分别按照长期股权投资或者金融工具确认和计量的规定进行处理。

[例 2-6] 沿用[例 2-1]资料,假设 20×6 年 5 月 31 日,经双方协商同意,采取将南方公司所欠债务转为东吴公司对南方公司股权投资的方式进行债务重组,假定南方公司普通股的面值为每股 1 元,转股后,东吴公司享有南方公司 200 000 股的股权,占南方公司总股本的 20%,能够对其产生重大影响。转股日南方公司股票每股市价为 3 元。东吴公司对该项应收账款计提了坏账准备 70 200 元。假设不考虑其他税费,股权登记手续已办理完毕,东吴公司对其作为长期股权投资处理。

(1) 南方公司的账务处理：

① 计算应计入资本公积的金额：

股票的公允价值	600 000
减：股票的面值总额	200 000
应计入资本公积	400 000

② 计算应确认的债务重组利得：

债务账面价值	702 000
减：股票的公允价值	600 000

债务重组利得	102 000

③ 应做会计分录如下：

借：应付账款——东吴公司　　702 000
　　贷：股本　　　　　　　　　　200 000
　　　　资本公积——股本溢价　　400 000
　　　　营业外收入——债务重组利得　102 000

(2) 东吴公司的账务处理：

① 计算债务重组损失：

应收账款账面余额	702 000
减：所转股权的公允价值	600 000
差额	102 000
减：已计提坏账准备	70 200
债务重组损失	31 800

② 应做会计分录如下：

借：长期股权投资——南方公司　　600 000
　　营业外支出——债务重组损失　　31 800
　　坏账准备　　　　　　　　　　70 200
　　贷：应收账款——南方公司　　　　702 000

三、修改其他债务条件

修改其他债务条件，是指不包括以资产清偿债务和将债务转为资本两种方式在内的修改其他债务条件进行的债务重组方式，如减少债务本金、降低利率、减少或免去债务利息、延长偿还期限等。修改其他债务条件进行的债务重组方式具体分不附或有条件的债务重组和附或有条件的债务重组两种。这两种债务重组方式进行债务重组时，债务人和债权人应分别以下情况处理：

1. 不附或有条件的债务重组

不附或有条件的债务重组，是指在债务重组中不存在或有应付、或有应收金额。或有应付金额，是指需要根据未来某种事项出现而发生的应付金额，而且该未来事项的出现具有不确定性。或有应收金额，是指需要根据未来某种事项出现而发生的应收金额，而且该未来事项的出现具有不确定性。

不附或有条件的债务重组，债务人应将重组债务的账面余额减记至将来应付金额，减记的金额作为债务重组利得，计入当期营业外收入。重组后债务的账面余额为将来应付金额。

债权人应当将修改其他债务条件后的债权的公允价值作为重组后债权的账面价值，重组债权的账面余额与重组后债权账面价值之间的差额确认为债务重组损失，计入当期营业外支出。如果债权人已对该项债权计提了减值准备，应当首先冲减已计提的减值准备。

[例2-7] 东吴公司20×6年12月31日应收南方公司票据的账面余额为515 000元。其中，15 000元为累计应收的利息，票面年利率6%。由于南方公司经营亏损，资金周转困

难,不能偿付应于20×6年12月31日前支付的应付票据。经双方协商,于20×7年1月3日进行债务重组。东吴公司同意将债务本金减至400 000元;免去债务人所欠的全部利息;将利率从6%降低到4%,并将债务到期日延至20×8年12月31日,利息按年支付。该项债务重组协议从协议签订日起开始实施。东吴、南方公司在20×6年12月31日已将应收、应付票据转入应收、应付账款,东吴公司已为该项应收款项计提了50 000元坏账准备。

(1) 南方公司的账务处理:

① 计算债务重组利得:

应付账款的账面余额	515 000
减:重组后债务公允价值	400 000
债务重组利得	115 000

② 会计分录:

20×7年1月3日债务重组时:

借:应付账款——东吴公司　　515 000
　　贷:应付账款——债务重组　　　400 000
　　　　营业外收入——债务重组利得　115 000

20×7年12月31日支付利息时:

借:财务费用　　16 000
　　贷:银行存款　　16 000

20×8年12月31日偿还本金和支付最后一年利息时:

借:财务费用　　　　　　　　16 000
　　应付账款——债务重组　　400 000
　　贷:银行存款　　　　　　　416 000

(2) 东吴公司的账务处理:

① 计算债务重组损失:

应收账款的账面余额	515 000
减:重组后债权的公允价值	400 000
差额	115 000
减:已计提坏账准备	50 000
债务重组损失	65 000

② 会计分录:

20×7年1月3日债务重组时:

借:应收账款——债务重组　　　　400 000
　　营业外支出——债务重组损失　　65 000
　　坏账准备　　　　　　　　　　　50 000
　　贷:应收账款——南方公司　　　515 000

20×7年12月31日收到利息:

借:银行存款　　16 000
　　贷:财务费用　　16 000

20×8年12月31日收到本金和最后一年利息：

借：银行存款　　　　　　　　　　　　　　416 000
　　贷：财务费用　　　　　　　　　　　　　　16 000
　　　　应收账款——债务重组　　　　　　　400 000

2. 附或有条件的债务重组

附或有条件的债务重组，是指在债务重组协议中存在或有应付、或有应收金额。

对于债务人而言，修改后的债务条款如涉及或有应付金额，且该或有应付金额符合《企业会计准则第13号——或有事项》中有关预计负债确认条件的，债务人应当将该或有应付金额确认为预计负债。重组债务的账面价值与重组后债务的入账价值和预计负债金额之和的差额，作为债务重组利得，计入营业外收入。或有应付金额在随后会计期间没有发生的，企业应当冲销已确认的预计负债，同时确认为营业外收入。

对于债权人而言，修改后的债务条款中涉及或有应收金额的，不应当确认或有应收金额，不得将其计入重组后债权的账面价值。根据谨慎性原则，或有应收金额属于或有资产，或有资产不予确认。只有在或有应收金额实际发生时，才计入当期损益。

[例2-8]　沿用[例2-7]资料，假设经双方协商，于20×7年1月3日进行债务重组。东吴公司同意将债务本金减记至400 000元；免去债务人所欠的全部利息；将利率从6%降低到4%，并将债务到期日延至20×8年12月31日，利息按年支付，但附有一条件：债务重组后，如南方公司20×7年有盈利，则20×8年利率回复至6%，若无盈利，利率仍维持4%。该项债务重组协议从协议签订日起开始实施。其他条件不变。

（1）南方公司的账务处理：

① 计算债务重组利得：

应付账款的账面余额　　　　　　　　　　515 000
减：重组后债务公允价值　　　　　　　　400 000
　　20×8年或有利息　　　　　　　　　　　8 000
债务重组利得　　　　　　　　　　　　　107 000

② 会计分录：

20×7年1月3日债务重组时：

借：应付账款——东吴公司　　　　　　　515 000
　　贷：应付账款——债务重组　　　　　　400 000
　　　　预计负债——债务重组　　　　　　　8 000
　　　　营业外收入——债务重组利得　　　107 000

20×7年12月31日支付利息时：

借：财务费用　　　　　　　　　　　　　　16 000
　　贷：银行存款　　　　　　　　　　　　　16 000

20×8年12月31日偿还本金和支付最后一年利息时：

如20×7年未盈利：

借：财务费用　　　　　　　　　　　　　　16 000
　　应付账款——债务重组　　　　　　　　400 000

贷：银行存款		416 000
借：预计负债——债务重组		8 000
贷：营业外收入		8 000

如 20×7 年实现盈利：

借：财务费用		16 000
应付账款——债务重组		400 000
预计负债——债务重组		8 000
贷：银行存款		424 000

（2）东吴公司的账务处理：

① 计算债务重组损失：

应收账款的账面余额	515 000
减：重组后债权公允价值	400 000
差额	115 000
减：已计提坏账准备	50 000
债务重组损失	65 000

② 会计分录：

20×7 年 1 月 3 日债务重组时：

借：应收账款——债务重组		400 000
营业外支出——债务重组损失		65 000
坏账准备		50 000
贷：应收账款——南方公司		515 000

20×7 年 12 月 31 日收到利息：

借：银行存款		16 000
贷：财务费用		16 000

20×8 年 12 月 31 日收到本金和最后一年利息：

如 20×7 年南方公司未盈利：

借：银行存款		416 000
贷：财务费用		16 000
应收账款——债务重组		400 000

如 20×7 年南方公司实现盈利：

借：银行存款		424 000
贷：财务费用		24 000
应收账款——债务重组		400 000

▶▶ 四、混合重组

混合重组，是指采用以上两种或两种以上方式共同清偿债务的债务重组方式。主要有以下几种情况：

（1）债务人以现金、非现金资产两种方式的组合清偿某项债务的，应将重组债务的账面价值与支付的现金、转让的非现金资产的公允价值的差额作为债务重组利得。非现金资产的公允价值与其账面价值的差额作为转让资产损益。

债权人应将重组债权的账面价值与收到的现金、受让的非现金资产的公允价值，以及已提减值准备的差额作为债务重组损失。

（2）债务人以现金、债务转为资本两种方式的组合清偿某项债务的，应将重组债务的账面价值与支付的现金、债权人因放弃债权而享有的股权的公允价值的差额作为债务重组利得。股权的公允价值与股本（或实收资本）的差额作为资本公积。

债权人应将重组债权的账面价值与收到的现金、因放弃债权而享有股权的公允价值，以及已提减值准备的差额作为债务重组损失。

（3）债务人以非现金资产、债务转为资本两种方式的组合清偿某项债务的，应将重组债务的账面价值与转让的非现金资产的公允价值、债权人因放弃债权而享有的股权的公允价值的差额作为债务重组利得。非现金资产的公允价值与账面价值的差额作为转让资产损益；股权的公允价值与股本（或实收资本）的差额作为资本公积。

债权人应将重组债权的账面价值与受让的非现金资产的公允价值、因放弃债权而享有的股权的公允价值，以及已提减值准备的差额作为债务重组损失。

（4）债务人以现金、非现金资产、将债务转为资本三种方式的组合清偿某项债务的，应将重组债务的账面价值与支付的现金、转让的非现金资产的公允价值、债权人因放弃债权而享有的股权的公允价值的差额作为债务重组利得；非现金资产的公允价值与账面价值的差额作为转让资产损益；股权的公允价值与股本（或实收资本）的差额作为资本公积。

债权人应将重组债权的账面价值与收到的现金、受让的非现金资产的公允价值、因放弃债权而享有股权的公允价值，以及已提减值准备的差额作为债务重组损失。

（5）以资产、将债务转为资本等方式清偿某项债务的一部分，并对该项债务的另一部分以修改其他债务条件进行债务重组。在这种方式下，债务人应先以支付的现金、转让的非现金资产的公允价值、债权人因放弃债权而享有的股权的公允价值冲减重组债务的账面价值，余额与将来应付金额进行比较，据此计算债务重组利得。债权人因放弃债权而享有的股权的公允价值与股本（或实收资本）的差额作为资本公积；非现金资产的公允价值与其账面价值的差额作为转让资产损益，于当期确认。

债权人应先以收到的现金、受让的非现金资产的公允价值、因放弃债权而享有的股权的公允价值冲减重组债权的账面价值，余额与将来应收金额进行比较，据此计算债务重组损失。

[例2-9] 沿用[例2-7]资料，假设经双方协商，于20×7年1月3日进行债务重组，达成如下债务重组协议：(1)南方公司以一批产品偿还部分债务。该批产品的账面价值为200 000元，公允价值（同计税价格）为280 000元。南方公司开出增值税专用发票，东吴公司将该产品作为商品验收入库；(2)东吴公司同意减免南方公司所负全部债务扣除实物抵债后剩余债务的50%，其余债务的偿还期延至20×8年12月31日。假设东吴公司和南方公司均为增值税一般纳税人，增值税税率为17%。东吴公司已为该项应收款项计提了50 000元坏账准备。

(1) 南方公司的账务处理：
① 计算债务重组后债务的公允价值：
[515 000 − 280 000 × (1 + 17%)] × 50%
= (515 000 − 327 600) × 50% = 93 700(元)
② 计算债务重组利得：

应付账款账面余额	515 000
减：所转让资产的公允价值	327 600
重组后债务公允价值	93 700
债务重组利得	93 700

③ 会计分录：

借：应付账款——东吴公司　　　　　　　　515 000
　　贷：主营业务收入　　　　　　　　　　　280 000
　　　　应交税费——应交增值税(销项税额)　47 600
　　　　应付账款——债务重组　　　　　　　 93 700
　　　　营业外收入——债务重组利得　　　　 93 700
借：主营业务成本　　　　　　　　　　　　200 000
　　贷：库存商品　　　　　　　　　　　　　200 000

(2) 东吴公司的账务处理：
① 计算债务重组损失：

应收账款账面余额	515 000
减：受让资产的公允价值	327 600
重组后债权公允价值	93 700
减：坏账准备	50 000
债务重组损失	43 700

② 会计分录：

借：库存商品　　　　　　　　　　　　　　280 000
　　应收账款——债务重组　　　　　　　　 93 700
　　应交税费——应交增值税(进项税额)　　 47 600
　　坏账准备　　　　　　　　　　　　　　 50 000
　　营业外支出——债务重组损失　　　　　 43 700
　　贷：应收账款——南方公司　　　　　　 515 000

第三节　债务重组会计信息的列报与披露

一、信息的列报

（一）债权人

债权人将债务重组损失在利润表中以营业外支出列示。

（二）债务人

（1）债务人将债务重组利得在利润表中以营业外收入列示。

（2）债务人以非现金资产抵偿债务的,其非现金资产的损益在利润表中按下列方法列示：

① 以存货资产抵债的,其公允价值与账面价值的差额,反映在利润表的营业利润中。

② 以固定资产、无形资产抵债的,其公允价值与账面价值的差额,反映在利润表的营业外收入或营业外支出中。

③ 以金融资产抵债的,其公允价值与账面价值的差额,反映在利润表的投资收益中。

（3）债务人将债务转为资本的,债权人享有的股份面值与公允价值的差额,在资产负债表中作为资本公积列示。

二、信息的披露

（一）债务人应披露的内容

债务人应当在附注中披露与债务重组有关的下列信息：

（1）债务重组方式。

（2）确认的债务重组利得总额。

（3）将债务转为资本所导致的股本（或者实收资本）增加额。

（4）或有应付金额。

（5）债务重组中转让的非现金资产的公允价值、由债务转成的股份的公允价值和修改其他债务条件后债务的公允价值的确定方法及依据。

（二）债权人应披露的内容

债权人应当在附注中披露与债务重组有关的下列信息：

（1）债务重组方式。

（2）确认的债务重组损失总额。

（3）债权转为股份所导致的投资增加额及该投资占债务人股份总额的比例。

（4）或有应收金额。

（5）债务重组中受让的非现金资产的公允价值、由债权转成的股份的公允价值和修改其他债务条件后债权的公允价值的确定方法及依据。

本章小结

债务重组,是指在债务人发生财务困难的情况下,债权人按照其与债务人达成的协议或者法院的裁定做出让步的事项。

债务重组的方式包括以资产清偿债务、将债务转为资本、修改其他债务条件和以上三种方式的组合等。

发生债务重组,债务人应将重组债务的账面价值超过其清偿债务的现金、非现金资产的公允价值、所转股份的公允价值,或者重组后债务账面价值之间的差额,计入营业外收入(债务重组利得)。非现金资产公允价值与其账面价值的差额,应分别不同情况进行处理:(1)非现金资产为存货的,应当视同销售处理,以其公允价值确认销售收入,同时结转相应的销售成本;(2)非现金资产为固定资产、无形资产的,其公允价值与其账面价值的差额,计入营业外收入或营业外支出;(3)非现金资产为金融资产的,其公允价值与其账面价值的差额,计入投资收益。

发生债务重组,债权人应当将重组债权的账面余额与受让资产的公允价值、所转股份的公允价值,或者重组后债权的账面价值之间的差额,计入营业外支出(债务重组损失)。重组债权已计提减值准备的,应当先将上述差额冲减已计提的减值准备,冲减后仍有余额的,计入营业外支出(债务重组损失);冲减后减值准备仍有余额的,应予转回并抵减当期资产减值损失。债权人收到的存货、固定资产、无形资产、长期股权投资等非现金资产的,应当以其公允价值入账。

【思考题】

1. 什么是债务重组?有何特征?
2. 债务重组的方式有哪些?
3. 债务重组损益如何计算?
4. 以非现金资产抵偿债务的,其资产转让损益如何处理?
5. 附有或有条件的债务重组,债权人对或有应收金额和债务人对或有应付金额如何处理?为什么?

【自测题】

1. 甲、乙公司均为增值税一般纳税人,20×6年年初甲公司向乙公司购入原材料一批,价款共计117万元(含增值税),由于甲公司发生财务困难,无法按约定偿还货款,经双方协议,于20×6年6月30日进行债务重组,乙公司同意甲公司用其产品抵偿该笔欠款。抵债产品市价为80万元(不含增值税),成本为68万元。乙公司已为该笔应收账款计提坏账准备10万元。假定不考虑其他税费。

要求：为甲公司和乙公司做出有关的账务处理。

2. 20×6年初A公司向B公司购入一批原材料，价税合计500万元，由于A公司发生财务困难无法归还，于20×6年12月31日进行债务重组。经协商，B公司同意免除A公司债务100万元，其余在两年后支付，并按5%收取利息；同时规定，如果20×7年A公司有盈利，则20×8年按8%收取利息。

根据20×6年年末债务重组时A公司的生产经营情况判断，20×7年A公司很可能实现盈利；20×7年年末A公司编制的利润表表明已经实现盈利。假设利息按年支付；B公司已计提坏账准备25万元；实际利率等于名义利率。

要求：分别为A公司和B公司做出有关账务处理。

3. 甲公司和丙企业均为增值税一般纳税人，增值税税率为17%。甲公司于20×6年4月9日销售一批商品给丙企业，含税收入为1 000万元，款项未收取。按规定货款应于6月8日付清。但丙企业因发生财务困难，现金流量严重不足，短期内无法归还，遂于7月25日签订了债务重组协议，协议规定：丙企业首先以银行存款归还100万元；其次，将剩余债务900万元免除200万元，债期从20×6年8月1日起算到20×7年7月31日止，并从20×6年8月1日起按4%的年利率收取利息，同时规定，如果丙企业在20×6年实现盈利，则20×7年的利率上升到6%，如果未盈利，则仍维持4%，要求利息在归还本金时支付；在债务重组时，丙企业判断很可能盈利。

已知20×6年年末丙企业未实现盈利，甲公司在20×6年6月末已计提坏账准备20万元。假定不考虑相关税费。

要求：分别为甲公司、丙企业做出有关的账务处理。

【案例分析题】

1997年在郑百文宣称每股盈利0.448元以后的第二年，其在中国即创下净亏2.54亿元的最高纪录。根据公司年报，1999年郑百文一年亏损达9.6亿元，每股收益−4.843 5元，再创深沪股市亏损之最，会计师事务所出具的审计意见是"拒绝发表意见"。中国信达资产管理公司于1999年12月与中国建设银行签订债权转让协议，受让193 558.4万元的郑百文债权。中国信达此次申请债权共计人民币213 021万元。2000年2月23日，郑百文临时股东大会通过决议，改聘天健会计师事务所为公司的审计机构。

2000年3月，中国信达资产管理公司向郑州市中级人民法院申请郑百文破产还债，被法院驳回。2000年6月7日到9日，在公司出现如此重大的问题之后，郑百文在上交所的股票价格连续三天达到涨停，公司不得不于2000年6月15日发布警示性公告，提醒投资者注意风险，但是股票继续涨停。鉴于以上原因，公司申请从6月16日至董事会关于资产重组的工作情况的报告公告之日(6月23日之前)，公司证券停牌。在这段时间，公司连续发布公告，提醒投资者公司已经严重亏损，并于2000年8月21日公布2000年中期报告，主要财务指标为每股收益−0.307 1元，每股净资产−6.885 6元，中报审计意见类型：拒绝表示意见。

2000年11月30日郑百文公司公布董事会决议及召开临时股东大会的公告，公布公司资产、债务重组原则的议案如下：

1. 信达向三联集团公司出售对公司的约 15 亿元的债权，三联集团公司支付 3 亿元人民币购买信达约 15 亿元债权；

2. 三联集团公司向信达购买上述债权后将全部豁免，但同时，公司全体股东，包括非流通股和流通股股东需将所持公司股份的约 50% 过户给三联集团公司；

3. 不同意将自己股份中的约 50% 过户给三联的股东将由公司按公平价格回购，公平价格由下一次股东大会以《独立财务顾问报告》确定的价格为准。

另外，信达与公司签署协议，在本议案经公司股东大会通过之时，该公司将立即豁免对公司的债权 1.5 亿元。

该具体方案还包括郑州百文集团有限公司与公司进行一定的资产、债务承接；三联集团公司与公司进行一定的资产置换等事项。

2001 年 1 月 21 日，《财政部关于郑百文资产与债务重组中有关会计处理问题的复函》中规定，中国信达资产管理公司豁免郑百文 1.5 亿元的债务不能以重组利润记入该公司 2000 年利润表，郑百文扭亏为盈，避免被 PT 的捷径已被堵死。

要求：分析该项债务重组对各方有何影响？

第三章

租赁会计

 学习目的与要求

通过本章学习,了解并掌握:
1. 租赁的概念及分类;
2. 经营租赁的会计处理;
3. 融资租赁的会计处理;
4. 售后租回交易的会计处理。

第一节 租赁概述

一、租赁及其相关概念

(一) 租赁的含义

租赁,是指在约定的期间内,出租人将资产使用权让渡给承租人,以获取租金的协议。租赁的主要特征是转移资产的使用权,而不是转移资产的所有权,并且这种转移是有偿的。取得使用权以支付租金为代价,从而使租赁有别于资产购置和不把资产使用权从合同的一方转移给另一方的服务性合同,如劳务合同、运输合同、保管合同等以及无偿提供使用权的借用合同。

可见,转移资产的使用权而不转移资产的所有权以及使用权的转移是有偿的是租赁的两个显著特点。

(二) 与租赁相关的概念

1. 租赁期

租赁期是指租赁协议规定的不可撤销的租赁期间。如果承租人有权选择续租该资产,并且在租赁开始日就可以合理确定承租人将会行使这种选择权,不论是否再支付租金,续租期也应包括在租赁期之内。

2. 租赁开始日

租赁开始日是指租赁协议日与租赁各方就主要条款作出承诺日中的较早者。在租赁开始日,承租人和出租人应当将租赁认定为融资租赁或经营租赁,并确定在租赁期开始日应确认的金额。

3. 租赁期开始日

租赁期开始日是指承租人有权行使其使用租赁资产权利的日期,表明租赁行为的开始。在租赁期开始日,承租人应当对租入资产、最低租赁付款额和未确认融资费用等进行初始确认;出租人应当对应收融资租赁款、未担保余值和未实现融资收益等进行初始确认。

租赁开始日与租赁期开始日的区别在于,租赁开始日实际上是租赁双方确定租赁类型以及租赁资产的入账价值的基准日,而租赁期开始日则是租赁双方转移租赁资产使用权以及在会计上对租赁业务进行初始确认的日期。

[例3-1] 甲公司与乙公司于2016年12月1日签订了一份租赁合同,合同规定:

(1) 租赁期开始日:2017年1月1日;

(2) 租赁期:2017年1月1日—2019年12月31日,共三年;

(3) 租金支付:于每年年末支付200 000元;

(4) 租赁期届满后承租人可以以每年40 000元的租金续租1年,即续租期为2020年1月1日—2020年12月31日,估计租赁期届满时该租赁资产每年的正常租金为160 000元。

根据上述资料,可以分析:

(1) 租赁开始日:2016年12月1日;

(2) 租赁期开始日:2017年1月1日;

(3) 合同规定的租赁期为3年;

(4) 续租期租金占正常租金的比重:40 000/160 000 = 25%,可以合理确定承租人将会续租。因此,本例中的租赁期为4年,即2017年1月1日—2020年12月31日。

4. 初始直接费用

初始直接费用是指承租方和出租方在租赁谈判和签订租赁合同过程中发生的、可直接归属于某租赁项目的费用,主要包括手续费、律师费、差旅费、印花税、佣金等。

5. 或有租金

或有租金是指金额不固定、以时间长短以外的其他因素(如销售量、使用量、物价指数等)为依据计算的租金。

6. 履约成本

履约成本是指承租方在租赁期内为租赁资产支付的各种使用费用,如技术咨询和服务费、人员培训费、维修费、保险费等。

7. 资产余值

资产余值是指租赁双方在租赁开始日估计的租赁期届满时租赁资产的公允价值。资产余值是合理确定担保余值和未担保余值的基础。

8. 担保余值

担保余值就承租人而言,是指由承租人或与其有关的第三方担保的资产余值;就出租人而言,是指就承租人而言的担保余值加上与承租人和出租人均无关、但在财务上有能力担保的第三方担保的资产余值。为了促使承租人谨慎地使用租赁资产,尽量减少出租人自身的风险和损失,租赁协议有时要求承租人或与其有关的第三方对租赁资产的余值进行担保,此时的担保余值是针对承租人而言的。除此以外,担保人还可能是与承租人和出租人均无关、但在财务上有能力担保的第三方,如担保公司,此时的担保余值是针对出租人而言的。

9. 未担保余值

未担保余值是指租赁资产余值中扣除就出租人而言的担保余值以后的资产余值。对出租人而言,如果租赁资产余值中包含未担保余值,表明这部分余值的风险和报酬并没有转移,其风险应由出租人承担,因此,未担保余值不能作为应收融资租赁款的一部分。

10. 最低租赁付款额

最低租赁付款额是指在租赁期内,承租人应支付或可能被要求支付的款项(不包括或有租金和履约成本),加上由承租人或与其有关的第三方担保的资产余值。但是出租人支付但可退还的税金不包括在内。

承租人有购买租赁资产选择权,所订立的购买价款预计将远低于行使选择权时租赁资产的公允价值,因而在租赁开始日就可以合理确定承租人将会行使这种选择权的,此购买价款应当计入最低租赁付款额内。

11. 最低租赁收款额

最低租赁收款额是指最低租赁付款额加上独立于承租人和出租人的第三方对出租人担保的资产余值。

二、租赁业务的种类

承租人和出租人应当在租赁开始日将租赁分为融资租赁和经营租赁。融资租赁是指实质上转移了与资产所有权有关的全部风险和报酬的租赁,其所有权最终可能转移,也可能不转移。经营租赁是指除融资租赁以外的其他租赁,是承租人为了经营活动中的短期性、临时性及季节性需要而向出租人租用某种资产的行为。

企业在对租赁进行分类时,应当全面考察租赁期届满时租赁资产所有权是否会发生转移、承租人是否有购买租赁资产的选择权、租赁期占租赁资产使用寿命的比例等各种因素。一项租赁是否为融资租赁,取决于交易的实质而不是合同的形式。在一项交易中,如果与租赁资产所有权有关的全部风险与报酬实质上已发生了转移,该租赁应确认为融资租赁。

根据《国际会计准则第 17 号——租赁》和我国《企业会计准则第 21 号——租赁》的规定,一项租赁业务如满足下列标准之一的,应认定为融资租赁:

标准 1:租赁期届满时,租赁资产的所有权转移给承租人。即如果在租赁协议中已经约定,或者根据其他条件在租赁开始日就可以合理判断,租赁期届满时出租人会将资产的所有权转移给承租人,那么该项租赁应当认定为融资租赁。

标准2：承租人有购买租赁资产的选择权,所订立的购买价款预计将远低于行使选择权时租赁资产的公允价值,因而在租赁开始日就可以合理确定承租人将会行使这种选择权。

[例3-2] 如出租人和承租人签订了一项租赁协议,租赁期为5年,租赁期届满时承租人有权以20 000元的价格购买租赁资产,在签订租赁协议时估计该租赁资产在租赁期届满时的公允价值为200 000元,由于购买价格仅为公允价值的10%,如果没有其他特别情况,承租人在租赁期届满时一般会购买该项资产。在这种情况下,即可判断该项租赁为融资租赁。

标准3：即使资产的所有权不转移,但租赁期占租赁资产使用寿命的大部分。这里的"大部分"是指租赁期占租赁资产使用寿命的75%以上(含75%,下同)。

需要注意的是,这条标准强调的是租赁期占租赁资产尚可使用寿命的比例,而不是租赁期占该项资产全部可使用寿命的比例。如果租赁资产是旧资产,在租赁前已使用年限超过资产自全新时起算可使用年限的75%以上时,则这条判断标准不适用,不能使用这条标准确定租赁的分类。

[例3-3] 某项租赁设备全新时可使用年限为10年,已经使用了2年,从第3年开始租出,租赁期为7年,由于租赁开始时该设备使用寿命为8年,租赁期占租赁资产尚可使用寿命的87.5%,符合第3条标准,因此该项租赁应当归类为融资租赁。如果从第3年起开始租赁,租赁期为4年,租赁期占租赁资产尚可使用寿命的50%,就不符合第3条标准,因此该项租赁就不能认定为融资租赁(假定也不符合其他判断标准)。假如该项设备已使用了8年,从第9年开始租赁,租赁期为2年,此时该设备尚可使用寿命为2年,虽然租赁期为尚可使用寿命的100%,但由于在租赁前该设备的已使用年限超过了该资产自全新时起算可使用年限的75%,因此,不能采用这条标准来判断租赁的分类。

标准4：就承租人而言,在租赁开始日的最低租赁付款额的现值,几乎相当于租赁开始日租赁资产的公允价值；就出租人而言,在租赁开始日的最低租赁收款额的现值,几乎相当于租赁开始日租赁资产的公允价值。这里的"几乎相当于"通常是指在90%(含90%,下同)以上。需要说明的是,此标准只是指导性标准,企业在具体运用时必须以准则规定的相关条件进行判断。

标准5：租赁资产性质特殊,如果不作较大改造,只有承租人才能使用。这条标准是指租赁资产是由出租人根据承租人对资产型号、规格、性能等方面的特殊要求专门购买或建造的,具有专购、专用性质。这些租赁资产如果不作较大的重新改制,其他企业通常难以使用。这种情况下,该项租赁也应当认定为融资租赁。

第二节 经营租赁的会计处理

▶▶ 一、承租人的会计处理

在经营租赁下,由于与租赁资产所有权有关的风险和报酬没有从出租人转移给承租人,所以承租人不承担租赁资产的主要风险,不须将所取得的租入资产的使用权资本化。承租人在经营租赁下发生的租金应当在租赁期内的各个期间按直线法确认为费用,如有其他更合理的方法,也可以采用其他方法确认租金费用。

会计处理一般为:预付租金时,借记"长期待摊费用"等科目,贷记"其他应付款""银行存款""库存现金"等科目;分期摊销时,借记"制造费用""管理费用"等科目,贷记"长期待摊费用"等科目。

在某些情况下,出租人可能对经营租赁提供激励措施,如提供免租期、承担承租人某些费用等。在出租人提供免租期的情况下,承租人应将租金总额在整个租赁期内,而不是扣除免租期后的期间内按直线法或其他合理的方法进行分摊,免租期内也应确认租金费用;在出租人承担了承租人某些费用的情况下,应将该费用从租金总额中扣除,并将租金余额在租赁期内进行摊销。

对于承租人发生的初始直接费用,应当计入发生当期的损益,借记"管理费用"等科目,贷记"银行存款"等科目。

如租赁合同中存在或有租金的话,承租人应在或有租金发生时计入当期损益,借记"销售费用"等科目,贷记"银行存款"等科目。

此外,为了保证租赁资产的安全,承租人应设置"经营租赁资产"备查簿作备查登记,以反映租赁资产的取得、使用、归还和结存情况。

[例3-4] A公司与B公司于2016年9月28日签订协议,A公司向B公司租入一套全新生产设备以解决临时性的生产需要,期限18个月,该设备的价值为2 000 000元,预计使用年限为8年,租赁协议规定,租赁期为2016年10月1日至2018年3月31日,租金总额为468 000元,在租赁协议签字后5日内一次支付,A公司于2016年9月30日通过银行转账支付了上述款项。租赁期届满后B公司收回租赁设备。

分析:此项租赁没有满足融资租赁的任何一条标准,故认定为经营租赁。A公司的账务处理为:

(1)取得租赁设备时,作备查登记。
(2)2016年9月30日支付租金时:

　　借:长期待摊费用　　　　　　　　　　　　　468 000
　　　　贷:银行存款　　　　　　　　　　　　　　　　468 000

(3)2016年10月31日按月摊销租金时(直线法):

借：制造费用	26 000	
贷：长期待摊费用		26 000

(4) 2016年11月30日至2018年3月31日,每月摊销租金的会计分录同上。

(5) 2018年3月31日租赁期届满归还设备时,在备查簿中注销。

二、出租人的会计处理

在经营租赁下,由于与租赁资产所有权有关的风险和报酬没有从出租人转移给承租人,因此,出租人仍应将租赁资产作为自有的资产进行核算和管理,并将租赁资产反映在资产负债表上。租赁资产如为固定资产的,出租人应采用与其他类似固定资产相同的折旧政策计提折旧。

出租人在经营租赁下收取的租金,应当在租赁期内的各个期间按直线法确认为收入,如有其他更合理的方法,也可以采用其他方法确认租金收入。

会计处理一般为:按租赁合同确认各期的租金收入时,借记"应收账款""其他应收款"等科目,贷记"租赁收入""其他业务收入"等科目;实际收到租金时,借记"银行存款""库存现金"等科目,贷记"应收账款""其他应收款"等科目。

对于出租人发生的初始直接费用,应当计入发生当期的损益,借记"管理费用"等科目,贷记"银行存款"等科目。

如租赁合同中存在或有租金的话,出租人应在或有租金实际发生时计入当期损益,借记"应收账款""其他应收款""银行存款""库存现金"等科目,贷记"租赁收入""其他业务收入"等科目。

在某些情况下,出租人可能对经营租赁提供激励措施,如提供免租期、承担承租人某些费用等。在出租人提供免租期的情况下,出租人应将租金总额在不扣除免租期的整个租赁期内按直线法或其他合理的方法进行分配,免租期内也应确认租金收入;在出租人承担了承租人某些费用的情况下,出租人应将该费用从租金收入总额中扣除,并将租金收入余额在租赁期内进行分配。

[例3-5] 沿用[例3-4]的资料,假设B公司对租赁资产按使用年限法计提折旧,预计净残值为0。

B公司的账务处理为:

(1) 租出设备时:

借：固定资产——租出固定资产(设备)	2 000 000	
贷：固定资产——未使用固定资产(设备)		2 000 000

(2) 2016年9月30日收取租金时:

借：银行存款	468 000	
贷：预收账款		468 000

(3) 2016年10月31日确认租金收入时:

借：预收账款	26 000	
贷：其他业务收入		26 000

(4) 2016 年 10 月 31 日计提折旧时：
借：其他业务成本　　　　　　　　　　　20 833.33
　　贷：累计折旧　　　　　　　　　　　　　　20 833.33

(5) 2016 年 11 月 30 日至 2018 年 3 月 31 日，每月确认租金收入和计提折旧的会计分录同上。

(6) 2018 年 3 月 31 日收回租赁资产时：
借：固定资产——未使用固定资产(设备)　2 000 000
　　贷：固定资产——租出固定资产(设备)　　　2 000 000

第三节　融资租赁的会计处理

一、承租人对融资租赁的会计处理

(一) 租赁开始日的会计处理

在租赁开始日，承租人应当将租赁开始日租赁资产公允价值与最低租赁付款额的现值两者之中较低者作为租入资产的入账价值，将最低租赁付款额作为长期应付款的入账价值，其差额作为未确认融资费用。

承租人在计算最低租赁付款额的现值时，如果知悉出租人的租赁内含利率，应当采用出租人的租赁内含利率作为折现率；否则，应当采用租赁协议规定的利率作为折现率。如果出租人的租赁内含利率和租赁协议规定的利率均无法知悉，应当采用同期银行贷款利率作为折现率。其中租赁内含利率，是指在租赁开始日，使最低租赁收款额的现值与未担保余值之和等于租赁资产公允价值与出租人的初始直接费用之和的折现率。

(二) 未确认融资费用的分摊

在融资租赁下，承租人向出租人支付的租金中，包含了本金和利息两部分。承租人支付租金时，一方面应减少长期应付款，另一方面应同时将未确认的融资租赁费用按一定的方法确认为当期融资费用。在先付租金(即每期起初等额支付租金)的情况下，租赁期第一期支付的租金不含利息，只需减少长期应付款，不必确认当期融资费用。

在分摊未确认融资费用时，按照租赁准则的规定，承租人应当采用实际利率法。在采用实际利率法的情况下，根据租赁开始日租赁资产和负债的入账价值基础不同，融资费用分摊率的选择也不同。未确认融资费用的分摊率的确定具体分为以下几种情况：

(1) 以出租人的租赁内含利率为折现率将最低租赁付款额折现，且以该现值作为租赁资产入账价值的，应当将租赁内含利率作为未确认融资费用的分摊率。

(2) 以合同规定利率为折现率将最低租赁付款额折现，且以该现值作为租赁资产入账价值的，应当将合同规定利率作为未确认融资费用的分摊率。

(3) 以银行同期贷款利率为折现率将最低租赁付款额折现，且以该现值作为租赁资产入账价值的,应当将银行同期贷款利率作为未确认融资费用的分摊率。

(4) 以租赁资产公允价值为入账价值的,应当重新计算分摊率。该分摊率是使最低租赁付款额的现值等于租赁资产公允价值的折现率。

存在优惠购买选择权的,在租赁期届满时,未确认融资费用应全部摊销完毕,并且租赁负债也应当减少为优惠购买金额。在承租人或与其有关的第三方对租赁资产提供了担保或由于在租赁期届满没有续租而支付违约金的情况下,在租赁期届满时,未确认融资费用应当全部摊销完毕,并且,租赁负债应减少至担保余值或该日应支付的违约金。

(三) 租赁资产折旧的提取

1. 折旧政策

对于融资租入资产,计提租赁资产折旧时,承租人应采用与自有应折旧资产相一致的折旧政策。同自有应折旧资产一样,租赁资产的折旧方法一般有年限平均法、工作量法、双倍余额递减法、年数总和法等。如果承租人或与其有关的第三方对租赁资产余值提供了担保,则应计折旧总额为租赁开始日固定资产的入账价值扣除担保余值后的余额;如果承租人或与其有关的第三方未对租赁资产余值提供担保,应计折旧总额为租赁开始日固定资产的入账价值。

2. 折旧期间

确定租赁资产的折旧期间应视租赁合同的规定而论。如果能够合理确定租赁期届满时承租人将会取得租赁资产所有权,即可认为承租人拥有该项资产的全部使用寿命,因此应以租赁期开始日租赁资产的使用寿命作为折旧期间;如果无法合理确定租赁期届满后承租人是否能够取得租赁资产的所有权,应以租赁期与租赁资产使用寿命两者中较短者作为折旧期间。

(四) 履约成本的会计处理

履约成本是指承租方在租赁期内为租赁资产支付的各种使用费用,如技术咨询和服务费、人员培训费、维修费、保险费等。承租人发生的履约成本通常应计入当期损益。

(五) 或有租金的会计处理

或有租金是指金额不固定、以时间长短以外的其他因素(如销售量、使用量、物价指数等)为依据计算的租金。由于或有租金金额不固定,无法采用系统合理的方法对其进行分摊,因此,承租人在或有租金实际发生时,将其计入当期损益。

(六) 出租人提供激励措施的会计处理

出租人提供免租期的,承租人应将租金总额在整个租赁期内,而不是扣除免租期后的期间内按直线法或其他合理的方法进行分摊,免租期内也应确认租金费用及相应的负债;在出租人承担了承租人某些费用的情况下,应将该费用从租金总额中扣除,并将租金余额在租赁期内进行分摊。

(七) 租赁期届满时的会计处理

租赁期届满时,承租人对租赁资产的处理通常有三种情况:返还、优惠续租和留购。

1. 返还租赁资产

租赁期届满,承租人向出租人返还租赁资产时,应借记"长期应付款——应付融资租赁款""累计折旧"科目,贷记"固定资产——融资租入固定资产"科目。

2. 优惠续租租赁资产

承租人行使优惠续租选择权,应视同该项租赁一直存在而作相应的账务处理。

如果租赁期届满时没有续租,根据合同规定须向出租人支付违约金时,应借记"营业外支出"科目,贷记"银行存款"等科目。

3. 留购租赁资产

在承租人享有优惠购买选择权的情况下,支付购买价款时,借记"长期应付款——应付融资租赁款"科目,贷记"银行存款"等科目;同时,将固定资产从"融资租入固定资产"明细科目转入有关明细科目。

[例3-6] 2016年12月22日,W公司与Z租赁公司签订了一份租赁合同,合同规定的主要条款如下:

(1) 租赁标的物:程控交换机。

(2) 租赁期开始日:租赁资产运抵W公司电话机房之日(即2017年1月1日)。

(3) 租赁期:36个月(即从2017年1月1日至2019年12月31日)。

(4) 租金支付方式:自租赁期开始日起每6个月于月末支付租金300 000元。

(5) 该程控交换机在2017年1月1日Z租赁公司的公允价值为1 600 000元。

(6) 租赁合同规定的利率为5%(6个月利率)。

(7) 该程控交换机的保险、维修等费用由W公司负担,估计每年约30 000元。

(8) 租赁合同规定2018年、2019年W公司须按实现的营业收入的2%向Z公司支付经营分享收入。

(9) 该程控交换机为全新设备,估计使用年限为10年,期满无残值。

W公司的有关资料:

(1) 该程控交换机占W公司资产总额的30%以上,且不须安装。

(2) 采用实际利率法分摊未确认融资费用。

(3) 采用直线法计提折旧。

(4) 2018年、2019年W公司分别实现营业收入1 000 000元和1 500 000元。

(5) 2020年1月1日,将该设备归还给Z公司。

(6) W公司租赁谈判和签订租赁合同过程中发生的差旅费、律师费等初始直接费用50 000元。

W公司的账务处理如下:

(1) 租赁开始日的账务处理:

第一步,确定租赁类型。

此项租赁没有满足融资租赁的标准1、标准2、标准3、标准5,对于标准4,应计算最低租赁付款额的现值。

最低租赁付款额 = 各期租金之和 + 承租人担保的资产余值 = (300 000 × 6) + 0 = 1 800 000(元),

计算现值的过程如下:

每期租金300 000元的年金现值 = 300 000 × (P/A,5%,6)

查表得知:

(P/A,5%,6)=5.075 7

每期租金的现值之和 = 300 000 × 5.075 7 = 1 522 710(元)

1 522 710÷1 600 000 = 95.17% > 90%,满足租赁标准4,因此,W公司应将该项租赁认定为融资租赁。

第二步,确定租赁资产的入账价值。

由于租赁资产占W公司资产总额的30%以上,按规定租赁资产的入账价值应采用孰低法。

由第一步可知,最低租赁付款额的现值为1 522 710元,小于租赁资产的公允价值1 600 000元,所以,租赁资产的入账价值为1 522 710元。

第三步,计算未确认融资费用。

未确认融资费用 = 最低租赁付款额 - 租赁开始日租赁资产的入账价值 = 1 800 000 - 1 522 710 = 277 290(元)

第四步,将初始直接费用计入租赁资产的价值。

租赁资产的入账价值 = 1 522 710 + 50 000 = 1 572 710(元)

2017年1月1日租入程控交换机的会计分录为:

借:固定资产——融资租入固定资产　　1 572 710
　　未确认融资费用　　　　　　　　　　277 290
　　贷:长期应付款——应付融资租赁费　　1 800 000
　　　　银行存款　　　　　　　　　　　　50 000

(2) 未确认融资费用的分摊:

第一步,确定未确认融资费用的分摊率。

由于租赁资产的入账价值为最低租赁付款额的现值,因此,该折现率就是融资费用的分摊率,即5%。

第二步,在租赁期内采用实际利率法分摊未确认融资费用,如表3-1所示。

表3-1　未确认融资费用分摊表(实际利率法)

2017年1月1日　　　　　　　　　　　　　　　　　　单位:元

日期	租金	确认的融资费用	应付本金减少数	应付本金余额
①	②	③ = 期初⑤×5%	④ = ② - ③	⑤ = 期初⑤ - ④
2017.1.1				1 522 710
2017.6.30	300 000	76 135.50	223 864.50	1 298 845.50
2017.12.31	300 000	64 942.28	235 057.72	1 063 787.78
2018.6.30	300 000	53 189.39	246 810.61	816 977.17
2018.12.31	300 000	40 848.86	259 151.14	557 826.03
2019.6.30	300 000	27 891.30	272 108.70	285 717.33
2019.12.31	300 000	14 282.67*	285 717.33	0
合计	1 800 000	277 290	1 522 710	0

*做尾数调整:14 282.67 = 300 000 - 285 717.33

第三步,每期支付租金及分摊未确认融资费用的会计分录。

2017 年 6 月 30 日,支付第 1 期租金:

  借:长期应付款——应付融资租赁费   300 000
    贷:银行存款   300 000

2017 年 1 - 6 月,每月分摊未确认融资费用时,每月分摊额 = 76 135.50 ÷ 6 = 12 689.25(元)。

  借:财务费用   12 689.25
    贷:未确认融资费用   12 689.25

2017 年 12 月 31 日,支付第 2 期租金:

  借:长期应付款——应付融资租赁费   300 000
    贷:银行存款   300 000

2017 年 7 - 12 月,每月分摊未确认融资费用时,每月分摊额 = 64 942.28 ÷ 6 = 10 823.71(元)。(注:最后一个月须承担尾差,下同)

  借:财务费用   10 823.71
    贷:未确认融资费用   10 823.71

2018 年 6 月 30 日,支付第 3 期租金:

  借:长期应付款——应付融资租赁费   300 000
    贷:银行存款   300 000

2018 年 1 - 6 月,每月分摊未确认融资费用时,每月分摊额 = 53 189.39 ÷ 6 = 8864.90(元)。

  借:财务费用   8 864.90
    贷:未确认融资费用   8 864.90

2018 年 12 月 31 日,支付第 4 期租金:

  借:长期应付款——应付融资租赁费   300 000
    贷:银行存款   300 000

2018 年 7 - 12 月,每月分摊未确认融资费用时,每月分摊额 = 40 848.86 ÷ 6 = 6 808.14(元)。

  借:财务费用   6 808.14
    贷:未确认融资费用   6 808.14

2019 年 6 月 30 日,支付第 5 期租金:

  借:长期应付款——应付融资租赁费   300 000
    贷:银行存款   300 000

2019 年 1 - 6 月,每月分摊未确认融资费用时,每月分摊额 = 27 891.30 ÷ 6 = 4 648.55(元)。

  借:财务费用   4 648.55
    贷:未确认融资费用   46 48.55

2019 年 12 月 31 日,支付第 6 期租金:

  借:长期应付款——应付融资租赁费   300 000

贷：银行存款 300 000

2019 年 7－12 月，每月分摊未确认融资费用时，每月分摊额 = 14 282.67 ÷ 6 = 2 380.45（元）。

 借：财务费用 2 380.45
 贷：未确认融资费用 2 380.45

(3) 融资租赁资产折旧的会计处理：

第一步，融资租赁固定资产折旧的计算，如表 3-2 所示。

表 3-2 融资租赁固定资产折旧计算表（直线法） 单位：元

日期	固定资产原价	预计残值	当年折旧额	累计折旧	固定资产净值
2017.1.1	1 572 710	0			1 572 710
2017.12.31			494 280.29	494 280.29	1 078 429.71
2018.12.31			539 214.86	1 033 495.15	539 214.85
2019.12.31			539 214.85	1 572 710	0
合计	1 572 710	0	1 572 710		

注：(1) 由于 W 公司无法合理确定在租赁期届满时能够取得租赁资产的所有权，因此，应以租赁期与租赁资产尚可使用年限两者中较短者作为折旧期间。本例中租赁期为 3 年，租赁资产尚可使用年限为 10 年，因此，应按 3 年计提折旧。(2) 由于当月增加的固定资产当月不提折旧，从下月开始计提，故本例按 35 个月计提折旧。(3) 尾差由最后一期承担。

第二步，会计处理：

2017 年 2 月 28 日，计提本月折旧 = 494 280.29 ÷ 11 = 44 934.57（元）

 借：管理费用——折旧费 44 934.57
 贷：累计折旧 44 934.57

其余月份计提折旧的会计分录，同上。

(4) 每年发生租赁资产的保险、维修等费用时（假设每年 30 000 元，均以银行存款支付）的会计处理：

 借：管理费用——保险费等 30 000
 贷：银行存款 30 000

(5) 或有租金的会计处理：

2018 年 12 月 31 日，根据合同规定，应向 Z 公司支付经营分享收入 20 000 元：

 借：销售费用 20 000
 贷：银行存款（或其他应付款） 20 000

2019 年 12 月 31 日，根据合同规定，应向 Z 公司支付经营分享收入 30 000 元：

 借：销售费用 30 000
 贷：银行存款（或其他应付款） 30 000

(6) 租赁期届满时的会计处理：

2020 年 1 月 1 日期满归还租赁资产：

借：累计折旧　　　　　　　　　　　　　　　　　　1 572 710
　　贷：固定资产——融资租入固定资产　　　　　　1 572 710

二、出租人对融资租赁的会计处理

（一）租赁期开始日的会计处理

由于在融资租赁下，出租人将与租赁资产所有权有关的风险和报酬实质上转移给了承租人，将租赁资产的使用权长期转让给承租人，并以此获取租金，因此，出租人的租赁资产在租赁开始日实际上就变成了应收取租金的债权。出租人应在租赁期开始日，将租赁开始日最低租赁收款额与初始直接费用之和作为应收融资租赁款的入账价值，同时记录未担保余值，将最低租赁收款额、初始直接费用与未担保余值之和与其现值之和的差额记录为未实现融资收益。

会计处理上：在租赁期开始日，出租人应将最低租赁收款额与初始直接费用之和，借记"长期应收款——应收融资租赁款"科目，按未担保余值，借记"未担保余值"科目，按租赁资产的公允价值，贷记"融资租赁资产"科目，按租赁资产的公允价值与其账面价值的差额，借记"营业外支出"科目或贷记"营业外收入"科目，按发生的初始直接费用，贷记"银行存款"等科目，按借贷之差，贷记"未实现融资收益"科目。

（二）未实现融资收益的会计处理

根据租赁准则的规定，未实现融资收益应当在租赁期内各个期间进行分配，确认为各期的租赁收入。分配时，出租人应当采用实际利率法计算当期应当确认的租赁收入。

出租人每期收到租金时，按收到的租金金额，借记"银行存款"科目，贷记"长期应收款——应收融资租赁款"科目。同时，每期确认租赁收入时，借记"未实现融资收益"科目，贷记"租赁收入"科目。

由于在计算内含报酬率时已考虑了初始直接费用的因素，为了避免未实现融资收益的高估，在初始确认时应对未实现融资收益进行调整，借记"未实现融资收益"科目，贷记"长期应收款——应收融资租赁款"科目。

（三）应收融资租赁款坏账准备的提取

为了真实反映出租人应收债权，出租人应当定期根据承租人的财务状况、租金的逾期情况等因素，分析应收融资租赁款的可收回性，对应收融资租赁款（减去未实现融资收益之后的差额部分）合理计提坏账准备。计提坏账准备时，借记"资产减值损失"科目，贷记"坏账准备"科目；对于确实无法收回的应收融资租赁款，经批准转作坏账损失时，借记"坏账准备"科目，贷记"长期应收款——应收融资租赁款"科目；已核销的坏账损失，如以后又收回，按实际收回的金额，借记"长期应收款——应收融资租赁款"科目，贷记"坏账准备"科目，同时，借记"银行存款"科目，贷记"长期应收款——应收融资租赁款"科目。

（四）未担保余值发生变动的会计处理

出租人至少每年年末要对未担保余值进行检查，如有证据表明未担保余值发生了减少，应重新计算租赁内含利率，并将由此而引起的租赁投资净额（最低租赁收款额及未担保余值之和与未实现融资收益之间的差额)的减少确认为当期的损失,以后各期根据修正后的租赁投资净额和重新计算的租赁内含利率确定应确认的租赁收入(前期已确认的租赁收入不作追溯调整,只对未担保余值发生减少的当期和以后各期进行调整)。如已确认损失的未担保余值得以恢复,应在原先已确认损失的金额内转回,并重新计算租赁内含利率,以后各期根据修正后租赁投资净额和重新计算的租赁内含利率确定应确认的租赁收入。

会计处理为:期末,按出租人未担保余值的预计可收回金额低于其账面价值的差额,借记"资产减值损失"科目,贷记"未担保余值减值准备"科目,同时,将上述减值金额与由此所产生的租赁投资净额的减少额之间的差额,借记"未实现融资收益"科目,贷记"资产减值损失"科目;如已确认损失的未担保余值得以恢复,应按未担保余值恢复的金额,借记"未担保余值减值准备"科目,贷记"资产减值损失"科目,同时,按原减值额与由此所产生的租赁投资净额的增加额之间的差额,借记"资产减值损失"科目,贷记"未实现融资收益"科目。

(五)或有租金的会计处理

出租人在融资租赁下发生的或有租金,应在实际发生时确认为当期收入。其会计处理为:借记"银行存款"等科目,贷记"租赁收入"科目。

(六)租赁期届满时的会计处理

租赁期届满时出租人应区别以下情况进行会计处理:

1. 租赁期届满时,承租人将租赁资产交还给出租人

这时可能出现以下几种情况:

(1)对资产余值全部担保的:出租人收到承租人交还的租赁资产时,应当借记"融资租赁资产"科目,贷记"长期应收款——应收融资租赁款"科目。如果收回租赁资产的价值低于担保余值,则应向承租人收取价值损失补偿金,借记"其他应收款"科目,贷记"营业外收入"科目。

(2)对资产余值部分担保的:出租人收到承租人交还的租赁资产时,应当借记"融资租赁资产"科目,贷记"长期应收款——应收融资租赁款""未担保余值"等科目。如果收回租赁资产的价值扣除未担保余值后的余额低于担保余值,则应向承租人收取价值损失补偿金,借记"其他应收款"科目,贷记"营业外收入"科目。

(3)对资产余值全部未担保的:出租人收到承租人交还的租赁资产时,借记"融资租赁资产"科目,贷记"未担保余值"科目。

(4)担保余值和未担保余值均不存在的:出租人无须作会计处理,只须作相应的备查登记。

2. 优惠续租租赁资产

(1)如果承租人行使优惠续租选择权,则出租人应视同该项租赁一直存在而作相应的账务处理,如继续分配未实现融资收益等。

(2)如果租赁期届满时承租人没有续租,根据租赁合同规定应向承租人收取违约金时,应将其确认为营业外收入。同时,将收回的租赁资产按上述规定处理。

3. 留购租赁资产

租赁期届满时,承租人行使了优惠购买选择权,出租人应按承租人所支付的购买价款,借记"银行存款"等科目,贷记"长期应收款——应收融资租赁款"科目。如还存在未担保余值的,则借记"营业外支出"科目,贷记"未担保余值"科目。

[例3-7] 沿用[例3-6]的资料,Z公司的有关资料如下:
(1) 程控交换机的账面价值为1 600 000元。
(2) 采用实际利率法分摊未实现融资收益。
(3) 2018年、2019年分别从W公司取得经营分享收入20 000元和30 000元。
(4) 2020年1月1日收回程控交换机。

Z公司的会计处理如下:
(1) 租赁开始日的会计处理:
第一步,计算租赁内含利率。

根据租赁内含利率的定义,即在租赁开始日,使最低租赁收款额的现值与未担保余值的现值之和等于租赁资产公允价值与出租人的初始直接费用之和的折现率。

由于本例中不存在与承租人和出租人均无关、但在财务上有能力担保的第三方对出租人担保的资产余值,因此,最低租赁收款额 = 最低租赁付款额 = 300 000 × 6 = 1 800 000元。因此,有 300 000 × (P/A,R,6) = 1 600 000元

即:(P/A,R,6) = 5.333 3

可在多次测试的基础上用插值法计算租赁内含利率。

当R = 3%　　　　　　　　(P/A,R,6) = 5.417 2
当R = 3.5%时　　　　　　(P/A,R,6) = 5.328 6

因此,3% < R < 3.5%。采用插值法计算如下:

现值	利率
5.417 2	3%
5.333 3	R
5.328 6	3.5%

R = 3% + [(5.417 2 − 5.333 3) ÷ (5.417 2 − 5.328 6)] × (3.5% − 3%)
　= 3% + (0.083 9 ÷ 0.088 6) × 0.5%
　= 3% + 0.475%
　= 3.48%

即内含报酬率为3.48%。

第二步,租赁开始日最低租赁收款额及其现值和未实现融资收益的计算。

由于本例中不存在未担保余值,因此,最低租赁收款额 = 300 000 × 6 = 1 800 000(元)
最低租赁收款额的现值 = 300 000 × (P/A,3.48%,6) = 1 600 000(元)
未实现融资收益 = 最低租赁收款额 − 最低租赁收款额的现值 = 1 800 000 − 1 600 000 = 200 000(元)

第三步,判断租赁类型。

由于最低租赁收款额的现值为1 600 000元大于租赁资产原账面价值的90%即1 440 000元(1 600 000 × 90%),因此,根据标准4,对Z公司来说此项租赁属于融资租赁。

第四步,会计分录:

2017 年 1 月 1 日出租时：

借：长期应收款——应收融资租赁款　　　1 800 000
　　贷：融资租赁资产　　　　　　　　　　　　　1 600 000
　　　　未实现融资收益　　　　　　　　　　　　　 200 000

（2）未实现融资收益的会计处理：

第一步，计算租赁期内各期应分配的未实现融资收益，如表 3-3 所示。

表 3-3　未实现融资收益分配表（实际利率法）

2017 年 1 月 1 日　　　　　　　　　　　　　　　　　　　　　单位：元

日期	租金	确认的融资收入	租赁投资净额减少数	租赁投资净额余额
①	②	③ = 期初⑤×3.48%	④ = ② - ③	⑤ = 期初⑤ - ④
2017.1.1				1 600 000
2017.6.30	300 000	55 680	244 320	1 355 680
2017.12.31	300 000	47 177.66	252 822.34	1 102 857.66
2018.6.30	300 000	38 379.45	261 620.55	841 237.11
2018.12.31	300 000	29 275.05	270 724.95	570 512.16
2019.6.30	300 000	19 853.82	280 146.18	290 365.98
2019.12.31	300 000	9 634.02*	290 365.98	0
合计	1 800 000	200 000	1 600 000	0

* 做尾数调整：9 634.02 = 300 000 - 290 365.98

第二步，每期收取租金及分配未确认融资收益的会计分录。

2017 年 6 月 30 日，收到第 1 期租金：

借：银行存款　　　　　　　　　　　　　　 300 000
　　贷：长期应收款——应收融资租赁款　　　　　　300 000

2017 年 1 - 6 月，每月确认融资收入时，每月分配额 = 55 680 ÷ 6 = 9 280（元）。

借：未确认融资收益　　　　　　　　　　　　9 280
　　贷：租赁收入　　　　　　　　　　　　　　　　9 280

2017 年 12 月 31 日，收到第 2 期租金：

借：银行存款　　　　　　　　　　　　　　 300 000
　　贷：长期应收款——应收融资租赁款　　　　　　300 000

2017 年 7 - 12 月，每月确认融资收入时，每月分配额 = 47 177.66 ÷ 6 = 7 862.94（元）。
（注：最后一个月须承担尾差，下同）

借：未确认融资收益　　　　　　　　　　　　7 862.94
　　贷：租赁收入　　　　　　　　　　　　　　　　7 862.94

2018 年 6 月 30 日，收到第 3 期租金：

借：银行存款　　　　　　　　　　　　　　 300 000
　　贷：长期应收款——应收融资租赁款　　　　　　300 000

2018 年 1 - 6 月，每月确认融资收入时，每月分配额 = 38 379.45 ÷ 6 = 6 396.58（元）。

借：未确认融资收益 6 396.58
　　贷：租赁收入 6 396.58

2018 年 12 月 31 日,收到第 4 期租金:
借：银行存款 300 000
　　贷：长期应收款——应收融资租赁款 300 000

2018 年 7 - 12 月,每月确认融资收入时,每月分配额 = 29 275.05 ÷ 6 = 4 879.18(元)。
借：未确认融资收益 4 879.18
　　贷：租赁收入 4 879.18

2019 年 6 月 30 日,收到第 5 期租金:
借：银行存款 300 000
　　贷：长期应收款——应收融资租赁款 300 000

2019 年 1 - 6 月,每月确认融资收入时,每月分配额 = 19 853.82 ÷ 6 = 3 308.97(元)。
借：未确认融资收益 3 308.97
　　贷：租赁收入 3 308.97

2019 年 12 月 31 日,收到第 6 期租金:
借：银行存款 300 000
　　贷：长期应收款——应收融资租赁款 300 000

2019 年 7 - 12 月,每月确认融资收入时,每月分配额 = 9 634.02 ÷ 6 = 1 605.67(元)。
借：未确认融资收益 1 605.67
　　贷：租赁收入 1 605.67

(3) 或有租金的会计处理:
2018 年 12 月 31 日 Z 公司收到 W 公司支付的分享经营收入 20 000 元时:
借：银行存款 20 000
　　贷：融资收入 20 000

2019 年 12 月 31 日 Z 公司收到 W 公司支付的分享经营收入 30 000 元时:
借：银行存款 30 000
　　贷：融资收入 30 000

(4) 租赁期届满时的会计处理:
2020 年 1 月 1 日,Z 公司从 W 公司收回程控交换机时,作备查登记。

第四节　售后租回交易的会计处理

一、售后租回的定义

售后租回交易是一种特殊形式的租赁业务,是指卖主(即承租人)将资产售出后,又将该资产从买主(即出租人)租回,习惯上称之为"回租"。通过售后租回交易,资产原所有者(即承租人)在保留对资产的占有权、使用权和控制权的前提下,将固定资本转化为货币资本,在出售时取得全部价款的现金,而租金则是分期支付的,从而获得了所需的资金;而资产的新所有者(即出租人)通过售后租回交易,找到了一个风险小、回报有保障的投资机会。

按照租赁准则的规定,售后租回形成的租赁应由租赁双方认定为融资租赁和经营租赁。

二、售后租回形成经营租赁

(一)确认和计量的原则

在售后租回交易为经营租赁的情况下,与销售(租回)资产所有权有关的全部风险和报酬转移给了购买方(出租方),销售与租回实质上是两笔交易。从这个意义上说,应该将资产的售价与账面价值之间的差额作为销售损益予以确认,但是,如果这里的售价不是按公允价值形成的,则应否确认销售损益还需要视情况而定。第一,如售后租回交易是按公允价值达成的,资产售价与账面价值之间的差额应作为销售损益处理,计入当期损益。第二,如售后租回交易不是按公允价值达成的,应区别下列两种情况处理:(1)售价低于公允价值时,通常应将资产售价与账面价值之差计入当期损益;但是,若为损失,且该损失将由低于市价的未来租赁付款额补偿的,应作为未实现售后租回损益予以递延,并按与确认租金费用相一致的方法在租赁期内分摊以调整相关期间的租金费用。(2)售价高于公允价值时,一方面,公允价值与账面价值之差计入当期损益;另一方面,售价高于公允价值的部分予以递延,并按与确认租金费用相一致的方法在租赁期内分摊以调整相关期间的租金费用。

(二)会计处理方法

(1)出售资产时,按固定资产账面净值,借记"固定资产清理"科目,按已提的折旧,借记"累计折旧"科目,按原价,贷记"固定资产"科目;如果资产已计提了减值准备的,应将减值准备一并结转。

(2)收到出售资产的价款时,借记"银行存款"等科目,贷记"固定资产清理"科目,借记或贷记"递延收益——未实现售后租回损益"科目或"营业外收入""营业外支出"科目。

(3)租回资产时,按前述经营租赁的相关规定进行处理。

(4)每期根据该租赁资产租金支付比例分摊未实现售后租回损益时,借记或贷记"制造费用""管理费用""销售费用"等科目,贷记或借记"递延收益——未实现售后租回损益"科目。

[例3-8] 2016年1月1日A公司将一幢全新的写字楼出售给B公司,同时签订了一份租赁合同,从B公司租回该写字楼使用,租期3年。该写字楼原账面价值38 000 000元,出售时的公允价值为40 000 000元,预计使用年限30年。租赁合同规定,第一年年末支付租金600 000元,第二年年末支付租金840 000元,第三年年末支付租金960 000元。租赁期届满后B公司收回该写字楼使用权。假设A、B公司均在年末确认租金费用和经营收入,且不存在租金逾期支付的情况。经判断此项售后租回的租赁业务类型为经营租赁。

A公司的会计处理如下:

第一种情况,假设该写字楼的售价为40 000 000元时。

(1) 2016 年 1 月 1 日,将出售资产转入清理:
  借:固定资产清理   38 000 000
    贷:固定资产   38 000 000

(2) 2016 年 1 月 1 日,出售资产时:
  借:银行存款   40 000 000
    贷:固定资产清理   38 000 000
      营业外收入——处置非流动资产利得 2 000 000

(3) 2016 年 1 月 1 日,租回资产,不作账务处理,只须备查登记。

(4) 2016 年年末,支付第一年租金时:
  借:管理费用   600 000
    贷:银行存款   600 000

(5) 2017 年年末、2018 年年末支付租金的会计分录同上。

第二种情况,假设该写字楼的售价为 41 000 000 元时。

(1) 2016 年 1 月 1 日,将出售资产转入清理:
  借:固定资产清理   38 000 000
    贷:固定资产   38 000 000

(2) 2016 年 1 月 1 日,出售资产时:
  借:银行存款   41 000 000
    贷:固定资产清理   38 000 000
      营业外收入——处置非流动资产利得 2 000 000
      递延收益——未实现售后租回损益 1 000 000

(3) 2016 年 1 月 1 日,租回资产,不作账务处理,只须备查登记。

(4) 2016 年年末、2017 年年末、2018 年年末支付租金的会计分录同第一种情况。

(5) 分期分摊未实现售后租回损益时:

2016 年年末:
  借:递延收益——未实现售后租回损益 250 000
    贷:管理费用   250 000

2017 年年末:
  借:递延收益——未实现售后租回损益 350 000
    贷:管理费用   350 000

2018 年年末:
  借:递延收益——未实现售后租回损益 400 000
    贷:管理费用   400 000

第三种情况,假设该写字楼的售价为 36 000 000 元,且有证据表明售后租回合同约定的每期应付的租金明显低于市场价格。

(1) 2016 年 1 月 1 日,将出售资产转入清理:
  借:固定资产清理   38 000 000
    贷:固定资产   38 000 000

(2) 2016 年 1 月 1 日,出售资产时:

借:银行存款 36 000 000
　　递延收益——未实现售后租回损益　2 000 000
　贷:固定资产清理 38 000 000

(3) 2016 年 1 月 1 日,租回资产,不作账务处理,只须备查登记。
(4) 2016 年年末、2017 年年末、2018 年年末支付租金的会计分录同第一种情况。
(5) 分期分摊未实现售后租回损益时:

2016 年年末:

借:管理费用 500 000
　贷:递延收益——未实现售后租回损益 500 000

2017 年年末:

借:管理费用 700 000
　贷:递延收益——未实现售后租回损益 700 000

2018 年年末:

借:管理费用 800 000
　贷:递延收益——未实现售后租回损益 800 000

三、售后租回形成融资租赁

(一) 确认和计量的原则

在售后租回交易为融资租赁的情况下,这种交易实质上转移了买主(出租人)所保留的与该项租赁资产的所有权有关的全部风险和报酬,是出租人提供资金给承租人并以该项资产作为担保。由于在售后租回交易中资产的售价和租金是相互关联的,是以一揽子方式谈判并一并计算的,因此,资产的出售和租回实质上是同一交易。因此,无论卖主(承租人)的售价高于还是低于资产的账面价值,所发生的损益都不应确认为当期损益,而应作为未实现售后租回损益予以递延并按资产的折旧进度进行分摊,作为折旧费用的调整。这里所指的按折旧进度进行分摊是指在对该租赁资产计提折旧时,按与该项资产计提折旧所采用的折旧率相同的比例对未实现售后回租损益进行分摊。

(二) 会计处理方法

(1) 出售资产时,按固定资产账面净值,借记"固定资产清理"科目,按已提的折旧,借记"累计折旧"科目,按原价,贷记"固定资产"科目;如果资产已计提了减值准备的,应将减值准备一并结转。

(2) 收到出售资产的价款时,借记"银行存款"等科目,贷记"固定资产清理"科目,按售价与账面价值之差借记或贷记"递延收益——未实现售后租回损益"科目。

(3) 租回资产时,按前述融资租赁的相关规定进行处理。

(4) 每期根据租赁资产的折旧进度分摊未实现售后租回损益时,按分摊的金额借记或贷记"制造费用""管理费用""销售费用"等科目,贷记或借记"递延收益——未实现售后租回损益"科目。

[例3-9] 沿用[例3-6]的资料,假设2017年1月1日,W公司将程控交换机按售价1 700 000元的价格销售给Z公司,该程控交换机在2017年1月1日的账面原价为1 600 000元,全新资产未计提折旧。同时,又签订了一项租赁合同将程控交换机从Z公司租回使用,租赁合同的条款同[例3-6]的资料,假定不考虑相关税费。经分析此项售后租回的租赁业务类型为融资租赁。

W公司的账务处理如下:

(1) 2017年1月1日:

① 将出售资产转入清理:

借:固定资产清理 1 600 000
　　贷:固定资产 1 600 000

② 出售资产:

借:银行存款 1 700 000
　　贷:固定资产清理 1 600 000
　　　　递延收益——未实现售后租回损益 100 000

(2) 2017年2月28日分摊未实现售后租回损益调整折旧费用:

分摊金额 = 100 000 ÷ 35 = 2 857.14(元)

借:递延收益——未实现售后租回损益 2 857.14
　　贷:管理费用——折旧费 2 857.14

其余月份分摊未实现售后租回损益的会计分录同上。

(3) W公司租回资产的有关会计处理,参见[例3-6]。

第五节　租赁会计信息的列报与披露

▶▶ 一、信息列示

(1) 承租人应当在资产负债表中,将与融资租赁相关的长期应付款减去未确认融资费用的差额,分别长期负债和一年内到期的长期负债列示。

(2) 出租人应当在资产负债表中,将应收融资租赁款减去未实现融资收益的差额,作为长期债权列示。

▶▶ 二、信息披露

(一) 经营租赁会计信息的披露

1. 承租人

(1) 资产负债表日后连续三个会计年度每年将支付的不可撤销的经营租赁的最低租赁付款额。

（2）以后年度将支付的不可撤销的经营租赁的最低租赁付款额总额。

2. **出租人**

出租人应当披露经营租赁各类租出资产的账面价值。

（二）融资租赁会计信息的披露

1. **承租人**

（1）各类租入固定资产的期初和期末原价、累计折旧额。

（2）资产负债表日后连续三个会计年度每年将支付的最低租赁付款额，以及以后年度将支付的最低租赁付款额总额。

（3）未确认融资费用的余额，以及分摊未确认融资费用所采用的方法。

2. **出租人**

（1）资产负债表日后连续三个会计年度每年将收到的最低租赁收款额，以及以后年度将收到的最低租赁收款额总额。

（2）未实现融资收益的余额，以及分配未实现融资收益所采用的方法。

（三）售后租回会计信息的披露

承租人和出租人应当披露各售后租回交易以及售后租回合同中的重要条款。

本章小结

租赁，是指在约定的期间内，出租人将资产使用权让渡给承租人，以获取租金的协议。

转移资产的使用权，而不转移资产的所有权，并且这种转移是有偿的是租赁的主要特征。

根据与租赁资产所有权相关的风险和报酬是否从出租人转移给承租人，租赁业务一般分为融资租赁和经营租赁两种。

经营租赁是指除融资租赁以外的其他租赁，一般是承租人为了经营活动中的短期性、临时性及季节性需要而向出租人租用某种资产的行为。在经营租赁下，承租人支付的租金应当在租赁期内的各个期间按直线法确认为费用；出租人收取的租金，应当在租赁期内的各个期间按直线法确认为收入。

融资租赁是指与租赁资产所有权有关的全部风险与报酬实质上已从出租人转移给了承租人的一种租赁业务。符合下列条件之一的，应当认定为融资租赁：租赁期届满时，租赁资产的所有权将转移给承租人；承租人有购买租赁资产的选择权，且所订立的购买价款预计远低于行使选择权时租赁资产的公允价值，因而在租赁开始日就能合理确定承租人将会行使这种选择权；即使资产的所有权不转移，但租赁期占租赁资产使用寿命的大部分；就承租人而言，在租赁开始日的最低租赁付款额的现值，几乎相当于租赁开始日租赁资产的公允价值，就出租人而言，在租赁开始日的最低租赁收款额的现值，几乎相当于租赁开始日租赁资产公允价值；租赁资产性质特殊，如果不做改造，只有承租人才能使用。

在融资租赁下,承租人应在租赁开始日对租入资产进行确认,在租赁期内分期支付租金的同时按实际利率法确认各期的融资费用,在租赁期届满时根据租赁资产的具体情况进行续租、退还、留购资产的相应会计处理。对于售后租回交易形成的租赁资产,应根据具体的租赁类型,分别按经营租赁、融资租赁会计处理的原则进行相应处理。

在融资租赁下,出租人应在租赁开始日对租出资产进行终止确认并确认应收的债权,在租赁期内分期收取租金的同时按实际利率法确认各期的融资收益,在租赁期届满时根据租赁资产的具体情况进行续租、退回、留购资产的相应会计处理。对于售后租回交易出租的租赁资产,应根据具体的租赁类型,分别按经营租赁、融资租赁会计处理的原则进行相应处理。

【思考题】

1. 什么是租赁?租赁的主要特征是什么?
2. 经营租赁与融资租赁的本质区别是什么?如何判断一项租赁是经营租赁还是融资租赁?
3. 什么是最低租赁付款额?什么是最低租赁收款额?有何区别?
4. 在融资租赁的情况下,承租人如何确定租赁资产的入账价值?在计算最低租赁付款额的现值时,其折现率如何确定?
5. 在出租人提供免租期或出租人承担了承租人某些费用的情况下,出租人应如何处理?
6. 在融资租赁的情况下,租赁期开始日,出租人的未实现融资收益如何计算?未实现融资收益在租赁期内各个期间进行分配时应采用什么方法?其租赁内含利率如何计算?
7. 什么叫资产余值、担保余值、未担保余值?
8. 什么是租赁开始日、租赁期开始日?对两者进行区分有何意义?
9. 在售后租回交易为经营租赁的情况下,销售方(租回方)销售的资产,其售价与账面价值之间的差额应否确认为销售损益?

【自测题】

1. 20×6年12月25日,A公司与B租赁公司签订一份租赁合同,合同规定的主要条款如下:

(1) 租赁标的物:一条生产线设备。
(2) 租赁期开始日:租赁资产运抵A公司生产车间之日(即20×7年1月1日)。
(3) 租赁期:36个月(即从20×7年1月1日至20×9年12月31日)。
(4) 租金支付方式:自租赁期开始日起每年年末支付租金1 600 000元。
(5) 该生产线在20×7年1月1日B租赁公司的公允价值为4 160 000元。
(6) 租赁合同规定的年利率为8%。
(7) 该生产线在租赁期内的保险、维修等费用由A公司负担,估计每年约150 000元。
(8) 租赁合同规定20×8年、20×9年A公司须按该生产线所生产产品实现的销售收入的1%向B公司支付经营分享收入。

（9）该生产线为全新设备,估计使用年限为6年,假设期满无残值。

A公司的有关资料：

（1）该生产线占A公司资产总额的30%以上,租入后发生的安装调试费为50 000元,已用银行存款支付。

（2）采用实际利率法分摊未确认融资费用。

（3）采用直线法计提折旧。

（4）20×8年、20×9年A公司分别实现销售收入16 000 000元和24 000 000元。

（5）20×9年12月31日,将该设备归还给B公司。

（6）A公司支付的谈判费、律师费等与该租赁业务相关的费用为80 000元。

要求：（1）判断租赁类型；（2）为A公司做出有关账务处理。

2. 2017年1月1日甲公司将一台全新设备出售给丁公司,取得收入200万元,该设备的账面原值为180万元,未提取折旧。销售协议同时规定,因甲公司生产需要,即从丁公司租回该设备。已知设备的预计使用年限为8年,租期8年,每年在年末支付租金30万元。到期时,预计设备的残值为3万元,甲公司未提供担保,租赁到期时,甲公司将设备退回丁公司。

双方约定的合同利率为6%；经查8年期、利率为6%的年金现值系数为6.210；本租赁合同属于不可撤销合同。假设甲公司租赁资产占总资产的30%以上；对该设备采用直线法计提折旧,按实际利率法分摊未确认融资费用,不考虑交易中的相关税费。

要求：对甲公司上述售后租回业务进行会计处理。

【案例分析题】

红星公司于20×6年11月份按照中南公司的要求购入一台大型设备,支付的价款为585万元,该设备预计使用年限为10年,红星公司根据情况,拟将该设备采用融资租赁方式于20×7年初租给中南公司,红星公司的财务人员为公司制订了两套租赁方案：

方案一：租期10年,租赁期满后,设备的所有权归中南公司,租金总额1 000万元,中南公司于每年年初支付租金100万元。

方案二：租期8年,租金总额800万元,中南公司于每年年初支付租金100万元。租赁期满后,红星公司将设备残值收回,设备残值估计为200万元。

假设合同规定的折现率为8%,不考虑相关税费等其他因素。

要求：请分析哪一种租赁方案对红星公司更为有利？

第四章

股份支付会计

学习目的与要求

通过本章学习,了解并掌握:
1. 股份支付的含义及种类;
2. 以权益结算的股份支付的确认与计量;
3. 以现金结算的股份支付的确认与计量;
4. 股份支付会计信息的列报与披露。

第一节 股份支付概述

一、股份支付的概念及其特征

股份支付,是"以股份为基础的支付"的简称,是指企业为获取职工和其他方提供服务而授予权益工具或者承担以权益工具为基础确定的负债的交易。

企业向其员工支付期权作为薪酬或奖励措施的行为,是目前具有代表性的股份支付交易,我国部分上市公司目前实施的股权激励计划即属于这一范畴。

股份支付一般具有下列特征:一是股份支付是企业与职工或其他方之间发生的交易。以股份为基础的支付可能发生在企业与股东之间、合并交易中的合并方与被合并方之间或者企业与其职工之间,只有发生在企业与其职工或向企业提供服务的其他方之间的交易,才符合股份支付的定义。二是股份支付是以获取职工或其他方服务为目的的交易。企业在股份支付交易中意在获取其职工或其他方提供的服务(费用)或取得这些服务的权利(资产)。

企业获取这些服务或权利的目的是用于其正常生产经营,不是转手获利。三是股份支付交易的对价或其定价与企业自身权益工具未来的价值密切相关。股份支付交易和企业与其职工间其他类型交易的最大不同,是交易对价或其定价与企业自身权益工具未来的价值密切相关。在股份支付中,企业要么向职工支付其自身权益工具,要么向职工支付一笔现金,而其金额高低取决于结算时企业自身权益工具的公允价值。其对价的特殊性是股份支付的显著特征。

▶▶ 二、股份支付的环节

股份支付不是一个时点上的交易,可能会持续一段时间。从环节上看,股份支付通常涉及四个主要环节:授予(grant)、可行权(vest)、行权(exercise)和出售(sale)。在这些环节中会涉及几个重要的时点,包括授予日、等待期内的资产负债表日、可行权日、行权日、出售日、失效日。四个环节如图4-1所示:

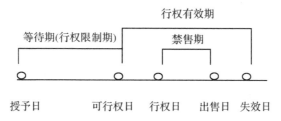

图4-1 股份支付交易环节示意图

1. 授予日

授予日是指股份支付协议获得批准的日期。这里所讲的"获得批准",是指企业与职工或其他方就股份支付的协议条款和条件已达成一致,该协议获得股东大会或类似机构的批准。这里的"达成一致",是指双方在对该计划或协议内容形成一致理解的基础上,均接受其条款和条件。如果按照相关法规的规定,在提交股东大会或类似机构之前存在必要程序或要求,则应履行该程序或满足该要求。

2. 可行权日

可行权日是指可行权条件得到满足、职工或其他方具有从企业取得权益工具或现金权利的日期。有的股份支付协议是一次性可行权,有的则是分批可行权。一次性可行权和分批可行权就像根据购买合同一次性付款还是分期付款一样。只有已经可行权的股票期权,才是职工真正拥有的"财产",才能去择机行权。

3. 等待期内的资产负债表日

从授予日至可行权日的时段,是可行权条件得到满足的期间,因此称为"等待期",又称"行权限制期"。在这个期内的每个期末,即资产负债表日,需要进行必要的会计处理。

4. 行权日

行权日是指职工和其他方行使权利、获取现金或权益工具的日期。比如,持有股票期权的职工行使以特定价格购买一定数量本公司股票权利的日期即为行权日。

5. 出售日

出售日是指股票的持有人将行使期权所取得的期权股票出售的日期。按照我国法律规定,用于期权激励的股份支付协议,应在行权日与出售日之间设立禁售期,其中国有控股上市公司的禁售期不得低于两年。

6. 失效日

失效日是指权利失效的日期。行权有有效期间,在此期间均可行权,过期即失效。

三、股份支付的行权条件

根据上文,股份支付一般有一个等待期,而这个等待期就是指行权条件得到满足的期间。在满足行权条件之前,职工或其他方将无法获得股份。可行权条件,具体包括服务年限条件和业绩条件。

(一)服务年限条件

服务年限条件是指职工完成规定服务年限才可行权的条件。比如,企业在股份支付协议中规定,职工(股份授予对象)从2016年1月1日起,连续在本企业服务三年,即可享受一定数量的股票期权。

(二)业绩条件

业绩条件是指企业达到预设业绩目标后,职工(股份授予对象)才可行权的条件。具体包括市场条件和非市场条件。

1. 市场条件

市场条件是指行权价格、可行权条件以及行权可能性与权益工具的市场价格相关的业绩条件,如股份支付协议中关于股价至少上升至何种水平职工可相应取得多少股份的规定。企业在确定权益工具在授予日的公允价值时,应考虑市场条件的影响,而不考虑非市场条件的影响。但市场条件是否得到满足,不影响企业对预计可行权情况的估计。

2. 非市场条件

非市场条件是指除市场条件之外的其他业绩条件,如股份支付协议中关于达到最低盈利目标或销售目标才可行权的规定。企业在确定权益工具在授予日的公允价值时,不考虑非市场条件的影响。但非市场条件是否得到满足,影响企业对预计可行权情况的估计。

四、股份支付的分类

按照最终结算的方式,股份支付分为以权益结算的股份支付和以现金结算的股份支付。

(一)以权益结算的股份支付

以权益结算的股份支付是指企业为获取服务以股份或其他权益工具作为对价进行结算的交易。以权益结算的股份支付最常见的支付工具有两类:限制性股票和股票期权。

限制性股票,是指职工或其他方按照股份支付协议规定的条款或条件,从企业获得一定数量的本企业的股票。所谓"限制性",有两个方面规定:一方面是工作年限的限制,授予对象只有在满足规定的工作年限后才能出售持有的限制性股票,期间一旦授予对象发生离职等类似情况则该部分股票将被公司收回;另一方面是业绩目标等指标的限制,授予对象必须完成预先设立的指标门槛才能进行行权,否则不能通过出售限制性股票来从中获利。

股票期权,实质上是一种期权合约,公司对符合条件的授予对象授予权利,使授予对象能够在未来一定时间内按约定的行权价格和条件来购买本公司的股票。在未来某一指定时段内,如果公司股价大于约定的行权价格,那么授予对象可以通过行权来获得行权价与股价差额的收益;假若公司股价小于约定的行权价格,那么授予对象可以放弃行权。

(二) 以现金结算的股份支付

以现金结算的股份支付是指企业为获取服务承担以股份或其他权益工具为基础计算确定的交付现金或其他资产义务的交易。以现金结算的股份支付最常见的支付工具有两类:模拟股票和现金股票增值权。

股票增值权和模拟股票,是用现金支付模拟的股权激励机制,即与股票挂钩,但用现金支付,而不是支付股票。股票增值权的特点在于:不需要授予对象支付对价,授予对象不拥有股票的所有权,而是享有公司股价上涨或者业绩提升时带来的现金收益的权利。

第二节 股份支付的确认和计量

一、以权益结算的股份支付

(一) 确认和计量的原则

1. 换取职工服务的股份支付的确认和计量

对于换取职工服务的股份支付,企业应当以股份支付所授予的权益工具的公允价值计量。企业应在等待期内的每个资产负债表日,以对可行权权益工具数量的最佳估计数为基础,按照权益工具在授予日的公允价值,将当期取得的服务计入相关资产成本或当期费用,同时计入资本公积(其他资本公积)。

对于授予后立即可行权的换取职工提供服务的权益结算的股份支付(例如授予限制性股票的股份支付),应在授予日按照权益工具的公允价值,将取得的服务计入相关资产成本或当期费用,同时计入资本公积(股本溢价)。

2. 换取其他方服务的股份支付的确认和计量

对于换取其他方服务的股份支付,企业应当以股份支付所换取的服务的公允价值计量。企业应当按照其他方服务在取得日的公允价值,将取得的服务计入相关资产成本或费用。如果其他方服务的公允价值不能可靠计量,但权益工具的公允价值能够可靠计量,企业应当按照权益工具在服务取得日的公允价值,将取得的服务计入相关资产成本或费用。

(二) 会计处理的规定

股份支付的会计处理必须以完整、有效的股份支付协议为基础。

1. 授予日

除了立即可行权的股份支付外,企业在授予日不做会计处理。

2. 等待期内每个资产负债表日

企业应当在等待期内的每个资产负债表日,将取得职工或其他方提供的服务计入当期的成本费用,同时确认所有者权益。计入成本费用的金额应当按照授予日权益工具的公允价值计量,即使权益工具的公允价值发生变动,也不确认其后续公允价值的变动。

在等待期内每个资产负债表日,企业应当根据最新取得的可行权职工人数变动等后续信息做出最佳估计,修正预计可行权的权益工具数量。在可行权日,最终预计可行权权益工具的数量应当与实际可行权工具的数量一致。

根据上述权益工具的公允价值和预计可行权的权益工具数量,计算截至当期累计应确认的成本费用金额,再减去前期累计已确认金额,作为当期应确认的成本费用金额。借记"生产成本""制造费用""管理费用""销售费用""在建工程""研发支出"等科目,贷记"资本公积——其他资本公积"科目。

3. 可行权日

等待期结束,能够行权的职工人数应当确定,预计可行权的权益工具的数量也应当确定,这和未来实际可行权工具的数量保持一致。因此,可行权日的会计处理与等待期内的资产负债表日会计处理一致,只是可行权权益工具的数量是确定的。

4. 可行权日之后

企业在可行权日之后,不再对已确认的成本费用和所有者权益总额进行调整。

5. 行权日

企业应在行权日根据职工实际行权情况,确认股本和股本溢价,同时结转等待期内确认的资本公积(其他资本公积)。

根据行权实际收到的款项,借记"银行存款"科目,结转等待期内确认的资本公积,借记"资本公积——其他资本公积"科目,根据转换成的股本数,贷记"股本"科目,按其差额,贷记"资本公积——资本溢价"科目。

(1)附服务年限条件的权益结算的股份支付。

[**例 4-1**] 乙公司为股份上市公司。2015 年 12 月,乙公司决定向其 240 名管理人员每人授予 10 000 股股票期权,这些人员从 2016 年 1 月 1 日起在该公司连续服务 3 年,即可以每股 4.8 元的价格购买 10 000 股公司股票,从而获益。乙公司估计该期权在授予日的公允价值为 18 元。

第一年有 24 名管理人员离开乙公司,乙公司估计三年中离开的人员的比例将达到 20%;第二年又有 12 名管理人员离开公司,乙公司将估计的人员离开比例修正为 15%;第三年又有 18 名管理人员离开公司。

第一,费用和资本公积计算过程如表 4-1 所示:

表 4-1 费用和资本公积计算表   单位:元

年份	计算	当期费用	累计费用
2016	240 × 10 000 × (1 − 20%) × 18 × 1/3	11 520 000	11 520 000
2017	240 × 10 000 × (1 − 15%) × 18 × 2/3 − 11 520 000	12 960 000	24 480 000
2018	186 × 10 000 × 18 − 24 480 000	9 000 000	33 480 000

第二,账务处理:

① 2015 年 12 月:

授予日不做会计处理。

② 2016 年 12 月 31 日:

借:管理费用　　　　　　　　　　　　　11 520 000
　　贷:资本公积——其他资本公积　　　　　　11 520 000

③ 2017 年 12 月 31 日:

借:管理费用　　　　　　　　　　　　　12 960 000
　　贷:资本公积——其他资本公积　　　　　　12 960 000

④ 2018 年 12 月 31 日:

借:管理费用　　　　　　　　　　　　　　9 000 000
　　贷:资本公积——其他资本公积　　　　　　　9 000 000

⑤ 2019 年 12 月 31 日假设 186 名管理人员全部行权,乙公司股份面值为每股 1 元,则:

借:银行存款　　　　　　　　　　　　　　8 928 000
　　资本公积——其他资本公积　　　　　　33 480 000
　　贷:股本　　　　　　　　　　　　　　　1 860 000
　　　　资本公积——资本溢价　　　　　　　40 548 000

(2) 附非市场业绩条件的权益结算股份支付。

[例 4-2] 丁公司为股份上市公司,2015 年 12 月 28 日,丁公司决定为其 160 名管理人员每人授予 10 000 份股票期权,其可行权条件为:2016 年年末,公司的净利润增长率需达到 20%;2017 年年末,公司 2016—2017 年两年净利润平均增长率不低于 15%;2018 年年末,公司 2016—2018 年三年净利润平均增长率不低于 10%。每份期权在 2015 年 12 月 28 日的公允价值为 38.4 元。

2016 年 12 月 31 日,丁公司净利润增长率为 18%,未达到行权条件。同时有 13 名管理人员离开公司,公司预计 2017 年将以同样速度增长,因此预计将于 2018 年 12 月 31 日可行权。另外,公司预计 2017 年 12 月 31 日又将有 12 名管理人员离开公司。

2017 年 12 月 31 日,公司净利润仅增长了 10%,因此无法达到可行权状态。但公司预计 2016—2018 年三年净利润平均增长率可达到 10%,因此预计将于 2018 年 12 月 31 日可行权。另外,2017 年实际有 16 名管理人员离开公司,预计 2018 年还将有 19 名管理人员离开公司。

2018 年 12 月 31 日,公司净利润增长了 8%,三年平均增长率为 12%,因此达到可行权状态。当年实际有 13 名管理人员离开公司。

第一,费用和资本公积计算过程如表 4-2 所示:

表 4-2　费用和资本公积计算表　　　　　　　　　　　　　　　　单位:元

年份	计算	当期费用	累计费用
2016	(160 − 13 − 12) × 10 000 × 38.4 × 1/2	25 920 000	25 920 000
2017	(160 − 13 − 16 − 19) × 10 000 × 38.4 × 2/3 − 25 920 000	2 752 000	28 672 000
2018	(160 − 13 − 16 − 13) × 10 000 × 38.4 − 28 672 000	16 640 000	45 312 000

第二,账务处理:
① 2015 年 12 月 28 日:
授予日不做会计处理。
② 2016 年 12 月 31 日:
  借:管理费用   25 920 000
    贷:资本公积——其他资本公积   25 920 000
③ 2017 年 12 月 31 日:
  借:管理费用   2 752 000
    贷:资本公积——其他资本公积   2 752 000
④ 2018 年 12 月 31 日:
  借:管理费用   16 640 000
    贷:资本公积——其他资本公积   16 640 000

二、以现金结算的股份支付

(一) 确认和计量的原则

以现金结算的股份支付在实际行权或者结算之前,实际上是企业欠职工的一项负债。因此,在会计处理上不再计入所有者权益,而是确认为企业的负债,在实际行权日予以支付时冲减企业的负债。

1. 授予后立即可以行权的

对于授予后立即可行权的以现金结算的股份支付,应当在授予日以企业所承担负债的公允价值计入相关成本或费用,并相应增加负债。

2. 授予后不能立即行权的

完成等待期内的服务或达到规定业绩条件以后才可行权的以现金结算的股份支付,在权益的授予日不做会计处理。在等待期内的每个资产负债表日,企业应以对可行权情况的最佳估计数为基础,按照企业承担负债的公允价值,将当期取得的服务计入相关资产成本或当期费用,同时计入负债,并在结算前的每个资产负债表日和结算日对负债的公允价值重新计量,将其变动计入公允价值变动损益。

(二) 会计处理的规定

1. 授予日

除立即可行权的股份支付以外,企业在授予日不做会计处理。

2. 等待期

企业应当在等待期内的每个资产负债表日,将取得职工或其他方提供的服务计入成本费用,同时确认负债。

企业应根据某一资产负债表日预计可行权工具的数量乘以当日权益工具的公允价值,借记"生产成本""制造费用""管理费用""销售费用""在建工程""研发支出"等科目,贷记"应付职工薪酬——股份支付"科目。

需要注意的是,对于现金结算的股份支付,如果各个资产负债表日的权益工具的公允价值发生变化,应当按照每个资产负债表日权益工具的公允价值重新计量,确定成本或费用和应付职工薪酬,其会计处理不变。

3. 可行权日

等待期结束,能够行权的职工人数应当确定,预计应付职工薪酬也应当确定,和未来实际应支付的金额应保持一致,因此,可行权日的会计处理与等待期内的资产负债表日会计处理一致,只是应付金额是确定的。

4. 可行权日之后

企业在可行权日之后,不再确认成本或费用,但由于赖以计算负债的权益工具公允价值变动引起的负债公允价值的变动,应当进行确认,计入"公允价值变动损益"。

5. 行权日

企业应在行权日根据职工实际行权情况,按照所支付的现金,借记"应付职工薪酬——股份支付"科目,贷记"银行存款"等科目。

[例4-3] 2016年12月,W公司为其360名中层以上管理人员每人授予500份现金股票增值权,并规定这些人员从2017年1月1日起必须在该公司连续服务3年,即可自2019年12月31日起根据公司股价的增长幅度获得现金,该增值权应在2021年12月31日之前行使完毕。W公司估计,该增值权在负债结算之前的每一资产负债表日以及结算日的公允价值和可行权后的每份增值权现金支出额如表4-3所示:

表4-3 各年公允价值与支付现金一览表   单位:元

年份	公允价值	支付现金
2017	25.2	
2018	27	
2019	32.4	28.8
2020	37.8	36
2021		45

第一年有36名管理人员离开W公司,W公司估计三年中还将有27名管理人员离开;第二年又有18名管理人员离开公司,W公司估计还将有18名管理人员离开;第三年又有27名管理人员离开。第三年年末,假定有120人行使股票增值权取得了现金,第四年年末,假定有100人行使股票增值权取得了现金,第五年年末,假定剩余的59人行使了股票增值权取得了现金。

第一,费用和负债计算过程见表4-4所示。

表4-4 费用和负债金额计算表   单位:元

年份	负债计算(1)	支付现金(2)	当期费用(3)
2017	(360-63)×500×25.2×1/3=1 247 400		1 247 400
2018	(360-72)×500×27×2/3=2 592 000		1 344 600
2019	(360-81-120)×500×32.4=2 575 800	120×500×28.8=1 728 000	1 711 800
2020	(360-81-120-100)×500×37.8=1 115 100	100×500×36=1 800 000	339 300
2021	0	59×500×45=1 327 500	212 400
总额		4 855 500	4 855 500

其中:(3) = (1) − 上期(1) + (2)

第二,会计分录:

① 2016 年 12 月:

授予日不做会计处理。

② 2017 年 12 月 31 日:

  借：管理费用   1 247 400
    贷：应付职工薪酬——股份支付   1 247 400

③ 2018 年 12 月 31 日:

  借：管理费用   1 344 600
    贷：应付职工薪酬——股份支付   1 344 600

④ 2019 年 12 月 31 日:

  借：管理费用   1 711 800
    贷：应付职工薪酬——股份支付   1 711 800
  借：应付职工薪酬——股份支付   1 728 000
    贷：银行存款   1 728 000

⑤ 2020 年 12 月 31 日:

  借：公允价值变动损益   339 300
    贷：应付职工薪酬——股份支付   339 300
  借：应付职工薪酬——股份支付   1 800 000
    贷：银行存款   1 800 000

⑥ 2021 年 12 月 31 日:

  借：公允价值变动损益   212 400
    贷：应付职工薪酬——股份支付   212 400
  借：应付职工薪酬——股份支付   1 327 500
    贷：银行存款   1 327 500

第三节　回购股份进行职工期权激励的会计处理

《公司法》第 143 条允许公司以回购股份形式奖励职工,回购资金从公司的税后利润支付。企业以回购股份形式奖励本企业职工的,属于权益结算的股份支付,应当进行以下处理:

(一) 回购股份

企业回购股份时,应当按照回购股份的全部支出作为库存股处理,借记"库存股"科目,贷记"银行存款"科目,同时进行备查登记。

(二) 确认成本费用

按照本准则对职工权益结算股份支付的规定,企业应当在等待期内每个资产负债表日按照权益工具在授予日的公允价值,将取得的职工服务计入成本费用,同时增加资本公积(其他资本公积)。

(三)职工行权

企业应按职工行权购买本企业股份时收到的价款,借记"银行存款"等科目,同时转销等待期内在资本公积(其他资本公积)中累计的金额,借记"资本公积——其他资本公积"科目,按回购的库存股成本,贷记"库存股"科目,按照上述借贷方差额,贷记"资本公积——股本溢价"科目。

第四节 股份支付会计信息的列报与披露

一、信息列报

无论是权益结算的股份支付还是现金结算的股份支付,在等待期内的每个资产负债表日确认和计量的资产成本应在资产负债表中列示,相关的费用应在利润表中列示。权益结算的股份支付确认的资本公积在资产负债表的所有者权益中列示,现金结算的股份支付确认的应付职工薪酬在资产负债表的流动负债中列示。

二、信息披露

企业应当在附注中披露与股份支付有关的下列信息:
(1)当期授予、行权和失效的各项权益工具总额。
(2)期末发行在外的股份期权或其他权益工具行权价格的范围和合同剩余期限。
(3)当期行权的股份期权或其他权益工具以其行权日价格计算的加权平均价格。
(4)权益工具公允价值的确定方法。
此外,企业对性质相似的股份支付信息可以合并披露。
企业应当在附注中披露股份支付交易对当期财务状况和经营成果的影响,至少包括下列信息:
(1)当期因以权益结算的股份支付而确认的费用总额。
(2)当期因以现金结算的股份支付而确认的费用总额。
(3)当期以股份支付换取的职工服务总额及其他方服务总额。

本章小结

股份支付,是指企业为获取职工和其他方提供服务而授予权益工具或者承担以权益工具为基础确定的负债的交易。

股份支付通常涉及四个主要环节:授予环节、等待期环节、行权环节和出售环节。在这些环节中会涉及下列几个重要的时点:授予日、等待期内的资产负债表日、可行权日、行权日、出售日、失效日。

股份支付一般规定有行权条件,包括服务期限条件和业绩条件。授予对象在满足行权条件之前,将无法获得股份。

股份支付按最终结算的方式,分为以权益结算的股份支付和以现金结算的股份支付。这两种股份支付在确认与计量的原则、会计处理方法上有许多不同的规定。

【思考题】

1. 什么是股份支付?股份支付分为哪几类?
2. 股份支付涉及哪些时点?
3. 如何对以权益结算的股份支付进行确认与计量?
4. 如何对以现金结算的股份支付进行确认与计量?
5. 股份支付的行权条件一般有哪几类?
6. 对以现金结算的股份与以权益结算的股份支付在会计处理上有什么区别?

【自测题】

1. A 股份有限公司股票每股面值为 1 元。2016 年 12 月公司批准了一项股份支付协议。协议规定,2017 年 1 月 1 日,公司向其 100 名管理人员每人授予 10 000 份股票期权,这些管理人员必须从 2017 年 1 月 1 日起连续在公司服务三年,服务期满时才能够以每股 5 元的价格购买 10 000 股该公司股票。公司估计该期权在授予日(2017 年 1 月 1 日)的公允价值为每股 8 元。到 2017 年 12 月 31 日,公司有 5 名管理人员离职,A 公司估计 3 年中离职的管理人员比例将达到 15%,年末该期权的公允价值为 12 元;到 2018 年 12 月 31 日,公司又有 3 名管理人员离职,A 公司将离职的管理人员比例修正到 10%,年末该期权的公允价值为 14 元;到 2019 年 12 月 31 日,公司又有 1 名管理人员离职,年末该期权的公允价值为 18 元。2020 年 1 月 1 日,有 50 位管理人员行权获得股票。2020 年 12 月 31 日,该期权的公允价值为 20 元。2021 年 1 月 1 日,其余 41 位管理人员全部行权获得股票。

要求:为 A 公司做出与股份支付相关的会计处理。

2. 2015 年 12 月 21 日,经股东大会批准,B 公司为其 50 名中层以上管理人员每人授予 1 000 份现金股票增值权,这些人员从 2016 年 1 月 1 日起必须在公司连续服务 2 年,即可自

2017年12月31日起根据股价的增长幅度获得现金,该增值权应在2018年12月31日之前行使完毕。B公司估计,该增值权在负债结算之前的每个资产负债表日以及结算日的公允价值和可行权后的每份增值权现金支出额如表4-5所示:

表4-5 各年公允价值与支付现金一览表 单位:元

年份	公允价值	支付现金
2016	15元	
2017	18元	16元
2018		20元

第一年有8名管理人员离开B公司,B公司估计还将有1名管理人员离开;第二年又有2名管理人员离开公司。假定第二年年末有10人行使股票增值权取得了现金;2018年12月31日剩余30人全部行使了股票增值权。

要求:根据上述资料,不考虑其他因素,为B公司做出有关会计处理。

【案例分析题】

"探路者"公司股权激励方案

一、公司概况

1999年,北京探路者旅游用品有限公司在北京市工商行政管理局的核准下成立,并在2008年更名为北京探路者户外用品股份有限公司。公司最早由法定代表人盛发强及其夫人王静共同出资设立,现共同持有探路者公司42.96%股权。2009年9月20日,经中国证券监督管理委员会核准,首次向社会公众公开发行人民币普通股1 700万股,并于10月30日在深圳交易所创业板市场上市(简称"探路者",股票代码:300005)。公司主要从事户外用品的研发设计、运营管理以及销售。在产品的研发和设计上,公司已拥有自主的研发中心,专业团队利用创新科技为广大的户外运动爱好者提供覆盖户外生活各个领域的产品;在销售管理方面,公司提出"细化管理、深度营销"的理念,整合上下游供应链,建立了遍布全国31个省自治区的零售网络及方便快捷的电子商务销售系统。公司拥有专业户外品牌探路者(Toread)、高端户外休闲品牌(Discovery Expedition)以及电子商务品牌阿肯诺(ACANU),三大品牌基于不同的市场定位形成互补关系,为公司赢得了全方位的目标消费群,成为国内户外行业中领先的佼佼者。

二、股权激励方案

2010年5月25日,在前一个交易日停牌的探路者推出了首次股票期权激励计划草案,并于2010年11月30日公布了草案修订稿,修订后的股权激励计划内容见表4-6:

表 4-6 探路者首期股权激励计划①

名称	内容
激励对象范围	包括公司高级管理人员及董事会认为需要激励的其他人员共计 100 人
标的股票来源	公司向激励对象定向发行公司股票
标的股票种类	人民币 A 股普通股
标的股权数量	拟向激励对象授予 265.29 万份股票期权,约占本激励计划签署时公司股本总额 13 400 万股的 1.98%。其中首次授予 238.79 万份,占本计划签署时公司股本总额 13 400 万股的 1.78%;预留 26.50 万份,占本计划拟授出股票期权总数的 9.99%,占本计划签署时公司股本总额的 0.20%
行权安排	本计划有效期为自首次股票期权授权之日起计算,最长不超过 5.5 年。本计划首次授予的股票期权自本期激励计划首次授权日起满 18 个月后,激励对象应在未来 36 个月内分三期行权,行权比例分别为 30%、30%、40%
行权条件	在本股票期权激励计划有效期内,以 2009 年净利润为基础,2011—2013 年相对于 2009 年的净利润增长率分别不低于 30%、70%、120%;2011—2013 年净资产收益率分别不低于 10%、11%、12%
行权价格	根据《上市公司股权激励管理办法(试行)》规定,股票期权的行权价格不应低于以下价格较高者:(1) 股票期权激励计划草案摘要公布前 1 个交易日的公司标的股票收盘价(21.38 元)。(2) 股票期权激励计划草案摘要公布前 30 个交易日内的公司标的股票平均收盘价(22.35 元)。即:行权价格为 22.35 元

要求:1. 分析探路者公司此次股权激励的动因。

2. 分析探路者公司此次股权激励的特点。

3. 分析探路者公司此次股权激励的效果。

---

① 资料来源:探路者股票期权激励计划(草案修订稿)。

第五章 所得税会计

学习目的与要求

通过本章学习，了解并掌握：
1. 资产负债表债务法及其特点；
2. 资产、负债的计税基础及暂时性差异；
3. 递延所得税负债和递延所得税资产的确认与计量；
4. 所得税费用的确认与计量。

第一节 所得税会计概述

所得税会计是研究和处理会计收益与应税收益差异的理论和方法。我国自20世纪90年代初先后实施了会计制度改革与税制改革，会计与税法对有关收入、费用或损失在确认与计量上的差异越来越大。为了客观反映企业的财务状况和经营成果，财政部于1994年发布的《企业所得税会计处理暂行规定》及2000年颁布的《企业会计制度》，均借鉴国际会计惯例，对所得税的会计处理做出了相关规定。2006年2月15日财政部又发布了《企业会计准则第18号——所得税》将资产负债表债务法作为企业所得税会计处理的基本方法，以规范所得税的会计处理及相关信息的披露。

一、会计收益与应税收益产生差异的原因

（一）会计收益与应税收益的概念

会计收益与应税收益是所得税会计的两个基础性概念。

在我国,会计收益是指在一定时期内,企业按照会计准则所确认、计量的总收益(或总亏损),一般地说,会计收益是指财务报告中的税前利润。所以,会计收益也称为利润总额或税前会计利润。其计算公式为:

$$会计收益 = 会计收入 - 会计支出$$

会计收入是指由于各种经济活动而形成的收入,会计支出是指按准则规定允许列作支出的各种项目,包括营业成本、营业税金及附加、销售费用、管理费用、财务费用、投资损失、营业外支出等。

应税收益也称之为应纳税所得额、计税利润,是指按照税法和相关法律规定的方法确认、计量的一定时期的收益,是确定应纳税所得额的基本依据。根据2007年3月16日颁布的《中华人民共和国企业所得税法》以及《中华人民共和国企业所得税法实施条例》的规定,企业在一个纳税年度的应税收益是指企业的收入总额,减除不征税收入、免税收入、各项扣除以及允许弥补的以前年度亏损后的余额。

其中,收入总额是指企业以货币形式和非货币形式从各种来源取得的收入,包括:销售货物收入;提供劳务收入;转让财产收入;股息、红利等权益性投资收益;利息收入;租金收入;特许权使用费收入;接受捐赠收入;其他收入等。

不征税收入主要指:财政拨款;依法收取并纳入财政管理的行政事业性收费、政府性基金;国务院规定的其他不征税收入等。

免税收入是指属于企业的应税收益但按照税法规定免予征收企业所得税的收入,包括:国债利息收入;符合条件的居民企业之间的股息、红利收入;在中国境内设立机构、场所的非居民企业从居民企业取得与该机构、场所有实际联系的股息、红利收入;符合条件的非营利公益组织的收入等。

各项扣除是指企业实际发生的与取得收入有关的、合理的支出,包括成本、费用、税金、损失和其他支出。但需要说明的是能够从应税收入中扣除的成本、费用、税金、损失和其他支出,税法有严格的界定和说明,与会计支出无论是在内涵上还是在外延上均存在较大的差异。

应税收益的确定方法一般有两种:一种是直接法,可依据下列公式计算:

$$应税收益(应纳税所得额) = 收入总额 - 不征税收入 - 免税收入 - 各项扣除 - 弥补的以前年度亏损$$

另一种是间接法,在会计收益的基础上加(或减)按照税法规定调整的项目金额后,即为应税收益。可依据下列公式计算:

$$应税收益(应纳税所得额) = 会计收益(利润总额) \pm 纳税调整项目金额$$

(二) 会计收益与应税收益产生差异的原因

会计收益与应税收益之间往往存在着较大的差异,产生这种差异的原因,从表象看,是由于两者对收入和费用确认的依据不同,即会计收益以会计准则为依据,应税收益以税法为依据,使得两者在收入实现和费用扣除上出现不一致,而实质则在于两者的目标不一致。

首先,财务会计与税法分别遵循不同的原则、服务于不同的目的。财务会计必须遵循公认的会计原则,其目的是为了真实、公允地反映企业的财务状况、经营成果以及财务状况变动的全貌,为投资者、债权人以及其他利益相关者提供决策有用的信息。税法则是以组织财政收入为目的,根据经济合理、公平税负、促进竞争的原则,依据有关税收法规,确定一定时期内纳税人的应纳税所得额,从而及时足额征收所得税。因而,在多数情况下,会计收益按权责发生制确定,应税收益按收付实现制确定,并会因税法的调整而变化。

其次,与会计准则相比,税法更强调统一性,强调征管上的便利和公平。因此,在纳税申报中严格限制允许选用的会计政策。会计准则则不然,为了使财务报表能客观地反映企业期末的财务状况和期间的经营成果,企业可以在遵循一贯性及可比性原则的前提下,根据企业的实际情况自由选择会计准则允许的会计处理方法。

由于上述原因,从而导致会计收益与应税收益之间产生差异,这一差异可分为永久性差异和暂时性差异两种类型。

▶▶ 二、永久性差异

永久性差异是由于计入会计收益和应税收益的有关收入和费用在确认范围(口径)上的不同而形成,这种差异在某一期间发生,但不能在以后期间逆转,所以是一种绝对性差异。

永久性差异一般有下列四种类型:

(一)按会计准则规定应作为收益计入会计报表,而在计算应税所得时不确认为收益

例如,企业购买国债取得的利息收入,按照会计准则规定,应计入会计收益(投资收益);而按照税法规定,属于免税收入,不计入应税所得,不缴纳所得税。

(二)按会计准则规定不作为收益计入会计报表,而在计算应税所得时作为收益,需要缴纳所得税

例如,企业以自己生产的产品用于在建工程及职工福利,依据会计准则规定,可按成本结转,不确认销售收入;而依据税法规定,应作为视同销售处理,按产品的售价与成本的差额计入当期的应税所得。

(三)按会计准则规定应作为费用或损失计入会计报表,而在计算应税所得时则不允许扣减

例如,企业生产经营期间向非金融机构借款的利息支出,如高于金融机构同类、同期贷款利率计算的部分,会计上计入当期费用(财务费用),减少了当期利润;而按照税法规定,该部分利息支出则不允许作为费用扣减。

(四)按会计准则规定不确认为费用或损失,而在计算应税所得时则允许扣减

例如,企业在研究阶段发生的费用,按会计准则规定全部费用化,计入当期损益(管理费用);而按税法规定,企业在研发过程中发生的费用,计入当期损益的可按实际发生额的50%加计扣除。

从产生永久性差异的四种情况看,可归纳为两类:一类是作为会计收益的收入和可在税前会计利润中扣除的费用或损失,但不作为计算应税收益的收入和不能在计算应税收益前扣除的费用或损失;另一类是不作为会计收益的收入和不能在税前会计利润中扣除的费用

或损失,但在计算应税收益时作为收入和可在计算应税收益前扣除的费用或损失。由此产生两种结果:一是会计收益大于应税收益[即上述(一)、(四)情况];二是会计收益小于应税收益[即上述(二)、(三)情况]。在第一种结果下,产生的永久性差异不需要交所得税,在计算应税收益时,从税前会计利润中扣除永久性差异,将税前会计利润调整为应税收益。在第二种结果下,产生的永久性差异需要交纳所得税,永久性差异产生的应交所得税应在当期确认为所得税费用。

三、暂时性差异

暂时性差异亦称时间性差异,是指资产或负债的账面价值与其计税基础之间的差额。其中,资产的账面价值,是资产的账面余额减去折旧和摊销再减去资产减值准备后的金额。暂时性差异的基本特征是随时间的推移而发生逆转,最终将消失而不会永远存在。换言之,暂时性差异不仅影响发生当期的会计收益和应税收益,而且还影响到以后期间的会计收益和应税收益;随着时间的推移和影响事项的完结,这种差异会在以后期间转回,使会计收益和应税收益达到总量相等。

要确定暂时性差异,关键是确定资产或负债的计税基础,未作为资产和负债确认的项目,按照税法规定可以确定其计税基础的,该计税基础与其账面价值之间的差额也属于暂时性差异。按照暂时性差异对未来期间应税金额的影响,暂时性差异可分为应纳税暂时性差异和可抵扣暂时性差异。应纳税暂时性差异,是指在确定未来收回资产或清偿负债期间的应纳税所得额时,将导致产生应税金额的暂时性差异;可抵扣暂时性差异,是指在确定未来收回资产或清偿负债期间的应纳税所得额时,将导致产生可抵扣金额的暂时性差异。

四、资产负债表债务法及其核算程序

资产负债表债务法就是从资产负债表角度研究确定各项资产或负债的账面价值与其计税基础之间所产生的暂时性差异,以及这些暂时性差异对未来期间应税收益所产生的影响,从而确定递延所得税资产或递延所得税负债的一种方法。

资产负债表债务法一般分为下列五个程序:第一,确定资产和负债的账面价值;第二,确定资产和负债的计税基础;第三,根据资产、负债的账面价值与其计税基础,确定暂时性差异;第四,确定递延所得税资产和递延所得税负债;第五,确定应交所得税和所得税费用。

第二节 资产和负债的计税基础

要确定暂时性差异,首先要确定资产的计税基础和负债的计税基础。计税基础是一项资产或负债据以计税的基础,也是整个所得税会计准则中最基础、最重要的概念。

一、资产的计税基础

资产的计税基础是指企业收回资产账面价值过程中,计算应纳税所得额时按照税法规定可以自应税经济利益中抵扣的金额。通俗地说,资产的计税基础就是将来收回资产时可以抵税的金额。

资产在初始确认时,计税基础一般为其取得成本。在资产持续持有的过程中,可在未来期间税前扣除的金额是指资产的取得成本减去以前期间按照税法规定已经税前扣除的金额后的余额。比如,某一资产负债表日,某项固定资产的计税基础是指其原始购置成本减去按照税法规定已在以前期间税前扣除的累计折旧后的金额。

企业应当按照税法的规定确定资产的计税基础。

(一) 固定资产

不同方式取得的固定资产,其入账的成本基本上是被税法认可的,即取得时的账面价值一般等于计税基础。

在固定资产使用过程中,某一资产负债表日,固定资产的账面价值的确定方法为:固定资产的原价 - 累计折旧 - 计提的固定资产减值准备;而其计税基础的确定方法为:固定资产的原价 - 按税法规定计提的累计折旧。账面价值与其计税基础的差异,主要来自于折旧方法、折旧年限的不同和计提的减值准备。

1. 折旧方法、折旧年限产生的差异

会计准则规定,企业可以根据固定资产的经济利益预期实现方式合理选择折旧方法,如使用年限法、工作量法、年数总和法、双倍余额递减法等,折旧方法一经确定不得随便变化。而税法往往会规定固定资产的折旧方法,除某些按规定可以采用加速折旧方法外,一般应采用直线法计提折旧。

另外,会计准则规定,企业应当根据固定资产的性质和使用情况,合理确定固定资产的使用寿命和预计净残值。固定资产的使用寿命、预计净残值一经确定,不得随意变更。而税法一般规定有每一类固定资产的折旧年限。因此,折旧年限的不同也会导致固定资产的账面价值与其计税基础不一致。

2. 固定资产减值准备产生的差异

会计准则规定,期末如果固定资产发生减值的迹象,应当进行减值测试,发生减值的,应当计提减值准备。而税法一般不允许企业计提的减值准备在计提的当期税前扣除,也会造成固定资产的账面价值与其计税基础不一致。

[例 5-1] 甲公司 2015 年 12 月 10 日购入一项环保设备,原价为 1 000 万元,使用年限为 10 年,会计上按照直线法计提折旧,税收规定该类固定资产允许按双倍余额递减法计提折旧,设备的净残值为 0。2017 年年末甲公司对该项固定资产计提了 80 万元的减值准备。

则 2017 年年末:

该项固定资产的账面价值 = 1 000 - 200 - 80 = 720(万元)

该项固定资产的计税基础 = 1 000 - (1 000 × 20% + 800 × 20%) = 640(万元)

该项固定资产在 2017 年年末的账面价值为 720 万元,计税基础为 640 万元,差额为

80万元。

（二）无形资产

1. 初始计量

除内部研究开发形成的无形资产外，其他方式形成的无形资产，其初始入账的金额与税法规定的成本一般不会产生差异。

对于内部研究开发形成的无形资产，会计准则规定有关研究开发支出要区分两个阶段，研究阶段的支出要费用化，计入当期的损益；开发阶段的支出符合资本化条件的，要计入无形资产的成本。而税法规定，企业自行开发的无形资产，以开发过程中该资产符合资本化条件后至达到预定用途前发生的支出为计税基础。对于研究开发费用，税法规定，未形成无形资产计入当期损益的，在据实扣除的基础上再加计扣除50%，形成无形资产的，按照无形资产成本的150%摊销。

内部研究开发形成的无形资产，其会计上的入账金额为符合资本化条件后至达到预定用途前发生的支出，而计税基础是在会计上入账金额的基础上加计50%，因而产生账面价值与计税基础在初始确认时的差异。但如果该无形资产的确认不是产生于企业合并交易、同时在确认时既不影响会计利润也不影响应纳税所得额，按照所得税会计准则的规定，不确认该暂时性差异的所得税影响。

2. 后续计量

会计准则与税法的差异主要产生于对无形资产是否需要摊销以及计提减值准备上。会计准则规定应根据无形资产使用寿命情况将无形资产分为使用寿命有限的无形资产和使用寿命不确定的无形资产，对使用寿命有限的无形资产，应当采用系统合理的方法进行摊销，其摊销方法应当反映与该项无形资产有关的经济利益的预期实现方式。对使用寿命不确定的无形资产，不予摊销。而税法规定，企业取得的无形资产的成本，应在一定期限内摊销，合同、法律未规定期限的，应按不少于10年的期限摊销。

此外，会计准则还要求，资产负债表日如果无形资产发生减值的迹象，应当进行减值测试，发生减值的，应当计提减值准备。而税法一般不允许企业计提的无形资产减值准备在计提的当期税前扣除，也会造成其账面价值与其计税基础不一致。

[例5-2] 甲公司于2016年年初以银行存款160万元购入某项无形资产，因其使用寿命无法合理估计，会计上视为使用寿命不确定的无形资产，不予摊销，但税法规定应按不少于10年的期限摊销。

则2017年年末：

该项无形资产的账面价值 = 160万元

该项无形资产的计税基础 = 160 − (160 ÷ 10 × 2) = 128万元

该项无形资产在2017年年末的账面价值为160万元，计税基础为128万元，差额为32万元。

（三）投资性房地产

投资性房地产的初始计量，会计与税法一般没有差异。其后续计量，会计上有两种模式：一种是成本模式，要计提折旧或摊销，其账面价值与计税基础可能产生的差异与上述固定资产、无形资产的分析相同;另一种是符合条件的可以采用公允价值模式,不计提折旧或摊销,期末公允价值与账面价值之间的差额,计入当期损益(公允价值变动损益),但税法一般要求采用成本模式进行后续计量,不认可该类资产在持有期间因公允价值变动产生的利得和损失,因而导致账面价值与其计税基础产生差异。

[例5-3] 2015年1月3日甲公司支付土地转让款20 000万元,取得10年的土地使用权;取得土地使用权的当日,甲公司将其出租给乙公司,每年收取租金4 000万元,会计上将该土地使用权作为投资性房地产核算,并采用成本模式计量。2016年1月1日,鉴于该土地使用权具有活跃的交易市场,且公允价值能够可靠计量,甲公司将其改为公允价值模式计量,已知2016年1月1日的公允价值为21 000万元,2016年12月31日的公允价值为21 600万元。假设按照税法规定,土地使用权应按10年平均摊销。

则2015年年末:

投资性房地产的账面价值 = (20 000 - 20 000 ÷ 10) = 18 000(万元)

投资性房地产的计税基础 = (20 000 - 20 000 ÷ 10) = 18 000(万元)

故投资性房地产的账面价值等于其计税基础,不产生暂时性差异。

2016年年末:

投资性房地产的账面价值 = 21 600万元

投资性房地产的计税基础 = (20 000 - 20 000 ÷ 10 × 2) = 16 000(万元)

该项投资性房地产在2016年年末的账面价值为21 600万元,计税基础为16 000万元,差额为5 600万元。

(四)以公允价值计量且其变动计入当期损益的金融资产

按照《企业会计准则第22号——金融工具确认和计量》的规定,以公允价值计量且其变动计入当期损益的金融资产,资产负债表日其账面价值等于其公允价值;而税法规定,以公允价值计量的金融资产、金融负债以及投资性房地产等,持有期间公允价值的变动不计入应纳税所得额,在实际处置或结算时,处置取得的收入减去其历史成本后的差额应计入处置或结算期间的应纳税所得额。按此规定,以公允价值计量的金融资产,期末其计税基础应为其历史成本,从而造成在公允价值变动的情况下,对以公允价值计量的金融资产账面价值与计税基础之间的差异。

企业持有的可供出售金融资产计税基础的确定方法与上述相同。

[例5-4] 甲公司于2016年11月10日以银行存款800万元从市场上购入A公司股票100万股,作为交易性金融资产,年末A公司股票的市价为960万元。税法规定,交易性金融资产持有期间公允价值变动的损益不计入当期的应纳税所得额,待处置时计入处置期间的应纳税所得额。

则2016年年末:

交易性金融资产的账面价值 = 960万元

交易性金融资产的计税基础 = 800万元

该项交易性金融资产在2016年年末的账面价值为960万元,计税基础为800万元,差额为160万元。

(五) 其他计提了减值准备的资产

按照会计的谨慎性原则,企业持有的各项资产,期末如发生减值的迹象应当进行减值测试,减值测试后发生减值的,应当计提减值准备,计提减值准备后资产的账面价值因此而减少。但税法规定,资产在发生实质性损失前计提的损失准备不允许税前扣除,即该项资产的计税基础不会随减值准备的提取而发生变化,从而造成资产的账面价值与其计税基础之间产生差异。

[例5-5] 甲公司2016年年末一批库存商品,其生产成本为1 000万元,因市场行情变化发生减值迹象,经减值测试后计提的存货跌价准备为60万元。

则2016年年末:

存货的账面价值=940万元

存货的计税基础=1 000万元

该项存货在2016年年末的账面价值为940万元,计税基础为1 000万元,差额为60万元。

二、负债的计税基础

负债的计税基础是指负债的账面价值减去未来期间计算应纳税所得额时按照税法规定可予抵扣的金额。

通常情况下,短期借款、应付票据、应付账款等负债的确认和偿还,不会对当期损益和应纳税所得额产生影响,其计税基础即为账面价值。但在某些情况下,负债的确认可能会影响损益,并影响不同期间的应纳税所得额,使其计税基础与账面价值之间产生差额。

(一) 预计负债

按照《企业会计准则第13号——或有事项》的规定,企业销售的产品如提供售后服务的,应在销售的当期按照系统合理的方法计提产品的保修费用,同时确认预计负债。但如果税法规定,与销售产品相关的支出应在实际发生时税前扣除,因该类事项产生的预计负债在期末的计税基础为其账面价值减去未来期间可予税前扣除的金额之间的差额,即计税基础为零。

因其他事项确认的预计负债,应按照税法规定的计税原则确定其计税基础。如税法规定该预计负债产生的支出,无论是否实际发生均不得税前扣除,即未来期间按税法规定可予扣除的金额为零,则其账面价值等于计税基础。

通俗地说,负债的计税基础就是将来支付时不能抵税的金额。

[例5-6] 甲公司2017年年末计提的产品保修费用为200万元,假设按税法规定产品保修费用在实际发生时才能税前扣除。

则2017年年末:

预计负债的账面价值=200万元

预计负债的计税基础=200万元－200万元=0

(负债的账面价值200万元－其在未来期间计算应税收益时可予抵扣的金额200万元)。

[例5-7]　甲公司2016年3月为其关联企业乙公司的银行借款1 000万元提供担保,8月借款期满,由于乙公司财务困难无法按期偿还,而被银行提起诉讼,并要求甲公司履行其担保责任。12月31日案件尚在审理中,甲公司预计很可能履行的担保责任为1 000万元。假定税法规定,企业为其他单位提供的债务担保发生的损失不允许税前扣除。

则2016年年末:

预计负债的账面价值＝1 000万元

预计负债的计税基础＝1 000万元－0＝1 000万元

该预计负债的账面价值等于计税基础,不产生暂时性差异。

(二) 预收账款

按照收入确认原则,企业预收的货款不确认销售收入,而计入"预收账款"科目,待将来交付商品时再确认销售收入。如果税法规定与会计准则相同,即会计上不确认收入时,税法上亦不计入应纳税所得额,则该部分经济利益在未来期间计税时可予税前扣除的金额为零,其计税基础等于账面价值。

但如果税法规定与会计准则不同,企业预收货款时,会计上不确认收入,但按照税法规定应计入当期应纳税所得额时,有关预收账款的计税基础为零,即预收时已全额计入当期的应纳税所得额,将来交付商品时可全额税前扣除,计税基础为其账面价值减去未来期间可予税前扣除的金额,为零。

[例5-8]　甲房地产开发公司2016年预收房款5 000万元,均计入"预收账款"科目。但当地税务部门规定,预收的房款应计入2016年的应纳税所得额缴纳所得税。

则2016年年末:

预收账款的账面价值＝5 000万元

预收账款的计税基础＝5 000万元－5 000万元＝0

(三) 应付职工薪酬

企业从成本费用中提取的职工薪酬,在没有支付前形成了负债。税法对于合理的职工薪酬允许在当期税前扣除,因而,未来期间可予抵扣的金额为零,故其账面价值等于计税基础。

(四) 其他负债

企业对于其他负债项目,如企业支付的滞纳金、罚款等,在尚未支付前形成了其他应付款,但税法规定,企业发生的滞纳金、罚款等应从企业的税后利润中列支,不允许在税前扣除。其计税基础一般等于账面价值。

[例5-9]　甲公司2016年因违反税法规定,被税务部门处以罚款50万元,至年末尚未支付,按照税法规定,企业因违反国家法律、法规规定缴纳的滞纳金、罚款等不得在税前扣除。

则2016年年末:

其他应付款的账面价值＝50万元

其他应付款的计税基础＝50万元－0＝50万元

计税基础等于账面价值,因而不产生暂时性差异。

第三节 暂时性差异

暂时性差异是指资产或负债的账面价值与其计税基础之间的差额。因资产、负债的账面价值与计税基础不同,产生了在未来收回资产或清偿负债的期间内,应纳税所得额增加或减少并导致未来期间应交所得税的增加或减少的情况,形成企业资产或负债,在有关暂时性差异发生当期,应该确认有关递延所得税资产或递延所得税负债。

根据暂时性差异对未来期间应税金额影响的不同,暂时性差异一般可分为应纳税暂时性差异和可抵扣暂时性差异。

一、应纳税暂时性差异

应纳税暂时性差异,是指在确定未来收回资产或清偿负债期间的应纳税所得额时,将导致产生应税金额的暂时性差异。由于暂时性差异具有在将来能够转回的特点,因此,应纳税暂时性差异在将来转回时,会增加转回期间的应纳税所得额和应交的所得税,故称之为应纳税暂时性差异。

应纳税暂时性差异产生于下列两种情况:

(一)资产的账面价值大于其计税基础

资产的账面价值代表的是该资产在持续使用或最终出售时流入企业的经济利益总额,而计税基础代表的是该资产在未来期间可予税前抵扣的金额。资产的账面价值大于资产的计税基础,就说明该项资产未来期间产生的经济利益不能全部税前抵扣,两者之间的差额需要交纳所得税,故产生应纳税暂时性差异。比如,某些资产账面价值为100万元,计税基础为80万元,其差额20万元在未来企业产生的经济利益流入中不能作为成本抵扣,而应调整增加未来期间的应纳税所得额和应交的所得税,在该差异产生的当期应确认为递延所得税负债。

(二)负债的账面价值小于其计税基础

负债的账面价值代表的是企业在未来期间清偿该项负债时经济利益的流出,而其计税基础代表的是账面价值在扣除税法规定未来期间允许税前扣除的金额后的差额。负债的账面价值小于其计税基础则意味着该项负债在未来期间可以税前扣除的金额为负数,即应增加未来期间的应纳税所得额和应交的所得税金额,因而产生应纳税暂时性差异,应在差异产生的当期确认为递延所得税负债。

[例 5-10] 甲公司 2017 年年末固定资产账面原值为 1 000 万元,会计上按直线法计提的折旧为 200 万元,固定资产净值为 800 万元,未计提减值准备,即固定资产账面价值为 800 万元;税法按年数总和法计提折旧,应提折旧额为 250 万元,即固定资产的计税基础为 750 万元。因此,固定资产账面价值大于其计税基础,形成暂时性差异为 50 万元;因资产的账面价值大于其计税基础,从而形成应纳税暂时性差异。

本例资产账面价值、计税基础、暂时性差异的比较如表 5-1 所示。

表 5-1 资产的账面价值、计税基础、暂时性差异比较表

项目	账面价值	计税基础	应纳税暂时性差异 （资产账面价值＞资产计税基础）
固定资产	800 万元	750 万元	50 万元

[例 5-11] 甲公司 2016 年年末长期股权投资的账面余额为 220 万元,其中初始投资成本为 200 万元,按权益法确认的投资收益为 20 万元,未计提减值准备,则长期股权投资的账面价值为 220 万元。按税法规定,可以在税前抵扣的是初始投资成本,其计税基础应为 200 万元。因此,长期股权投资的账面价值 220 万元与其计税基础 200 万元的差额 20 万元,形成应纳税暂时性差异。

本例资产账面价值、计税基础、暂时性差异的比较如表 5-2 所示。

表 5-2 资产的账面价值、计税基础、暂时性差异比较表

项目	账面价值	计税基础	应纳税暂时性差异 （资产账面价值＞资产计税基础）
长期股权投资	220 万元	200 万元	20 万元

二、可抵扣暂时性差异

可抵扣暂时性差异,是指在确定未来收回资产或清偿负债期间的应纳税所得额时,将导致产生可抵扣金额的暂时性差异。即该差异在未来期间转回时,将导致应纳税所得额和应交所得税额的减少,故称之为可抵扣暂时性差异。

可抵扣暂时性差异产生于下列两种情况:

（一）资产的账面价值小于其计税基础

当资产的账面价值小于其计税基础时,则意味着该项资产在未来产生的经济利益小,而按税法规定可予税前扣除的金额大,则企业在未来期间可以减少应纳税所得额和少交所得税,因而产生可抵扣暂时性差异。比如,某些资产账面价值为 200 万元,计税基础为 220 万元,其差额 20 万元在未来企业产生的经济利益流入中税法允许作为成本抵扣,而应调整减少未来期间的应纳税所得额和应交的所得税,在该差异产生的当期应确认为递延所得税资产。

（二）负债的账面价值大于其计税基础

当负债的账面价值大于其计税基础时,则意味着未来期间按照税法规定与负债相关的全部或部分支出可以自未来应税经济利益中扣除,减少未来期间应纳税所得额和少交所得税,因而产生可抵扣暂时性差异。

[例 5-12] 甲公司 2017 年年末存货账面余额 100 万元,已提存货跌价准备 10 万元,则存货账面价值为 90 万元;而税法规定存货在出售时可以按历史成本抵税,其计税基础为 100 万元。因此,存货账面价值 90 万元与计税基础 100 万元的差额 10 万元,可以抵扣未来期间（存货处置期间）的应纳税所得额,从而导致未来期间少交所得税。因资产的账面价值小于其计税基础,故形成可抵扣暂时性差异。

本例资产账面价值、计税基础、暂时性差异的比较如表 5-3 所示。

表 5-3　资产的账面价值、计税基础、暂时性差异比较表

项目	账面价值	计税基础	可抵扣暂时性差异 (资产账面价值<资产计税基础)
存货	90 万元	100 万元	10 万元

[例 5-13]　甲公司 2017 年预计负债账面余额为 100 万元(计提的产品保修费用),假设按税法规定产品保修费用在实际发生时才可以抵税,该预计负债的计税基础是 0(负债账面价值 100 万元 — 其在未来期间计算应税利润时可予抵扣的金额 100 万元)。因此预计负债账面价值 100 万元与计税基础 0 之间的差额 100 万元,可以在未来期间(产品保修费用发生当期)的应税经济利益中扣除,从而导致未来期间少交所得税。因负债的账面价值大于其计税基础,故形成可抵扣暂时性差异。

本例负债账面价值、计税基础、暂时性差异的比较如表 5-4 所示。

表 5-4　负债的账面价值、计税基础、暂时性差异比较表

项目	账面价值	计税基础	可抵扣暂时性差异 (负债账面价值>负债计税基础)
预计负债	100 万	0	100 万

三、特殊项目产生的暂时性差异

(一) 未作为资产、负债确认的项目产生的暂时性差异

某些交易或事项发生后因不符合资产或负债确认的条件,未在资产负债表中体现为资产或负债,但按税法规定能够确定其计税基础的,也形成暂时性差异。此时,可把该项目的账面价值看成为零。

[例 5-14]　甲公司 2016 年发生的广告费支出为 3 000 万元,已作为销售费用列支。税法规定,该类支出不超过当年销售收入 15% 的部分允许在当期税前扣除,超过的部分允许向以后年度结转扣除。假设甲公司 2016 年实现销售(营业)收入 15 000 万元。

分析　广告费会计上已作为销售费用计入当期损益,不体现为期末资产负债表中的资产,如果将其视为资产,其账面价值可看成为零;按税法规定,甲公司 2016 年可以税前扣除的广告费限额为 2 250 万元,当期未能税前扣除的 750 万元可以向以后年度结转扣除,其计税基础为 750 万元。

该项资产(广告费)的账面价值为 0,计税基础为 750 万元,其差额 750 万元可以从以后年度的应税经济利益中扣除,从而导致未来期间少交所得税,故形成可抵扣暂时性差异。

(二) 可弥补的亏损及税款抵减产生的暂时性差异

按照企业所得税法的规定,可以结转以后年度弥补的亏损及税款抵减,虽然不是资产、负债的账面价值与其计税基础不同产生的,但它能够减少未来期间的应纳税所得额,进而减少未来期间应交的所得税,可以把它视为可抵扣暂时性差异,确认递延所得税资产。

[例 5-15]　甲公司 2015 年发生经营亏损 600 万元,按照税法规定,该亏损可用于抵减以后五个会计年度的应纳税所得额。甲公司预计未来五年期间能够产生足够的应纳税所得额来弥补该项亏损。

分析 该项经营亏损虽然不是资产、负债的账面价值与其计税基础不同产生的,但从性质上看可以减少未来期间企业的应纳税所得额和应交的所得税,属于可抵扣暂时性差异。甲公司应在2015年确认该亏损所形成的递延所得税资产。

第四节 递延所得税负债和递延所得税资产的确认与计量

在资产负债表债务法下,企业应将暂时性差异对未来所得税的影响金额确认为递延所得税负债或递延所得税资产。按照所得税会计准则,企业应根据应纳税暂时性差异计算的未来期间应交的所得税金额,确认为一项递延所得税负债;应根据可抵扣暂时性差异计算的未来期间可抵减的所得税金额,确认为递延所得税资产。

一、递延所得税负债的确认与计量

(一)确认递延所得税负债的情况

除所得税会计准则明确规定不应确认递延所得税负债的情况以外,企业应当确认所有应纳税暂时性差异产生的递延所得税负债,并计入所得税费用。

如前文所述,应纳税暂时性差异主要产生于两个方面:资产的账面价值大于资产的计税基础和负债的账面价值小于负债的计税基础。企业产生应纳税暂时性差异后,期末应纳税暂时性差异余额与税率的乘积,就是递延所得税负债余额;将年末、年初的递延所得税负债余额相减,就得到本期应确认的递延所得税负债和计入本期所得税费用的金额。

[例5-16] 乙公司于2015年12月购入一台设备,原价180万元,预计净残值为0,预计使用5年,会计上采用直线法折旧,税法上允许采用加速折旧方法,乙公司计税时采用年数总和法计提折旧。假定使用年限和净残值均符合税法规定,除该项固定资产产生的会计与税法之间的差异外,不存在其他会计与税收的差异,所得税税率为25%。

分析 乙公司每年因固定资产账面价值与计税基础不同应予确认的递延所得税情况如表5-5所示。

表5-5 递延所得税负债计算表 单位:元

项目	2016年	2017年	2018年	2019年	2020年
原始成本	1 800 000	1 800 000	1 800 000	1 800 000	1 800 000
会计上累计折旧	360 000	720 000	1 080 000	1 440 000	1 800 000
账面价值	1 440 000	1 080 000	720 000	360 000	0
税法上累计折旧	600 000	1 080 000	1 440 000	1 680 000	1 800 000
计税基础	1 200 000	720 000	360 000	120 000	0
暂时性差异	240 000	360 000	360 000	240 000	0
所得税税率	25%	25%	25%	25%	25%
递延所得税负债余额	60 000	90 000	90 000	60 000	0

（1）2016年年末：

固定资产的账面价值 = 1 800 000 - 360 000 = 1 440 000（元）

固定资产的计税基础 = 1 800 000 - 600 000 = 1 200 000（元）

因资产的账面价值大于资产的计税基础，其差额240 000元会增加未来期间的应纳税所得额和应交的所得税，属于应纳税暂时性差异，应确认相关的递延所得税负债60 000元，会计分录为：

借：所得税费用　　　　　　　　　　　　　60 000
　　贷：递延所得税负债　　　　　　　　　　　　60 000

（2）2017年年末：

固定资产的账面价值 = 1 800 000 - 720 000 = 1 080 000（元）

固定资产的计税基础 = 1 800 000 - 1 080 000 = 720 000（元）

因资产的账面价值大于资产的计税基础，其差额360 000元为应纳税暂时性差异，应确认相关的递延所得税负债90 000元，因递延所得税负债有期初余额60 000元，所以，应进一步确认递延所得税负债30 000元。会计分录为：

借：所得税费用　　　　　　　　　　　　　30 000
　　贷：递延所得税负债　　　　　　　　　　　　30 000

（3）2018年年末：

固定资产的账面价值 = 1 800 000 - 1 080 000 = 720 000（元）

固定资产的计税基础 = 1 800 000 - 1 440 000 = 360 000（元）

因资产的账面价值大于资产的计税基础，其差额360 000元为纳税暂时性差异，应确认相关的递延所得税负债90 000元，因递延所得税负债有期初余额90 000元，所以，年末不需要再确认递延所得税负债。故不需要做会计分录。

（4）2019年年末：

固定资产的账面价值 = 1 800 000 - 1 440 000 = 360 000（元）

固定资产的计税基础 = 1 800 000 - 1 680 000 = 120 000（元）

因资产的账面价值大于资产的计税基础，其差额240 000元为应纳税暂时性差异，应确认相关的递延所得税负债60 000元，因递延所得税负债有期初余额90 000元，所以，本年末应转回原已确认的递延所得税负债30 000元。会计分录为：

借：递延所得税负债　　　　　　　　　　　30 000
　　贷：所得税费用　　　　　　　　　　　　　　30 000

（5）2020年年末：

固定资产的账面价值与其计税基础均为零，两者之间不存在暂时性差异，故不应确认递延所得税负债。由于递延所得税负债仍有年初余额60 000元，应全部转回。会计分录为：

借：递延所得税负债　　　　　　　　　　　60 000
　　贷：所得税费用　　　　　　　　　　　　　　60 000

（二）不确认递延所得税负债的特殊情况

（1）商誉的初始确认。非同一控制下的企业合并中，因企业合并成本大于合并中取得的被购买方可辨认净资产公允价值的份额,按照会计准则规定应确认为商誉,但由于会计与税法的划分标准不同,如果此类合并税法规定为免税合并的情况下,商誉的计税基础为零,两者之间的差额形成应纳税暂时性差异,因确认该递延所得税负债会增加商誉的价值,准则中规定对于该部分应纳税暂时性差异不确认其所产生的递延所得税负债。

(2)除企业合并以外的交易中,如果交易发生时既不影响会计利润也不影响应纳税所得额,则交易中产生的资产、负债的入账价值与其计税基础之间的差额形成应纳税暂时性差异的,相应的递延所得税负债不予确认。

(3)企业对与联营企业、合营企业等的投资相关的应纳税暂时性差异,在投资企业能够控制暂时性差异转回的时间并且预计有关的暂时性差异在可预见的未来很可能不会转回时,不确认相应的递延所得税负债。

(三)递延所得税负债的计量

资产负债表日,企业对于应确认的递延所得税负债,按照预期收回该资产或清偿该负债期间的适用税率计量,即递延所得税负债应以相关应纳税暂时性差异转回期间按照税法规定适用的所得税税率计量,且不要求折现。

二、递延所得税资产的确认与计量

(一)递延所得税资产的确认

1. 确认的一般原则

可抵扣暂时性差异会形成递延所得税资产,企业在确认因可抵扣暂时性差异所形成的递延所得税资产时应以未来期间可能取得的应纳税所得额为限。在可抵扣暂时性差异转回的未来期间内,企业无法产生足够的应纳税所得额用以利用可抵扣暂时性差异的影响,使得与可抵扣暂时性差异相关的经济利益无法实现的,不应确认递延所得税资产;企业有明确的证据表明其可抵扣暂时性差异转回的未来期间能够产生足够的应纳税所得额,进而利用可抵扣暂时性差异的,则应以可能取得的应纳税所得额为限,确认相应的递延所得税资产。

在判断未来期间能否产生足够的应纳税所得额时,企业应当考虑在未来期间通过正常的生产经营活动能够实现的应纳税所得额以及以前期间产生的应纳税暂时性差异在未来期间转回时将增加的应纳税所得额。

(1)对于与子公司、联营企业、合营企业等投资相关的可抵扣暂时性差异,如果有关的暂时性差异在可预见的未来很可能转回并且企业很可能获得用来抵扣该可抵扣暂时性差异的应纳税所得额时,应确认相关的递延所得税资产。

对于与联营企业、合营企业等的投资相关的可抵扣暂时性差异,通常产生于因联营企业或合资企业发生亏损,投资企业按持股比例确认应予承担的部分而减少投资的账面价值,但税法规定投资应以其成本作为计税基础,从而形成可抵扣暂时性差异,该差异在满足确认条件时应确认相应的递延所得税资产。

(2)企业对于能够结转以后年度的未弥补亏损及税款抵减,应视同可抵扣暂时性差异,以未来期间很可能获得用来抵扣该部分亏损的应纳税所得额为限,确认相应的递延所得税资产。

我国现行税法允许企业发生的经营性亏损向后递延弥补五年,企业应在有关的亏损或税款抵减金额得到税务部门的认可且预计可利用未弥补亏损或税款抵减的未来期间内能够取得足够的应纳税所得额时,除准则规定不予确认的情况外,应当以很可能取得的应纳税所得额为限,确认相应的递延所得税资产,并减少当期的所得税费用。

2. 不确认递延所得税资产的情况

除企业合并以外的交易中,如果交易发生既不影响会计利润也不影响应税所得额,则交易中产生的资产、负债的账面价值与其计税基础之间的差额形成可抵扣暂时性差异的,相应的递延所得税资产不予确认。

例如,融资租赁中承租人取得的资产,按照会计准则的规定应当将租赁开始日租赁资产公允价值与最低租赁付款额现值两者中的较低者以及相关的初始直接费用作为租入资产的入账价值,而税法规定融资租入固定资产应当按照租赁协议或者合同确定的价款加上运输费、途中保险费等的金额计价,作为计税基础。对于两者之间产生的暂时性差异,如确认其所得税影响,将直接影响到融资租入资产的入账价值,按照会计准则规定,该种情况下不确认相应的递延所得税资产。

再比如,内部研究开发形成的无形资产,会计上入账价值是其在开发过程中能够资本化的各项支出,但按照税法规定,该无形资产在未来期间可按其入账价值的150%摊销,由此形成可抵扣暂时性差异。由于该项无形资产并非形成于企业合并,同时在初始确认时既不影响会计利润也不影响应纳税所得额,准则规定该种情况下不确认相关的递延所得税资产。

(二)递延所得税资产的计量

资产负债表日,企业对于应确认的递延所得税资产,按照预期收回该资产期间的适用税率计量,即递延所得税资产应以相关可抵扣暂时性差异转回期间按照税法规定适用的所得税税率计量,且不要求折现。

企业在确认递延所得税资产后的每个资产负债表日,应当对递延所得税资产的账面价值进行复核,如有证据表明未来期间很可能无法取得足够的应纳税所得额用以抵减可抵扣暂时性差异时,应减记递延所得税资产的账面价值,除原确认时计入所有者权益者外,减记的递延所得税资产,同时要增加所得税费用。以后期间根据新的环境或发生了新的情况判断能够产生足够的应纳税所得额用以抵减可抵扣暂时性差异的,应当恢复原已减记的递延所得税资产的账面价值。

(三)会计处理

1. 资产的账面价值小于其计税基础产生的可抵扣暂时性差异

[例5-17] 甲公司2017年年末存货的账面余额为100万元,已计提存货跌价准备10万元。则存货账面价值为90万元,存货的计税基础为100万元,形成可抵扣暂时性差异为10万元。假设甲公司所得税税率为25%,且未来期间能够产生足够的应纳税所得额用以抵减可抵扣暂时性差异。则应确认的递延所得税资产为:

递延所得税资产 = 可抵扣暂时性差异 × 所得税税率 = 10万元 × 25% = 2.5万元

会计分录为:

  借:递延所得税资产   25 000
    贷:所得税费用   25 000

2. 负债的账面价值大于其计税基础产生的可抵扣暂时性差异

[例 5-18] 沿用[例 5-13]的资料,假设甲公司所得税税率为 25%,且未来期间能够产生足够的应纳税所得额用以抵减可抵扣暂时性差异。则应确认的递延所得税资产为:

递延所得税资产 = 可抵扣暂时性差异 × 所得税税率 = 100 万元 × 25% = 25 万元

会计分录为:

  借:递延所得税资产   250 000
    贷:所得税费用   250 000

3. 未弥补亏损形成的可抵扣暂时性差异

[例 5-19] 沿用[例 5-15]的资料,假设甲公司所得税税率为 25%,且甲公司预计未来五年期间能够产生足够的应纳税所得额来弥补该项亏损。则应确认的递延所得税资产为:

递延所得税资产 = 可抵扣暂时性差异 × 所得税税率 = 600 万元 × 25% = 150 万元

会计分录为:

  借:递延所得税资产   1 500 000
    贷:所得税费用   1 500 000

▶▶ 三、特殊交易或事项中涉及递延所得税的确认

(一)与直接计入所有者权益的交易或事项相关的暂时性差异,相应的递延所得税资产或递延所得税负债应计入所有者权益

[例 5-20] 甲公司持有丙公司股票,该股票被归类为可供出售金融资产。购买该股票时的公允价值为 300 万元,2017 年年末,该股票的公允价值为 260 万元。假设甲公司所得税税率为 25%。

分析 按照《企业会计准则第 22 号——金融工具确认和计量》的规定,可供出售金融资产公允价值变动形成的利得或损失,应当直接计入所有者权益。按照税法规定,成本在持有期间保持不变。由于资产账面价值 260 万元与资产计税基础 300 万元之间的差额,形成可抵扣暂时性差异,应确认相应的递延所得税资产:

递延所得税资产 = 可抵扣暂时性差异 × 所得税税率 = 40 万元 × 25% = 10 万元

  借:递延所得税资产   100 000
    贷:其他综合收益   100 000

上例中,假设 2017 年年末,该股票的公允价值为 360 万元,则形成应纳税暂时性差异,应确认相应的递延所得税负债:

递延所得税负债 = 应纳税暂时性差异 × 所得税税率 = 60 万元 × 25% = 15 万元

  借:其他综合收益   150 000
    贷:递延所得税负债   150 000

(二)非同一控制下的企业合并中,按照会计规定确定的合并中取得各项可辨认资产、负债的公允价值与其计税基础之间形成可抵扣暂时性差异的,应确认相应的递延所得税资产,同时调整合并中应予确认的商誉

[例 5-21] 甲公司所得税税率为 25%,2017 年通过购买与其没有关联关系的乙公司

100%的股份,使得乙公司成为甲公司的一个分公司,不再保留单独的法人地位。在企业合并中取得的各项可辨认资产的账面价值为900万元,可辨认资产的公允价值为700万元。假设税法规定此项合并为免税合并,则资产账面价值小于资产计税基础的差额,形成可抵扣暂时性差异,应确认相应的递延所得税资产:

递延所得税资产 = 可抵扣暂时性差异 × 所得税税率 = 200万元 × 25% = 50万元

会计分录为:

借:递延所得税资产　　　　　　　　　　　500 000
　　贷:商誉　　　　　　　　　　　　　　　　　　500 000

(三) 与股份支付相关的当期及递延所得税

与股份支付相关的支出在按照会计准则规定确认为成本费用时,其相关的所得税影响应分别下列情况处理:如果税法规定与股份支付相关的支出不允许税前扣除,则不形成暂时性差异;如果税法规定与股份支付相关的支出允许税前扣除时,在按照会计准则规定确认成本费用的期间内,企业应当根据可税前扣除的金额计算确定其计税基础及由此产生的暂时性差异,符合确认条件的情况下,应确认相关的递延所得税。其中预计未来期间可税前扣除的金额超过按照会计准则规定确认的与股份支付相关的成本费用,超过部分的所得税影响应直接计入所有者权益。

四、税率变化对已确认递延所得税负债和递延所得税资产的影响

因税法的变化,导致企业在某一会计期间适用的所得税税率发生变化的,企业应对已确认的递延所得税负债和递延所得税资产按照新的税率进行重新计量,以反映税率变化所带来的影响。

除直接计入所有者权益的交易或事项产生的递延所得税负债和递延所得税资产,相关的调整金额应计入所有者权益外,其他情况下因税率变化产生的调整金额应确认为税率变化当期的所得税费用(或收益)。

[例5-22] 甲公司2016年1月1日"递延所得税资产"科目借方余额为25万元,属于以前年度因计提存货跌价准备而产生的可抵扣暂时性差异按25%的税率确认的对未来期间所得税的影响金额。由于经税务部门批准,甲公司从2016年起可享受15%的优惠税率,不考虑其他影响因素。

分析　递延所得税资产代表的是有关可抵扣暂时性差异于未来期间转回时,导致企业应交所得税金额减少的情况。在适用税率变动的情况下,应对已确认的递延所得税资产按照新的税率进行重新计量,以反映税率变化所带来的影响。

税率变化导致"递延所得税资产"科目的调整金额 = (25 ÷ 25%) × (15% − 25%) = −10(万元)

会计分录为:

借:所得税费用　　　　　　　　　　　　100 000
　　贷:递延所得税资产　　　　　　　　　　　100 000

第五节 所得税的确认和计量

企业在每一个资产负债表日,应当确定资产和负债的计税基础。资产和负债的账面价值与其计税基础存在差异的,应当确认所产生的递延所得税资产或递延所得税负债。如前所述,可抵扣暂时性差异对所得税的影响,应确认为递延所得税资产;应纳税暂时性差异对所得税的影响,应确认为递延所得税负债。企业在资产负债表日,对于递延所得税资产和递延所得税负债,应当根据税法规定,按照预期收回该资产或清偿该负债期间的适用税率计量,适用税率发生变化的,应对已确认的递延所得税资产和递延所得税负债进行重新计量,除直接在所有者权益中确认的交易或者事项产生的递延所得税资产和递延所得税负债以外,应当将其影响数计入变化当期的所得税费用。

一、当期应交所得税的计量

资产负债表日,企业应当根据下列公式确定当期应交的所得税额:

$$应交所得税额 = 应纳税所得额 \times 所得税税率$$

其中,应纳税所得额应根据下列公式确定:

$$应纳税所得额 = 会计利润 \pm 永久性差异 \pm 暂时性差异$$
$$= 会计利润 \pm 永久性差异 + 本期发生的可抵扣暂时性差异 - 本期发生的应纳税暂时性差异 + 以前期间发生在本期转回的应纳税暂时性差异 - 以前期间发生在本期转回的可抵扣暂时性差异$$

应当注意的是,暂时性差异具有在本期发生,在以后一期或多期转回的特征,发生与转回方向相反,金额相等,相互抵消。就某一项交易所产生的暂时性差异而言,该暂时性差异所导致的对未来期间应纳所得税金额的影响,计入本期的递延所得税资产(或递延所得税负债)的借方(或贷方),以后期间转回时,就应当计入转回期间的递延所得税资产(或递延所得税负债)的贷方(或借方)。

二、当期递延所得税的计量

资产负债表日,企业对于递延所得税资产和递延所得税负债,应当按照预期收回该资产或清偿该负债期间的适用税率计量。对于确认的递延所得税,分别计入"递延所得税资产"和"递延所得税负债"科目。其计算公式为:

$$递延所得税资产的期末余额 = 可抵扣暂时性差异的期末余额 \times 所得税税率$$
$$递延所得税负债的期末余额 = 应纳税暂时性差异的期末余额 \times 所得税税率$$
$$当期应确认的递延所得税资产 = 递延所得税资产的期末余额 - 递延所得税资产的期初余额$$
$$当期应确认的递延所得税负债 = 递延所得税负债的期末余额 - 递延所得税负债的期初余额$$

三、当期所得税费用的计量

企业在利润表中确认的所得税费用由当期应交的所得税额和递延所得税两个部分组成。但应注意:计入当期损益的所得税费用不包括企业合并和直接在所有者权益中确认的交易或事项产生的所得税影响,与直接计入所有者权益的交易或事项相关的当期递延所得税,应直接计入所有者权益。

在资产负债表债务法下,本期所得税费用应根据下列公式计算:

本期所得税费用 = 本期应交所得税 +(递延所得税负债期末余额 - 递延所得税负债期初余额)-(递延所得税资产期末余额 - 递延所得税资产期初余额)

四、账户设置

资产负债表债务法下,企业须设置"所得税费用""应交税费——应交所得税""递延所得税资产""递延所得税负债"等账户。

"所得税费用"账户反映本期计入利润表的所得税费用。该账户借方反映本期计提的所得税费用,贷方反映期末转入本年利润的所得税费用,结转后该账户期末无余额;

"应交税费——应交所得税"账户反映按照税法规定计算的本期应交所得税。该账户贷方反映本期计提的所得税,借方反映本期交纳的所得税,期末贷方余额为应交未交的所得税,借方余额为多交的所得税;

"递延所得税资产"账户属于资产类账户,借方登记递延所得税资产的增加额,贷方登记递延所得税资产的减少额,期末借方余额表示将来可以少交的所得税金额;

"递延所得税负债"账户属于负债类账户,贷方登记递延所得税负债的增加额,借方登记递延所得税负债的减少额,期末贷方余额表示将来应交的所得税金额。

五、应用举例

[例 5-23] 乙股份有限公司所得税核算采用资产负债表债务法,所得税税率为25%,2016年年初"递延所得税资产"科目余额为22.5万元,"递延所得税负债"科目余额为25万元。乙公司2016年与所得税有关的资料如下:

(1) 2016年度乙公司实现利润总额5 000万元,其中,取得国债利息收入20万元,因违法经营被行政执法部门处以的罚款50万元,业务招待费超标准列支35万元。上述收入或支出已全部通过货币资金结算完毕。

(2) 年末乙公司计提的无形资产减值准备60万元(年初无余额);转回的坏账准备45万元(年初坏账准备余额90万元)。按税法规定,未经税务部门批准企业计提的各项资产减值准备不得在税前扣除。

(3) 年内乙公司因违反合同而给丙公司造成经济损失,被丙公司提起诉讼,至年末法院尚未判决,经分析乙公司很可能败诉,根据或有事项准则已计提了预计负债150万元。按税法规定,在损失实际发生时可以税前抵扣。

(4) 乙公司一项长期股权投资年初余额2 300万元,其中初始投资成本为2 200万元,按权益法确认的投资收益为 100 万元,未计提减值准备。年末,因被投资单位实现净利润,乙公司确认的投资收益为 80 万元。按税法规定,长期股权投资可以在税前抵扣的是初始投资成本。

假设除上述事项外,不存在其他与所得税计算缴纳相关的事项;暂时性差异在可预见的未来很可能转回,且以后年度很可能获得用来抵扣可抵扣暂时性差异的应纳税所得额。

分析

(1) 上述事项中,年末计提的无形资产减值准备,使无形资产账面价值小于其计税基础,形成可抵扣暂时性差异;计提的坏账准备,使应收款项的账面价值小于其计税基础,形成可抵扣暂时性差异;因未决诉讼计提的预计损失,使预计负债的账面价值大于其计税基础,形成可抵扣暂时性差异;因权益法确认的投资收益,使长期股权投资账面价值大于其计税基础,形成应纳税暂时性差异。

(2) 2016 年应交所得税 = 应纳税所得额 × 所得税税率 = (利润总额 5 000 万元 - 国债利息收入 20 万元 + 违法经营罚款 50 万元 + 业务招待费超标 35 万元 + 计提的无形资产减值准备 60 万元 - 转回的坏账准备 45 万元 + 计提未决诉讼损失 150 万元 - 权益法确认的股权投资收益 80 万元) × 25% = 5 150 万元 × 25% = 1 287.5 万元。

(3) 计算 2016 年年末递延所得税资产和递延所得税负债余额。

① 无形资产项目的递延所得税资产年末余额 = 无形资产项目的年末可抵扣暂时性差异 × 所得税税率 = 60 万元 × 25% = 15 万元。

② 应收款项的递延所得税资产年末余额 = 应收款项的年末可抵扣暂时性差异 × 所得税税率 = 45 万元 × 25% = 11.25 万元。

③ 预计负债项目的递延所得税资产年末余额 = 预计负债项目的年末可抵扣暂时性差异 × 所得税税率 = 150 万元 × 25% = 37.5 万元。

④ 长期股权投资项目的递延所得税负债年末余额 = 长期股权投资项目的年末应纳税暂时性差异 × 所得税税率 = 180 万元 × 25% = 45 万元。

2016 年年末递延所得税资产余额 = 无形资产项目的递延所得税资产年末余额 15 万元 + 应收款项的递延所得税资产年末余额 11.25 万元 + 预计负债项目的递延所得税资产年末余额 37.5 万元 = 63.75 万元。

2016 年年末递延所得税负债余额 = 长期股权投资项目的递延所得税负债年末余额 45 万元。

(4) 计算 2016 年所得税费用。

2016 年所得税费用 = 本期应交所得税 + (递延所得税负债期末余额 - 递延所得税负债期初余额) - (递延所得税资产期末余额 - 递延所得税资产期初余额) = 1 287.5 万元 + (45 万元 - 25 万元) - (63.75 万元 - 22.5 万元) = 1 266.25 万元。

(5) 会计分录:

借:所得税费用	12 662 500
递延所得税资产	412 500
贷:应交税费——应交所得税	12 875 000
递延所得税负债	200 000

[例 5-24] 甲企业所得税采用资产负债表债务法核算,2016 年 12 月 31 日资产负债表中部分项目情况如表 5-6 所示(假定不考虑年初余额资料)。

表 5-6　暂时性差异计算表　　　　　　　　　　　单位:万元

项目	账面价值	计税基础	差异 应纳税	差异 可抵扣
交易性金融资产	260	200	60	
存货	2 000	2 200		200
预计负债	100	0		100
合计			60	300

假定甲企业适用的所得税税率为 25%,2016 年按照税法规定确定的应纳税所得额为 2 000 万元。预计该企业会持续盈利,能够获得足够的应纳税所得额。

则 2016 年所得税计算如下:

应确认递延所得税资产 = 300 万元 × 25% = 75 万元

应确认递延所得税负债 = 60 万元 × 25% = 15 万元

应交所得税 = 2 000 万元 × 25% = 500 万元

所得税费用 = 500 万元 + (15 万元 − 0) − (75 万元 − 0) = 440 万元

会计分录:

借:所得税费用　　　　　　　　　　　　　4 400 000
　　递延所得税资产　　　　　　　　　　　　750 000
　　贷:应交税费——应交所得税　　　　　　　5 000 000
　　　　递延所得税负债　　　　　　　　　　　150 000

[例 5-25] 接[例 5-24],甲公司 2017 年 12 月 31 日资产负债表中部分项目情况如表 5-7 所示:

表 5-7　暂时性差异计算表　　　　　　　　　　　单位:万元

项目	账面价值	计税基础	差异 应纳税	差异 可抵扣
交易性金融资产	280	380		100
存货	2 600	2 600		
预计负债	60	0		60
无形资产	200	0	200	
合计			200	160

假定 2017 年甲企业的应纳税所得额为 2 800 万元,所得税税率为 25%,预计甲公司会持续盈利,能够获得足够的应纳税所得额。

则 2017 年所得税计算如下:

(1) 期末应纳税暂时性差异 200 万元

期末递延所得税负债(200 万元 × 25%)　　　　　50 万元

　　　　期初递延所得税负债　　　　　　　　　　　15 万元
　　　　递延所得税负债增加　　　　　　　　　　　35 万元
　（2）期末可抵扣暂时性差异160 万元
　　　　期末递延所得税资产(160 万元×25%)　　　40 万元
　　　　期初递延所得税资产　　　　　　　　　　　75 万元
　　　　递延所得税资产减少　　　　　　　　　　　35 万元
　（3）应交所得税 = 2 800 万元×25% = 700 万元
　（4）所得税费用 = 700 万元 + (50 万元 − 15 万元) − (40 万元 − 75 万元) = 770 万元
　（5）会计分录：
　　　　借：所得税费用　　　　　　　　　　　7 700 000
　　　　　　贷：应交税费——应交所得税　　　　　　7 000 000
　　　　　　　　递延所得税负债　　　　　　　　　　　350 000
　　　　　　　　递延所得税资产　　　　　　　　　　　350 000

第六节　所得税会计的信息列报与披露

一、信息列报

企业对于所得税核算结果,应当在有关报表中列示。
（1）所得税费用应该在利润表中单独列示。
（2）应交所得税应该在资产负债表的流动负债中列示。
（3）递延所得税资产和递延所得税负债应该分别在资产负债表的非流动资产和非流动负债中单独列示。

二、信息披露

企业应当在附注中披露与所得税有关的下列信息：
（1）所得税费用(收益)的主要组成部分。
（2）所得税费用(收益)与会计利润关系的说明。
（3）未确认递延所得税资产的可抵扣暂时性差异、可抵扣亏损的金额(如果存在到期日,还应披露到期日)。
（4）对每一类暂时性差异和可抵扣亏损,在列报期间确认的递延所得税资产或递延所得税负债的金额,确认递延所得税资产的依据。
（5）未确认递延所得税负债的,与对子公司、联营企业及合营企业投资相关的暂时性差异金额。
（6）因无法取得足够的应纳税所得额而未确认相关的递延所得税资产的说明。

本章小结

资产负债表债务法就是从资产负债表出发,通过比较资产负债表上列示的资产、负债按照会计准则规定确定的账面价值与按照税法规定确定的计税基础,对于两者之间的差异分别应纳税暂时性差异和可抵扣暂时性差异,确认相关的递延所得税负债和递延所得税资产,并在此基础上确定每一会计期间利润表中所得税费用的一种方法。

资产负债表债务法的基本程序:一是确定资产和负债的账面价值;二是确定资产和负债的计税基础;三是根据资产、负债的账面价值与其计税基础,确定暂时性差异;四是根据暂时性差异确定递延所得税资产和递延所得税负债;五是确定应交所得税和所得税费用。

资产负债表债务法会计处理的关键是确定资产和负债的计税基础、计算暂时性差异以及递延所得税。

资产的计税基础是指企业收回资产账面价值过程中,计算应纳税所得额时按照税法规定可以自应税经济利益中抵扣的金额。负债的计税基础是指负债的账面价值减去未来期间计算应纳税所得额时按照税法规定可予抵扣的金额。

当资产的账面价值大于其计税基础或负债的账面价值小于其计税基础时会产生应纳税暂时性差异;当资产的账面价值小于其计税基础或负债的账面价值大于其计税基础时会产生可抵扣暂时性差异。

应纳税暂时性差异会形成递延所得税负债,可抵扣暂时性差异会形成递延所得税资产。

当期应交的所得税额等于应纳税所得额乘以所得税税率,当期应计入利润表中的所得税费用等于当期应交的所得税额加递延所得税负债的本期增加数(或递延所得税资产的本期减少数)减递延所得税资产的本期增加数(或递延所得税负债的本期减少数)。

【思考题】

1. 什么是资产负债表债务法?
2. 什么是资产的计税基础?什么是负债的计税基础?
3. 暂时性差异有什么特点?
4. 什么情况下会形成可抵扣暂时性差异?什么情况下会形成应纳税暂时性差异?
5. 如何确定递延所得税?
6. 如何计算所得税负债和所得税费用?

【自测题】

1. 甲股份有限公司所得税核算采用资产负债表债务法,适用的所得税税率为25%,2017年与所得税有关的资料如下:

(1) 年初递延所得税资产余额为55万元,其中存货项目余额32.5万元,未弥补亏损项目余额22.5万元。年初递延所得税负债余额为0。

(2) 2017年实现利润总额1 500万元,其中:取得国债的利息收入80万元,发生违法经营的罚款15万元。

(3) 2017年年末计提固定资产减值准备85万元(无年初余额),转回存货跌价准备60万元(年初余额为130万元),税法规定,未经批准计提的资产减值准备不得在税前扣除。

(4) 2017年年末计提的产品保修费用45万元(无年初余额),税法规定,产品保修费在实际发生时可以在税前扣除。

(5) 2017年年末一项可供出售金融资产,账面价值220万元,其公允价值为250万元。

(6) 2016年年末甲公司尚有未弥补的亏损90万元,按规定可以由2017年税前利润弥补。

假定甲公司除上述事项外,不存在其他与所得税计算缴纳相关的事项;暂时性差异在可预见的未来很可能转回,而且以后年度很可能获得用来抵扣可抵扣暂时性差异的应纳税所得额。

要求:

(1) 指出上述事项,哪些形成暂时性差异,属于何种暂时性差异?

(2) 计算2017年应纳所得税额。

(3) 计算2017年年末递延所得税资产和递延所得税负债的余额。

(4) 计算2017年的所得税费用。

(5) 做出与所得税有关的会计分录。

2. 天成股份有限公司(以下简称天成公司)2007年所得税税率为33%,2008年起所得税税率改为25%。自2007年1月1日起,按照财政部"财会[2006]3号"文件的要求执行《企业会计准则第18号——所得税》。天成公司2007年度与所得税有关的经济业务事项如下:

(1) 2007年12月末,天成公司期末存货中有部分库存商品(账面余额3 000万元)发生了价值减损,天成公司对此计提了存货跌价准备200万元。按照税法规定,计提的资产减值准备不允许税前扣除,只能在实际发生损失时扣除。

(2) 2005年12月,天成公司购入一台管理用电子设备,入账价值为3 000万元,预计使用年限5年,预计净残值为0,按年数总和法计提折旧。按照税法规定,应采用直线法计提折旧,预计使用年限和预计净残值与会计一致。

(3) 2007年年末,天成公司所持有的交易性证券的公允价值为600万元,其购入成本为640万元,天成公司已按新准则的要求确认了相关的损失,将其计入了当期损益。按照税法规定,可以在税前抵扣的是其购入成本。

(4) 2006年1月1日,天成公司投资于乙公司,占乙公司表决权资本的40%,准备长期持有,对乙公司具有重大影响。投资时天成公司发生的投资成本为4 000万元(初始投资成本大于应享有被投资单位可辨认净资产公允价值的份额);至2007年年末,因确认被投资单位净利润投资企业所拥有的份额而增加的长期股权投资的账面价值为500万元。按照税法规定,处置长期股权投资时可在税前抵扣的是其初始投资成本。

假定天成公司除上述事项外,不存在其他与所得税计算缴纳相关的事项;暂时性差异在可预见的未来很可能转回,而且以后年度很可能获得用来抵扣可抵扣暂时性差异的应纳税所得额。

要求:对上述业务事项进行分析,判断是否形成暂时性差异?如果是,请分析说明其对2007年12月31日资产负债表中递延所得税资产和递延所得税负债的影响。

第二篇

衍生金融工具与套期保值会计专题

金融工具会计不仅是全球会计领域的一个难点、也是一个热点问题。特别是自美国次贷危机引发的全球金融危机以来，金融工具，特别是衍生金融工具的会计处理备受各界的关注。本篇主要以我国金融工具会计准则为基础，结合国际会计准则，介绍衍生金融工具与套期保值会计的处理方法。

第六章

衍生金融工具会计

学习目的与要求

通过本章学习,了解并掌握:
1. 衍生金融工具的概念、分类及衍生金融工具交易的特点;
2. 衍生金融工具会计确认和计量方法;
3. 主要衍生金融工具交易的会计处理方法。

第一节 衍生金融工具会计概述

一、金融工具与衍生金融工具的定义

（一）金融工具的定义

金融是现代经济的核心,金融市场的健康、可持续发展离不开金融工具的广泛运用和不断创新。在金融界,金融工具一般被解释为在金融市场的交易中形成的"对其他单位的债权凭证和所有权凭证"[①]。金融工具种类繁多,彼此性质各不相同,但它们在本质上有着某些共性。国际会计准则委员会和美国财务会计准则委员会等各国会计准则制定机构,正是根据这些共性,从会计的角度,分别定义了金融工具和衍生金融工具。

2004 年修订的《国际会计准则第 32 号——金融工具:披露与列报》(IAS32)中指出:金融工具是指"形成一个主体的金融资产(financial asset)并形成另一个主体的金融负债(fi-

---

① [美]戈德·史密斯著,周朔等译.金融结构与金融发展.上海人民出版社,1994 年。

nancial liability)或权益工具(equity instrument)的合同"。

其中,金融资产是指下列资产:

(1) 现金。

(2) 另一个企业的权益性工具。

(3) 合同权利,包括:① 从另一个主体收取现金或其他金融资产的合同权利;② 在对主体潜在有利的条件下,与另一个企业交换金融资产或金融负债的合同权利。

(4) 将以或可以主体本身权益工具结算的合同,且该合同是:① 一项非衍生金融工具,使主体必须或可能必须获取可变数量的主体本身权益工具;或者② 一项衍生金融工具,该衍生金融工具将通过或可能通过以固定金额的现金或其他金融资产换取固定数量的主体本身权益工具以外的其他方式结算。其中,主体本身的权益工具不包括在未来获取或交付主体本身权益工具的合同。

金融负债是指下列负债:

(1) 合同义务,包括:① 向另一主体交付现金或另一项金融资产的合同义务;② 在对主体潜在不利的条件下,与另一个企业交换金融资产或金融负债的合同义务。

(2) 将以或可以主体本身权益工具结算的合同,且该合同是:① 一项非衍生金融工具,使主体必须或可能必须交付可变数量的主体本身权益工具;或者② 一项衍生金融工具,该衍生金融工具将通过或可能通过以固定金额的现金或其他金融资产换取固定数量的主体本身权益工具以外的其他方式结算。其中,主体本身的权益工具不包括在未来获取或交付主体本身权益工具的合同。

权益工具,指证明拥有企业在减除所有负债后的资产中的剩余利益的合同。

我国2006年颁布的《企业会计准则第22号——金融工具确认和计量》(CAS22)指出:"金融工具,是指形成一个企业的金融资产并形成其他单位的金融负债或权益工具的合同。"

其中,金融资产是指企业的下列资产:

(1) 现金;

(2) 持有的其他单位的权益工具;

(3) 从其他单位收取现金或其他金融资产的合同权利;

(4) 在潜在有利条件下,与其他单位交换金融资产或金融负债的合同权利;

(5) 将来须用或可用企业自身权益工具进行结算的非衍生金融工具的合同权利,企业根据该合同将收到非固定数量的自身权益工具;

(6) 将来须用或可用企业自身权益工具进行结算的衍生金融工具合同权利,但企业以固定金额的现金或其他金融资产换取固定数量的自身权益工具的衍生工具合同权利除外。其中,企业自身的权益工具不包括本身就是在将来收取或支付企业自身权益工具的合同。

金融负债,是指企业符合下列条件之一的负债:

(1) 向其他单位交付现金或其他金融资产的合同义务;

(2) 在潜在不利的条件下,与其他单位交换金融资产或金融负债的合同义务;

(3) 将来须用或可用企业自身权益工具进行结算的非衍生金融工具合同义务,且企业根据该合同将交付非固定数量的自身权益工具;

(4) 将来须用或可用企业自身权益工具进行结算的衍生金融工具合同义务,但企业以固定金额的现金或其他金融资产换取固定数量的自身权益工具合同义务除外。其中,主体本身的权益工具不包括本身就是在将来收取或支付企业自身权益工具的合同。

权益工具,是指能证明拥有某个企业在扣除所有负债后的资产中剩余权益的合同。同时满足下列条件的,发行方应当将发行的金融工具分类为权益工具:

(1) 该金融工具不包括交付现金或其他金融资产给其他方,或者在潜在不利条件下与其他方交换金融资产或金融负债的合同义务。

(2) 将来须用或可用企业自身权益工具结算该金融工具的,如该金融工具为非衍生工具,不包括交付可变数量的自身权益工具进行结算的合同义务;如为衍生工具,企业只能通过以固定数量的自身权益工具交换固定金额的现金或其他金融资产结算该金融工具。

从以上分析可以看出,金融工具在本质上就是金融交易中形成的合同。根据性质的不同,金融工具可分为基础金融工具和衍生金融工具。基础金融工具是符合会计要素定义的传统的金融工具,属于传统财务报表的表内项目,主要表现为现金、银行存款、银行可转让存单等货币资金,普通股和优先股等股权证券,公司债、金融债券和国库券等债权证券以及应收账款、应收票据、应付账款和应付票据等往来款项。基础金融工具是在商品经济社会货币发挥支付手段职能的基础上,伴随信用关系的发展而发展起来的,它已被人们所认识并在运用上具有较悠久的历史。衍生金融工具是在基础金融工具的基础上演绎和派生出来的合同。基础金融工具与衍生金融工具相比,表现出以下特点:① 基础金融工具的取得或发生通常伴随着资产的流入或流出;② 基础金融工具的价值取决于标的物本身的价值,而不取决于其他工具,标的物价值是由市场决定的。

(二) 衍生金融工具的定义

衍生金融工具是在基础金融工具的基础上演绎和派生出来的合同。有时,它还被称为金融衍生工具、衍生证券或衍生品等。国际会计准则理事会2004年修订的《国际会计准则第39号——金融工具:确认和计量》(IAS39)指出,衍生金融工具是同时具有以下三项特征的金融工具或其他合同:

(1) 其价值随特定利率、金融工具价格、商品价格、汇率、价格或利率指数、信用等级或信用指数或其他变量(有时也称为"基础变量"。如果该变量是非金融变量,则该变量不是合同某一方特有的)的变动而变动;

(2) 不要求初始净投资,或要求的初始净投资小于预期对市场因素变化有类似反应的其他类型合同所要求的初始净投资;

(3) 在未来某一日期结算。

我国《企业会计准则第22号——金融工具确认和计量》(CAS22)中指出,衍生金融工具是具有下列特征的金融工具或其他合同:

(1) 其价值随着特定利率、金融价格、商品价格、汇率、价格指数、费率指数、信用等级、信用指数或其他类似变量的变动而变动,变量为非金融变量的,该变量与合同的任一方不存在特定关系;

(2) 不要求初始净投资,或与对市场变化有类似反应的其他类型合同相比,要求很少的初始净投资;

(3) 在未来某一日期结算。①

根据 IAS39 和 CAS22 对衍生金融工具的定义,可以看出,与基础金融工具相比,衍生金融工具具有以下两个突出特征:①衍生性。衍生金融工具一般是由一个或几个基础金融工具为标的衍生出来的,其价值也是由作为标的的基础金融工具衍生出来的。比如,股票期权就是以股票这个基础工具衍生出来的期权合同。②杠杆性。由于衍生金融工具不需要或只需要较少的初始净投资,并且一般以净额进行结算,因此,它具有基础金融工具无法比拟的杠杆性。这种以小博大的杠杆效应,一方面使得衍生金融工具具有不断创新的动力,另一方面也使其成为一种风险高且不确定性较大的金融商品。

二、衍生金融工具的分类

衍生金融工具包括的内容很多,从不同的角度可以进行不同的分类,其中比较常见的分类方法有以下几种。

(一) 根据其据以衍生的基础工具分类

根据其据以衍生的基础工具的不同,衍生金融工具一般可分为以下三类:

(1) 股票衍生金融工具,主要包括股票期货、股票期权、股指期货、股指期权合同以及上述合同的混合合同等。

(2) 外汇衍生金融工具,主要包括远期外汇合约、外汇期货、外汇期权、货币互换合同等。

(3) 利率衍生金融工具,主要包括远期利率协议、利率期货、利率期权、利率互换合同以及上述合同的混合合同等。

(二) 根据风险与收益的对称性分类

根据交易双方风险与收益的对称性(或交易双方责权的对称性)不同,衍生金融工具一般可分为以下两类:

(1) 风险和收益对称式衍生金融工具,指交易双方都必须于将来某一日按约定条件交易。属于这类的衍生金融工具主要包括各种远期合同(如远期外汇合约、远期利率协议等)、各种期货(如股票期货、股指期货、货币期货、利率期货等)及互换合同(如货币互换、利率互换等)。

(2) 风险和收益不对称式衍生金融工具,指只有合同买方有权利选择是否履行合约的权利。属于这类衍生金融工具主要包括期权合同(如股票期权、股指期权、货币期权、利率期权等)以及各种期权的变形(如可转换债券、利率上限、利率下限和认股权证等)。

(三) 根据交易场所进行的分类

根据交易场所的不同,衍生金融工具一般可分为以下两类:

(1) 场内交易衍生金融工具,也称交易所交易的衍生金融工具,包括期货合约、部分标准化的期权合约等。

---

① 中华人民共和国财政部. 企业会计准则第 22 号——金融工具确认与计量. 2016.

(2)场外交易衍生金融工具,也称柜台交易的衍生金融工具,包括远期合约、互换合约、大部分期权合约等。

(四)根据交易方法与特点进行的分类

根据交易方法与特点的不同,衍生金融工具一般可分为以下四类:

(1)金融远期,主要包括远期外汇合约、远期利率协议等。

(2)金融期货,主要包括货币期货、利率期货、股指期货等。

(3)金融期权,主要包括股票期权、股指期权、货币期权、利率期权等。

(4)金融互换,主要包括货币互换、利率互换等。

根据交易方法与特点进行的分类是衍生金融工具最基本、最常见的分类,下文将做详细介绍。

衍生金融工具的分类不是一成不变的。随着衍生金融工具日新月异的发展,上述分类的界限正在模糊,由两种、三种甚至更多不同种类衍生金融工具及其他金融工具经过变化、组合及合成过程创造出来的再衍生金融工具和合成衍生金融工具正在出现。而且,世界上一些大的金融机构还能够根据用户的特殊需要设计出相应的衍生金融工具并为之创造市场,这些因素都将影响上述衍生金融工具的分类方法。

三、衍生金融工具的功能与风险

(一)衍生金融工具的功能

20世纪70年代,维系全球经济的布雷顿森林货币体系瓦解以后,在很长一段时间内,世界资本市场波动频繁,充满不确定性风险,一时间,银行业被视为"没落行业"。而衍生金融工具的出现,为这一"没落行业"提供了生机。由于衍生金融工具的价值取决于作为标的物的基础工具的价值,这就决定了衍生金融工具必然具有规避作为标的物的基础金融工具的固有风险以及利用基础金融工具本身价格的波动来投机套利的两大功能。

(1)规避风险。衍生金融工具的主要功能是对冲风险,即通过与被避险资产或负债价值变动相反的某些衍生金融工具进行对冲(hedge),对个人和企业提供价格、利率或汇率等方面的保护,以防范标的资产或负债发生负面变动而带来的财务上的损失。例如,签订远期外汇合约以规避外币资产或负债因汇率变动而遭受的财务损失。

(2)投机套利。在衍生金融工具的市场上,衍生金融工具的持有者并非都是套期保值者,有些持有者属于地道的投机者。一般情况下,衍生金融工具市场中套期保值者的头寸并非都能恰好匹配对冲,这为衍生金融工具的投机套利提供了大量的机会。这些投机者并不需要直接拥有标的资产,他们只须预测价格可能的变动方向,并缴纳较少的交易保证金,便可以在变动结果与其预测趋势相一致时以小博大,获得高额的投机利润。

衍生金融工具的以上两大功能使其成为一把"双刃剑":一方面,作为风险管理的手段,如果使用得当,它可以很好地为企业规避风险,甚至可以为企业赚取高额利润;另一方面,衍生金融工具本身的不确定性和投机套利的功能使得它在某些时候可能成为企业巨大的风险源,如果使用不当,将使企业蒙受巨大的损失。

（二）衍生金融工具的风险

与衍生金融工具相关的风险主要包括以下几个方面：

（1）市场风险。市场风险是指标的物价格、利率、汇率或相关权益朝不利方向变动可能造成的财务损失的风险。市场风险包括以下三种类型：① 货币风险，是指金融工具的价值因市场汇率变化而波动的风险；② 公允价值利率风险，是指金融工具的价值因市场利率变化而波动的风险；③ 价格风险，是指金融工具的价值因市场价格变化而波动的风险，不论这种价格变化是由与某一特定工具或其发行者有关的因素所引起，还是由影响市场内交易的所有工具的因素所引起。市场风险体现的不仅是潜在的损失，也包括潜在的利得。

对于期货和互换业务而言，市场风险是其基础价格或利率变动的风险；对于期权而言，市场风险还受基础价格波动幅度和期权行使期限的影响。而所有市场风险均受市场流动性及全球和地方性的政治、经济事件的影响。

（2）信用风险。信用风险是指金融工具的一方不能履行义务而导致另一方发生金融损失的风险，此类风险主要发生于场外交易。因为在场内交易中，买卖的交易由清算所经手，清算所既是买方的卖方，又是卖方的买方，加上交易所严密的市场组织体系、健全的保证金制度等，信用风险大为降低。

（3）流动性风险。流动性风险主要包括两个方面：① 业务量流动风险，指由于市场业务量不足以至于衍生金融工具用户无法平仓的风险；② 资金流动风险，指主体因难以筹集到相应的资金而履行与金融工具相关的承诺或在市场出现逆势时无法按时追加保证金的风险。流动性风险一般出现在新兴的衍生金融工具和场外交易市场。一般而言，场内成熟的衍生交易市场（如期权和期货等）规模较大、参与者多，因而，流动性风险较小。

（4）现金流量利率风险。现金流量利率风险是指金融工具的未来现金流量因市场利率变化而波动的风险。例如，就浮动利率债务工具而言，这种波动会引起金融工具的实际利率发生变化，且其公允价值不发生相应的变化。

（5）操作风险。操作风险是指因不适当的制度、不良的管理、欺诈或人为的错误造成的财务上可能损失的风险。拥有健全的内部控制制度，保证充分的操作程序，可以减小操作风险。

（6）法律风险。法律风险是指因法院、立法机关或主管机关的裁决，判定衍生金融工具的买卖或合同无效而造成的财务上损失的风险。为减小法律风险，应该保证由熟悉衍生金融工具的专家参与交易法规条例的制定，并尽力使法律能够跟上衍生交易发展的实际需要。

2004年修订的IAS32和我国《企业会计准则第37号——金融工具列报》（CAS37）都要求企业在不同程度上披露与金融工具相关的一些风险，这些风险主要包括上述的市场风险、信用风险、流动性风险和现金流量利率风险等。

第二节 衍生金融工具的确认与计量

一、衍生金融工具的确认

CAS22 详尽规定了金融工具确认与计量的一般标准,这些确认与计量的会计规范同样适用于衍生金融工具的确认与计量。CAS22 分别规定了金融资产和金融负债进行初始确认和终止确认的条件。

(一) 初始确认的条件

CAS22 指出,企业成为金融工具合同的一方时,应当确认一项金融资产或金融负债。此条标准同样适用于衍生金融工具的初始确认。

(二) 终止确认的条件

根据 CAS22 规定,金融资产满足下列条件之一的,应当终止确认:(1) 收取该金融资产现金流量的合同权利结束;(2) 该金融资产已经转移,且符合《企业会计准则第 23 号——金融资产转移》(CAS23)规定的金融资产终止确认条件。当金融负债的现时义务部分或全部解除时,应当终止确认该金融负债或其一部分。衍生金融工具终止确认的条件也应以上述条件为准。

二、衍生金融工具的计量

CAS22 对金融资产和金融负债的初始计量及后续计量分别做了规定。

(一) 初始计量

金融资产和金融负债应该按照公允价值进行初始计量。对于以公允价值计量且其价值变动计入当期损益的金融资产和金融负债,相关交易费用直接计入当期损益;对于其他类别的金融资产和金融负债,相关交易费用应当计入初始确认金额。其中,金融资产或金融负债的公允价值,应按照《企业会计准则第 39 号——公允价值计量》(CAS39)相关规定确定。

(二) 关于后续计量

金融资产的后续计量与金融资产的类别密切相关,不同类别的金融资产规定了不同的后续计量方法。具体如下:(1) 对于持有至到期的贷款及应收账款应该采用实际利率法按照摊余成本计量。(2) 在活跃市场上没有报价且其公允价值不能可靠计量的权益性工具投资以及与该权益性工具挂钩并需通过交付该权益性工具结算的衍生金融资产,应该按照成本计量。

除以上两种情况外,所有的金融资产和金融负债都应该按照公允价值进行后续计量。由此可见,衍生金融工具后续计量的基础也是公允价值。

通过以上分析可以看出,一般而言,当企业成为衍生金融工具合同的一方(即合同的权利方或义务方)时,该衍生金融工具应该在合同双方分别被确认为金融资产或金融负债;而当企业失去对该衍生金融工具的控制权或与该衍生金融工具相关的负债已经消失或部分消失时,企业应该终止或部分终止对该项衍生金融工具的确认。衍生金融工具应该以公允价值进行初始计量和后续计量,与衍生金融工具相关的初始交易费用以及以后各期因衍生金融工具公允价值变动而产生的差异应该计入当期损益。

三、衍生金融工具会计核算涉及的会计科目

我国于2006年10月发布了《企业会计准则应用指南》(以下简称《指南》),规范了衍生金融工具的会计核算方法。该《指南》指出,为核算企业衍生金融工具的公允价值及其变动形成的资产或负债,企业应该设置"衍生工具"科目,也就是说,企业取得的衍生金融工具以及该工具日后公允价值的变动都应该通过"衍生工具"账户来核算,但衍生金融工具作为套期工具使用的,应该在"套期工具"会计科目中核算。

"衍生工具"科目属于资产和负债的"共同类科目",既可以核算资产,也可以核算负债。企业取得衍生工具,按其公允价值,借记本科目,按发生的交易费用,借记"投资收益"科目,按实际支付的金额,贷记"银行存款""存放中央银行款项"等科目。资产负债表日,衍生工具的公允价值高于其账面余额的差额,借记本科目,贷记"公允价值变动损益"科目;公允价值低于其账面余额的差额做相反的会计分录。终止确认的衍生工具,应当比照"交易性金融资产""交易性金融负债"等科目的相关规定进行处理。"衍生工具"科目期末借方余额,反映企业衍生工具形成资产的公允价值;期末贷方余额,反映企业衍生工具形成负债的公允价值。

第三节 衍生金融工具的会计核算

一、金融远期及其会计核算

(一)金融远期概述

金融远期属于远期合约,它产生于20世纪70年代中期,是最早出现的衍生金融工具。可以说,其他各种衍生工具均可看作金融远期合约的延伸或变形。金融远期合约是指签约双方同意在未来日期交换某项金融资产的合约形式,其内容包括交换资产、交换日期和交换价格。根据合同双方对条款的不同需要,金融远期合约可基本分为远期外汇合约和远期利率协议。

由于金融远期合约一般是在场外交易,而不是在有组织的交易所里交易,因此远期合约的一个重要特点是具有灵活性,可以根据交易者的具体要求,经过双方协商决定每份合约的具体交易金额、交割时间和其他交易条件,也就是说,远期合约大都未标准化。远期合约的另一个重要特点是合约交易无须交纳初始保证金。由于金融远期合约不在交易所里进行,

所以就会存在一些不足,比如,要寻找交易对手比较困难;即便寻找到交易对手,合同双方也都得承担一定的信用风险,即交易对手不能履约的风险。鉴于上述不足之处,出现了针对某些基础资产的远期合约的中介机构,例如在我国,外汇指定银行随时准备与企业签订以某些外币为基础资产的远期外汇合约,银行既可以扮演多头的角色,也可以扮演空头的角色,并且承担了远期合同的信用风险。

表6-1是中国银行在2017年8月11日的远期汇率报价。银行从远期外汇合同赚取的收入一般是买入价与卖出价之间的差价。

表6-1 中国银行人民币远期外汇牌价

日期:2017年8月11日 星期五　　　　　　　　单位:人民币/100外币

期限	英镑兑人民币		
	中间价	现汇买入价	现汇卖出价
7天	868.773 7	862.705 4	874.842
20天	869.802 25	863.629 6	875.974 9
1个月	870.535 05	864.300 2	876.769 9
2个月	872.770 3	866.526 5	879.014 1
3个月	875.046 45	868.756 3	881.336 6
4个月	877.411 35	871.116 2	883.706 5
5个月	879.651 6	873.343 4	885.959 8
6个月	882.213 05	875.853 9	888.572 2
7个月	883.708 7	877.205 4	890.212
8个月	885.971 35	879.456 6	892.486 1
9个月	887.870 8	881.295 1	894.446 5
10个月	889.701 4	883.103 6	896.299 2
11个月	892.008 15	885.401 2	898.615 1
12个月	893.808 2	887.087 3	900.529 1

让我们以远期外汇合约为例,看一下以银行为中介机构的远期合约的操作程序。首先,企业在与外汇指定银行签订远期外汇合约之后,必须在该银行开立外币保证金账户,交存不低于交易本金10%的保证金。在我国,保证金币种限于美元、港币、日元和欧元。其次,在企业持有远期外汇合约期间,合约可能因汇率波动形成浮动亏损,当亏损达到企业存入保证金的80%时,银行将随时通知企业追加保证金,企业应及时补足,否则银行将视情况将其强制平仓。最后,在起息日,企业到银行办理交割手续,如不按期交割,银行可按有关规定给予处罚。在远期外汇合约如期交割后,企业可将剩余保证金转出。

(二)金融远期的会计核算

除了用于有效套期的衍生工具以外,投资或投机性的衍生金融工具一般都应该归类为交易性金融资产或金融负债,然后按照交易性金融资产或金融负债的核算规则进行会计处理。具体而言,签订金融远期合约的企业应当:(1)在它成为合约的一方时进行初始确认;

(2)按公允价值进行初始计量和后续计量;(3)后续计量时发生的公允价值变动损益计入当期损益;(4)处置时,其公允价值与初始入账金额之间的差额确认为投资收益,并调整公允价值变动损益。下面我们以远期人民币债券合约为例说明。

[例6-1-1] 甲方2017年9月10日约定5个月后在2018年2月10日以101.437元价格买入150013债券资产5 000万元。具体交易内容如下:

15国债13(代码150013);期限:7年期;票面利率:3.01%;起息日:2015年11月25日;到期日:2022年11月25日;每年付息一次。

甲方收到全国银行间同业拆借中心银行间债券远期买方成交通知单,如表6-2所示。

表6-2 全国银行间同业拆借中心银行间债券远期买方成交通知单

成交日期:2017年9月10日

买入方 卖出方		甲方 乙方	
债券名称	15国债13	债券代码	150013
远期交易期限(天)	153	远期收益率(%)	2.710 7
交易净价(元)	101.437	结算日应计利息(元)	2.284
交易全价(元)	103.721	券面总额(万元)	5 000
净价金额(元)	50 718 500.00	结算日应计利息总额(元)	1 142 150.68
结算日	2018年2月10日	全价金额(元)	51 860 650.68
结算方式	券款对付	手续费(元)	125.00
买入方保证金(券)金额(元)		卖出方保证金(券)金额(元)	
买入方保证券简称		卖出方保证券简称	
保证金(券)提交日期		是否允许变更保证金(券)	

甲方的会计分录如下:

(1)2017年9月10日买入远期债券合约:

由于衍生工具(买入远期债券合约)的公允价值为0,故不做会计分录。

(2)2017年9月30日资产负债表日按公允价值计量,公允价值净价为102元:

借:衍生工具——远期买入交易   51 000 000
　　贷:公允价值变动损益   51 000 000

公允价值低于其账面余额的差额做相反的会计分录。

公允价值变动情况如表6-3所示。

表6-3 公允价值变动情况表   单位:元

日期	2017-9-10	2017-9-30	2017-10-31	2017-11-30	2017-12-31	2018-1-31
公允价值(净价)	0	102	100	99.2	98	99.4

(3)2017年10月31日资产负债表日按公允价值计量,公允价值净价为100元:

借:公允价值变动损益   1 000 000
　　贷:衍生工具——远期买入交易   1 000 000

50 000 000 × (100 − 102) ÷ 100 = −1 000 000

(4) 2017年11月30日资产负债表日按公允价值计量,公允价值净价为99.2元:
　　借:公允价值变动损益　　　　　　　　400 000
　　　贷:衍生工具——远期买入交易　　　　　　400 000
50 000 000×(99.2-100)÷100=-400 000

(5) 2017年12月31日资产负债表日按公允价值计量,公允价值净价为98元:
　　借:公允价值变动损益　　　　　　　　600 000
　　　贷:衍生工具——远期买入交易　　　　　　600 000
50 000 000×(98-99.2)÷100=-600 000

(6) 结转2017年利润:
　　借:公允价值变动损益　　　　　　　49 000 000
　　　贷:本年利润　　　　　　　　　　　　49 000 000

(7) 2018年1月31日资产负债表日按公允价值计量,公允价值净价为99.4元:
　　借:衍生工具——远期买入交易　　　　　700 000
　　　贷:公允价值变动损益　　　　　　　　　700 000
50 000 000×(99.4-98)÷100=700 000

(8) 2018年2月10日发生实际的资金交割和债券过户,买入的债券拟放在"持有至到期投资"账户内核算:
　　借:持有至到期投资——成本　　　　　　50 000 000
　　　　持有至到期投资——利息调整　　　　　718 500
　　　　应收利息——持有至到期投资应收利息
　　　　　　　　　　　　　　　　　　1 142 150.68
　　　　公允价值变动损益　　　　　　　　49 700 000
　　　贷:银行存款　　　　　　　　　　　51 860 650.68
　　　　　衍生工具——远期买入交易　　　　49 700 000

(9) 结转2018年利润:
　　借:本年利润　　　　　　　　　　　　49 000 000
　　　贷:公允价值变动损益　　　　　　　　49 000 000

[例6-1-2] 乙方2017年9月10日约定5个月后在2018年2月10日以101.437元的价格卖出150013债券资产5 000万元。具体交易内容如下:

15国债13(代码150013);期限:7年期;票面利率:3.01%;起息日:2015年11月25日;到期日:2022年11月25日;每年付息一次。

假定拟卖出的远期债券原来归类为交易类账户,100(单位净价)+1.2(应计利息)=101.20(元),50 000 000+600 000=50 600 000(元),交易性资产依然要按照其会计核算办法进行资产的核算,但同时形成了一项因衍生金融工具而形成的负债。

乙方收到全国银行间同业拆借中心银行间债券远期卖方成交通知单,如表6-4所示。

表6-4　全国银行间同业拆借中心银行间债券远期卖方成交通知单

成交日期:2017年9月10日

买入方 卖出方		甲方 乙方	
债券名称	15 国债 13	债券代码	150013
远期交易期限(天)	153	远期收益率(%)	2.710 7
交易净价(元)	101.437	结算日应计利息(元)	2.284
交易全价(元)	103.721	券面总额(万元)	5 000
净价金额(元)	50 718 500.00	结算日应计利息总额(元)	1 142 150.68
结算日	2018-2-10	全价金额(元)	51 860 650.68
结算方式	债款对付	手续费(元)	125.00
买入方保证金(券)金额(元)		卖出方保证金(券)金额(元)	
买入方保证券简称		卖出方保证券简称	
保证金(券)提交日期		是否允许变更保证金(券)	

乙方的会计分录如下:

(1) 2017年9月10日卖出远期债券合约:

由于衍生工具(卖出远期债券合约)的公允价值为0,故不做会计分录。

(2) 2017年9月30日资产负债表日按公允价值计量原属于交易性债券资产的150013,公允价值净价为102元:

　　借:公允价值变动损益　　　　　　　　51 000 000
　　　贷:衍生工具——远期卖出交易　　　　51 000 000

102÷100 ×50 000 000 = 51 000 000

公允价值变动情况如表6-5所示。

表6-5　公允价值变动情况表　　　　　　　　　　　　单位:元

日期	2017-9-10	2017-9-30	2017-10-31	2017-11-30	2017-12-31	2018-1-31
公允价值(净价)	100(成本)	102	100	99.2	98	99.4

(3) 2017年10月31日资产负债表日按公允价值计量,公允价值净价为100元:

　　借:衍生工具——远期卖出交易　　　　1 000 000
　　　贷:公允价值变动损益　　　　　　　　1 000 000

50 000 000 × (100 - 102) ÷ 100 = -1 000 000

(4) 2017年11月30日资产负债表日按公允价值计量,公允价值净价为99.2元:

　　借:衍生工具——远期卖出交易　　　　400 000
　　　贷:公允价值变动损益　　　　　　　　400 000

50 000 000 × (99.2 - 100) ÷ 100 = -400 000

(5) 2017年12月31日资产负债表日按公允价值计量,公允价值净价为98元:

　　借:衍生工具——远期卖出交易　　　　600 000
　　　贷:公允价值变动损益　　　　　　　　600 000

50 000 000 ×(98 - 99.2)÷100 = -600 000

(6) 2018 年 1 月 31 日资产负债表日按公允价值计量,公允价值净价为 99.4 元:

借:公允价值变动损益 　　　　　700 000
　　贷:衍生工具——远期卖出交易 　　　　　700 000

50 000 000 ×(99.4 - 98)÷100 = 700 000

(7) 因乙方卖出的远期债券原来归类为交易类账户,乙方交易性金融资产会计分录如下:

① 2017 年 9 月 30 日资产负债表日公允价值为 102 元/百元面值:

借:交易性金融资产——公允价值变动 　1 000 000
　　贷:公允价值变动损益 　　　　　1 000 000

(102 - 100)÷100 ×50 000 000 = 1 000 000

② 2017 年 9 月 30 日计提应收利息:

借:应收利息——交易性金融资产应收利息
　　　　　　　　　　　　　　　　125 416.67
　　贷:投资收益 　　　　　　　　125 416.67

③ 2017 年 10 月 31 日资产负债表日公允价值净价为 100 元:

借:公允价值变动损益 　　　　　1 000 000
　　贷:交易性金融资产——公允价值变动 　1 000 000

(100 - 102)÷100 ×50 000 000 = -1 000 000

④ 2017 年 10 月 31 日计提应收利息:

借:应收利息——交易性金融资产应收利息
　　　　　　　　　　　　　　　　125 416.67
　　贷:投资收益 　　　　　　　　125 416.67

⑤ 2017 年 11 月 25 日收到利息 1 505 000 元:

借:银行存款 　　　　　　　　　1 505 000
　　贷:应收利息——交易性金融资产应收利息 850 833.34
　　　　投资收益 　　　　　　　　654 166.66

⑥ 2017 年 11 月 30 日资产负债表日公允价值净价为 99.2 元:

借:公允价值变动损益 　　　　　400 000
　　贷:交易性金融资产——公允价值变动 　400 000

(99.2 - 100)÷100 ×50 000 000 = -400 000

⑦ 2017 年 11 月 30 日计提应收利息:

借:应收利息——交易性金融资产应收利息
　　　　　　　　　　　　　　　　125 416.67
　　贷:投资收益 　　　　　　　　125 416.67

⑧ 2017 年 12 月 31 日资产负债表日公允价值净价为 98 元:

借:公允价值变动损益 　　　　　600 000
　　贷:交易性金融资产——公允价值变动 　600 000

（98－99.2）÷100×50 000 000 ＝－600 000

⑨ 2017年12月31日计提应收利息：

借：应收利息——交易性金融资产应收利息
　　　　　　　　　　　　　　　　　　125 416.67
　　贷：投资收益　　　　　　　　　　125 416.67

⑩ 结转2007年利润：

借：投资收益　　　　　　　　　　　1 155 833.34
　　本年利润　　　　　　　　　　　48 844 166.66
　　贷：公允价值变动损益（交易性金融资产）　1 000 000
　　　　公允价值变动损益（衍生工具）　　49 000 000

⑪ 2018年1月31日资产负债表日公允价值净价为99.4元：

借：交易性金融资产——公允价值变动　　700 000
　　贷：公允价值变动损益　　　　　　　700 000

（99.4－98）÷100×50 000 000 ＝700 000

⑫ 2018年1月31日计提应收利息：

借：应收利息——交易性金融资产应收利息
　　　　　　　　　　　　　　　　　　125 416.67
　　贷：投资收益　　　　　　　　　　125 416.67

⑬ 2018年2月10日发生实际的资金交割和债券过户，卖出的债券根据其原来在投资中的分类，分别注销其账面余额：

借：银行存款　　　　　　　　　　　51 860 650.68
　　衍生工具——远期卖出交易　　　　49 700 000
　　交易性金融资产——公允价值变动　　300 000
　　贷：交易性金融资产——成本　　　50 000 000
　　　　应收利息——交易性金融资产应收利息　376 250.01
　　　　投资收益　　　　　　　　　　51 484 400.67

⑭ 结转2018年利润：

借：投资收益　　　　　　　　　　　51 609 817.34
　　贷：本年利润　　　　　　　　　51 609 817.34

2017年利润＝－48 844 166.66元

2018年利润＝51 609 817.34元

总利润＝2 765 650.68元

从上述甲乙双方远期债券合约的会计处理可以看出：

(1) 衍生金融工具基本上是零和博弈，签约一方的损失正好等于另一方的利得。

(2) 远期合约的公允价值变动取决于基础资产（本例为债券）的价格变动，当基础资产的价格变动对一方有利时，远期合约就有正的公允价值，因此，远期合约就是这一方的金融资产；反之，则是金融负债。

二、金融期货及其会计核算

(一) 金融期货交易的特点

金融期货是买卖双方在有组织的交易所内,以公开竞价的方式达成协议,约定在未来某一特定的时间交割标准数量特定金融工具的交易方式。金融期货最早以外汇期货的形式诞生于1972年美国芝加哥的国际货币市场,它标志着现代金融创新的开始。

金融期货与金融远期都是签订远期交易协议、约定以一定价格到期交割一定数量金融工具的衍生金融工具,但与金融远期相比,金融期货有着自身的特点:

(1) 金融期货集中在交易所内进行,一般不容许场外交易。交易所为金融期货提供交易场所和必需的设备,同时制定一系列规章、制度,保证市场的规范和秩序,并最大限度地控制期货风险,使参与交易者可以在有序、公平、集中的市场上平等竞价、买卖合约。

(2) 金融期货的交易对象是标准化合约。期货合约中交易的金融工具的类别、数量、交割期等细则均有固定档次的不同规格,将这种标准化合约作为一种特定商品进行买卖,双方只需就合约中金融工具的远期交割价格(一般即理解为合约价值)达成协议,简化了交易手续,减少了交易成本,使期货交易简单易行。

(3) 金融期货实行保证金制度。期货交易者在立仓时必须交纳一定的初始保证金,一般为所买卖合约的价值的5%~10%,并须在持仓期间维持一定的履约保证金水平,以其为所买卖的合约提供一种财力保证。

(4) 金融期货实行保证金的盯市。每日交易结束后,结算所即对会员的持仓量按当日合约市价进行计算,将每日市价变动引起的盈亏计入保证金账户。当会员保证金账户余额超出维持保证金水平时,会员可将多余的部分转出;当账户余额低于维持保证金水平时,会员必须补足。这种盯市不仅发生在结算所与会员之间,也发生在经纪人与客户之间,它给交易者带来一个不断变动的保证金账户和一系列未实现的期货交易盈亏。

(5) 金融期货最终实际交割比例很小。进入金融期货市场,一般目的不是为了让渡或取得某项金融工具的使用权或所有权,而是为了避免价格风险或进行投机,由于期货合约到期前的对冲十分方便,金融期货多以平仓作为交易的结束,而不是实际交割。

可见,金融期货是以立仓、持仓、平仓为过程,以合约保证金为中心,以避险和投机为目的的交易方式。

(二) 金融期货的会计核算

下面举例说明金融期货的会计核算方法。

[例6-2] 2018年6月1日,W公司与外汇经纪银行签订一项在90天后以美元兑换450 000英镑的期汇合同,并交纳10%的保证金,维持保证金比例也为10%。合同期内假设有关汇率资料如表6-6所示。

表 6-6　期汇合同的有关汇率资料

日期	即期汇率	90 天期汇率	60 天期汇率	30 天期汇率
6月1日	1.514 4	1.517 8		
6月30日	1.537 7		1.536 5	
7月30日	1.528 6			1.529 8
8月30日	1.505 2			

根据上述资料，W 公司应做如下会计分录：

(1) 2018 年 6 月 1 日，交纳初始保证金 $68 301(£450 000×1.517 8×10%)，做会计分录如下：

　　借：其他应收款——期货保证金　　　　　$68 301
　　　贷：银行存款——美元　　　　　　　　　　　　　$68 301

(2) 2018 年 6 月 30 日，按当日 60 天期远期汇率计算的维持保证金为 $69 142.5(£450 000×1.536 5×10%)，应追加保证金 $841.5($69 142.5 - $68 301)，做会计分录如下：

　　借：其他应收款——期货保证金　　　　　$841.5
　　　贷：银行存款——美元　　　　　　　　　　　　　$841.5

同时，确认期汇合同公允价值变动额 $8 415($691 425 - $683 010)，做会计分录如下：

　　借：衍生工具——期货合同　　　　　　　$8 415
　　　贷：公允价值变动损益　　　　　　　　　　　　　$8 415

(3) 假设，7 月 10 日，期汇合同未到期而转手平仓，按当日即期汇率 1.541 1 与远期汇率 1.517 8 的差额进行对冲结算，其结算款为 $10 485〔(1.541 1 - 1.517 8)×$450 000〕，同时支付交易费 $3 375，收回保证金 $69 142.5，实收款为 $76 252.5($69 142.5 + $10 485 - $3 375)，做会计分录如下：

　　借：银行存款——美元　　　　　　　　　$76 252.5
　　　　投资收益　　　　　　　　　　　　　$1 305
　　　贷：衍生工具——期货合同　　　　　　　　　　　$8 415
　　　　　其他应收款——期货保证金　　　　　　　　　$69 142.5

同时，结转公允价值变动损益，做会计分录如下：

　　借：公允价值变动损益　　　　　　　　　$8 415
　　　贷：投资收益　　　　　　　　　　　　　　　　　$8 415

该项期汇交易最终实现净收益 $7 110($10 485 - $3 375)。

如果企业预测即期汇率的变化趋势将出现下行，甚至可能低于远期汇率 1.517 8 时，就应该采取止损措施，提前转手平仓。

三、金融期权及其会计核算

(一) 金融期权概述

金融期权是指合约双方按约定价格在约定日期内就是否买卖某种金融工具达成的契约,该契约赋予期权购买者向期权出售者支付一定费用后,就获得了能在未来某特定时间以某一特定价格向期权出售者买进或卖出一定数量的某种金融商品或金融期货合约的权利。其中,期权的购买者或持有者(holder)称为期权的买方,期权的出售者或发行者(writer)称为期权的卖方。期权的买方有权在未来的一段特定时期内或者一个特定日期按约定的价格向期权的卖方购买或者销售特定数量的某种金融商品;而期权的卖方有义务在未来的一段特定时期内或者一个特定日期,在期权买方的要求下,按约定的价格向期权买方销售或者购买特定数量的某种金融商品;期权的买方在价格发生不利变动的情况下有权不执行上述买卖合约。因此,期权买方的优势在于其拥有的是权利而不是义务,他可以从市场价格和执行价格中选择对他有利的价格,从而将他的损失限制在权利金的范围内;但是,他的收益却是无限的,它取决于市场多大幅度地朝着有利于他的方向变化。但期权卖方的处境则相反,其可能承担的风险是无限的,而可能得到的收益却是有限的。所以,与远期合约、金融期货等衍生金融工具相比,金融期权的最大特点在于其风险与收益的不对称性,所以说,期权交易只是"单刃的剑"。

为了得到期权买方的有利地位,期权买方必须向期权卖方支付一定金额的权利金(premium),作为转嫁风险的报酬。权利金就是期权合约的价格,确切地说,它是期权合约所赋予的权利的价格。期权合约中的约定价格也称为执行价格(exercise price),是指在金融期权交易中,期权合约标的物(某种金融商品)的协定价格。这一价格一经确定,则在期权有效期内,无论期权标的物(某种金融商品)的市场价格上涨到什么水平或下跌到什么水平,只要期权购买者要求执行该期权,期权出售者都必须按此协定价格履行其必须履行的义务。

在会计核算中,按期权所赋予的权利不同,将期权分为买方期权(call option,也称为看涨期权)和卖方期权(put option,也称为看跌期权)两种。买方期权是指期权的购买者拥有一种权利而非义务,在预先规定的时间内以执行价格从期权出售者手中买入一定数量的金融工具。卖方期权是指期权的购买者拥有一种权利而非义务,在预先规定的时间内以执行价格向期权出售者卖出规定的金融工具。例如,目前在我国非常流行股票认购权证和认沽权证,认购权证的购买者持有的就是特定股票的买方期权,认沽权证的购买者持有的就是特定股票的卖方期权。无论是买方期权,还是卖方期权,期权的购买者都要为获得买或卖的权利而向期权的出售者支付一定数量的权利金。

期权按行使权力的时限可分为两类:欧式期权(European option)和美式期权(American option)。欧式期权是指期权的买方只能在期权到期日的当天才能行使的期权;而美式期权的灵活性较大,在期权到期日前的任何时候都可以行使期权,所以购买美式期权的权利金一般要高一些。此外应注意的是,所谓"欧式期权"与"美式期权"实际上并没有任何地理位置上的含义,而只是对期权购买者执行期权的时间有着不同的规定。因此,即使在欧洲国家的金融期权市场上也同样交易着美式期权,而在美国的金融期权市场上也同样交易着欧式期权。如我国上市公司的长江电力权证、新钢钒认沽权证就是欧式期权,而武钢股份的认沽权证及认购权证均是美式期权。

期权可以在场内交易,也可以在场外交易。在我国,目前只有股票期权可在场内(上海证券交易所和深圳证券交易所)交易。但在国外,可在场内交易的期权还包括外汇期权、指数期权和期货期权等。场外期权交易一般在金融机构和大公司之间直接进行,其主要优点是金融机构可以根据大公司的实际需要订立期权合同,因此,出现了许多非标准化的期权特征,如百慕大期权和亚式期权。① 现在,场外期权交易越来越普遍,其中外汇期权和利率期权的场外交易尤为活跃。

期权的公允价值(即期权合约的公允价值)的确定取决于期权的交易场所。场内交易期权的公允价值即为交易所的报价(即市场价格);场外交易期权的公允价值一般需要采用估值技术来确定,其中,最常用的是估值模型。本书不讨论如何运用估值模型确定期权的公允价值,但需要注意的一点是,期权估值模型一般都要用到一些估值假设,例如,著名的Black-Scholes模型就要求估计基础资产的预期价格波动程度。有时候,估值假设的轻微变动将对估值结果产生重大的影响。为了提高金融工具信息的有用性,《企业会计准则第37号——金融工具列报》(CAS37)要求在报表附注里披露估值技术里所采用的估值假设,以及如果所采用的估值假设不是相同金融工具的当前公开交易价格或易于获得的市场数据,且该估值技术对估值假设具有重大敏感性的,应披露这一事实及改变估值假设可能产生的影响,同时披露采用这种估值技术确定的公允价值的本期变动额计入当期损益的数额。无论期权的公允价值是如何确定的,期权的公允价值都可以分为两个组成部分:内在价值和时间价值。

所谓"内在价值"(intrinsic value),是指期权合约本身所具有的价值,也就是期权购买者如果立即执行该期权而可获得的收益。例如,一种股票的市场价格为每股60元人民币,而以这种股票为标的物的认股权证(看涨期权)的协定价格为每股50元。如果这一份认股权证(看涨期权)的交易单位为100股该种股票,那么,它的购买者只要执行此期权即可获得1000[(60-50)×100]元的收益。这1000元的收益就是这一份认股权证(看涨期权)的内在价值或履约价值。很显然,一种期权有无内在价值以及内在价值的大小,取决于该期权的协定价格与其标的物市场价格的关系。而根据协定价格与市场价格的关系,我们可把期权分为三种不同的类型,即实值期权(价内期权)、虚值期权(价外期权)和平值期权(平价期权)。

所谓"实值"(in-the-money),是指期权的内在价值为正;所谓"虚值"(out-of-the-money),是指期权的内在价值为负;所谓"平值"(at-the-money),是指期权的内在价值为零。所以,对看涨期权(买方期权)而言,市场价格高于协定价格为实值,市场价格低于协定价格为虚值;而对看跌期权(卖方期权)而言,市场价格低于协定价格为实值,市场价格高于协定价格为虚值。若市场价格等于协定价格,则无论看涨期权还是看跌期权均为平值。以股票期权为例,股票期权价格的计算见表6-7所示。

---

① 百慕大期权可在其有效期的某些特定天数之内执行;亚式期权的损益状态是根据确定时期内标的资产的平均价值而不是按照其终值来确定的。

表 6-7 股票期权价值计算

	看涨期权（认购权证）	看跌期权（认沽权证）
实值（价内）期权	标的股票市场价格＞协定价格	标的股票市场价格＜协定价格
平值（平价）期权	标的股票市场价格＝协定价格	标的股票市场价格＝协定价格
虚值（价外）期权	标的股票市场价格＜协定价格	标的股票市场价格＞协定价格

看涨期权（认购权证）的内在价值＝（基础资产的即期价格－协定价格）×名义数量

看跌期权（认沽权证）的内在价值＝（协定价格－基础资产的即期价格）×名义数量

对期权购买者而言，期权合约只赋予他可以行使的权力，而未规定他必须履行的义务。换言之，期权购买者既可执行期权，也可放弃期权。执行期权或放弃期权乃是根据期权之协定价格与标的物之市场价格的关系而决定的。对期权购买者而言，他之所以执行期权，是因为该期权有内在价值，他通过执行期权将有利可图；相反，他之所以放弃期权，是因为该期权无内在价值，他通过执行期权将无利可图，甚至会遭受损失。

内在价值固然是决定期权合约公允价值的主要因素，但不是唯一因素。在现实的期权交易中，各种期权合约通常是以高于内在价值的价格买卖的。尤其是那些平价期权和虚值期权，它们的内在价值显然为零，但在到期之前，它们的市场价格（公允价值）却往往大于零。也就是说，即使是平价期权或虚值期权，它们的出售者也不会因为它们没有内在价值而免费提供与他人。之所以如此，是因为期权合约的价格除了决定于内在价值之外，还决定于时间价值。只要能够计算出期权的内在价值，那么期权合约的公允价值中的剩余部分就是时间价值了。

所谓"时间价值"（time value），也称"外在价值"（extrinsic value），是指期权购买者为购买期权而实际付出的权利金超过该期权合约内在价值的那部分价值。期权购买者之所以乐于支付那部分额外的费用，是因为他希望随着时间的推移和标的物市场价格的变动，该期权的内在价值得以增加，从而使虚值期权或平价期权变为实值期权，或使实值期权的内在价值进一步增加。

与内在价值不同，时间价值通常不易直接计算，它一般是用实际的期权价格（公允价值）减去该期权的内在价值而求得的。例如，某债券的现行价格为 105 元，而以该债券为标的物、协定价格为 100 元的看涨期权（买入期权）则以 6.5 元成交。这样，该看涨期权（买入期权）的内在价值为 5 元（105 元－100 元），时间价值为 1.5 元（公允价值 6.5 元－内在价值 5 元）。

（二）金融期权的会计核算

金融期权在进行会计处理时，只有当期权合约被指定为有效套期工具时，才有必要将期权的内在价值和时间价值分开核算。其他情况下，期权合约在资产负债表上都是按照整体公允价值报告的，并且整体公允价值的变动应计入当期损益。

下面以美国债券期货期权合约为例，说明看涨期权合约的会计处理。

［例 6-3］ T 公司于 2018 年 1 月 5 日签订一项购入债券期货 180 000 美元的 3 个月的美式看涨期权合约，并向立权的经纪公司交付 3 600 美元的权利金。如果不考虑货币的时间价值，预期该债券期货将上涨到 183 600 美元。假设，1 月 31 日该债券期货市场价值上涨到

186 000 美元,相应的期权公允价值将上涨到 6 000 美元。2 月 26 日,T 公司预测债券期货的涨幅已经到了极限,决定按照 6 240 美元的价格转让此项期权合约,手续费假设为 120 美元。

则 T 公司的会计处理如下:

(1) 1 月 5 日,初始确认。登记购入债券期货期权。

  借:衍生工具——买入期权 $3 600
    贷:银行存款 $3 600

(2) 1 月 31 日,后续确认。确认此项债券期货期权合约公允价值的变动。

  借:衍生工具——买入期权 $2 400
    贷:公允价值变动损益 $2 400

(3) 2 月 26 日,终止确认。转让并终止确认此项债券期货期权合约。

  借:银行存款 $6 120
    财务费用 $120
    贷:衍生工具——买入期权 $6 000
      投资收益 $240

同时:

  借:公允价值变动损益 $2 400
    贷:投资收益 $2 400

四、金融互换及其会计处理

(一)金融互换的定义

金融互换是指两个或两个以上当事人按共同商定的条件,在金融市场上进行不同金融工具的交换,从而在一定时间内发生一系列款项收付的金额交易。用来交换的金融工具可以是不同的货币,也可以是利率不同的同种货币。

金融互换产生的原因主要是:(1) 为了规避因利率、汇率变动而可能造成的风险损失;(2) 通过利率和货币的互换尽量降低筹资成本。所以,金融互换被认为是 20 世纪 80 年代最重要的金融创新工具之一。目前主要有货币互换和利率互换两种。

(二)货币互换及其会计处理

货币互换(currency swap)是指交易一方将以一种货币表示的债券的还本付息义务与对方以另一种货币表示的债券的还本付息义务相交换。世界上第一笔正式的货币互换是 1981 年 8 月美国所罗门兄弟公司为世界银行与美国国际商用机器公司(IBM)安排的互换。

按交易形式的不同,货币互换分为固定利率对固定利率、固定利率对浮动利率及浮动利率对浮动利率三种,其中固定利率对固定利率的货币互换为基本的互换形式。

货币互换交易的进行,首先需要存在两个在期限和金额上具有共同利益且货币需求相反的伙伴,互换程序为:

(1) 首先以约定的协议汇价进行有关本金的互换;

(2) 每年或半年以约定的利率为基础进行利息支付的互换;

(3) 协议到期时,以预先商定的协议汇价将原本金换回。

下面我们举例说明其会计处理过程。

[**例 6-4**] T 公司因业务需要一笔美元,与 P 公司签订了一项货币互换合同,合同规定:T 公司于 2017 年 1 月 1 日按面值发行年利率 8%、期限 2 年、每年年末付息的 200 万英镑的公司债券,并贷给 P 公司;P 公司于同日按面值发行年利率 8%、期限 2 年、每年年末付息的 304 万美元的公司债券,并贷给 T 公司。双方在互换合约中锁定的货币兑换汇率为 £1 = \$1.52。T 公司记账本位币为英镑。其他即期汇率资料为:2017 年 1 月 1 日 £1 = \$1.61,2017 年 12 月 31 日 £1 = \$1.62,2018 年 12 月 31 日汇率 £1 = \$1.60。

根据上述资料,T 公司进行有关会计处理如下。

(1) 2017 年 1 月 1 日发行英镑债券并互换贷款给 P 公司。

  借:银行存款——英镑户   £2 000 000
   贷:应付债券   £2 000 000
  借:衍生工具——应收互换款(英镑) £2 000 000
   贷:银行存款——英镑户   £2 000 000

(2) 2017 年 1 月 1 日收到 P 公司互换美元。

  借:银行存款——美元户($304 万) £2 000 000
   贷:衍生工具——应付互换款(美元) £2 000 000

(3) 2017 年年末互相结算利息。

  借:银行存款——英镑户(200 万 ×8%) £160 000
   贷:银行存款——美元户($304 万 ×8%/1.62)
                   £150 123
    财务费用——利息收入   £9 877

(4) 2017 年 12 月 31 日确认应付互换款公允价值变动[$304 万 ×(1/1.62 - 1/1.52) = -£123 457]。

  借:衍生工具——应付互换款(美元) £123 457
   贷:公允价值变动损益   £123 457

(5) 2018 年 12 月 31 日结算利息。

  借:银行存款——英镑户(£200 万 ×8%) £160 000
   贷:银行存款——美元户($304 万 ×8%/1.60)
                   £152 000
    财务费用——利息收入   £8 000

(6) 2018 年 12 月 31 日确认应付互换款公允价值变动[$304 万 ×(1/1.60 - 1/1.62) = £23 457]。

  借:公允价值变动损益   £23 457
   贷:衍生工具——应付互换款(美元) £23 457

(7) 2018 年 12 月 31 日与 B 公司换回互换款。

  借:银行存款——英镑户   £2 000 000
   贷:衍生工具——应收互换款(英镑) £2 000 000
  借:衍生工具——应付互换款(美元) £1 900 000

贷：银行存款——美元户(304 万×1/1.60)　£1 900 000

(验证：£1 900 000 = 2 000 000 − 123 457 + 23 457)

同时结转公允价值变动损益,转为投资收益(123 457 − 23 457 = 100 000)。

借：公允价值变动损益　　　　　　　　£100 000
　　贷：投资收益　　　　　　　　　　　　　£100 000

(三) 利率互换及其会计处理

利率互换(Interest swap)是双方在债务币种同一的情况下,互相交换不同形式利率(固定利率和浮动利率)的一种预约业务。与货币互换的不同之处在于,利率互换是在同一种货币间进行,并且利率互换不进行本金互换,而只是在各期互换以不同利率计算的利息差额,即由应付利息多的一方付给另一方利息净差额,故一般采用净额支付的方法来结算。由于没有期初及最后的本金互换,所以利率互换的现金流动只发生在付息日。由于是净额清算,因此现金流动是单向的。

按利率的性质划分,利率互换有固定/浮动利率互换、浮动/浮动利率互换、固定/固定利率互换三种。其中,固定/浮动利率互换是标准型(plain vanilla)利率互换(又被戏称为"香草"交易),其特点是交易一方将其浮动利率债务下的利息支付与对方固定利率债务下的利息支付相交换,两种债务均用同种货币表示。人们之所以会采用利率互换,是为了使现金的流入和流出更好地相匹配,或为了节约成本。目前我国已开展了人民币利率互换业务。

下面我们举例说明利率互换的会计处理程序。

[例 6-5] G 跨国公司承接一项建筑工程,工期两年,需要筹集 3 150 000 英镑。该公司只能筹集到每季度末支付一次利息的浮动利率贷款,浮动利率每季度初确定。为了规避利率上涨风险,公司与某银行达成一项利率互换协议,公司支付固定利率为 12% 的利息,并从银行收取浮动利息。根据外汇市场资金供求关系,假设浮动利率变动情况如表 6-8 所示。

表 6-8　浮动利率表

时间	第 1 年 1−3 季度	第 1 年 4 季度−第 2 年 1 季度	第 2 年 2 季度	第 2 年 3−4 季度
浮动利率(%)	11	12	13	14

根据上述资料,计算相关利息分别如下。

每季度固定利息 = 3 150 000 × 12% × 1/4 = £94 500

每季度浮动利息如下。

第 1 年 1−3 季度：3 150 000 × 11% × 1/4 = £86 625

第 1 年 4 季度−第 2 年 1 季度：3 150 000 × 12% × 1/4 = £94 500

第 2 年 2 季度：3 150 000 × 13% × 1/4 = £102 375

第 2 年 3−4 季度：3 150 000 × 14% × 1/4 = £110 250

互换的实质结果是：G 公司支付固定利息 756 000 英镑,并向银行收取浮动利息 771 750 英镑,和银行进行利息差额结算 15 750 英镑。据此编制 G 跨国公司利率互换的有关会计分录如下。

(1) 互换后 G 公司每季度向银行支付固定利息均为 £94 500,每季度应做如下会计分录(假设按季支付)：

借：财务费用　　　　　　　　　　　　　　£94 500
　　贷：银行存款　　　　　　　　　　　　　　£94 500

（2）进行相关利息差额结算的处理。

① 第一年 1－3 季度 G 公司均支付利息差额为£7 875（£94 500 －£86 625），同时确认为利率互换损失，每季度应做会计分录如下：

借：衍生工具——利率互换　　　　　　　　£7 875
　　贷：银行存款　　　　　　　　　　　　　　£7 875
借：公允价值变动损益　　　　　　　　　　£7 875
　　贷：衍生工具——利率互换　　　　　　　　£7 875

② 第一年 4 季度－第二年 1 季度无利息差额结算，不必进行任何处理。

③ 第二年第 2 季度收到利息结算差额£7 875（£102 375 －£94 500），同时确认为利率互换利得，应做会计分录如下：

借：银行存款　　　　　　　　　　　　　　£7 875
　　贷：衍生工具——利率互换　　　　　　　　£7 875
借：衍生工具——利率互换　　　　　　　　£7 875
　　贷：公允价值变动损益　　　　　　　　　　£7 875

④ 第二年 3－4 季度公司均收到利息差额为£15 750（£110 250 －£94 500），同时确认为利率互换利得，每季度应做会计分录如下：

借：银行存款　　　　　　　　　　　　　　£15 750
　　贷：衍生工具——利率互换　　　　　　　　£15 750
借：衍生工具——利率互换　　　　　　　　£15 750
　　贷：公允价值变动损益　　　　　　　　　　£15 750

⑤ 利率互换结束，合约终止，汇总结转公允价值变动损益£15 750（即节约利息费用），应做会计分录如下：

借：公允价值变动损益　　　　　　　　　　£15 750
　　贷：投资收益　　　　　　　　　　　　　　£15 750

从上述账务处理可见，通过利率互换协议，G 跨国公司将其贷款利率锁定在 12% 的水平，尽管浮动利率从 11% 逐渐上升到 14%，仍可获得利率互换利得 15 750 英镑（即节约的利息费用）。

本章小结

金融工具，是指形成一个企业的金融资产并形成其他单位的金融负债或权益工具的合同。

衍生金融工具是在基础金融工具的基础上演绎和派生出来的，一般是指具有下列特征的金融工具或其他合同：(1) 其价值随着特定利率、金融价格、商品价格、汇率、价格指数、费率指数、信用等级、信用指数或其他类似变量的变动而变动;(2)不要求初始净投资,或与对市场变化有类似反应的其他类型合同相比,要求很少的初始净投资;(3)在未来某一日期结算。

衍生金融工具根据其交易方法与特点的不同,一般可分为金融远期、金融期货、金融期权和金融互换。这是衍生金融工具最基本、最常见的分类。

衍生金融工具跟基础金融工具相比具有规避风险和投机套利两大功能。

与衍生金融工具相关的风险一般包括市场风险、信用风险、流动性风险、现金流量利率风险、操作风险和法律风险等。

当企业成为金融工具合同的一方时,应当确认一项金融资产或金融负债。当企业满足下列条件之一的,应当终止确认金融资产:(1)收取该金融资产现金流量的合同权利结束;(2)该金融资产已经转移,且符合《企业会计准则第23号——金融资产转移》(CAS23)规定的金融资产终止确认条件。当金融负债的现时义务部分或全部解除时,企业应当终止确认该金融负债或其一部分。上述规定同样适用衍生金融工具的初始确认和终止确认。

衍生金融工具应该以公允价值进行初始计量和后续计量,与衍生金融工具相关的初始交易费用以及以后各期因衍生金融工具公允价值变动而产生的差异应该计入当期损益。

为核算企业衍生金融工具的公允价值及其变动形成的资产或负债,企业应该设置"衍生工具"科目,该科目属于资产和负债的"共同类科目"。企业取得衍生金融工具,按其公允价值,借记本科目;期末,衍生金融工具的公允价值高于其账面余额的差额,借记本科目,低于其账面余额的差额则贷记本科目;"衍生工具"科目期末借方余额,反映企业衍生工具形成资产的公允价值;期末贷方余额,反映企业衍生工具形成负债的公允价值。

【思考题】

1. 什么是金融工具?它包括哪些项目?
2. 什么是衍生金融工具?衍生金融工具如何分类?
3. 衍生金融工具存在哪些风险?
4. 衍生金融工具确认的条件是什么?
5. 衍生金融工具的初始及后续计量方法是什么?
6. 认购期权与认沽期权的定义有何不同?他们的价值是如何确定的?
7. 远期合同与期货有什么区别?
8. 利率互换与货币互换在会计处理上有何不同?

【自测题】

1. 一份美式看涨期权6个月到期,其执行价格为66美元,现在其基础股票的卖价是78美元,看涨期权的期权费是15美元。该看涨期权的内在价值、时间价值分别是多少?

2. 股票价格为58.5美元,该股票一个敲定价格为52.5美元的6个月看涨期权售价为12美元。

(1)该期权的内涵价值是多少?

(2) 该期权的时间价值是多少?

(3) 如果在看涨期权的期满日股价为 52.5 美元,买入此看涨期权的盈利(或损失)是多少?

(4) 如果在看涨期权的期满日股价为 52.5 美元,卖出此看涨期权的盈利(或损失)是多少?

(5) 如果在看涨期权的期满日股价为 69 美元,买入此看涨期权的盈利(或损失)是多少?

(6) 如果在看涨期权的期满日股价为 69 美元,卖出此看涨期权的盈利(或损失)是多少?

第七章 套期保值会计

 学习目的与要求

通过本章学习,了解并掌握:
1. 套期保值的含义及分类;
2. 运用套期保值会计的条件;
3. 套期保值会计的确认与计量;
4. 各类套期保值业务的会计处理方法。

第一节 套期保值概述

一、套期保值与套期会计的含义

(一)套期保值的含义

套期保值(hedge)原意是指建立"防护墙",有规避风险之意。国际会计准则对"套期保值"的解释为:套期保值是企业指定一个或多个套期工具(hedging instrument),并试图保证其公允价值的变化全部或部分抵消被套期项目(hedged item)的公允价值或现金流量变化的行为。我国《企业会计准则第24号——套期保值》(CAS24)对"套期保值"的解释为:套期保值是指企业为规避外汇风险、利率风险、商品价格风险、股票价格风险、信用风险等,指定一项或一项以上套期工具,使套期工具的公允价值或现金流量变动,预期抵消被套期项目全部或部分公允价值或现金流量变动。

套期保值主要涉及套期工具、被套期项目和套期关系三个因素。

1. 套期工具

套期工具是相对于被套期项目的、用于规避被套期项目引起的风险的工具。根据《企业会计准则第24号——套期保值》(CAS24)，可以作为套期工具的包括：

（1）衍生工具。包括远期合同、期货合同、互换和期权，以及具有远期合同、期货合同、互换和期权中一种或一种以上特征的工具。比如，某企业为规避库存铜价格下跌的风险，可以卖出一定数量铜期货合同。其中，铜期货合同即是套期工具。但是企业发行的期权不可以作为套期工具，因为该期权的潜在损失可能大大超过被套期项目的潜在利得，从而不能有效地对冲被套期项目的风险。

（2）非衍生的金融资产和金融负债。但它们只能在被套期风险是外汇风险时指定为套期工具。比如，某种外币借款可以作为对同种外币结算的销售承诺的套期工具。

在将金融衍生工具指定为套期工具时，应该注意以下几点：

（1）一般应将金融衍生工具的整体公允价值指定为套期工具，因为影响衍生金融工具公允价值的各个因素往往交错在一起，很难单独辨认其中某一因素所引起的公允价值变动额。但是，期权或者远期合同可以不受上述规定的约束。在期权的情况下，内在价值和时间价值可以分开计量，所以准则允许仅就内在价值变动的期权指定为套期工具。在远期合同的情况下，也可以将远期合同的时间价值（升贴水）和即期价格分开，只就即期价格变动的远期合同指定为套期工具。

（2）可以将一项金融衍生工具的一定比例，如50%指定为套期工具，但不能将金融衍生工具的一段期间指定为套期工具。

（3）一项金融衍生工具既可以被指定为对一项风险进行套期，也可以被指定为对多项风险进行套期，只是在后一种情况下，准则规定必须满足三个条件：①各项被套期风险可以清晰辨认；②套期有效性可以证明；③可以确保该衍生工具与不同风险头寸之间存在具体指定关系。

例如，假设甲公司的记账本位币为人民币，甲公司发行了一批五年期美元浮动利率债券。同时，甲公司还与一家商业银行签订了一项货币互换合约，根据该合约，甲公司将从商业银行定期收到浮动利率美元利息，并向商业银行支付固定利率人民币利息。甲公司可以将这笔互换合约指定为美元债券的外汇风险和利率风险的套期工具，因为，无论是互换合约还是美元债券，其外汇风险和利率风险都可以单独计量，从而使这种套期关系能够满足上述三个条件。

（4）可以将两项或两项以上衍生工具的组合或该组合的一定比例指定为套期工具。对于外汇风险套期，企业可以将两项或两项以上非衍生工具的组合或该组合的一定比例，或将衍生工具和非衍生工具的组合或该组合的一定比例指定为套期工具。

2. 被套期项目

被套期项目是指使企业面临公允价值或现金流量变动风险，且被指定为被套期对象的项目。可以被指定为被套期对象的项目包括：

（1）单项或者一组具有类似风险特征的已确认资产或负债，如库存商品、持有至到期投资、可供出售金融资产、贷款、长期借款。

（2）单项或者一组具有类似风险特征的确定承诺。所谓确定承诺，是指在未来某特定日期或期间按约定价格交换特定数量资源的协议,该协议具有法律约束力,如果有一方不履行协议将被处以罚款。比如企业与供应商签订的购买设备的确定承诺。

(3) 单项或者一组具有类似风险特征的很可能发生的预期交易。所谓预期交易,是指尚未承诺但预期会发生的交易。如预期商品采购、预期商品销售。

(4) 境外经营净投资。

(5) 分担同一被套期利率风险的金融资产或金融负债组合的一部分(仅适用于利率风险公允价值组合套期)。

在确定被套期项目时,应该注意以下几点:

(1) 作为被套期项目,应当是企业面临公允价值或现金流量变动风险,且在本期或未来期间会影响企业的损益。与之相关的被套期风险,通常包括外汇风险、利率风险、商品价格风险、股票价格风险、信用风险等。企业的一般经营风险不能作为被套期风险,因为这些风险不能具体辨认和单独计量。

(2) 衍生工具不能作为被套期项目,但对于外购的、嵌在另一项金融工具(主合同)中的期权,如果其与主合同存在紧密关系,且混合工具没有被指定为以公允价值计量且其变动计入当期损益的金融工具,则可以作为被套期项目。

(3) 对于信用风险或外汇风险,企业可以将持有至到期投资作为被套期项目,而对于利率风险或提前还款风险,则不可以作为被套期项目。

(4) 采用权益法核算的股权投资不能在公允价值套期中作为被套期项目,因为权益法下,投资方只是将其在联营企业或合营企业中的损益份额确认为当期损益,而不确认投资的公允价值变动。与之相类似,在母公司合并财务报表中,对子公司投资也不能作为被套期项目,但对境外经营净投资可以作为被套期项目,因为相关的套期指定针对的是外汇风险,而非境外经营净投资的公允价值变动风险。

3. 套期关系

套期关系是指套期工具与被套期项目之间的关系。企业在确定套期关系时,应当将套期工具整体或其一定比例进行指定。这是评定能否运用套期会计处理方法的重要前提,但下列情况除外:

(1) 对于期权,企业可以将期权的内在价值和时间价值分开,只就内在价值变动将期权指定为套期工具。

(2) 对于远期合同,企业可以将远期合同的利息和即期价格分开,只就即期价格变动将远期合同指定为套期工具。

(二) 套期会计的含义

套期会计是一种特殊的会计处理方法,其核心是在同一会计期间对称地确认套期工具的利得(或损失)与被套期项目的损失(或利得),以体现套期保值效应。对于套期会计,应注意把握以下三点:

(1) 套期会计的特殊性——套期会计是一种针对"套期"的特殊会计;

(2) 套期会计的综合性——套期会计同时涉及对套期工具和被套期项目的会计处理;

(3) 套期会计的目的性——套期会计的目的在于对称地确认套期工具和被套期项目公

允价值或现金流量变动形成的利得或损失,以保证企业锁定因被套期项目而产生的预期收益或预计损失。

▶▶ 二、套期保值的分类

按照套期关系可以将企业为规避风险而开展的套期保值业务,区分为公允价值套期、现金流量套期和境外经营净投资套期三类:

（一）公允价值套期

公允价值套期是指对源于某类特定风险的、将影响企业损益的公允价值变动风险进行的套期。可以指定为公允价值套期的被套期项目包括:已确认资产或负债、尚未确认的确定承诺,或该资产、负债或尚未确认的确定承诺中的可辨认部分。如,用远期外汇合约对未确认的外币确定承诺、外币应收（应付）账款的外币风险所做的套期。

（二）现金流量套期

所谓现金流量,是指未来的现金流入量、流出量。现金流量套期是指对源于某类特定风险的、将影响企业损益的现金流量变动风险进行的套期。可以指定为现金流量套期的被套期项目包括:已确认资产或负债、很可能发生的预期交易。例如,对预期交易的外币风险所做的套期。

已确认的资产或负债承受的现金流量变动风险与已确认的资产或负债承受的公允价值变动风险不同,前者涉及现金流量,如受浮动利率影响的是债权或债务的未来利息收入或利息支付;后者不涉及现金流量,仅仅是价格上的波动,如已入账存货未来的跌价损失。

预期交易可能承受的风险与已确认的资产或负债承受的风险也不相同。前者承受的基本上都是未来现金流量风险;后者承受的多数是未来公允价值变动的风险,少数属于现金流量风险,如浮动利率债券风险。再比如,企业在未来 6 个月里预计需要消耗 2 000 个单位的原材料,目前库存有 800 个单位,预期采购 1 200 个单位,在未来 6 个月内,原材料的价格存在波动,但库存的 800 个单位与预期采购的 1 200 个单位因价格变动所面临的风险并不一样,其中库存的 800 个单位的原材料所承受的是公允价值变动风险,而预期采购的 1 200 个单位原材料所承受的是现金流量风险。

（三）境外经营净投资套期

所谓境外经营单位是指一个企业在国外设立的分公司、子公司或投资比例达不到控制程度的参股公司。在实践中,母子公司之间的长期借贷,并不准备在短期内归还,这部分借贷也要视同投资处理。境外经营净投资套期是指对企业在境外经营单位净资产中的权益份额上的外汇风险进行的套期。

因为境外经营单位往往以所在国的货币为功能货币。例如,S 国企业设在 H 国的经营单位,通常会以所在国 H 国的货币作为记账本位币。因此,其期末报送 S 国的财务报表必须要折算为 S 国的货币。此时按期末即期汇率进行折算,会产生汇率风险。通常总是资产大于负债,故相抵后的结果总为净资产上产生的汇率风险。为了防范此外汇风险的影响,投资企业常采用借入一笔贷款（非衍生金融工具）或购买一笔远期外汇合约（衍生金融工具）来规避。如果从账面看,境外经营单位"净资产"的份额就是投资单位的"长期股权投资"科目的内容,对前者防险,实质上就是对后者防险。

按照我国《企业会计准则第24号——套期保值》(CAS24)的规定,公允价值套期、现金流量套期或境外经营净投资套期同时满足下列条件的,才能运用规定的套期会计方法进行处理:

(1) 在套期开始时,企业对套期关系(即套期工具和被套期项目之间的关系)有正式指定,并准备了关于套期关系、风险管理目标和套期策略的正式书面文件。该文件至少载明了套期工具、被套期项目、被套期风险的性质以及套期有效性评价方法等内容。一般而言,套期保值政策应该由企业的董事会或类似权力机构批准。套期必须与具体可辨认并被指定的风险有关,且最终影响企业的损益。

(2) 该套期预期高度有效,且符合企业最初为该套期关系所确定的风险管理策略。套期有效性是指套期工具的公允价值或现金流量变动,能够抵消被套期风险引起的被套期项目公允价值或现金流量变动的程度。当套期同时满足下列条件的,企业应该认定其高度有效:

① 在套期开始时及以后期间,该套期预期会高度有效地抵消套期指定期间被套期项目风险引起的公允价值或现金流量变动。如将被套期项目因被套期风险引起的公允价值变动或现金流量变动与套期工具的公允价值变动或现金流量变动进行比较,或者通过证明被套期项目的公允价值或现金流量与套期工具之间统计上存在高度相关。

② 该套期的实际抵消结果在80%~125%的范围内。

③ 对预期交易的现金流量套期,预期交易应当发生的可能性很大,且必须使企业面临最终将影响损益的现金流量变动风险。

④ 套期有效性能够可靠地计量。即被套期风险引起的被套期项目的公允价值或现金流量以及套期工具的公允价值,均能可靠地计量。

⑤ 企业应当持续地对套期有效性进行评价,并确保该套期在套期关系被指定的会计期间内高度有效。

上述五个条件中隐含了两个有效性评价的要求:一是预期性评价,即评价套期工具和被套期项目在未来会计期间是否高度有效;二是回顾性评价,即评价套期在以往的会计期间实际上是否高度有效。

三、套期有效性评价方法

一般情况下,企业难以实现套期工具和被套期项目的公允价值或现金流量变动完全抵消,因而会出现套期无效的较小金额范围。无效套期的形成源于多方面的因素。这些因素通常包括:(1)套期工具和被套期项目以不同的货币表示;(2)套期工具和被套期项目有不同的到期期限;(3)套期工具和被套期项目内含不同的利率或权益指数变量;(4)套期工具和被套期项目使用不同市场的商品价格标价;(5)套期工具和被套期项目对应不同的交易对手;(6)套期工具在套期开始时的公允价值不等于零;等等。

套期有效性评价方法应当与企业的风险管理策略相吻合,并在套期开始时就在风险管理有关的正式文件中详细加以说明。在这些正式文件中,企业应当就套期有效性评价的程序和方法、评价时是否包括套期工具的全部利得或损失、是否包括套期工具的时间价值等作出说明。

(一) 预期套期有效性的评价

在套期开始时,应进行预期套期有效性的评价,其方法包括主要条款分析法和统计分析法。

1. **主要条款分析法**(critical terms analysis)

它是指如果套期工具和被套期项目的主要条款均能准确地匹配,那么就可以认定因被套期风险引起的套期工具和被套期项目公允价值或现金流量变动可以相互抵消,套期预期是高度有效的;反之则不是高度有效。在评估有效性时应考虑的主要条款包括:名义金额或本金、到期期限、内含变量、定价日期、商品数量、货币单位等。

企业在以利率互换对利率风险进行套期时,可以采用主要条款分析法。此外,以远期合同对很可能发生的预期商品购买进行套期保值,也可以采用主要条款分析法。例如,当以下全部条件同时符合时,可以认定该套期是高度有效的:

(1) 远期合同与被套期的预期商品购买交易,在商品购买时间、地点、数量、质量等方面条款相同。

(2) 远期合同初始确认时的公允价值为零。

(3) 进行套期有效性评价时,不考虑远期合同溢价或折价变动对其价值的影响,或预期商品购买交易的预计现金流量变动以商品的远期价格为基础确定。

值得注意的是,采用这种方法对套期有效性评价虽然不需要进行计算,但适用的情形往往有限,而且只能用于套期预期性评价。即使是套期工具和被套期项目的主要条款均能准确地匹配,企业依然需要进行套期的回顾性评价。因为在这种情况下,套期无效仍可能出现。例如,套期工具的流动性或其交易对手的信用等级发生变化时,通常会导致套期无效。

2. **回归分析法**

该方法是一种统计学方法,它是在掌握一定量观察数据基础上,利用数理统计方法建立自变量和因变量之间回归关系函数的方法。将此方法运用到套期有效性评价中,需要研究分析套期工具和被套期项目价值变动之间是否具有高度相关性,进而判断确定套期是否有效。运用回归分析法,自变量反映被套期项目公允价值变动或预计未来现金流量现值变动,而因变量反映套期工具公允价值变动。回归分析模型为:

$$y = kx + b + \varepsilon$$

其中:

y:因变量,即套期工具的公允价值变动;

k:回归直线的斜率,反映套期工具价值变动/被套期项目价值变动的比率;

b:y 轴上的截距;

x:自变量,即被套期风险引起的被套期项目价值变动;

ε:均值为零的随机变量,服从正态分布。

在运用回归分析法确定套期有效性时,套期只有满足以下全部条件才能认为是高度有效的:(1) 回归直线的斜率必须为负数,且数值应在 $-1.25 \sim -0.8$ 之间;(2) 相关系数(R_2)应大于或等于0.96,该系数表明套期工具价值变动由被套期项目价值变动影响的程度。当

$R_2 = 96\%$ 时,说明套期工具价值变动的 96% 是由于某特定风险引起被套期项目价值变动形成的。R_2 越大,表明回归模型对观察数据的拟合越好,用回归模型进行预测效果也就越好;(3)整个回归模型的统计有效性(F 值测试)必须是显著的。F 值也称置信程度,表明自变量 x 与因变量 y 之间线性关系的强度,F 值越大,置信程度越高。

(二) 实际套期有效性的评价

套期实施期间也要定期地(一般至少要在年报或半年报中)进行实际套期的有效性评价。最常用的评价方法是比率分析法。

比率分析法是指通过比较被套期风险引起的套期工具和被套期项目公允价值或现金流量变动的比率(这个比率有时也称为德尔塔比率(delta ratio)),以确定套期是否有效的方法。它是在国外的实务界中发展起来的方法,专门用于应对准则关于在套期存续期间评价实际套期有效性的规定。德尔塔比率的计算公式如下:

$$德尔塔比率 = \frac{套期工具公允价值或者现金流量变动额}{被套期项目公允价值或者现金流量变动额}$$

在计算德尔塔比率时,上述分子分母的位置也可以对调,即以被套期项目的变动额为分子,以套期工具的变动额为分母。当德尔塔比率等于 1 时,说明套期的有效性达到最佳效果。然而,在实务中,德尔塔比率一般都不会正好等于 1。会计准则规定,只要德尔塔比率在 80% 至 125% 的范围内,就可以认定套期是高度有效的。例如,如果套期工具的公允价值损失是 100,而被套期项目的公允价值利得是 120,那么德尔塔比率就是 $100 \div 120 = 83\%$ 或者 $120 \div 100 = 120\%$,均在 80% 至 125% 的范围内,套期就可以被判定为高度有效。在运用比率分析法评价套期的实际有效性时,企业可以根据自身风险管理政策的特点选择以累积变动数(即自套期开始以来的累积变动数)为基础比较,或以单个期间变动数为基础比较。

应当注意的是,以累积变动数和单个期间变动数分别作为比较基础,可能会得出不同结论。即如果以单个期间变动数为基础,套期可能不是高度有效的,但若以累积变动数为基础,套期却可能是高度有效的。

[例 7-1] 甲公司 2018 年 1 月 1 日预期将在 2019 年 1 月 1 日对外出售一批商品。为了规避商品价格下降的风险,甲公司于 2018 年 1 月 1 日与其他方签订了一项远期合同(套期工具),在 2019 年 1 月 1 日以预期相同的价格(作为远期价格)卖出相同数量的商品。合同签订日,该远期合同的公允价值为零。假定套期开始时,该现金流量套期高度有效。

甲公司每季采用比率分析法对套期有效性进行评价。套期期间,套期工具的公允价值及其变动、被套期项目的预计未来现金流量现值及其变动如表 7-1、7-2 所示(单位:万元):

表 7-1 以单个期间为基础比较 单位:万元

	3月31日	6月30日	9月30日	12月31日
当季套期工具公允价值变动	(100)	(50)	110	140
当季被套期项目预计未来现金流量现值变动	90	70	(110)	(140)
当季套期有效程度	111%	71.4%	100%	80%
评价	80%~125%	非高度有效		80%~125%

说明：以单季为基础比较，第 2 季度非高度有效；带"括号"的数据，表明是净减少额，下同。

表 7-2　以累积变动数为基础比较　　　　　　　　　　　　　　　　单位：万元

	3月31日	6月30日	9月30日	12月31日
至本月止套期工具公允价值累积变动	（100）	（150）	（40）	100
至本月止被套期项目预计未来现金流量现值累积变动	90	160	50	（90）
至本月止累积套期有效程度	111%	93.8%	80%	111%
评价	80%～125%			

说明：以累积数为基础比较，第 2 季度高度有效。

第二节　套期保值会计的确认与计量

▶▶一、会计科目的设置

企业应设置"套期工具""被套期项目"科目，用来核算套期保值业务。

（一）"套期工具"科目

本科目核算企业开展套期保值业务套期工具公允价值变动形成的资产或负债。

企业将已确认的衍生工具等金融资产或金融负债指定为套期工具的，应按其账面价值，借记或贷记本科目，贷记或借记"衍生工具"等科目。

资产负债表日，对于有效套期，应按套期工具产生的利得，借记本科目，贷记"套期损益""其他综合收益"等科目；套期工具产生损失做相反会计分录。

金融资产或金融负债不再作为套期工具核算的，应按套期工具形成的资产或负债，借记或贷记有关科目，贷记或借记本科目。

"套期工具"科目的期末余额，反映企业套期工具形成的资产的公允价值（借方余额）或套期工具形成的负债的公允价值（贷方余额）。

本科目按套期工具的类别进行明细核算。

（二）"被套期项目"科目

本科目核算企业开展套期保值业务被套期项目公允价值变动形成的资产或负债。

企业将已确认的资产或负债指定为被套期项目的，应按其账面价值，借记或贷记本科目，贷记或借记"库存商品""长期股权投资""持有至到期投资"等科目。

资产负债表日，对于有效套期，应按被套期项目产生的利得，借记本科目，贷记"套期损益""其他综合收益"等科目；被套期项目产生损失做相反会计分录。

资产或负债不再作为被套期项目核算的，应按被套期项目形成的资产或负债，借记或贷记有关科目，贷记或借记本科目。

"被套期项目"科目的期末余额，反映企业被套期项目形成的资产的公允价值（借方余额)或被套期项目形成的负债的公允价值(贷方余额)。

本科目按被套期项目的类别进行明细核算。

二、公允价值套期的会计处理

(一) 基本原则

公允价值套期满足运用套期会计方法条件的,应当按照下列规定处理:

1. 套期工具为衍生工具的,公允价值变动形成的利得或损失应当计入当期损益;套期工具为非衍生工具的,账面价值因汇率变动形成的利得或损失应当计入当期损益。

2. 被套期项目因被套期风险形成的利得或损失应当计入当期损益,同时调整被套期项目的账面价值。被套期项目为按成本与可变现净值孰低进行后续计量的存货、按摊余成本进行后续计量的金融资产或可供出售金融资产的,也应当按此规定处理。

(二) 被套期项目利得或损失的具体处理要求

1. 对于金融资产或金融负债组合一部分的利率风险公允价值套期,企业对被套期项目形成的利得或损失可按下列方法处理:(1)被套期项目在重新定价期间内是资产的,在资产负债表中资产项下单列项目反映,待终止确认时转销;(2)被套期项目在重新定价期间内是负债的,在资产负债表中负债项下单列项目反映,待终止确认时转销。

2. 被套期项目是以摊余成本计量的金融工具的,对被套期项目账面价值所作的调整,应当按照调整日重新计算的实际利率在调整日至到期日的期间内进行摊销,计入当期损益。对利率风险组合的公允价值套期,在资产负债表中单列的相关项目,也应当按照调整日重新计算的实际利率在调整日至相关的重新定价期间结束日的期间内摊销。采用实际利率法进行摊销不切实可行的,可以采用直线法进行摊销。此调整金额应当于金融工具到期日前摊销完毕;对于利率风险组合的公允价值套期,应当于相关重新定价期间结束日至到期日前摊销完毕。

3. 被套期项目为尚未确认的确定承诺的,该确定承诺因被套期风险引起的公允价值变动累计额应当确认为一项资产或负债,相关的利得或损失应当计入当期损益。

4. 在购买资产或承担负债的确定承诺的公允价值套期中,该确定承诺因被套期风险引起的公允价值变动累计额(已确认为资产或负债),应当调整履行该确定承诺所取得的资产或承担的负债的初始确认金额。

(三) 终止运用公允价值套期会计方法的条件

套期满足下列条件之一的,企业应终止运用公允价值套期会计:

1. 套期工具已到期、被出售、合同终止或已行使。套期工具展期或被另一项套期工具替换时,展期或替换是企业正式书面文件所载明的套期策略组成部分的,不作为已到期或合同终止处理。

2. 该套期不再满足运用套期会计方法的条件。

3. 企业撤销了对套期关系的指定。

下面举例说明公允价值套期的会计处理方法。

[例7-2] 甲上市公司于2018年1月2日决定用某种衍生工具Y对库存商品X进行公允价值套期。套期开始时,衍生工具Y的公允价值为零,库存商品X的账面价值为315 000元,预计售价(公允价值)为346 500元。2018年6月30日,衍生工具Y的公允价值上升39 375元,库存商品X公允价值下降38 625元,甲公司将库存商品X出售。假定不考虑其他因素。该套期实际抵消结果为98%(38 625/39 375),为高度有效,甲公司的会计处理如下:

(1) 1月2日,套期开始时:

借:被套期项目——库存商品 315 000
　　贷:库存商品——X 315 000

(2) 6月30日:

借:套期工具——Y 39 375
　　贷:套期损益 39 375
借:套期损益 38 625
　　贷:被套期项目——库存商品 38 625

(3) 6月30日,出售商品并净额结算衍生工具时:

借:银行存款 307 875
　　贷:主营业务收入 307 875
307 875 = 346 500 - 38 625
借:主营业务成本 276 375
　　贷:被套期项目——库存商品 276 375
276 375 = 315 000 - 38 625
借:银行存款 39 375
　　贷:套期工具——Y 39 375

套期结果分析:由于甲公司采用了套期策略,从而规避了库存商品公允价值变动的风险,因此其库存商品公允价值下降没有对预期毛利额31 500元产生不利影响。

[例7-3] 乙公司2017年4月1日以每股50元的价格从二级市场购入丙公司的股票30 000股,从而拥有丙公司6%的股份,乙公司将其归类为可供出售金融资产。为规避股价下跌的风险,乙公司遂于2017年12月31日支付期权费180 000元购入一项于2019年12月31日行权价为每股65元的看跌期权,并将其指定为上述可供出售金融资产的套期工具。假定2017年年末、2018年年末和2019年年末丙公司股票每股市价分别为65元、60元、57元。看跌期权的有关价值变动资料如表7-3所示。

表7-3 看跌期权价值变动表　　　　　　　　　　　　　　　　单位:元

丙公司股票看跌期权	2017年年末	2018年年末	2019年年末
时间价值	180 000	105 000	0
内在价值	0	150 000	240 000
合计	180 000	255 000	240 000

乙公司账务处理如下:

(1) 2017年4月1日购入股票：
  借：可供出售金融资产   1 500 000
    贷：银行存款   1 500 000
(2) 2017年年末确认股票的公允价值变动：
  借：可供出售金融资产   450 000
    贷：其他综合收益   450 000
(3) 2017年年末购入看跌期权并指定为套期工具：
  借：套期工具——看跌期权(时间价值) 180 000
    贷：银行存款   180 000
  同时，将可供出售金融资产指定为被套期项目：
  借：被套期项目——可供出售金融资产 1 950 000
    贷：可供出售金融资产   1 950 000
(4) 2018年年末，确认看跌期权内在价值变动和时间价值变动：
  借：套期工具——看跌期权(内在价值) 150 000
    贷：套期工具——看跌期权(时间价值) 75 000
      套期损益   75 000
  同时，确认被套期项目公允价值变动：
  借：套期损益   150 000
    贷：被套期项目——可供出售金融资产 150 000
(5) 2019年年末，确认看跌期权内在价值变动和时间价值变动：
  借：套期工具——看跌期权(内在价值) 90 000
    套期损益   15 000
    贷：套期工具——看跌期权(时间价值) 105 000
  同时，确认被套期项目公允价值变动：
  借：套期损益   90 000
    贷：被套期项目——可供出售金融资产 90 000
(6) 2019年年末，看跌期权行权时，冲销"套期工具"与"被套期项目"的账面价值：
  借：银行存款   1 950 000
    贷：套期工具——看跌期权(内在价值) 240 000
      被套期项目   1 710 000
  借：其他综合收益   450 000
    贷：套期损益   450 000

套期结果分析：从以上账务处理可见，通过套期，乙公司将30 000股丙公司股票出售价格锁定在每股65元，可得收入1 950 000元，扣除购买成本1 500 000元和支付的期权费180 000元，净获利270 000元。假设不进行套期，净获利210 000元[(57-50)×30 000]，因此，套期可增加获利60 000元。

三、现金流量套期的会计处理

（一）基本要求

现金流量套期满足运用套期会计方法条件的,应按下列规定处理：

（1）套期工具利得或损失中属于有效套期的部分,应当直接确认为所有者权益,并单列项目反映。该有效套期部分的金额,按照下列两项的绝对额中较低者确定：

① 套期工具自套期开始的累计利得或损失；

② 被套期项目自套期开始的预计未来现金流量现值的累计变动额。

（2）套期工具利得或损失中属于无效套期的部分（即扣除直接确认为所有者权益后的其他利得或损失）,应当计入当期损益。

（3）在风险管理策略的正式书面文件中,载明了在评价套期有效性时将排除套期工具的某部分利得或损失或相关现金流量影响的,被排除的该部分利得或损失的处理适用《企业会计准则第22号——金融工具确认和计量》。

（二）套期工具利得或损失的后续处理要求

（1）被套期项目为预期交易,且该预期交易使企业随后确认一项金融资产或一项金融负债的,原直接确认为所有者权益的相关利得或损失,应当在该金融资产或金融负债影响企业损益的相同期间转出,计入当期损益。但是,企业预期原直接在所有者权益中确认的净损失全部或部分在未来会计期间不能弥补时,应当将不能弥补的部分转出,计入当期损益。

（2）被套期项目为预期交易,且该预期交易使企业随后确认一项非金融资产或一项非金融负债的,企业可以选择下列方法处理：

① 原直接在所有者权益中确认的相关利得或损失,应当在该非金融资产或非金融负债影响企业损益的相同期间转出,计入当期损益。但是,企业预期原直接在所有者权益中确认的净损失全部或部分在未来会计期间不能弥补时,应当将不能弥补的部分转出,计入当期损益。

② 将原直接在所有者权益中确认的相关利得或损失转出,计入该非金融资产或非金融负债的初始确认金额。

非金融资产或非金融负债的预期交易形成了一项确定承诺时,该确定承诺满足运用套期保值准则规定的套期会计方法条件的,也应当选择上述两种方法之一处理。

企业选择了上述两种处理方法之一作为会计政策后,应当一致地运用于相关的所有预期交易套期,不得随意变更。

（3）不属于以上（1）或（2）所指情况的,原直接计入所有者权益中的套期工具利得或损失,应当在被套期预期交易影响损益的相同期间转出,计入当期损益。

（三）终止运用现金流量套期会计方法的条件

1. 套期工具已到期、被出售、合同终止或已行使

在套期有效期间直接计入所有者权益中的套期工具利得或损失不应当转出,直至预期交易实际发生时,再按有关规定处理。

套期工具展期或被另一项套期工具替换,且展期或替换是企业正式书面文件所载明套期策略组成部分的,不作为已到期或合同终止处理。

2. 该套期不再满足运用套期保值准则规定的套期会计方法的条件

在套期有效期间直接计入所有者权益中的套期工具利得或损失不应当转出,直至预期交易实际发生时,再按有关规定处理。

3. 预期交易预计不会发生

在套期有效期间直接计入所有者权益中的套期工具利得或损失应当转出,计入当期损益。

4. 企业撤销了对套期关系的指定

对于预期交易套期,在套期有效期间直接计入所有者权益中的套期工具利得或损失不应当转出,直至预期交易实际发生或预计不会发生。预期交易实际发生的,应按有关规定处理;预期交易预计不会发生的,原直接计入所有者权益中的套期工具利得或损失应当转出,计入当期损益。

[例 7-4] 2018 年 1 月 1 日,F 公司预期在 2018 年 6 月 30 日将销售一批商品 B,数量为 100 000 吨。为规避该预期销售有关的现金流量变动风险,F 公司于 2018 年 1 月 1 日与某金融机构签订了一项衍生工具合同 Q,且将其指定为对该预期商品销售的套期工具。衍生工具 Q 的标的资产与被套期的预期商品销售在数量、质次、价格变动和产地等方面相同,并且衍生工具 Q 的结算日和预期商品销售日均为 2018 年 6 月 30 日。

2018 年 1 月 1 日,衍生工具 Q 的公允价值为零,商品的预期销售价格为 1 100 000 元。2018 年 6 月 30 日,衍生工具 Q 的公允价值上涨了 25 000 元,预期销售价格下降了 25 000 元。当日,F 公司将商品 B 出售,并将衍生工具 Q 结算了结。

F 公司采用比率分析法评价套期有效性,即通过比较衍生工具 Q 和商品 B 预期销售价格变动评价套期有效性。F 公司预期该套期完全有效。

假定不考虑衍生工具的时间价值、商品销售相关的增值税及其他因素,F 公司的账务处理如下:

(1) 2018 年 1 月 1 日,F 公司不做账务处理。

(2) 2018 年 6 月 30 日:

借:套期工具——衍生工具 Q   25 000
    贷:其他综合收益   25 000
(确认衍生工具的公允价值变动)

借:应收账款或银行存款   1 075 000
    贷:主营业务收入   1 075 000
(确认商品 B 的销售)

借:银行存款   25 000
    贷:套期工具——衍生工具 Q   25 000
(确认衍生工具 Q 的结算)

借:其他综合收益   25 000
    贷:主营业务收入   25 000

（确认将原计入其他综合收益的衍生工具公允价值变动转出,调整销售收入）

[例7-5] 甲公司于2018年11月1日与境外H公司签订合同,约定于2019年1月30日以每吨60美元的价格购入100吨A商品。甲公司为规避购入A商品成本的外汇风险,于当日与某金融机构签订一项3个月到期的远期外汇合同,约定汇率为1美元=6.9人民币元,合同金额美元6 000元。2019年1月30日,甲公司以净额方式结算该远期外汇合同,并购入A商品。

假定:(1)2018年12月31日,1个月美元对人民币远期汇率为1美元=6.8人民币元,人民币的市场利率为6%;(2)2019年1月30日,美元对人民币即期汇率为1美元=6.6人民币元;(3)该套期符合运用套期保值准则所规定的运用套期会计的条件;(4)不考虑增值税等相关税费。

(简要提示:根据套期保值准则,对外汇确定承诺的套期既可以划分为公允价值套期,也可以划分为现金流量套期。)

情形1:甲公司将上述套期划分为公允价值套期。

（1）2018年11月1日：

远期合同的公允价值为零,不做账务处理,将套期保值进行表外登记。

（2）2018年12月31日：

远期外汇合同的公允价值=[(6.9-6.8)×6 000/(1+6%×1/12)]=597(元)。

借：套期损益　　　　　　　　　　　　　　597
　　贷：套期工具——远期外汇合同　　　　　　　597
借：被套期项目——确定承诺　　　　　　　597
　　贷：套期损益　　　　　　　　　　　　　　　597

（3）2019年1月30日：

远期外汇合同的公允价值=(6.9-6.6)×6 000=1 800(元)。

借：套期损益　　　　　　　　　　　　　1 203
　　贷：套期工具——远期外汇合同　　　　　　1 203
借：套期工具——远期外汇合同　　　　　1 800
　　贷：银行存款　　　　　　　　　　　　　　1 800
借：被套期项目——确定承诺　　　　　　1 203
　　贷：套期损益　　　　　　　　　　　　　　1 203
借：库存商品——A商品　　　　　　　　39 600
　　贷：银行存款　　　　　　　　　　　　　　39 600
借：库存商品——A商品　　　　　　　　 1 800
　　贷：被套期项目——确定承诺　　　　　　　1 800

（将被套期项目的余额调整A商品的入账价值）

情形2:甲公司将上述套期划分为现金流量套期。

（1）2018年11月1日：

不做账务处理,将套期保值进行表外登记。

（2）2018年12月31日：

远期外汇合同的公允价值 = (6.9 – 6.8) × 6 000/(1 + 6% × 1/12) = 597(元)。

借：其他综合收益(套期工具价值变动)　　　　597
　　贷：套期工具——远期外汇合同　　　　　　　　597

(3) 2019 年 1 月 30 日：

远期外汇合同的公允价值 = (6.9 – 6.6) × 6 000 = 1 800(元)。

借：其他综合收益(套期工具价值变动)　　　1 203
　　贷：套期工具——远期外汇合同　　　　　　　1 203
借：套期工具——远期外汇合同　　　　　　1 800
　　贷：银行存款　　　　　　　　　　　　　　1 800
借：库存商品——A 商品　　　　　　　　　39 600
　　贷：银行存款　　　　　　　　　　　　　39 600

甲公司将套期工具于套期期间形成的公允价值变动累计额(净损失)暂记在所有者权益中,在处置 A 商品影响企业损益的期间转出,计入当期损益。该净损失在未来会计期间不能弥补时,将全部转出,计入当期损益。

通过上例可以看出,甲公司套期活动的结果是:将购入 A 商品的折算成本(如按公允价值套期来处理)锁定在套期开始日远期汇率的水平上(即 6 000 × 6.9 = 41 400 元)。从某种意义上来说,这也是进行套期活动的初衷。但此项套期活动中汇率的变化却致使公司多支出人民币 1 800 元。

四、境外经营净投资套期的会计处理

对于境外经营净投资套期的会计处理原则,与现金流量套期的会计处理原则相类似。

1 套期工具形成的利得或损失中属于有效套期的部分,应当直接确认为所有者权益,并单列项目反映。

企业处置境外经营时,上述在所有者权益中单列项目反映的套期工具利得或损失应当转出,计入当期损益。

2 套期工具形成的利得或损失中属于无效套期的部分,应当计入当期损益。

[例 7-6] 2018 年 10 月 2 日丙公司与中国银行签订了一项远期合同,为其在美国的子公司 2018 年 12 月 31 日的预期 2 160 万美元净资产进行套期保值。合同约定,按 90 天期的远期汇率 ¥6.75/$1 卖出 2 160 万美元,10 月 2 日当天的即期汇率为 ¥6.71/$1;12 月 31 日的即期汇率为 ¥6.68/$1;12 月 31 日远期外汇合同公允价值增加 ¥72 万,美国子公司 2018 年 12 月 31 日资产负债表上的实际净资产为 2 328 万美元。

本例中,套期工具是卖出 2 160 万美元的远期合同,被套期项目是预期境外经营子公司的净资产 2 160 万美元。这里包含两类业务,一是利用远期外汇合同对境外经营净投资的套期保值;二是境外经营净投资随着即期汇率变动而产生的未来现金流量变动。

丙公司的会计处理如下：

(1) 10 月 2 日,签订远期外汇合同并指定为套期工具。此时,"套期工具——远期外汇合同"公允价值为 0,无须进行会计处理。

(2) 10月2日,将境外经营净投资转为被套期项目时:

借:被套期项目——境外经营净投资　　144 936 000
　　贷:长期股权投资　　　　　　　　　　　144 936 000

(3) 12月31日,确认套期工具和被套期项目的价值变动,其中,被套期项目自套期开始的预计未来现金流量现值的累计变动额为 -64.8万[(6.68 -6.71)×2 160],则套期有效部分为64.8万。

借:套期工具——外汇期汇合同　　　720 000
　　贷:其他综合收益　　　　　　　　　　　648 000
　　　　套期损益　　　　　　　　　　　　　 72 000
借:其他综合收益　　　　　　　　　　648 000
　　贷:被套期项目——境外经营净投资　　 648 000

(4) 12月31日,以即期买入外汇合同与远期卖出外汇合同进行对冲结算,并注销套期工具,差额为无效套期部分,计入套期损益。

借:银行存款　　　　　　　　　　　1 512 000
　　贷:套期工具——外汇期汇合同　　　　 720 000
　　　　套期损益(无效套期部分)　　　　　 792 000

(5) 套期结束,将被套期项目转回长期股权投资:

借:长期股权投资　　　　　　　　　144 936 000
　　贷:被套期项目——境外经营净投资　　144 288 000
　　　　其他综合收益　　　　　　　　　　　648 000

(6) 待以后将境外经营净投资处置时,将以前期间确认的其他综合收益,再转入处置当期损益:

借:其他综合收益　　　　　　　　　　648 000
　　贷:套期损益　　　　　　　　　　　　　 648 000

第三节　套期保值会计信息的列报与披露

▶▶ 一、信息列报

企业开展套期保值业务的,套期工具、被套期项目的相关信息,应在相关财务报表中予以列报。

"套期工具""被套期项目"科目的期末余额,分别在资产负债表中"套期工具""被套期项目"等项目中列报。其中,借方余额列示在资产负债表左方,贷方余额列示在资产负债表右方。

套期工具、被套期项目产生的利得或损失,分别在利润表中的"套期损益"项目和资产负债表的"其他综合收益"项目中列报。

二、信息披露

根据我国企业会计准则,企业对于开展的套期保值业务应当披露相关信息。

（一）与每类套期保值有关的信息

这类信息包括：

（1）套期关系的描述。

（2）套期工具的描述及其在资产负债表日的公允价值。

（3）被套期风险的性质。

（二）与现金流量套期有关的信息

这类信息主要包括：

（1）现金流量预期发生及其影响损益的期间。

（2）以前运用套期会计方法处理但预期不会发生的预期交易的描述。

（3）本期在所有者权益中确认的金额。

（4）本期从所有者权益中转出、直接计入当期损益的金额。

（5）本期从所有者权益中转出、直接计入预期交易形成的非金融资产或非金融负债初始确认的金额。

（6）本期无效套期形成的利得或损失。

（三）与公允价值套期有关的信息

对于公允价值套期,企业应当披露本期套期工具形成的利得或损失,以及被套期项目因被套期风险形成的利得或损失。

（四）与境外经营净投资套期有关的信息

对于境外经营净投资套期,企业应当披露本期无效套期形成的利得或损失。

本 章 小 结

套期保值是指企业为规避外汇风险、利率风险、商品价格风险、股票价格风险、信用风险等,指定一项或一项以上套期工具,使套期工具的公允价值或现金流量变动,预期抵消被套期项目全部或部分公允价值或现金流量的变动。

套期会计是一种特殊的会计处理方法,其核心是在同一会计期间对称地确认套期工具的利得（或损失）与被套期项目的损失（或利得）,以体现套期保值效应。一项套期关系的两个要素是套期工具和被套期项目。

按照套期关系可以将企业为规避风险而开展的套期保值业务,区分为公允价值套期、现金流量套期和境外经营净投资套期三类。按照我国《企业会计准则第24号——套期保值》

的规定,公允价值套期、现金流量套期或境外经营净投资套期同时满足下列条件的,才能运用规定的套期会计方法进行处理:(1)在套期开始时,企业对套期关系(即套期工具和被套期项目之间的关系)有正式指定,并准备了关于套期关系、风险管理目标和套期策略的正式书面文件。(2)该套期预期高度有效,且符合企业最初为该套期关系所确定的风险管理策略。

套期有效性的评价方法一般包括:主要条款分析法、统计分析法和回归分析法。套期有效性的评价方法应当与企业的风险管理策略相吻合,并在套期开始时在风险管理有关的正式文件中详细加以说明。

一项套期活动的有效性及其持续评价,直接关系到能否采用套期会计方法对其进行确认与计量。

公允价值套期与现金流量套期的会计确认与计量,区别在于与套期工具公允价值变动有关的未实现损益计入当期损益还是直接计入所有者权益。境外经营净投资套期的会计确认与计量方法同现金流量套期会计。

【思考题】

1. 什么是套期保值？什么是套期工具？什么是被套期项目？
2. 为什么要评价套期的有效性？如何评价套期的有效性？
3. 套期保值会计最突出的特点是什么？
4. 什么是公允价值套期？其特点是什么？
5. 什么是现金流量套期？其特点是什么？
6. 公允价值套期和现金流量套期的会计处理有何异同？

【自测题】

1. 2017年9月2日甲公司购买了B公司股票8 000 000元,并将其划归为可供出售的金融资产。2017年年末B公司股票的公允价值为8 800 000元。2018年1月5日,为了规避B公司股票价格变动的风险,甲公司与某金融机构签订了一项衍生工具合同E,并将其指定为对B公司股票价格变动风险的套期。2018年年末,衍生工具合同E形成利得1 000 000元,而B公司股票的公允价值则为7 800 000元。

要求:为甲公司做出套期保值的有关会计处理。

2. 2017年1月10日,丙公司预期在2017年7月10日将销售一批商品X。为规避该预期销售有关的现金流量变动风险,丙公司于2017年1月10日与某金融机构签订了一项衍生工具合同F,且将其指定为对该预期商品销售的套期工具。衍生工具F的标的资产与被套期的预期商品销售在数量、质次、价格变动和产地等方面相同,并且衍生工具F的结算日和预期商品销售日均为2017年7月10日。

2017年1月10日,衍生工具F的公允价值为零,商品的预期销售价格为5 400 000元。2017年7月10日,衍生工具F的公允价值上涨了75 000元,预期销售价格下降了75 000元。当日,丙公司将商品X出售,并将衍生工具F结算了结。

丙公司采用比率分析法评价套期有效性,即通过比较衍生工具 F 和商品 X 预期销售价格变动评价套期有效性。丙公司预期该套期完全有效。

假定不考虑衍生工具的时间价值、商品销售相关的增值税及其他因素。

要求:为丙公司做出套期保值的有关会计处理。

【案例分析题】

一、案例背景

中航油为中国航油(新加坡)股份有限公司的简称,公司于 1993 年成立,是中国航空油料集团公司的海外控股子公司。公司于 2001 年 12 月 6 日,在新加坡交易所主板挂牌上市,其主营业务为民用航空器所需油料、清洗剂、石油化工产品和机场地面各种机具、车辆用油以及提供技术咨询服务等。公司总裁陈久霖,兼任集团公司副总经理。陈久霖出生于 1961 年,毕业于北京大学。1997 年,亚洲金融危机之际,陈久霖被派接手管理中航油(新加坡)公司,在他的管理下,公司一举扭亏为盈,从一家小型贸易公司发展到中国石油业的第四大巨头。经国家有关部门批准,新加坡公司在取得中国航油集团公司授权后,自 2003 年开始做油品套期保值业务。2003 年 10 月,陈久霖被《世界经济论坛》评选为"亚洲经济新领袖"。2004 年 11 月 30 日被中止公司总裁和执行董事的职务。

自 2003 年开始做油品套期保值业务后,陈久霖便擅自扩大业务范围,从事石油衍生品期权投机交易。陈久霖和日本三井银行、法国兴业银行、英国巴克莱银行、新加坡发展银行和新加坡麦戈利银行等在期货交易场外,签订了合同。陈久霖卖出了看涨期权,持仓价每桶 38 美元。

从下面诸多数字中可以看出中航油新加坡公司石油衍生金融工具交易巨亏事件的来龙去脉。

从 2003 年下半年,公司开始交易石油期权,最初涉及 200 万桶石油,中航油在交易中获利。

2004 年,油价持续走高,对中航油的期权合同头寸不利。

2004 年一季度,油价攀升导致公司潜亏 580 万美元,公司决定延期交割合同,同时增加仓位,期望油价能回跌,交易量也随之增加。

2004 年二季度,随着油价持续升高,公司的账面亏损额增加到 3 000 万美元左右。公司因而决定再延后至 2005 年和 2006 年才交割,并再次增仓,交易量再次增加。

2004 年 10 月。油价再创新高,公司此时的交易盘口达 5 200 万桶石油,根据其合同,此时须向交易对方(银行和金融机构)追加保证金。若每桶油价上涨 1 美元,新加坡公司就要向银行支付 5 200 万美元的保证金,使得公司账面亏损再度大增。其中:

10 月 10 日,面对严重资金周转问题的中航油,首次向母公司呈报交易和账面亏损。为了补加交易商追加的保证金,公司已耗尽近 2 600 万美元的营运资本、1.2 亿美元银团贷款和 6 800 万元应收账款资金。账面亏损高达 1.8 亿美元,另外已支付 8 000 万美元的额外保证金。

10 月 20 日,母公司提前配售 15% 的股票,将所得的 1.08 亿美元资金贷款给中航油。

10 月 26 日和 28 日,公司因无法补加一些合同的保证金而遭逼仓,蒙受 1.32 亿美元实际亏损。

2004年11月8日到25日，公司的衍生商品合同继续遭逼仓，截止25日的实际亏损达3.81亿美元。

2004年12月1日，公司账面实际损失和潜在损失总计约5.54亿美元，中航油被迫向新加坡高等法院申请破产保护。

二、中航油事件发生的原因及分析

（一）对金融衍生工具的不恰当投机

根据报道，中航油是在OTC（场外交易）市场上卖出了大量石油看涨期权，才招致灭顶之灾。须注意的是，这里有两个关键词：期权和OTC市场。看涨期权赋予期权合同的买方，以约定的价格在规定的时间里买入合同中标明的资产，比如石油。为此，买方支付一定的费用，即权利金；卖方则收取权利金。当买方要求执行这一权利时，期权的卖方有义务以约定的价格卖出合同中标明的资产。卖出看涨期权是金融衍生产品中风险最大的一个品种，目前国际通行的美式期权规定，持有看涨期权交易者可在行权期到来前、在规定的行权价格许可范围内的任意时间、任意价格行权，如果他不行权，损失的也仅是保证金；相反，出售看涨期权的交易方则随时可能被迫承担因交易对手行权而产生的损失。所以，在国际上除摩根大通等大投行外很少有交易者敢于出售看涨期权。OTC市场，有别于在交易所进行的场内交易，OTC场外交易的风险更高，其好处是灵活，买卖双方可以自行洽谈条件。

经过普华永道调查，"2003年年底至2004年，中航油错误地判断了油价走势，调整了交易策略，卖出了买权并买入了卖权，导致期权盘位到期时面临亏损。为了避免亏损，中航油在2004年1月、6月和9月先后进行了三次挪盘（即与另一家期权交易商互换手中的期权盘口），买回期权以关闭原先盘位，同时出售期限更长、交易量更大的新期权。每次挪盘均成倍扩大了风险，该风险在油价上升时呈指数级数扩大，直至公司不再有能力支付不断高涨的保证金，最终导致了目前的财务困境。"

对中航油在OTC市场上卖出大量看涨期权，许多人提出质疑：中航油为什么要卖出石油看涨期权？理论上，看涨期权卖方的亏损风险是无限的，一般作为期权卖方需要很强的风险管理能力与相当强的资金实力，或者手中正好具有充足的对应资产可以履约。显然，中航油都不具备这些条件，为何还在一个月内以每桶45美元一路往上卖空到55美元呢？的确，许多问题令人很困惑。

（二）中航油的衍生金融工具会计处理问题

1. 卖出看涨期权的会计处理

卖出看涨期权是指卖出期权者获得权利金，若买入看涨期权者执行合同，卖出方必须以合同规定的执行价格向期权买入方卖出一定数量的某种特定商品。由于卖出看涨期权面临巨大风险，故看涨期权卖出方往往是大的投资银行、基金公司，这些金融机构必须资金实力雄厚、抗风险能力强。国际上常用的美式期权，由于期权的买方可在到期日为止前的任何时间内行使权力，对于卖出期权者而言，风险更为巨大。

下面我们以中航油事件作为基本蓝本，根据相关事实，并且必要时做出一定假设，来举例说明卖出看涨期权的会计处理。

我们先假设中航油于2003年10月份以每份1美元的价格卖出200万桶石油看涨期权,到期日为2004年1月份,并约定期权的执行价格为每桶38美元。再假定为此公司须向交易商按合同价的10%支付期权保证金。另外在现货市场上,2003年10月份的石油价格为每桶37.5美元。2004年1月份,石油价格上涨至40美元。

(1) 2003年10月订立期权合同时,首先对收到的卖出期权的款项及支付保证金予以记录。

借:其他应收款——期权保证金
　　　　$7 600 000(200×38×10%)
　　贷:期权交易清算　　　　　　　　$2 000 000
　　　　银行存款——美元户　　　　　$5 600 000

同时,对卖出期权的未来可能形成的资产或负债予以反映。

借:期权交易清算　　　　　　　　　$76 000 000
　　贷:卖出期权合同　　　　　　　　$76 000 000

(2) 2004年1月,由于石油价格上涨,对买入期权者有利,如果中航油被要求履行期权合同,必须按每桶40美元的价格买入期权合同平仓。

借:买进期权合同　　　　　　　　　$80 000 000
　　贷:期权交易清算　　　　　　　　$80 000 000

同时:

借:卖出期权合同　　　　　　　　　$76 000 000
　　期权交易清算　　　　　　　　　$4 000 000
　　贷:买进期权合同　　　　　　　　$80 000 000

若公司平仓后,及时撤出期权市场,可收回保证金(760 - 400 = 360万)。

借:银行存款——美元户　　　　　　$3 600 000
　　期权交易清算　　　　　　　　　$4 000 000
　　贷:其他应收款——期权保证金　　$7 600 000

从上分析,中航油这笔卖出看涨期权共亏损200万美元。

(3) 遗憾的是,中航油的管理层并没有及时撤出市场,反而为了不在其季报中反映这笔亏损,通过挪盘方式将这笔亏损暂时延后,即将这份200万桶的看涨期权与一些金融机构的期权盘口进行交换,假如中航油交换来的卖出看涨期权为该金融机构2004年1月份卖出,到期日为2005年1月份,执行价格为45美元的合同。而且为了挽回损失,中航油还增加持仓量。我们假设增加到3 000万桶,即新增加了2 800万桶的新合同,以每桶1美元的价格卖出。但2004年国际石油价格继续上涨,再假定到2004年6月份,油价涨到每桶50美元。

在会计上,按照国际会计准则对衍生金融工具的确认、计量要求,我们对中航油的这些业务处理如下:

2004年1月份,按中航油新的看涨期权合同确认要追加的保证金为:3 000×45×10% - 760 - 2 800×1 = 9 940万美元。

会计处理为:

借:其他应收款——期权保证金　　　99 400 000

　　　　贷：银行存款——美元户　　　　　　　　　　99 400 000

到 2004 年 6 月份,由于油价涨到每桶 50 美元,交易商要求中航油继续追加保证金,否则将遭到逼仓。

则须追加的保证金应为:3 000 ×(50 − 45)× 10% = 1 500 万美元。

而如果中航油平仓,则须购进 3 000 万桶的石油期权。

即会计上的处理应为：

　　借：买进期权合同　　　　　　　　　　$1 500 000 000
　　　贷：期权交易清算　　　　　　　　　　$1 500 000 000

同时：

　　借：卖出期权合同　　　　　　　　　　$1 350 000 000
　　　　期权交易清算　　　　　　　　　　$150 000 000
　　　贷：买进期权合同　　　　　　　　　　$1 500 000 000
　　借：期权交易清算　　　　　　　　　　$150 000 000
　　　贷：其他应收款——期权保证金　　　　$99 400 000
　　　　　银行存款——美元户　　　　　　　$50 600 000

此时中航油公司亏损为:3 000 ×(50 − 45)− 2 800 = 12 200 万美元。

之后,中航油为在其年报中避免反映该亏损,又与国际金融投资机构进行挪盘,并再次增加仓位,并最终达到 5 200 万桶,期权的执行价格达到每桶 55 美元,这就意味着一旦石油价格上涨 1 美元,中航油的损失就达到 5 200 万美元,其不可控制风险剧增,最后导致公司亏损 5.54 亿美元。

2. 中航油事件中衍生金融工具的信息披露问题

经过对中航油事件的全面反思,我们认为中航油的金融风险控制机制缺失,其监管的失灵,以及公司本身治理结构、内控制度和风险防范方面等存在问题都是该事件发生的重要原因。

下面我们仅从衍生金融工具会计处理上予以揭示。从中我们可以看到,如果中航油在对其出售看涨期权的确认、计量、披露上遵循相关会计准则,也许此事件会被相关部门获悉得到及时叫停,从而避免出现破产申请的惨痛结果。

由于中航油对国际油价判断失误,2003 年年底至 2004 年,中航油卖出的期权盘位到期时面临亏损。根据国际会计准则 32 号第 94 条款:衍生金融工具的披露,在其中的金融资产和金融负债在公允价值下的利得或损失披露中,明确要求如果企业拥有了一个金融负债,要以公允价值反映其利润或损失,并须披露：

(1) 由非基准利率改变而产生的公允价值的变化金额。

(2) 持有的金额与企业按合同要求在到期日支付义务所需金额的差额。

根据此准则,2004 年 1 月,中航油要确认金融负债 580 万美元,并要对此卖出看涨期权进行详细披露。为了避免在其会计报表的季报中反映亏损,中航油于 2004 年 1 月与其他金融机构进行了第一次挪盘(比如中航油可能将 2004 年 1 月到期的看涨期权换成 2004 年 6 月到期的看涨期权),并增加仓位,以期油价回落,从而弥补亏损。但事与愿违,国际油价继续上升,到 2004 年 6 月及 9 月,公司若按国际会计准则对金融负债确认、计量的规定,须分别确认 3 000 万及 1 个多亿美元的亏损。为弥补亏损,而且面临季报、半年报报告亏损的压力,2004 年 6 月及 9 月,中航油又分别两次与国际金融机构(如高盛投资)进行了挪盘,并两次增加了仓位。自此,到 2004 年 12 月,公司的卖出看涨期权合同继续遭逼仓,截至 11 月 25 日的实际亏损达 3.81 亿美元。到 12 月 1 日,账面亏损 5.5 亿美元后,中航油不得不向新加坡高等法院申请破产保护。

但新加坡公司上报的 2004 年 6 月的财务统计报表中,公司当月的总资产为 42.6 亿元人民币,净资产为 11 亿元人民币,资产负债率为 73%。长期应收账款为 11.7 亿元人民币。从账面上看,不但没有问题,而且经营状况很漂亮。中航油对其卖出的高达 5 200 万桶看涨期权的风险及实际损失和潜在损失,并没有进行有效披露,实际上,在 2004 年 6 月,新加坡公司就已经在石油期货交易上面临 3 580 万美元的潜在亏损。而且,由于陈久霖在 OTC(在场外)市场上进行交易,使得集团公司通过正常的财务报表不能发现其秘密。新加坡当地的监管机构也未能发现。具有讽刺意味的是,2004 年中航油还被评为新加坡最具透明度的上市公司之一。

从会计角度来说,中航油管理层不想在 2004 年前三季度季报中记入损失的想法,导致了 2004 年的三次挪盘,特别是 6 月与 9 月挪盘,使公司承担了大量不可控制的风险,导致最后的巨大亏损而不得不申请破产。

三、尾声

2005 年,普华永道被聘请就中航油衍生品交易的财务会计事项、衍生品交易的策略、2004 年每次期权仓位挪盘结构和后果、衍生品交易产生的亏损、财务报告的准确程度以及公司衍生品交易的风险管理等方面进行了调查。普华永道认为,中航油在以下五个方面存在严重错误或缺陷。

(1) 2003 年第四季度对未来油价走势的错误判断。

(2) 公司未能根据行业标准评估期权组合价值。

(3) 公司未能正确估算期权的 MTM(盯市模型)价值,也未能在 2002—2004 年的财务报告及季报、半年报中正确反映。

(4) 缺乏正确、严格甚至在部分情况下基本的对期权投机的风险管理步骤与控制。

(5) 在某种程度上,对于可以用于期权交易的风险管理规则和控制,管理层也没有做好执行的准备。

四、讨论题

1. 你认为卖出看涨期权与认沽期权的风险谁大?为什么?
2. 你认为中航油事件发生的根本原因是什么?如何才能避免这样的事件?
3. 中航油事件与国储铜事件对我国企业参与到国际资本市场有何影响?你认为这两个事件有区别吗?
4. 从中航油事件中,你认为衍生金融工具会计重要性如何?你认为我国会计准则对衍生金融工具的制定应注意什么?

第三篇

外币折算会计专题

随着资本的国际流动,全球经济一体化步伐的加快,外币交易与外币报表的折算已越来越普遍。在外币交易过程中如何将外币折合为记账本位币记账,以及如何将境外子公司按当地货币编制的会计报表折算为母公司的报告货币,已成为会计界越来越关注的问题。本篇第八章介绍外币交易的会计处理,第九章介绍外币报表的折算方法。

第八章

外币交易会计

 学习目的与要求

通过本章学习,了解并掌握:
1. 记账本位币的确定方法;
2. 外币交易的内容及会计处理;
3. 期末汇兑损益的计算及调整方法。

随着经济全球化的到来,资本的跨国流动和国际贸易迅猛发展,跨国公司已成为世界上重要的企业组织形式。由于不同的国家使用不同的货币,企业在大量的外币交易活动中,存在着一个使用什么汇率对外币交易业务进行折算,以及折算后汇兑损益如何处理的问题。财政部于 2006 年 2 月颁布了《企业会计准则第 19 号——外币折算》,以规范我国外币交易的处理、外币报表折算和相关信息的披露。

第一节 记账本位币的确定

一、记账本位币的概念

记账本位币,是指企业经营所处的主要经济环境中的货币。通常这一货币是企业主要收、支现金的经济环境中的货币。主要经济环境通常是指企业主要产生和支出现金的环境,使用该环境中的货币最能反映企业的主要交易的经济结果。例如,我国大多数企业主要产生和支出现金的环境在国内,因此我国企业通常应选择人民币作为记账本位币。需要说明的是,我国会计准则所称的记账本位币与国际会计准则中的功能货币,其实质是一致的。业务收支以人民币以外的其他货币为主的企业,也可以选定其中一种货币作为记账本位币。

二、记账本位币的确定

记账本位币确定的原则

我国《会计法》规定,在我国境内从事经营活动的企业原则上应该采用人民币作为记账本位币,业务收支以人民币以外的其他货币为主的企业,也可以选定其中一种货币作为记账本位币,但是编报的财务报表应当折算为人民币。企业在选定记账本位币时,应考虑下列因素:

(1) 该货币主要影响商品和劳务的销售价格,通常以该货币进行商品和劳务的计价和结算;

(2) 该货币主要影响商品和劳务所需人工、材料和其他费用,通常以该货币进行上述费用的计价和结算;

(3) 融资活动获得的货币以及保存从经营活动中收取款项所使用的货币。即视融资活动获得的资金占其销售收入的比重大小,或者企业通常留存销售收入的货币而定。

比如,国内甲公司为外贸自营出口企业,超过70%的营业收入来自向欧盟各国的出口,其商品销售价格主要受欧元的影响,以欧元计价,因此,从影响商品和劳务销售价格的角度看,甲公司应选择欧元作为记账本位币。

如果甲公司除厂房设施、30%的人工成本在国内以人民币采购外,生产所需原材料、机器设备及70%以上的人工成本以欧元在欧盟市场采购,则可确定甲公司的记账本位币是欧元;但是,如果甲公司的人工成本、原材料及相应的厂房设施、机器设备等95%以上在国内采购并以人民币计价,则难以判定甲公司的记账本位币应选择欧元还是人民币,还需要兼顾考虑以下因素,以确定甲公司的记账本位币:融资活动获得的资金以及保存从经营活动中收取款项时所使用的货币。

如果甲公司取得的欧元营业收入在汇回国内时直接换成了人民币存款,且甲公司对欧元波动产生的外币风险进行套期保值,甲公司可以确定其记账本位币为人民币。

三、境外经营记账本位币的确定

(一) 境外经营的含义

境外经营,是指企业在境外的子公司、合营企业、联营企业和分支机构。当企业在境内的子公司、联营企业、合营企业或分支机构,选定的记账本位币不同于企业的记账本位币时,也视同境外经营。

区分某实体是否为该企业的境外经营的关键有两项:(1)该实体与企业的关系,是否为企业子公司、联营企业、合营企业或者分支机构;(2)该实体的记账本位币是否与企业的记账本位币相同,而不是以该实体是否在企业所在地的境外为标准。

(二) 境外经营记账本位币的确定

境外经营也是一个企业,在确定记账本位币时也应考虑上述确定记账本位币时应考虑的因素。同时，由于境外经营是企业的子公司、联营企业、合营企业或者分支机构，因此境外经营记账本位币的选择还应考虑该境外经营与企业的关系：

（1）境外经营对其所从事的活动是否拥有很强的自主性。如果境外经营所从事的活动是视同企业经营活动的延伸，该境外经营应当选择与企业记账本位币相同的货币作为记账本位币；如果境外经营所从事的活动拥有极大的自主性，境外经营不能选择与企业记账本位币相同的货币作为记账本位币。

（2）境外经营活动中与企业的交易是否在境外经营活动中占有较大比重。如果境外经营与企业的交易在境外经营活动中所占的比例较高，境外经营应当选择与企业记账本位币相同的货币作为记账本位币；反之，应当选择其他货币。

（3）境外经营活动产生的现金流量是否直接影响企业的现金流量、是否可以随时汇回。如果境外经营活动产生的现金流量直接影响企业的现金流量，并随时可以汇回，境外经营应当选择与企业记账本位币相同的货币作为记账本位币；反之，应当选择其他货币。

（4）境外经营活动产生的现金流量是否足以偿还其现有债务和可预期的债务。如果境外经营活动产生的现金流量在企业不提供资金的情况下，难以偿还其现有债务和正常情况下可预期的债务，境外经营应当选择与企业记账本位币相同的货币作为记账本位币；反之，应选择其他货币。

比如，国内 A 公司以人民币作为记账本位币，该公司在欧盟国家设有一家子公司 B 公司，B 公司在欧洲的经营活动拥有完全的自主权：自主决定其经营政策、销售方式、进货来源等。A 公司与 B 公司除投资与被投资关系外，基本不发生业务往来，B 公司的产品主要在欧洲市场销售，其一切费用开支等均由 B 公司在当地自行解决。

由于 B 公司主要收、支现金的环境在欧洲，且 B 公司对其自身的经营活动拥有很强的自主性，A 公司与 B 公司除了投资与被投资关系外，基本无其他业务，因此，B 公司应选择欧元作为其记账本位币。

需要说明的是，境外经营记账本位币的确定不仅要从境外经营自身所处的经济环境考虑，更重要的是从企业的角度考虑，其目的是为将境外经营的财务报表纳入企业财务报表。

四、记账本位币的变更

企业记账本位币一经确定，不得随意变更，除非企业经营所处的主要经济环境发生重大变化。主要经济环境发生重大变化，通常是指企业主要产生和支出现金的环境发生了重大变化，使用该环境中的货币最能反映企业主要交易业务的经济结果。

企业因经营所处的主要经济环境发生重大变化，确须变更记账本位币的，应当采用变更当日的即期汇率将所有项目折算为变更后的记账本位币，折算后的金额作为新的记账本位币的历史成本。由于采用同一即期汇率进行折算，因此不会产生汇兑差额。当然，企业需要提供确凿的证据证明企业经营所处的主要经济环境确实发生了重大变化，并应当在附注中披露变更的理由。

企业记账本位币发生变更的，其比较财务报表应当以可比当日的即期汇率折算所持有的资产负债表和利润表项目。

第二节 外币交易的会计处理

▶▶ 一、外币交易的概念

外币交易,是指以外币计价或者结算的交易。外币是企业记账本位币以外的货币。外币交易包括:

(1)买入或者卖出以外币计价的商品或者劳务,如以人民币为记账本位币的国内 A 公司向国外 B 公司销售商品,货款以美元结算;

(2)借入或者借出外币资金,是指企业向银行或非银行金融机构借入以记账本位币以外的货币表示的资金,或者银行或非银行金融机构向人民银行、其他银行或非银行金融机构借贷以记账本位币以外的货币表示的资金,以及发行以外币计价或结算的债券等。如以人民币为记账本位币的甲公司从中国银行借入欧元;

(3)其他以外币计价或者结算的交易,是指以记账本位币以外的货币计价或结算的其他交易,如接受外币现金捐赠等。

与购建或生产符合资本化条件的资产相关的外币借款产生的汇兑差额,适用《企业会计准则第 17 号——借款费用》;外币项目的套期,适用《企业会计准则第 24 号——套期保值》;现金流量表中的外币折算,适用《企业会计准则第 31 号——现金流量表》。

▶▶ 二、折算汇率

无论是在交易日对外币交易进行初始确认,还是在资产负债表日对外币交易余额进行调整,均涉及折算汇率的选择,外币折算准则规定了两种折算汇率,即:即期汇率和即期汇率的近似汇率。

(一)即期汇率

汇率指两种货币相兑换的比率,是一种货币单位用另一种货币单位所表示的价格。根据表示方式的不同,汇率可以分为直接汇率和间接汇率。直接汇率是一定数量的其他货币单位折算为本国货币的金额。间接汇率是指一定数量的本国货币折算为其他货币的金额。我们通常见到的人民币汇率是以直接汇率表示的。通常在银行见到的汇率有三种表示方式:买入价、卖出价和中间价。买入价指银行买入其他货币的价格,卖出价是指银行出售其他货币的价格,中间价是银行买入价和卖出价的平均价。银行的卖出价一般高于买入价,以获取其中的差价。

无论买入价,还是卖出价均是立即交付的结算价格,都是即期汇率。即期汇率是相对远期汇率而言的,远期汇率是在未来某一日交付时的结算价格。为方便核算,准则中企业用于记账的即期汇率一般指当日中国人民银行公布的人民币汇率的中间价。但是,在企业发生单纯的货币兑换交易或涉及货币兑换的交易时,仅用中间价不能反映货币买卖的损益,需要使用买入价或卖出价折算。

(二) 即期汇率的近似汇率

当汇率变动不大时,为简化核算,企业在外币交易日或对外币报表的某些项目进行折算时也可以选择即期汇率的近似汇率折算。即期汇率的近似汇率是"按照系统合理的方法确定的、与交易发生日即期汇率近似的汇率",通常是指当期平均汇率或加权平均汇率等。以人民币兑美元的周平均汇率为例,假定人民币兑美元每天的即期汇率为:周一 6.20,周二 6.21,周三 6.19,周四 6.18,周五 6.20,周平均汇率为(6.20 + 6.21 + 6.19 + 6.18 + 6.20)÷ 5 = 6.196。月平均汇率的计算方法与周平均汇率的计算方法相同。月加权平均汇率需要采用当月外币交易的外币金额作为权重进行计算。

无论是采用平均汇率,还是加权平均汇率,抑或其他方法确定的即期汇率的近似汇率,该方法应在前后各期保持一致。如果汇率波动使得采用即期汇率的近似汇率折算不适当时,应当采用交易发生日的即期汇率折算。

三、外币交易的记账方法

外币交易的记账方法有外币统账制和外币分账制两种。外币统账制是指企业在发生外币交易时,即折算为记账本位币入账。外币分账制是指企业在日常核算时分别币种记账,资产负债表日,分别对货币性项目和非货币性项目进行调整:货币性项目按资产负债表日即期汇率折算,非货币性项目按交易日即期汇率折算,产生的汇兑差额计入当期损益。从我国目前的情况看,绝大多数企业采用外币统账制,只有银行等少数金融企业由于外币交易频繁,涉及外币币种较多,采用分账制记账方法进行日常核算。无论是采用分账制记账方法,还是采用统账制记账方法,只是账务处理程序不同,但产生的结果应当相同,即计算出的汇兑差额相同,且均计入当期损益。

四、外币交易的会计处理

外币交易的会计处理主要涉及两个环节:一是在交易日对外币交易进行初始确认,将外币金额折算为记账本位币金额;二是在资产负债表日对外币账户进行调整,因汇率变动产生的差额计入当期损益。

(一) 外币交易的初始确认

企业发生的外币交易,应在初始确认时采用交易日的即期汇率或即期汇率的近似汇率将外币金额折算为记账本位币金额。这里的即期汇率可以是外汇牌价的买入价或卖出价,也可以是中间价,除与银行进行货币兑换外,一般以中间价作为即期汇率。

[例 8-1] 甲公司为增值税一般纳税人,选择确定的记账本位币为人民币,其外币交易采用交易日的即期汇率折算。2016 年 9 月 10 日从美国乙公司购入某原料 600 吨,每吨价格为 8 000 美元,当日即期汇率为 1 美元 = 6.18 元人民币,进口关税为 2 500 000 元人民币,支付增值税为 3 839 000 元人民币,美元货款尚未支付,进口关税及增值税已由银行存款支付。

甲公司应做会计分录如下：

借：原材料　　　　　　　　　　　　　　　　　32 164 000
　　应交税费——应交增值税(进项税额)　　　　3 839 000
　贷：应付账款——乙公司　　　　　　　　　　29 664 000
　　(4 800 000 美元，汇率 6.18)
　　银行存款——人民币　　　　　　　　　　　6 339 000

[例 8-2] 甲公司的记账本位币为人民币，对外币交易采用交易日的即期汇率折算。2016 年 4 月 20 日，向丙公司出口商品 22 000 件，销售合同规定的销售价格为每件 355 美元，当日的即期汇率为 1 美元 = 6.19 元人民币，假设不考虑相关税费，货款尚未收到。

甲公司应做会计分录如下：

借：应收账款——丙公司　　　　　　　　　　　48 343 900
　　(7 810 000 美元，汇率 6.19)
　贷：主营业务收入　　　　　　　　　　　　　48 343 900

[例 8-3] 甲公司选择确定的记账本位币为人民币，其外币交易采用交易日的即期汇率折算。2016 年 9 月 12 日，从境外丁公司购入不需安装的设备一台，设备价款 400 000 美元，购入该设备的当日即期汇率为 1 美元 = 6.21 元人民币，款项尚未支付。假定不考虑相关税费。

甲公司应做会计分录如下：

借：固定资产——设备　　　　　　　　　　　　2 484 000
　贷：应付账款——丁公司　　　　　　　　　　2 484 000
　　(400 000 美元，汇率 6.21)

[例 8-4] A 股份有限公司的记账本位币为人民币，对外币交易采用交易日的即期汇率折算。根据与某外商签订的投资合同，外商将分两次投入外币资本，投资合同约定的汇率为 1 美元 = 6.20 元人民币。2016 年 8 月 1 日 A 股份有限公司第一次收到外商投入资本 600 000 美元，当日即期汇率为 1 美元 = 6.19 元人民币；2017 年 2 月 1 日，第二次收到外商投入资本 400 000 美元，当日即期汇率为 1 美元 = 6.17 元人民币。

A 公司应做会计分录如下：

2016 年 8 月 1 日，第一次收到外币资本时：

借：银行存款——美元　　　　　　　　　　　　3 714 000
　　(600 000 美元，汇率 6.19)
　贷：股本——某外商　　　　　　　　　　　　3 714 000

2017 年 2 月 1 日，第二次收到外币资本时：

借：银行存款——美元　　　　　　　　　　　　2 468 000
　　(400 000 美元，汇率 6.17)
　贷：股本——某外商　　　　　　　　　　　　2 468 000

注　企业收到投资者以外币投入的资本，无论是否有合同约定汇率，均不得采用合同约定汇率和即期汇率的近似汇率折算，而应采用交易日的即期汇率折算，这样外币投入资本与相应货币性项目的记账本位币金额相等，不会产生外币资本折算差额。

[例 8-5] 乙公司的记账本位币为人民币，对外币交易采用交易日的即期汇率折算。

2016年6月1日从中国银行借入100 000欧元,期限6个月,当日汇率为1欧元=10.15元人民币。假定借入的欧元存入欧元存款账户。

乙公司应做会计分录如下:

  借:银行存款——欧元   1 015 000
   (100 000欧元,汇率10.15)
    贷:短期借款——欧元   1 015 000
   (100 000欧元,汇率10.15)

[例8-6] B公司记账本位币为人民币,对外币交易采用交易日的即期汇率折算。2016年9月11日,将150 000美元向银行兑换为人民币,银行当日的美元买入价为1美元=6.20元人民币,卖出价为1美元=6.21元人民币。

B公司应做会计分录如下:

  借:银行存款——人民币   930 000
    财务费用   750
    贷:银行存款——美元   930 750
   (150 000美元,汇率6.205)

注 企业与银行发生货币兑换时,就企业而言,兑出的外币要用买入价,兑入的外币要用卖出价,而记账所用的即期汇率则为中间价,买入价与中间价和卖出价与中间价之间的汇兑差额计入当期财务费用。

[例8-7] C公司以人民币为记账本位币,对外币交易采用交易日的即期汇率折算。2016年9月20日因外币支付需要,从银行购入80 000欧元,银行当日欧元的卖出价1欧元=10.50元人民币,当日的买入价为1欧元=10.20元人民币。

C公司应做会计分录如下:

  借:银行存款——欧元   828 000
   (80 000欧元,汇率10.35)
    财务费用   12 000
    贷:银行存款——人民币   840 000

(二)会计期末汇兑损益的调整

资产负债表日,企业应当分别对外币货币性项目和外币非货币性项目进行处理。

1. 货币性项目

货币性项目是指企业持有的和将以固定或可确定的货币收取的资产或偿付的负债。货币性项目分为货币性资产和货币性负债,货币性资产包括库存现金、银行存款、应收账款、其他应收款、长期应收款、应收票据以及准备持有至到期的债券投资,等等;货币性负债包括应付账款、其他应付款、短期借款、应付债券、长期借款、长期应付款,等等。

对于外币货币性项目,资产负债表日或结算日,应当以当日即期汇率折算外币货币性项目,该项目因当日即期汇率不同于该项目初始入账时或前一个会计期末的即期汇率,而产生的汇兑差额作为当期损益处理,同时调增或调减外币货币性项目的记账本位币金额。汇兑差额是指对同样数量的外币金额采用不同的汇率折算为记账本位币金额所产生的差额。

期末汇兑损益的计算公式为：

某外币账户的汇兑损益=（该外币账户的期末外币余额×期末的汇率）-该外币账户的期末记账本位币余额

计算结果如为"+"，外币资产类账户则为汇兑收益，外币负债类账户则为汇兑损失；计算结果如为"-"，外币资产类账户则为汇兑损失，外币负债类账户则为汇兑收益。

汇兑损益的列支渠道：如为筹建期间发生的，计入"管理费用"账户；如为生产经营期间发生的，计入"财务费用"账户；如与购建固定资产、无形资产等长期资产有关的，在资产尚未达到预定可使用状态前发生的，则计入资产的价值（即资本化），在资产已达到预定可使用状态后发生的，则计入"财务费用"账户；如为清算期间发生的，则计入清算损益。

[例8-8]　沿用[例8-1]资料，2016年9月30日，甲公司尚未向乙公司支付所欠原料款。当日即期汇率1美元=6.185元人民币。

期末汇兑损益调整如下：

借：财务费用——汇兑差额　　　　　　　　24 000
　　贷：应付账款——乙公司　　　　　　　　　　24 000

注　应付乙公司货款按期末即期汇率折算为29 688 000元人民币（600×8 000×6.185），与该货款初始入账时的记账本位币之差24 000元人民币计入当期损益（财务费用）。

[例8-9]　沿用[例8-2]资料，2016年4月30日，甲公司尚未收到乙公司偿还的货款。当日的即期汇率为1美元=6.205元人民币。

期末汇兑损益调整如下：

借：应收账款——乙公司　　　　　　　　　117 150
　　贷：财务费用——汇兑差额　　　　　　　　　117 150

注　乙公司所欠货款按当日即期汇率折算为人民币为48 461 050元（22 000×355×6.205），与该货款初始入账时的记账本位币之差为117 150元人民币，计入当期损益（财务费用）。

假设2016年5月20日收到上述货款，直接存入美元存款账户，当日即期汇率为1美元=6.201元人民币。

甲公司应做会计分录为：

借：银行存款——美元　　　　　　　　　48 429 810
（7 810 000美元，汇率6.201）
　　财务费用——汇兑差额　　　　　　　　31 240
　　贷：应收账款——乙公司　　　　　　　　48 461 050
（7 810 000美元，汇率6.205）

2. 非货币性项目

非货币性项目是指货币性项目以外的项目，如存货、预付账款、长期股权投资、交易性金融资产（股票、基金）、固定资产、无形资产等。

（1）对以历史成本计量的非货币性项目，已在交易发生日按当日即期汇率折算，资产负债表日不应改变其原记账本位币金额，不产生汇兑差额。

[例8-10]　某外商投资企业的记账本位币为人民币。2016年4月3日进口一台机器

设备,该设备价款为 1 500 000 美元,尚未支付,当日的即期汇率为 1 美元 = 6.21 元人民币。2016 年 4 月 30 日的即期汇率为 1 美元 = 6.205 元人民币。假定不考虑其他相关税费,该设备属于企业的固定资产,在购入时以按当日即期汇率折算为人民币 9 315 000 元。由于固定资产属于非货币性项目,因此,2016 年 4 月 30 日,不需要按当日即期汇率进行调整。

(2) 对于在资产负债表日采用成本与可变现净值孰低计量的存货,如果其可变现净值以外币反映,则在确定存货的期末价值时,应先将可变现净值折算为记账本位币,再与以记账本位币反映的存货成本进行比较。

[例 8-11] 甲公司以人民币作为记账本位币。2016 年 10 月 28 日,从德国 A 公司采购国内市场尚无的 W 商品 700 件,每件 1 000 欧元,当日即期汇率为 1 欧元 = 10.05 元人民币。2016 年 12 月 31 日,尚有 100 件 W 商品未销售出去,国内仍无 W 商品供应,W 商品在国际市场上的价格每件降至 900 欧元。12 月 31 日的即期汇率为 1 欧元 = 10.03 元人民币。假定不考虑增值税等相关税费。

分析 由于存货在资产负债表日采用成本与可变现净值孰低计量,因此,在以外币购入存货并且该存货在资产负债表日获得的可变现净值以外币反映时,计提存货跌价准备时应考虑汇率变动的影响。因此,甲公司应做会计分录如下:

10 月 28 日,购入 W 商品时:

  借:库存商品——W   7 035 000
    贷:银行存款——欧元   7 035 000
(700 000 欧元,汇率 10.05)

12 月 31 日,计提存货跌价准备时:

  借:资产减值损失   102 300
  (100 × 1 000 × 10.05 − 100 × 900 × 10.03)
    贷:存货跌价准备   102 300

(3) 对于以公允价值计量的股票、基金等非货币性项目,如果期末的公允价值以外币反映,则应当先将外币按照公允价值确定日的即期汇率折算为记账本位币,再与原记账本位币金额进行比较,其差额作为公允价值变动损益,计入当期损益。

[例 8-12] 甲公司的记账本位币为人民币。2016 年 12 月 10 日以每股 2 美元的价格购入乙公司 B 股 20 000 股作为交易性金融资产,当日即期汇率为 1 美元 = 6.19 元人民币,款项已经支付。2016 年 12 月 31 日,由于市价变动,当月购入的乙公司 B 股的市价为每股 1.8 美元,当日即期汇率为 1 美元 = 6.22 元人民币。假定不考虑相关税费的影响。

2016 年 12 月 10 日,甲公司的会计处理如下:

  借:交易性金融资产   247 600
    贷:银行存款——美元   247 600
(40 000 美元,汇率 6.19)

根据《企业会计准则第 22 号——金融工具确认和计量》,交易性金融资产以公允价值计量。由于该项交易性金融资产是以外币计价,在资产负债表日,不仅应考虑美元市价的变动,还应一并考虑美元与人民币之间汇率变动的影响,上述交易性金融资产在资产负债表日的人民币金额以 223 920 元(即 1.8 × 20 000 × 6.22)入账,与原账面价值 247 600 元的差额

为人民币23 680元,计入公允价值变动损益。相应的会计处理如下:

　　借:公允价值变动损益　　　　　　　　　　　23 680
　　　贷:交易性金融资产　　　　　　　　　　　　　　23 680

23 680元人民币既包含甲公司所购乙公司B股股票公允价值变动的影响,又包含人民币与美元之间汇率变动的影响。

2017年2月10日,甲公司将所购乙公司B股股票按当日市价每股1.88美元全部出售,所得价款为37 600美元,按当日即期汇率1美元=6.20元人民币折算为人民币金额为233 120元,与原账面价值人民币金额223 920元之间的差额为9 200元人民币,对于汇率的变动和股票市价的变动不进行区分,均作为投资收益处理。因此,售出当日,甲公司应做如下会计处理:

　　借:银行存款——美元　　　　　　　　　　　233 120
　　(37 600美元,汇率6.20)
　　　贷:交易性金融资产　　　　　　　　　　　　　223 920
　　　　投资收益　　　　　　　　　　　　　　　　　　9 200
　　借:投资收益　　　　　　　　　　　　　　　　23 680
　　　贷:公允价值变动损益　　　　　　　　　　　　23 680

五、分账制记账方法

分账制记账方法是一种外币交易的账务处理方法,我国的许多金融保险企业均采用分账制记账方法。金融保险企业的外币交易频繁,涉及外币币种较多,可以采用分账制记账方法进行日常核算。资产负债表日,应当分别货币性项目和非货币性项目进行处理:货币性项目按资产负债表日即期汇率折算,非货币性项目按交易发生时的即期汇率折算,产生的汇兑差额计入当期损益。

分账制记账方法下,为保持不同币种借贷方金额合计相等,需要设置"货币兑换"账户进行核算。实务中又可采用下列两种方法核算:

(一)所有外币交易均通过"货币兑换"科目处理

在这种方法下,会计处理包括以下内容:

(1)企业发生的外币交易同时涉及货币性项目和非货币性项目的,按相同外币金额同时记入货币性项目和"货币兑换(外币)"科目,同时,按以交易发生日即期汇率折算为记账本位币的金额,记入非货币性项目和"货币兑换(记账本位币)"科目。

(2)企业发生的交易仅涉及记账本位币外的一种货币反映的货币性项目的,按相同币种金额入账,不需要通过"货币兑换"科目核算;如果涉及两种以上货币,按相同币种金额记入相应货币性项目和"货币兑换(外币)"科目

(3)期末,应将所有以记账本位币以外的货币反映的"货币兑换"科目余额按期末汇率折算为记账本位币金额,并与"货币兑换(记账本位币)"科目余额相比较,其差额转入"汇兑损益"科目:如为借方差额,借记"汇兑损益"科目,贷记"货币兑换(记账本位币)"科目;如为贷方差额,借记"货币兑换(记账本位币)"科目,贷记"汇兑损益"科目。

(4)结算外币货币性项目产生的汇兑差额计入"汇兑损益"。

[例 8-13] 假定 G 银行采用分账制记账方法,选定的记账本位币为人民币并以人民币列报财务报表。2016 年 11 月,G 银行发生以下交易:

(1) 11 月 5 日,收到投资者投入的货币资本 150 000 美元,无合同约定汇率,当日汇率为 1 美元 = 6.18 元人民币;

(2) 11 月 10 日,以 3 000 美元购入一台固定资产,当日汇率为 1 美元 = 6.17 元人民币;

(3) 11 月 15 日,某客户以 12 390 元人民币购入 2 000 美元,当日美元卖出价为 1 美元 = 6.195 元人民币;

(4) 11 月 20 日,发放短期贷款 8 000 美元,当日汇率为 1 美元 = 6.188 元人民币;

(5) 11 月 25 日,向其他银行拆借资金 20 000 欧元,期限为 1 个月,年利率为 3%,当日的汇率为 1 欧元 = 10.05 元人民币;

(6) 11 月 30 日的汇率为 1 美元 = 6.189 元人民币,1 欧元 = 10.08 元人民币。

对于上述交易,G 银行应做如下会计分录:

(1) 11 月 5 日,收到美元资本投入:

  借:银行存款——美元 $150 000
    贷:货币兑换——美元 $150 000
  借:货币兑换——人民币   ¥927 000
    贷:实收资本   ¥927 000

(2) 11 月 10 日,以美元购入固定资产:

  借:固定资产   ¥18 510
    贷:货币兑换——人民币   ¥18 510
  借:货币兑换——美元 $3 000
    贷:银行存款——美元 $3 000

(3) 11 月 15 日,售出美元:

  借:银行存款——人民币   ¥12 390
    贷:货币兑换——人民币   ¥12 390
  借:货币兑换——美元 $2 000
    贷:银行存款——美元 $2 000

(4) 11 月 20 日,发放美元短期贷款:

  借:贷款——美元 $8 000
    贷:银行存款——美元 $8 000

(5) 11 月 25 日,向其他银行拆借欧元资金

  借:银行存款——欧元   €20 000
    贷:拆入资金——欧元   €20 000

"货币兑换——美元"账户的贷方余额为 $145 000($150 000 - $3 000 - $2 000),按月末汇率折算为人民币金额余额为 ¥897 405(145 000×6.189);

"货币兑换——人民币"账户有借方余额 896 100(927 000 - 18 510 - 12 390);

"货币兑换"账户的借方余额合计为 ¥896 100,贷方余额合计为 ¥897 405,借贷方之间的差额为 -¥1 305,即为当期产生的汇兑差额,相应的会计分录为:

借:货币兑换——人民币 ¥1 305
  贷:汇兑损益 ¥1 305

(二)外币交易的日常核算不通过"货币兑换"科目,仅在资产负债表日结转汇兑损益时通过"货币兑换"科目处理。

在外币交易发生时直接以发生的币种进行账务处理,期末,由于所有账户均需要折算为记账本位币列报,因此,所有以外币反映的账户余额均需要折算为记账本位币余额,其中,货币性项目以资产负债表日即期汇率折算,非货币性项目以交易发生日的即期汇率折算。折算后,所有账户借方余额之和与所有账户贷方余额之和的差额即为当期汇兑差额,应当计入当期损益。

[例8-14] 仍以[例8-13] 资料为例,日常核算中应做会计分录如下:

(1) 11月5日,收到美元资本投入
  借:银行存款——美元 $150 000
    贷:实收资本 $150 000

(2) 11月10日,以美元购入固定资产
  借:固定资产 $3 000
    贷:银行存款——美元 $3 000

(3) 11月15日,售出美元
  借:银行存款——人民币 ¥12 390
    (6.195×2 000)
    贷:银行存款——美元 $2 000

(4) 11月20日,发放美元短期贷款
  借:贷款——美元 $8 000
    贷:银行存款——美元 $8 000

(5) 11月25日,向其他银行拆借欧元资金
  借:银行存款——欧元 €20 000
    贷:拆入资金——欧元 €20 000

资产负债表日,编制账户科目余额(人民币)的调节表:非人民币货币性项目以资产负债表日即期汇率折算,非人民币非货币性项目以交易日即期汇率折算。

表8-1 科目余额(人民币)的调节表

借方余额账户	币种	外币余额	汇率	人民币余额	贷方余额账户	币种	外币余额	汇率	人民币余额
银行存款	美元	137 000	6.189	1 049 493	拆入资金	欧元	20 000	10.08	201 600
	欧元	20 000	10.08						
贷款	美元	8 000	6.189	49 512	实收资本	美元	150 000	6.18	927 000
固定资产	美元	3 000	6.17	18 510					
银行存款	人民币			12 390					
人民币余额合计				1 129 905	人民币余额合计				1 128 600
汇兑损益									1 305

相应会计分录为：

借：货币兑换——人民币　　　　　　　　￥1 305
　　贷：汇兑损益　　　　　　　　　　　　　￥1 305

需要说明的是，无论是采用分账制记账方法，还是采用统账制记账方法，只是账务处理程序不同，但产生的结果应当相同，计算出的汇兑差额相同，相应的会计处理也相同，均计入当期损益。

第三节　外币交易会计信息的披露

企业应当在附注中披露与外币交易有关的下列信息：
（1）企业及其境外经营选定的记账本位币及选定的原因；记账本位币发生变更的，说明变更理由。
（2）采用近似汇率的，说明其近似汇率的确定方法。
（3）计入当期损益的汇兑差额。

本章小结

记账本位币，是指企业经营所处的主要经济环境中的货币。在我国境内从事经营活动的企业原则上应该采用人民币作为记账本位币，业务收支以人民币以外的其他货币为主的企业，也可以选定其中一种货币作为记账本位币，但是编报的财务报表应当折算为人民币。企业记账本位币一经确定，不得随意变更，除非企业经营所处的主要经济环境发生了重大变化。

外币交易，是指以外币计价或者结算的交易。包括：买入或者卖出以外币计价的商品或者劳务；借入或者借出外币资金；其他以外币计价或者结算的交易等。

企业发生外币交易，进行初始确认时，应采用交易发生日的即期汇率将外币金额折算为记账本位币，也可以按照系统合理的方法确定的、与交易发生日即期汇率近似的汇率折算。但是，对于收到的外币资本投入，只能采用交易发生日的即期汇率折算。无论采用即期汇率或者其他方法确定的与即期汇率近似的汇率，该方法应在前后各期保持一致。

资产负债表日，企业应当分别外币货币性项目和外币非货币性项目，计算并调整外币账户的汇兑损益。外币货币性项目的汇兑损益其列支渠道为：如为筹建期间发生的，计入"管理费用"；如为生产经营期间发生的，计入"财务费用"；如与购建固定资产、无形资产等长期资产有关的，在资产尚未达到预定可使用状态前发生的，计入资产的价值；如为清算期间发生的，则计入清算损益。对于以历史成本计量的外币非货币性项目，其已在交易发生日按当日即期汇率折算，资产负债表日不应改变其原记账本位币金额，不产生汇兑差额；对于在资产负债表日采用成本与可变现净值孰低计量的存货，如果其可变现净值以外币反映，以及以公允价值计量的股票、基金等非货币性项目,如果期末的公允价值以外币反映,则应考虑汇率变动的影响。

【思考题】

1. 什么是记账本位币?如何确定记账本位币?
2. 什么是外币交易?外币交易包括哪几个方面?
3. 什么是外币统账制?什么是外币分账制?
4. 什么是汇兑损益?汇兑损益的列支渠道有哪些?
5. 外币非货币性项目的汇兑损益如何确认?

【自测题】

一、资料

甲股份有限公司的记账本位币为人民币,对外币交易采用发生时的即期汇率折算,按月计算并调整汇兑损益。2016年7月31日的即期汇率为1美元=6.21元人民币,当日有关外币账户余额如下:

项 目	外币金额(美元)	当日即期汇率	折算为人民币金额
银行存款	300 000	6.21	1 863 000
应收账款	800 000	6.21	4 968 000
应付账款	400 000	6.21	2 484 000

甲公司2016年8月份发生以下外币交易:

(1) 8月5日,收到某外商投入的外币资本450 000美元,当日的即期汇率为1美元=6.208元人民币,投资合同约定的汇率为1美元=6.30元人民币,款项已由银行收存。

(2) 8月12日,进口一台机器设备,设备价款320 000美元,尚未支付,当日的即期汇率为1美元=6.206元人民币。该设备进入境内后发生运输费26 000元人民币,安装调试费12 000元人民币。

(3) 8月19日,出口产品一批,价款共计350 000美元,当日的即期汇率为1美元=6.202元人民币,款项尚未收到。

(4) 8月22日,收到7月份发生的应收账款450 000美元,当日的即期汇率为1美元=6.203元人民币。

(5) 8月25日将200 000美元向中国银行兑换人民币,当天的美元买入价6.206,卖出价6.208,中间价6.207。

(6) 8月31日的即期汇率为1美元=6.199元人民币。

假定不考虑增值税等相关税费,甲公司在中国银行开设有美元存款账户。

二、要求

(1) 为甲公司做出外币交易的日常会计处理;
(2) 为甲公司计算8月31日各外币账户的汇兑损益,并做出调整分录。

第九章

外币报表折算方法

 学习目的与要求

通过本章学习,了解并掌握:
1. 外币报表折算的目的;
2. 各种折算方法的基本程序及优缺点;
3. 折算损益的列示方法。

第一节 外币报表折算的含义

企业的子公司、合营企业、联营企业和分支机构如果采用和企业相同的报告货币,即使是设在境外,其财务报表也不存在折算问题。但是,如果企业境外经营的报告货币不同于企业的报告货币,在将企业的境外经营通过合并报表、权益法核算等纳入到企业的财务报表中时,就需要将企业境外经营的财务报表折算为以企业的报告货币反映。

外币报表折算是指将以一种货币作为计量单位的财务报表按照一定的汇率重新表述为以另一种货币计量的财务报表的过程。外币报表折算方法之间的区别主要体现在对折算汇率的不同选择以及对折算差额的不同处理上。

进行外币报表折算的原因主要有以下几个方面:(1)为了吸收更多的外国投资、满足外国投资者决策需要而向外国投资者提供折算后的按当地货币表示的财务报表。(2)为了在国际资本市场上筹集更多资金而向潜在的投资者提供折算后的按发行证券所在地货币表示的财务报表。(3)为跨国公司编制合并报表提供基础。这是外币报表折算的主要目的。跨国公司所拥有的境外子公司通常情况下以所在国货币作为编制报表的货币,母公司在编制合并报表时,不能简单地把不同币种表示的财务报表累加起来,而应该先把以外币表示的子公司财务报表折算为按统一的母公司报告货币表示的财务报表,然后在此基础上进行合并报表的编制。

外币报表折算方法按其对汇率的选择,可划分为单一汇率法和多种汇率法,按其历史演变可分为现行汇率法、区分流动与非流动项目法、区分货币与非货币项目法以及时态法。其中现行汇率法为单一汇率法,其他三种均为多种汇率法。下面分别加以阐述。

第二节 现行汇率法

现行汇率法是最古老也是最简单的外币报表折算方法。据史料记载,1891年,H·A·卜拉姆在《会计师》杂志第4期上发表论文《英国公司报表中货币波动的处理》,该文表明英国会计师早在19世纪就对国外分支机构会计报表按现行汇率法进行折算。

一、现行汇率法的基本构思

现行汇率法(current rate method)又称为期末汇率法(closing rate method),是指将外币资产负债表中的所有外币资产和外币负债项目都统一按报告日的现行汇率(即期末汇率)进行折算的一种外币报表折算方法。这种方法着眼于保持子公司外币报表原来表述的财务关系、财务比率不变,折算只改变货币计量单位(形式),不改变它的性质。此方法衡量的是汇率变动对母公司在子公司的投资净值(净资产)的影响。它以子公司货币观点为依据,将国外子公司看作独立于母公司的自主经营的实体。

二、现行汇率法的折算程序

在这种方法下,外币资产负债表所有资产、负债项目均按现行汇率(期末汇率)折算,只有对所有者权益(股东权益)采用发生日汇率(即历史汇率)折算,如股本(实收资本)按股份发行日(或资本投入日)的汇率折算。折算中形成的差额,当作是汇率变动对母公司在子公司投资净额的影响,应作为子公司净资产的组成部分,在资产负债表所有者权益项下单列"折算调整额"反映,即作为递延项目逐年累积,而不作为当期损益处理。这样,该子公司的股东权益总额也就建立在按现行汇率折算的基础上了。

对收益表的收入和费用项目从理论上讲应按资产负债表日的期末汇率进行折算,但考虑到实际工作中收入、费用发生的经常性和时间分布的均衡性,通常情况下可采用当期平均汇率折算。

由于现行汇率法把汇率变动的风险均反映在"折算调整额"中作为股东权益处理,这种汇率变动的风险不仅包括资产负债表项目的汇率变动,也包括收益表项目的汇率变动。所以在这种方法下,应该先折算收益及留存收益表,然后再折算资产负债表,使两大报表折算后的汇率变动风险都体现在"折算调整额"中。

下面举例说明。

[**例 9-1**] 假设 F 公司是甲公司在美国设立的子公司。F 公司 2016 年度收益及留存收益表及 2016 年 12 月 31 日的资产负债表分别如表 9-1、表 9-2 所示。有关汇率资料如下：

2014 年 12 月 31 日	￥6.80/ $
2015 年 12 月 31 日	￥6.70/ $
2016 年 12 月 31 日	￥6.65/ $
2015 年平均汇率	￥6.72/ $
2016 年平均汇率	￥6.67/ $
资本投入日汇率	￥7.00/ $
2016 年股利分配日汇率	￥6.64/ $
固定资产取得日汇率	￥6.95/ $
长期负债发生日汇率	￥6.78/ $
无形资产取得日汇率	￥6.81/ $

F 公司存货发出计价采用加权平均法。

2015 年 12 月 31 日留存收益项目为 $39 600，已折算为 ￥221 496。

采用现行汇率法折算如下：

第一，先折算收益及留存收益表，如表 9-1 所示。

表 9-1 收益及留存收益表
2016 年度

项目	美元	折算汇率	人民币
一、销货收入	540 000	6.67	3 601 800
减：销售成本	324 000	6.67	2 161 080
折旧费用	36 000	6.67	240 120
其他费用	108 000	6.67	720 360
二、税前利润	72 000		480 240
减：所得税（30%）	21 600	6.67	144 072
三、净利润	50 400		336 168
加：期初留存收益	39 600		221 496（1）
减：已分配股利	46 800	6.64	310 752
四、期末留存收益	43 200		246 912（2）

注：(1) 本数据来源于上年度收益及留存收益表的期末数，不是按特定汇率折算所得。

(2) 由表中计算所得，将带入后面的资产负债表"留存收益"项目中。

第二，再折算资产负债表，如表 9-2 所示。

表 9-2 资产负债表

2016 年 12 月 31 日

项目	美元	折算汇率	人民币
资产			
流动资产			
现金及银行存款	18 000	6.65	119 700
应收账款	198 000	6.65	1 316 700
存货			
成本计价	108 000	6.65	718 200
市价计价	180 000	6.65	1 197 000
流动资产合计	504 000		3 351 600
固定资产			
固定资产原价	810 000	6.65	5 386 500
减:累计折旧	342 000	6.65	2 274 300
固定资产净值	468 000		3 112 200
无形资产	630 000	6.65	4 189 500
资产合计	1 602 000		10 653 300
负债及所有者权益			
负债			
流动负债	550 800	6.65	3 662 820
长期负债	108 000	6.65	718 200
负债合计	658 800		4 381 020
所有者权益			
实收资本	900 000	7.00	6 300 000
留存收益	43 200		246 912(1)
累计折算调整额			−274 632(2)
所有者权益合计	943 200		6 272 280
负债及所有者权益合计	1 602 000		10 653 300

注:(1) 此数据来源于收益及留存损益表的"期末留存收益"。

(2) 此数据为轧算的平衡数。

▶▶ 三、对现行汇率法的评价

目前世界上有许多国家都在使用现行汇率法。在 1967 年英镑贬值后,1968 年英格兰和威尔士会计师协会在其第 25 号会计实务公告中提出英国重新采用现行汇率法,得到了苏格兰学院研究团体的"帕金森研究报告"的支持。美国财务会计准则委员会(FASB)在其 1981 年 12 月第 52 号公告《外币折算》与国际会计准则委员会(IASC,现为国际会计准则理事会

IASB)在其1993年修订的第21号关于国外实体的外币财务报表的折算,均提倡使用现行汇率法。

前已述及,现行汇率法是以子公司货币观为依据,即把国外子公司当作是独立自主经营的国外经济实体,而不仅仅是母公司业务在国外的延伸。因此,在现行汇率法下,外币报表的折算就像"文字翻译"那样简单地把一种货币"翻译"成另一种货币,只改变了报表的表述方式,并未改变其性质。因此,这种方法也是最简单的外币报表折算方法。

如果从子公司作为独立自主经营的国外经济实体角度出发,采用现行汇率法是最适合的。它能保持子公司外币报表原来的财务关系、财务比率不变,有利于报表使用者利用子公司报表进行分析、决策。折算中形成的差额,当作是汇率变动对母公司在子公司投资净额的影响,应作为子公司净资产的组成部分。正因为如此,现行汇率法才将"折算调整额"单独列示于资产负债表的股东权益中,并逐年累积,以反映汇率变动对母公司投资净额的累计影响。

然而,现行汇率法的缺陷也是显而易见的。目前世界范围内会计计量的模式仍然是以历史成本计量为主,而现行汇率法对所有外币资产和外币负债都采用现行汇率进行折算,无异于假设以外币表述的所有资产和负债项目都将承受汇率变动的影响,这显然是不合理的。以现行汇率来折算一项历史成本金额(如存货、固定资产)得出的结果既不像历史成本,又不像现行成本。

第三节　区分流动与非流动性项目法

1911年,一位叫L·迪克西的学者在其出版的《高级会计》一书中首次提出了区分流动与非流动性项目法(current-noncurrent method)。美国会计师协会(AIA,AICPA的前身)在1931年发布了第92号公报,正式提出区分流动与非流动性项目法,这是历史上第一个含有折算方法内容的会计文告。随后,1934年AICPA的第117号公报,1939年的第4号会计研究公报——"国外经营与外汇"以及第43号会计研究公报都分别提出了区分流动与非流动性项目法。在20世纪30年代到60年代,这种方法是世界各国普遍采用的外币报表折算方法。

▶▶ 一、流动性项目与非流动性项目

这里的流动性与非流动性项目是针对资产负债表而言的。流动性项目是指外币流动资产及在一年及一年内到期的外币负债,如外币现金、应收账款、存货、外币短期借款、应付账款等。非流动性项目则指外币非流动资产和一年以后到期的外币非流动负债,如外币固定资产、无形资产、外币长期借款等。

二、流动与非流动性项目法的折算程序

此方法将国外子公司资产负债表项目分为流动性项目和非流动性项目两类,流动资产和流动负债按现行汇率(期末汇率)折算为母公司的报告货币,非流动资产和非流动负债及股本按历史汇率折算,留存收益为资产负债表的轧算平衡数。收益表中,除折旧费及摊销费按取得有关资产时的历史汇率折算外,其他收入、费用项目均以报告期的平均汇率折算。销货成本按照"本期销货 = 期初存货 + 本期购货 − 期末存货"的等式计算所得,式中,"期初存货"为上期资产负债表的期末数据,"本期购货"则因购货的分散性和均衡性而采用本期平均汇率折算,"期末存货"以本期期末汇率折算。此法一般先折算外币资产负债表,将资产负债表折算后的"留存收益"带入收益表,再折算外币收益及留存收益表。这样折算损益最终都反映在收益表中,并作为当期损益处理,而不是递延处理。下面以实例说明。

[例 9-2] 沿用[例 9-1]的资料,假设母公司对子公司的外币报表采用区分流动与非流动性项目法进行折算。F 公司 2016 年 12 月 31 日的资产负债表及 2016 年度收益及留存收益表分别如表 9-3、表 9-4 所示。年初存货为 $252 000,年初留存收益 $39 600 已折算为 ¥203 100。其他有关资料见[例 9-1]。

采用流动与非流动性项目法折算如下:

第一,先折算资产负债表,如表 9-3 所示。

表 9-3 资产负债表

2016 年 12 月 31 日

项目	美元	折算汇率	人民币
资产			
流动资产			
现金及银行存款	18 000	6.65	119 700
应收账款	198 000	6.65	1 316 700
存货			
成本计价	108 000	6.65	718 200
市价计价	180 000	6.65	1 197 000
流动资产合计	504 000		3 351 600
固定资产			
固定资产原价	810 000	6.95	5 629 500
减:累计折旧	342 000	6.95	2 376 900
固定资产净值	468 000		3 252 600
无形资产	630 000	6.81	4 290 300
资产合计	1 602 000		10 894 500
负债及所有者权益			
负债			

续表

项目	美元	折算汇率	人民币
流动负债	550 800	6.65	3 662 820
长期负债	108 000	6.78	732 240
负债合计	658 800		4 395 060
所有者权益			
实收资本	900 000	7.00	6 300 000
留存收益	43 200		199 440(1)
所有者权益合计	943 200		6 499 440
负债及所有者权益合计	1 602 000		10 894 500

注:(1)此数据为轧算的平衡数,将带入收益及留存收益表的"期末留存收益"项目。

第二,再折算收益及留存收益表,如表9-4所示。

表 9-4 收益表及留存收益表
2016 年度

项目	美元	折算汇率	人民币
一、销货收入	540 000	6.67	3 601 800
减:销售成本	324 000	公式	2 174 400(1)
折旧费用	36 000	6.95	250 200
其他费用	108 000	6.67	720 360
减:折算损失(折算收益)		轧算	5 676(4)
二、税前利润	72 000		451 164
减:所得税(30%)	21 600	6.67	144 072
三、净利润	50 400		307 092
加:期初留存收益	39 600		203 100(2)
减:已分配股利	46 800	6.64	310 752
四、期末留存收益	43 200		199 440(3)

注:(1)此数据按照公式"本期销货=期初存货+本期购货-期末存货"计算所得,具体计算如下:

	美元	折算汇率	人民币
期初存货	252 000	¥6.70/$1(上期期末汇率)	1 688 400
加:本年购货	360 000	¥6.67/$1(本期平均汇率)	2 401 200
减:期末存货	288 000	¥6.65/$1(本期期末汇率)	1 915 200
销货成本	324 000		2 174 400

(2)此数据来源于上年度收益及留存收益表的期末数,不是按特定汇率折算所得。
(3)此数据来源于资产负债表"留存收益"项目。
(4)此数据应根据其他数据倒算得出,可按如下步骤计算:
A. 净利润=期末留存收益+已分配股利-期初留存收益,即

199 440 + 310 752 − 203 100 = 307 092

B. 税前利润 = 净利润 + 所得税,即

307 092 + 144 072 = 451 164

C. 折算损失 = 销货收入 − 销售成本 − 折旧费用 − 其他费用 − 税前利润,即

3 601 800 − 2 174 400 − 250 200 − 720 360 − 451 164 = 5 676

三、对流动与非流动性项目法的评价

把资产负债表项目按其流动性划分为流动性项目与非流动性项目是一种传统的做法。但由于外币报表折算的目的与资产负债表项目分类并不相关,且此法仍无法解释在历史成本计量模式下存货被划归为流动项目采用现行汇率折算以及长期负债被划归为非流动项目采用历史汇率折算不承受汇率变动风险的不合理现象,因此这一方法遭到不少批评。在历史成本计量模式下,存货与固定资产一样都应采用历史汇率进行折算;而长期负债则应采用现行汇率折算才能体现出这些债务所承担的汇率变动风险。目前,除少数国家(如南非、伊朗、新西兰、巴基斯坦)等仍采用此法外,实际上此法已被逐渐淘汰。

第四节 区分货币与非货币性项目法

面对流动与非流动性项目法的缺陷,人们试图寻找一种更合理的外币报表折算方法。1956 年,美国密歇安大学教授萨缪尔·R·赫普华斯(Samuel R. Hepworth)在其公开出版的《对国外经营活动的报告》(*Reporting Foreign Operations*)中首次提出了货币与非货币性项目法(monetary-nonmonetary method)。他针对流动与非流动性项目法的缺陷,提出外币报表折算应以资产负债表项目的属性而不是按其流动性来分类。1960 年,美国全国会计师协会(NAA,1991 年 6 月改名为管理会计师协会)发表的第 36 号研究公报——"国外经营中的会计问题",提倡使用货币与非货币性项目法。

一、货币性项目与非货币性项目

此法将资产负债表的资产与负债项目划分为货币性项目与非货币性项目。货币性项目是指企业拥有的货币资金和将以固定或可确定的金额收回的债权,以及企业承担的须以固定或可确定的金额偿还的债务,如外币现金、应收账款、应付账款、长期借款等。非货币性项目则是指货币性项目以外的资产项目和负债项目,如存货、固定资产、无形资产、长期股权投资等。

二、区分货币与非货币性项目法的折算程序

这种方法也使用资产负债表的分类方案来确定相应的折算汇率。货币性资产和货币性负债项目按照现行汇率折算;非货币性项目按照历史汇率折算。收益及留存收益表项目的

折算跟流动与非流动性项目法相同,但在计算"销货成本"时公式中存货折算汇率的选用有所不同。此法与流动与非流动性项目法的主要不同之处在于,它认为货币性资产和货币性负债暴露在外汇风险之中,由于货币性项目最终要用现金结算,使用现行汇率将其折算成等值本国货币,反映了这些项目可实现或将予以结算的价值。此法也是先折算外币资产负债表,将资产负债表折算后的"留存收益"带入收益及留存收益表,再折算外币收益表,使得折算损益最终都反映在收益表中,作为当期损益处理。下面以实例说明。

[例 9-3] 沿用[例 9-1]的资料,假设母公司对子公司的外币报表采用区分货币与非货币性项目法进行折算。F 公司 2016 年 12 月 31 日的资产负债表及 2016 年度收益及留存收益表分别如表 9-5、表 9-6 所示。年初存货为 \$252 000,年初留存收益为 \$39 600,已折算为 ¥226 000。其他有关资料见[例 9-1]。

采用货币与非货币性项目法折算如下:

第一,先折算资产负债表,如表 9-5 所示。

表 9-5 资产负债表

2016 年 12 月 31 日

项目	美元	折算汇率	人民币
资产			
流动资产			
现金及银行存款	18 000	6.65	119 700
应收账款	198 000	6.65	1 316 700
存货			
成本计价	108 000	6.67(1)	720 360
市价计价	180 000	6.67(1)	1 200 600
流动资产合计	504 000		3 357 360
固定资产			
固定资产原价	810 000	6.95	5 629 500
减:累计折旧	342 000	6.95	2 376 900
固定资产净值	468 000		3 252 600
无形资产	630 000	6.81	4 290 300
资产合计	1 602 000		10 900 260
负债及所有者权益			
负债			
流动负债	550 800	6.65	3 662 820
长期负债	108 000	6.65	718 200
负债合计	658 800		4 381 020
所有者权益			
实收资本	900 000	7.00	6 300 000

续表

项目	美元	折算汇率	人民币
留存收益	43 200		219 240(2)
所有者权益合计	943 200		6 519 240
负债及所有者权益合计	1 602 000		10 900 260

注:(1) 在此方法下,存货理应采用历史汇率进行折算,但由于存货的品种繁多、收发频繁,要逐项追溯历史汇率难度极大。在此为简便起见,我们假设F公司的存货发出计价采用加权平均法,故相应采用当期平均汇率进行折算(如果使用先进先出法计价,则期末存货必然是接近年末月份购入的,则应采用接近年末月份的平均汇率)。

(2) 此数据为轧算的平衡数,将带入收益及留存收益表的"留存收益"项目。

第二,再折算收益及留存收益表,如表9-6所示。

表9-6 收益及留存收益表

2016 年度

项目	美元	折算汇率	人民币
一、销货收入	540 000	6.67	3 601 800
减:销售成本	324 000	公式	2 173 680(1)
折旧费用	36 000	6.95	250 200
其他费用	108 000	6.67	720 360
减:折算损失(折算收益)		轧算	9 496(4)
二、税前利润	72 000		448 064
减:所得税(30%)	21 600	6.67	144 072
三、净利润	50 400		303 992
加:期初留存收益	39 600		226 000(2)
减:已分配股利	46 800	6.64	310 752
四、期末留存收益	43 200		219 240(3)

注:(1) 此数据按照公式"本期销货=期初存货+本期购货-期末存货"计算所得,具体计算如下:

	美元	折算汇率	人民币
期初存货	252 000	¥6.72/$1(上期平均汇率)	1 693 440
加:本年购货	360 000	¥6.67/$1(本期平均汇率)	2 401 200
减:期末存货	288 000	¥6.67/$1(本期平均汇率)	1 920 960
销货成本	324 000		2 173 680

(2) 此数据来源于上年度收益及留存收益表的期末数,不是按特定汇率折算所得。

(3) 此数据来源于资产负债表"留存收益"项目。

(4) 此数据应根据其他数据倒算得出,可按如下步骤计算:

A. 净利润 = 期末留存收益 + 已分配股利 - 期初留存收益,即

219 240 + 310 752 - 226 000 = 303 992

B. 税前利润 = 净利润 + 所得税,即

303 992 + 144 072 = 448 064

C. 折算损失 = 销货收入 − 销售成本 − 折旧费用 − 其他费用 − 税前利润，即
3 601 800 − 2 173 680 − 250 200 − 720 360 − 448 064 = 9 496

三、对区分货币与非货币性项目法的评价

区分货币与非货币性项目法虽然比较恰当地分析了汇率变动对资产和负债项目的影响，并且在外币报表折算方法演变过程中，在许多国家的确取代了区分流动与非流动性项目法，但它仍未摆脱对资产、负债进行某种分类的框框，这种分类缺乏理论依据。此法对货币性项目采用现行汇率折算是合理的，而对所有非货币性项目均采用历史汇率折算则缺乏说服力，如对那些用现行市价计价的非货币资产（如存货、长期股权投资等）来说，将现行市价与历史汇率相乘而得到的本国货币金额，既不是该项目的现行价格，也不是它的历史成本，因此遭受到诸多批评。目前只有芬兰、瑞典、韩国、菲律宾等少数国家和地区采用这种方法。

第五节　时 态 法

时态法正是针对区分货币与非货币性项目法存在的上述缺陷提出来的。1972 年，美国会计学家列拿德·洛伦森（Leonard Lorenson）在 AICPA 的《会计论文集》（Accounting Research Study）第 12 期发表了一篇影响非凡的文章，题为"以美元报告美国公司的国外业务"，提出了外币报表折算的时态法（temporal method，或译为"时间度量法"）。美国财务会计准则委员会（FASB）于 1975 年 10 月公布的第 8 号公告曾明确规定，美国企业采用时态法折算外币会计报表。

一、时态法的时态原则

这个被称为"划时代的外币报表折算方法"认为，折算只能改变被折算项目的计量单位，而不改变该项目的计量属性（会计计量基础），财务报表各项目的折算汇率应当与各项目的计量方法一致。折算汇率的选择应当按时而别，所有项目的计量都是时间与货币的结合，即按照外币计量所属日期的汇率折算外币金额。在此时态原则下，以历史成本计量的外币资产、负债项目应采用历史汇率折算，以现行成本计量的外币资产、负债项目则采用现行汇率折算。

二、时态法的折算程序

时态法是对区分货币与非货币性项目法的进一步完善。对外币资产负债表中的现金、应收款和应付款等货币性项目采用现行汇率折算；非货币项目应视其计量基础而定，以历史成本计量的非货币项目采用历史汇率折算，以现行市价计量的非货币项目采用现行汇率折算；所有者权益也采用历史汇率折算，但留存收益为资产负债表轧算的平衡数。只有这样，以外币表述的历史成本用历史汇率折算才能产生以本国货币表述的历史成本，以外币表达

的现行成本用现行汇率折算才能产生以本国货币表述的现行成本。如以历史成本计价的存货、长期股权投资应采用历史汇率折算,以现行成本计价的存货、长期股权投资就应采用现行汇率折算而不是历史汇率折算。收益表的收入、费用项目采用交易发生时的汇率(历史汇率)折算,但由于收入、费用发生数量多、交易频繁,也可采用报告期的平均汇率折算。折旧费和摊销费按历史汇率折算,销货成本仍按公式"本期销货 = 期初存货 + 本期购货 – 期末存货"计算所得,但对公式中汇率的选用上要考虑存货是按成本计价还是按市价计价。

在时态法下,同样是先折算外币资产负债表,再折算外币收益及留存收益表。因而,留存收益表"期末留存收益"的本国货币数额来源于资产负债表。汇率变动所产生的折算损益在收益表中反映,作为当期损益处理。下面以实例说明。

[例 9-4] 沿用[例 9-1]的资料,假设母公司对子公司的外币报表采用时态法进行折算。F 公司 2016 年 12 月 31 日的资产负债表及 2016 年度收益及留存收益表分别如表 9-7、表 9-8 所示。年初存货为 $252 000,其中成本为 $90 000,市价为 $162 000,年初留存收益为 $39 600,已折算为 ¥293 650。其他有关资料见[例 9-1]。

采用时态法折算如下:

第一,先折算资产负债表,如表 9-7 所示。

表 9-7　资产负债表

2016 年 12 月 31 日

项目	美元	折算汇率	人民币
资产			
流动资产			
现金及银行存款	18 000	6.65	119 700
应收账款	198 000	6.65	1 316 700
存货			
成本计价	108 000	6.67(1)	720 360
市价计价	180 000	6.65	1 197 000
流动资产合计	504 000		3 353 760
固定资产			
固定资产原价	810 000	6.95	5 629 500
减:累计折旧	342 000	6.95	2 376 900
固定资产净值	468 000		3 252 600
无形资产	630 000	6.81	4 290 300
资产合计	1 602 000		10 896 660
负债及所有者权益			
负债			
流动负债	550 800	6.65	3 662 820
长期负债	108 000	6.65	718 200

续表

项目	美元	折算汇率	人民币
负债合计	658 800		4 381 020
所有者权益			
实收资本	900 000	7.00	6 300 000
留存收益	43 200		215 640(2)
所有者权益合计	943 200		6 515 640
负债及所有者权益合计	1 602 000		10 896 660

注：(1) 在此法下，存货理应采用历史汇率进行折算，但由于存货的品种繁多、收发频繁，要逐项追溯历史汇率难度极大。在此为简便起见，我们同样假设 F 公司的存货发出计价采用加权平均法，故相应采用当期平均汇率进行折算（如果使用先进先出法计价，则期末存货必然是接近年末月份购入的，则应采用接近年末月份的平均汇率）。

(2) 此数据为轧算的平衡数，将带入收益及留存收益表的"留存收益"项目。

第二，再折算收益及留存收益表，如表 9-8 所示。

表 9-8 收益及留存收益表

2016 年度

项目	美元	折算汇率	人民币
一、销货收入	540 000	6.67	3 601 800
减：销售成本	324 000	公式	2 174 040(1)
折旧费用	36 000	6.95	250 200
其他费用	108 000	6.67	720 360
减：折算损失（折算收益）		轧算	80 386(4)
二、税前利润	72 000		376 814
减：所得税(30%)	21 600	6.67	144 072
三、净利润	50 400		232 742
加：期初留存收益	39 600		293 650(2)
减：已分配股利	46 800	6.64	310 752
四、期末留存收益	43 200		215 640(3)

注：(1) 此数据按照公式"本期销货 = 期初存货 + 本期购货 − 期末存货"计算所得，具体计算如下：

	美元	折算汇率	人民币
期初存货			
成本计价	90 000	¥6.72/$1（上期平均汇率）	604 800
市价计价	162 000	¥6.70/$1（上期期末汇率）	1 085 400
加：本年购货	360 000	¥6.67/$1（本期平均汇率）	2 401 200
减：期末存货			
成本计价	108 000	¥6.67/$1（本期平均汇率）	720 360
市价计价	180 000	¥6.65/$1（本期期末汇率）	1 197 000

销货成本　　　　　　　　324 000　　　　　　　　　　　　　　　　2 174 040

(2) 此数据来源于上年度收益及留存收益表的期末数,不是按特定汇率折算所得。

(3) 此数据来源于资产负债表"留存收益"项目。

(4) 此数据应根据其他数据倒算得出,可按如下步骤计算:

A. 净利润 = 期末留存收益 + 已分配股利 − 期初留存收益,即

215 640 + 310 752 − 293 650 = 232 742

B. 税前利润 = 净利润 + 所得税,即

232 742 + 144 072 = 376 814

C. 折算损失 = 销货收入 − 销售成本 − 折旧 − 所有其他费用 − 税前利润,即

3 6018 00 − 2174 040 − 250 200 − 720 360 − 376 814 = 80 386

三、对时态法的评价

时态法是对区分货币与非货币性项目法的改进,它在区分货币与非货币性项目法的基础上,用会计计量概念推导出了外币报表折算的全面原则。在完全的历史成本计量模式下,由于非货币项目都是按历史成本计量的,时态法和区分货币与非货币项目的折算程序和折算结果也就完全相同。但当作为非货币项目的存货和长期股权投资采用市价或成本与市价孰低法计价时,上述两种折算方法就会有不同的折算程序和折算结果。而在完全的现行成本计量模式下,按照时态法所有非货币项目都采用现行汇率折算,此时的时态法与现行汇率法的折算程序和折算结果又完全一致(但应注意的是,时态法与现行汇率法的折算原则与理论依据是完全不同的,这在下一节中阐述)。在实际会计工作中,上述两种极端现象往往很少发生。现实中存在的大多数情况是在以历史成本为主要计量模式的基础上,对部分资产项目采用市价或成本与市价孰低法计价(如存货、长期股权投资等)。因此,时态法和区分货币与非货币性项目法、现行汇率法之间在折算程序、折算结果上必然存在差异。

时态法从它诞生之日起便受到了理论界的争论。有人称赞这种方法具有明确的概念依据,它所依据的时态原则使得此法保持了折算前后会计计量属性的一致性,体现了它的合理性和灵活性。但时态法的缺陷也是显而易见的:它的折算程序较复杂、操作较繁琐;将折算损益计入当期损益,歪曲了企业的经营成果;当汇率急剧波动时,其结局更难预料;此外,时态法会改变子公司原有报表所反映的财务比率关系。

目前,使用时态法的国家和地区有美国、加拿大、英国、奥地利、阿根廷、秘鲁、委内瑞拉、巴拿马、哥伦比亚、玻利维亚、牙买加等。

第六节　外币报表折算方法的对比

在前面章节中,我们已经按照外币报表折算方法的历史演变先后阐述了现行汇率法、区分流动与非流动性项目法、区分货币与非货币性项目法和时态法。它们在折算原则、折算程序和折算结果上都有所不同,但也存在某些共同之处。

一、对汇率选择的对比

前已述及,上述四种方法只有现行汇率法是单一汇率法,其他三种均为多种汇率法。综合前面几节所讲内容,我们将它们对资产负债表汇率的具体选择列表对比,如表9-9所示。

表9-9 各种折算方法对外币资产负债表汇率选择的对比

项目	现行汇率法	区分流动与非流动性项目法	区分货币与非货币性项目法	时态法
资产				
现金及银行存款	C	C	C	C
应收账款	C	C	C	C
存货				
成本计价	C	C	H	H
市价计价	C	C	H	C
长期股权投资				
成本计价	C	H	H	H
市价计价	C	H	H	C
固定资产	C	H	H	H
无形资产	C	H	H	H
负债				
流动负债	C	C	C	C
长期负债	C	H	C	C
所有者权益				
实收资本	C	H	H	H
留存收益	(1)	B	B	B
折算调整额	B	无	无	无

注:表中的"C"表示现行汇率(current rate),"H"表示历史汇率(historical rate),"B"表示轧算的平衡数。

(1)直接来源于收益及留存收益表的计算结算。

二、折算损益处理的对比

折算损益的处理有两种方法:递延处理和计入当期损益。前面所阐述的四种折算方法中,现行汇率法对折算损益采用递延处理,即在资产负债表的股东权益中以"折算调整额"项目列示。而其他三种折算方法都反映在收益表的"折算损失(折算收益)"项目中,计入当期损益。

三、折算结果的对比

在前面几节的实例中,我们使用的是同一套外币报表的资料,然而采用不同的折算方法却得出截然不同的折算结果。表 9-10 是对主要项目折算结果的对比。

表 9-10　各种折算方法的折算结果对比表　　　　　　　　　　单位:人民币元

项目	现行汇率法	区分流动与非流动性项目法	区分货币与非货币性项目法	时态法
折算调整额	-274 632	无	无	无
折算后净资产	6 272 280	6 499 440	6 519 240	6 515 640
折算后资产总额	10 653 300	10 894 500	10 900 260	10 896 660
折算损失(折算收益)	无	5 676	9 496	80 386
折算后净利润	336 168	307 092	303 992	232 742
折算后留存收益	246 912	199 440	219 240	215 640

以上折算结果的不同正是因为各种方法对汇率选择的不同及对折算损益处理的不同所导致的。那么,哪一种方法才是合适的选择?下文加以讨论。

四、现行汇率法与时态法的对比

区分流动与非流动性项目法由于其划分流动性项目、非流动性项目与折算目的的不相关性及对存货、长期负债等项目折算上的不科学性,这种方法实际上已逐渐被淘汰。而区分货币与非货币性项目法基本上是时态法的"原形",时态法其实是对区分货币与非货币性项目法的"改良"。因此,在世界范围内,对折算方法的选择与争议主要是在现行汇率法与时态法之间展开。

(一)功能货币、子公司货币观和母公司货币观

为更好地对这两种方法进行对比,在此有必要先介绍几个重要的概念。

1. 功能货币

美国 FASB 于 1981 年 12 月发布了目前为大家所熟悉的第 52 号财务会计准则公告《外币折算》。此准则首次提出了"功能货币"(functional currency)的概念:是指会计主体从事经营活动和产生现金流量的主要经济环境中的货币,它在企业的业务经营活动中发挥着货币计量的功能。

2. 子公司货币观

子公司货币观是指将国外子公司看作是独立自主经营的经济实体的观点,其功能货币往往是子公司所在国货币(外币)或非母公司报告货币的第三国货币(外币)。

3. 母公司货币观

母公司货币观是指将国外子公司看作是母公司业务经营活动的延伸,子公司只是母公司的有机组成部分,而不是独立的经济实体,其经济业务就好像是母公司直接在国外所从事

的那样。此时,子公司的功能货币只能是母公司的报告货币(本国货币)。

(二) 现行汇率法与子公司货币观

在子公司货币观下,子公司作为独立的国外经营实体,可以采用非母公司报告货币的外币作为其日常经营的货币计量单位,且在外币报表折算中要以保持子公司会计报表原先表述的财务关系、财务比率不变为宗旨,即外币报表折算只是对子公司原先报表的货币计量单位的简单换算。而母公司所关心的只是其在子公司的投资净额(子公司的净资产)的价值,即其在子公司股东权益中所占份额折算为母公司本国货币等值的数额。

因此,在这种观点下,不能简单地把折算差额作为当期损益处理,而应看作是汇率变动对母公司在子公司的投资净值(净资产)的影响,应作为子公司净资产的组成部分,在资产负债表所有者权益项下单列"折算调整额"反映,即作为递延项目逐年累积。

结合前面所讲的第二节内容,不难发现,现行汇率法就是以子公司货币观为依据进行外币报表折算的。现行汇率法对外币资产负债表所有资产、负债项目均按现行汇率(期末汇率)折算,折算差额作为汇率变动对母公司在子公司投资净额的影响,成为子公司净资产的一部分,在资产负债表所有者权益项下单列"折算调整额"反映。这样,该子公司的股东权益总额也就建立在按现行汇率折算的基础上了。

可见,当国外子公司被看作独立自主经营的经济实体时,采用现行汇率法进行外币报表折算是比较合适的。

(三) 时态法与母公司货币观

在母公司货币观下,作为母公司有机组成部分的子公司的功能货币只能是母公司的报告货币(本国货币),子公司的外币报表要按母公司的报告货币予以重新表述,就像那些业务发生时就按照当时的汇率折算为母公司报告货币一样。因此保持子公司报表的计量基础(计量属性)不变就成了这种观点的宗旨。

在此观点下,由于要保持子公司报表的计量基础(计量属性)不变,因此就没有必要将折算差额作为资产负债表所有者权益项目递延处理,而直接作为"折算损益"计入当期损益。时态法正是这一观点的最好体现。

在时态法下,外币资产负债表中的现金、应收款和应付款等货币性项目采用现行汇率折算;非货币项目则视其计量基础而定,以历史成本计量的采用历史汇率折算,以现行市价计量的采用现行汇率折算;折算差额作为"折算损益"直接计入当期损益。

可见,当国外子公司仅仅被看作母公司经营活动的有机组成部分时,采用时态法进行外币报表折算是比较合适的。

第七节 我国外币报表折算方法的规定

一、我国外币报表折算方法的历史演变

我国首先规定外币报表折算方法的是 1985 年 7 月 1 日施行的《中外合资经营企业会计制度》。对外币报表采用如下折算方法和程序：（1）先将当地货币按编表日的汇率折算为美元；（2）再按同一时点的汇率将美元折算为人民币，其中的内部往来等项目按历史汇率折算。实际上就是以美元为中介将当地货币折算为记账本位币。这与美国第 52 号 FAS 关于功能货币及汇率的选择基本上一致。1995 年 2 月财政部颁发的《合并会计报表暂行规定》和 2000 年财政部颁发的《企业会计制度》对外币会计报表的折算都规定采用现行汇率法。

二、《企业会计准则第 19 号——外币折算》的规定

2006 年 2 月 15 日财政部发布《企业会计准则第 19 号——外币折算》，对境外经营财务报表的折算方法进行规范。其主要规定有：

（一）境外经营范围的确定

境外经营，是指企业在境外的子公司、合营企业、联营企业、分支机构。在境内的子公司、合营企业、联营企业、分支机构，采用不同于企业记账本位币的，也视为境外经营。

（二）境外经营财务报表的折算方法

（1）资产负债表中的资产和负债项目，采用资产负债表日的即期汇率折算，所有者权益项目除"未分配利润"项目外，其他项目采用发生时的即期汇率折算。

（2）利润表中的收入和费用项目，采用交易发生日的即期汇率折算；也可以采用按照系统合理的方法确定的、与交易发生日即期汇率近似的汇率折算。

按照上述（1）（2）折算产生的外币财务报表折算差额，在资产负债表中所有者权益项目下单独列示。

比较财务报表的折算按照上述规定处理。

这里所指的"即期汇率"通常是指当日中国人民银行公布的人民币外汇牌价的中间价。这里所指的"即期汇率近似的汇率"是指"按照系统合理的方法确定的、与交易发生日即期汇率近似的汇率"，通常是指当期平均汇率或加权平均汇率等。

（三）处于恶性通货膨胀经济中的境外经营财务报表的折算

1. **恶性通货膨胀经济的判断**

恶性通货膨胀经济通常按照以下特征进行判断：

（1）最近 3 年累计通货膨胀率接近或超过 100%；

（2）利率、工资和物价与物价指数挂钩；

（3）公众不是以当地货币，而是以相对稳定的外币为单位作为衡量货币金额的基础；

（4）公众倾向于以非货币性资产或相对稳定的外币来保存自己的财富，持有的当地货币立即用于投资以保持购买力；

（5）即使信用期限很短，赊销、赊购交易仍按补偿信用期预计购买力损失的价格成交。

2. 处于恶性通货膨胀经济中的境外经营财务报表的折算方法

企业对处于恶性通货膨胀经济中的境外经营财务报表进行折算时，需要先对其财务报表进行重述：对资产负债表项目运用一般物价指数予以重述，对利润表项目运用一般物价指数变动予以重述。然后，再按资产负债表日即期汇率进行折算。在境外经营不再处于恶性通货膨胀经济中时，应当停止重述，按照停止之日的价格水平重述的财务报表进行折算。

（1）资产负债表项目的重述。在对资产负债表项目进行重述时，由于现金、应收账款、其他应收款等货币性项目已经以资产负债表日的计量单位表述，因此不需要进行重述；通过协议与物价变动挂钩的资产和负债，应根据协议约定进行调整；非货币项目中，有些是以资产负债表日的计量单位列示的，如存货已经以可变现净值列示，不需要进行重述。其他非货币性项目，如固定资产、长期股权投资、无形资产等，应自购置日起以一般物价指数予以重述。

（2）利润表项目的重述。在对利润表项目进行重述时，所有项目金额都需要自其初始确认之日起，以一般物价指数变动进行重述，以使利润表的所有项目都以资产负债表日的计量单位表述。由于上述重述而产生的差额计入当期净利润。

对资产负债表和利润表项目进行重述后，再按资产负债表日的即期汇率将资产负债表和利润表折算为记账本位币报表。

（四）境外经营的处置

企业可能通过出售、清算、返还股东或放弃全部或部分权益等方式处置其在境外经营中的利益。企业应在处置境外经营的当期，将已列入合并财务报表所有者权益的外币报表折算差额中与该境外经营相关部分，自所有者权益项目转入处置当期损益。如果是部分处置境外经营，应当按处置的比例计算处置部分的外币报表折算差额，转入处置当期损益。

本 章 小 结

外币报表折算是指将一种货币作为计量单位的财务报表按照一定的汇率重新表述为另一种货币计量的财务报表的过程。外币报表折算方法按其对汇率的选择，可分为单一汇率法和多种汇率法；按其历史演变可分为现行汇率法、区分流动与非流动项目法、区分货币与非货币项目法以及时态法。各种方法之间的区别主要体现在对折算汇率的不同选择以及对折算差额的不同处理上。

由于区分流动与非流动性项目法、区分货币与非货币性项目法是建立在对报表项目分类的基础上，缺乏明显的理论依据，当今世界各国对折算方法的选择与争议主要围绕现行汇率法与时态法之间展开。

我国《企业会计准则第 19 号——外币折算》,要求采用现行汇率法对境外经营财务报表进行折算,产生的报表折算差额在资产负债表所有者权益项下单列"折算调整额"项目反映。

【思考题】

1. 为什么要对外币报表进行折算?
2. 外币报表折算的方法有哪些?
3. 外币报表折算损益如何列示?
4. 什么是功能货币?什么是母公司货币观?什么是子公司货币观?
5. 为什么说时态法体现的是母公司货币观,现行汇率法体现的是子公司货币观?
6. 如何折算处于恶性通货膨胀经济中的境外经营财务报表?

【自测题】

一、资料

甲公司的记账本位币为人民币,该公司有一家设在美国的全资子公司乙公司,除此之外,无其他境外经营。乙公司,自主经营,所有办公设备及绝大多数人工成本等均以美元支付,除极少量的商品购自甲公司外,其余的商品采购均来自当地,乙公司对所需资金自行在当地融资、自担风险。因此,根据记账本位币的选择确定原则,乙公司的记账本位币为美元。2016 年 12 月 31 日,甲公司准备编制合并财务报表,需要先将乙公司的美元财务报表折算为人民币表述。乙公司的有关资料如下:

2016 年 12 月 31 日的即期汇率为 1 美元 = 6.30 元人民币,2016 年的平均汇率为 1 美元 = 6.32 元人民币,实收资本为 125 000 美元,发生日的即期汇率为 1 美元 = 6.50 元人民币;2015 年 12 月 31 日的即期汇率为 1 美元 = 6.35 元人民币,累计盈余公积为 11 000 美元,折算为人民币 69 850 元,累计未分配利润为 20 000 美元,折算为人民币 127 200 元(不区分折算方法),乙公司在 2016 年年末提取盈余公积 6 000 美元。

其他资料:固定资产取得日的汇率 1 美元 = 6.45 元人民币;无形资产取得日的汇率 1 美元 = 6.41 元人民币;长期负债形成日的汇率 1 美元 = 6.46 元人民币;2015 年第四季度的汇率 1 美元 = 6.38 元人民币;2016 年第四季度的汇率 1 美元 = 6.05 元人民币;存货按先进先出法计价,年末的存货形成于当年的第四季度,2015 年 12 月 31 日的存货为 36 000 美元,其中,按成本计为 24 000 美元,按市价计为 12 000 美元。

二、会计报表

利润表

乙公司　　　　　　　　　　2016 年

项目	区分流动与非流动项目法			区分货币与非货币项目法		时态法		现行汇率法	
	美元	汇率	人民币	汇率	人民币	汇率	人民币	汇率	人民币
一、营业收入	105 000								
减:营业成本	40 000								
营业税金及附加	6 000								
销售费用	8 000								
管理费用	12 000								
财务费用	10 000								
折算损益	—								
二、营业利润	29 000								
加:营业外收入	5 000								
减:营业外支出	4 000								
三、利润总额	30 000								
减:所得税费用	10 000								
四、净利润	20 000								
加:年初未分配利润	20 000								
五、可供分配的利润	40 000								
减:提取盈余公积	6 000								
六、年末未分配利润	34 000								

资产负债表

编制单位:乙公司　　　　　2016 年 12 月 31 日

资产	区分流动与非流动项目法			区分货币与非货币项目法		时态法		现行汇率法	
	期末数(美元)	汇率	人民币	汇率	人民币	汇率	人民币	汇率	人民币
流动资产:									
货币资金	20 000								
交易性金融资产	10 000								
应收票据	8 000								
应收账款	22 000								
存货—按成本	30 000								
—按市价	10 000								
流动资产合计	100 000								

续表

	区分流动与非流动项目法	区分货币与非货币项目法	时态法	现行汇率法
非流动资产：				
固定资产	120 000			
无形资产	30 000			
非流动资产合计	150 000			
资产总计	250 000			
负债和股东权益				
流动负债：				
短期借款	10 000			
应付票据	2 000			
应付账款	15 000			
应付职工薪酬	12 000			
应交税费	3 000			
流动负债合计	42 000			
非流动负债：				
长期借款	12 000			
长期应付款	20 000			
非流动负债合计	32 000			
所有者权益：				
实收资本	125 000			
盈余公积	17 000			
未分配利润	34 000			
报表折算差额	—			
所有者权益合计	176 000			
负债和所有者权益总计	250 000			

三、要求

分别采用区分流动与非流动性项目法、区分货币与非货币性项目法、时态法和现行汇率法将乙公司的美元报表折算为人民币报表。

第四篇

物价变动会计专题

本篇将分章阐述物价变动会计的基本理论、不变币值会计模式、现行成本会计模式、现行成本/不变币值会计模式的基本程序和操作方法。

第十章

物价变动会计概述

 学习目的与要求

通过本章学习,了解并掌握:
1. 物价变动的概念及产生的原因;
2. 物价变动对传统会计模式产生的影响;
3. 资本保持的概念;
4. 消除物价变动影响的方法。

传统会计模式(又称为历史成本会计模式)遵循历史成本原则和币值不变前提,一直被绝大多数国家所采用,在物价比较稳定或物价有涨有跌(币值变动的影响可以忽略不计或互相抵消)的情况下,传统会计模式编制的会计报表,基本上能反映企业的财务状况和经营成果。但是,在物价剧烈变动的情况下,历史成本会计模式所具有的客观、可靠的优越性不但不复存在,相反,以历史成本作为计量基础,还会歪曲企业的实际财务状况及其经营成果,从而降低了会计信息的决策有用性。

因此,如何面对物价变动这一现实,恰当地解决物价变动引发的会计理论问题,消除物价变动对会计实务的影响,已成为会计界讨论的热点问题。

第一节　物价变动对传统会计模式产生的影响

▶▶▶ 一、物价变动的涵义及类型

（一）物价变动的涵义

物价变动就是商品或劳务价格的上涨或下跌，即同一种商品或劳务的价格在不同时间的波动。价格反映了商品或劳务在市场上的交换价值，当同质的商品或劳务在同一市场上与以前的价格不同时，则认为该商品或劳务的价格（物价）发生变动了。

（二）物价变动的原因

物价变动是普遍存在的，它随着商品交换的产生而产生，并随着商品交换的发展而发展。简单商品经济条件下的物价变动，主要取决于供求关系；而在发达的商品生产和交换条件下，特别是纸币进入流通领域后，物价变动的原因就复杂化了。概括地说，引起物价变动的原因主要有以下几个方面：

1. 劳动生产率的变化

价格是由价值决定的。价值是一般的无差别的人类劳动在商品中的凝结，商品价值量是由生产商品所耗用的社会必要劳动时间决定的。当生产单位商品所耗用的社会必要劳动时间普遍减少时，即当劳动生产率提高时，再生产某种商品的社会必要劳动时间普遍缩短，该种产品的价格就会降低；反之，劳动生产率普遍降低时，商品的价格就会上涨。

2. 科技进步

随着科学技术进步，可能使有关商品中凝结的人类复杂劳动增多，从而使价格上涨，但更大可能是使生产者生产出质量更高、效能更好的商品，从而使原有商品的效能相对降低，价值受到贬损，价格下跌；与此同时，随着科学技术进步会促进劳动生产率提高，从而使生产商品的价值量减少，价格下降。

3. 货币价值的变动

在货币出现以前，商品的价值是直接通过商品的交换价值来表现的。但是，货币出现以后，商品的价值主要是通过货币表现为商品的价格。货币表现的价格是商品的相对价值，即商品价值与货币价值的对比。因此，如果商品价值量与货币价值量同时发生等方向、等比例的变化，商品的价格不变；但若两者任何一方的价值单独发生变动或双方发生不同方向、不等比例的变动时，都会引起商品价格的涨跌变动。

4. 供求关系变化

在市场经济条件下，商品价格在很大程度上受市场供求关系的影响。当商品供不应求时，价格就会上涨；反之，当商品供过于求时，价格就会下降。

综上所述，物价变动主要由劳动生产率、科技进步、货币价值和供求关系等因素的变动所引起的。但是，发生于特定国家或地区、特定时期的物价变动，则往往有其具体原因，同时,上述各因素的影响程度也会有所不同。自20世纪以来,特别是第二次世界大战后,物价不断上涨。就发达国家来说,其物价的普遍上涨,集中表现为持续性的通货膨胀,究其原因可归结于该国政府在财政上实行的赤字政策;就发展中国家来说,物价上涨的特点主要表现为由需求拉动型通货膨胀向成本推动型通货膨胀演变。

(三)物价变动的类型

物价变动就是商品或劳务价格的上下波动。在现实经济生活中,这种变动是复杂多样的。不同商品物价涨跌的方向和程度是不尽相同的,个别或特定商品与整体之间的价格变动方向与程度上也会不尽相同。通常将物价变动划分为两种类型:一般物价水平变动和个别(或特定、具体)物价变动。

1. **一般物价水平变动**

一般物价水平变动是指在物价变动时期,货币单位价值本身发生变动,它表现为货币购买力的提高或降低,也就是从综合的角度看商品价格的波动。

2. **个别(或特定、具体)物价变动**

个别(或特定、具体)物价变动是指某一特定的、具体的个别商品在不同时期的同一市场上的价格变化,它是某一特定商品或劳务交换价格的变化。

3. **两者的关系**

一般物价水平变动与个别物价变动既有联系又有区别。个别物价变动与交换相联系,一般物价水平变动与纸币流通有关联,并常与通货膨胀或通货紧缩相伴随。一般物价水平变动以个别物价变动为基础,又反过来对个别物价产生影响。因此,在现实经济生活中,很难将两者截然分开。考察一般物价水平变动,一般以全部商品的价格为对象,通常用消费价格指数变动情况来表示。消费价格指数是通过抽样调查取得的统计资料,即对所选取的若干类型的消费品在不同地点的价格进行统计计算的结果。考察个别物价变动,则可按商品的品种或类别进行。一般来说,个别物价变动往往与人们的直观感觉相符合,因而较为具体、客观,而一般物价水平变动则往往与人们对周围物价变动情况的感受有一定出入,但却与人们所能感受到的货币购买力变动情况相符。当一般物价水平下降时,个别物价可能下降,也可能上涨;反之,当一般物价水平上升时,个别物价可能上升,也可能下降。一般物价水平变动会引起个别物价变动,但是,个别物价的普遍涨跌足以导致一般物价水平的升降。不过,即使在这种情况下,对于个别商品的价格来说,其涨跌幅度也可能与一般物价水平升降幅度有一定差异。总之,个别物价是微观现象,具有相当的准确性和多样性,一般物价水平是宏观现象,具有相对的准确性和普遍性。在微观领域,个别物价变动至关重要,而在宏观领域,一般物价水平变动更有价值。不过,当谈及物价普遍上涨或下降时,往往意味着个别物价具有与一般物价水平同方向变动的趋势。

二、物价变动对传统会计模式产生的影响

(一)物价变动冲击了传统会计模式的基础

传统会计模式,又称为历史成本会计模式,它是建立在历史成本会计和币值不变(名义货币单位)假设基础之上的,所以又称为历史成本/名义货币会计模式。它是当今世界绝大

多数国家普遍采用的会计模式。其特点是用经济业务发生时的原始成本计量资产的价值，以所耗用生产要素的原始成本（历史成本）与当期营业收入相配比来计算期间收益。传统会计模式运用了一系列的会计假设、原则、方法、估计和程序，在物价基本稳定的前提下能够产生出有用的会计信息，为经济决策提供依据。但是，在物价变动（特别是当物价发生剧烈变动）的情况下，传统会计模式存在的理论基础会受到严重冲击，以下对此作简要分析。

1. 名义货币计量单位

会计要对经济业务加以处理，必须借助于一个共同的计量尺度，这就是货币单位。因为货币具有一般等价物的特征，它具有的价值尺度职能使它成为会计上较理想的计量工具。会计以货币为计量单位，分析、确认、记录、汇总和报告某一特定时期企业的资产、负债和经营收益情况。会计所处理的只是那些能够用货币计量的经济业务及其结果。

以货币为计量单位，实际上隐含着这样一个假定，即假定货币是一个恒定不变的尺度，因而可用它去度量不同时间的各种生产要素，问题是它忽略了货币单位本身的价值也会由于购买力的变化而发生变化的事实。同样一个货币单位在不同时点会表现出不同的购买力，随着一般物价水平的上升，它的购买力会下降；反之，随着一般物价水平的下降，它的购买力会上升，这样的货币单位被称为名义货币单位，传统会计模式所运用的就是这种名义货币单位。在物价变动环境下，采用这样的计量尺度去计量会计要素，犹如用一把伸缩不定的尺子去度量某一物体，所得出的结果必然缺乏经济上的实际意义。诚如美国财务会计准则委员会在其第89号公告中所指出的：“通货膨胀导致原始成本会计报表虚报了利润并使资本蒙受侵蚀——事实上这是毋庸置疑的。特定物价的变动与一般物价的变动是紧密相联的，而无论是一般物价还是特定物价的变动，都会严重降低原始成本会计报表的相关性、忠实表达和可比性。”

2. 原始成本计量属性

会计计量不仅涉及计量单位，还涉及计量要素的某种特征，在会计上称之为计量属性。传统会计模式计量的是资产或负债的原始成本属性。原始成本也称为实际成本或历史成本，它是指在取得某项资产或劳务时所发生的代价，而不是该资产或劳务的现时价值。资产的现时价值是它的另一个属性。原始成本原则贯穿于会计处理的全过程。在资产的持有期间不论物价如何变化，都不再调整该项资产的账面价值。资产的消耗也是以原始成本予以计量，如固定资产以原始成本为基础计提折旧。

原始成本的好处表现在，经济业务的记录有客观可靠的依据，便于日后验证和核实。但是，当发生了物价变动或资产的价值发生变化后，原始成本数据就不能提供决策相关的信息，它既不反映现时购入相同资产的代价，也不反映现时出售该项资产的价值，更不能反映继续使用该项资产对企业的价值，从而严重影响了信息的有用性。

3. 持续经营假设

持续经营假设认为，企业将在足够长的时间里，持续不断地经营下去，以完成其既定的目标。换言之，除非有足够的迹象和证据表明会计主体在将来不能继续存在，否则，会计处理以该会计主体将不会解散和清算为前提。

这一假定把会计计量界定在长期而又延续的时间内，从而为企业长期资产（如固定资产）按原始成本计价提供理论基础。不论长期资产的市价如何涨跌，企业均将继续使用这些资产,以维持继续营业的需要,故资产项目因物价涨跌所发生的损益均无须在会计上予以确认。

长期以来人们对持续经营假设的理解是不完整的。企业要持续经营下去,必须使消耗的生产要素得到足额的补偿。传统会计模式从销售收入中得到补偿的是生产要素的原始成本,在物价上升的情况下,这种补偿是不能维持简单再生产的正常进行的。也就是说,在持续通货膨胀条件下,持续经营假设将会遇到挑战。

4. **配比原则**

配比原则是传统会计模式计量收益的一条原则,即将营业收入与为取得该项收入所发生的费用或成本进行比较,其超过部分确认为收益。这样,营业收入按照实现原则确认,然后根据匹配的要求确定相应的成本或费用,计量利润。有些能够与所实现收入直接联系的成本或费用,就作为报告期的成本或费用,那些不能直接与取得的营业收入相联系的成本或费用,则应采用适应的标准加以分摊,或直接计作某一期间的费用。

配比原则可以应用于不同的会计模式,只是在传统会计模式中,与收入配比的是所消耗生产要素的原始成本。也就是说收入是当期实现的收入,按现行价值计量,而成本或费用都是按原始成本计量结转的。如果购进资产日与转为费用日相差时间较长,因物价变动,原始成本和现行成本(重置成本)可能相差很大。因而,据此计算的利润难以说明实际的经营成果。同样,原始成本的配比原则还会导致成本补偿不足,使企业的持续经营难以维持。

(二) 物价变动影响了传统会计模式信息的有用性

如前所述,传统会计模式是以名义货币为计量单位,以原始成本为计量属性的一种会计模式。名义货币单位之所以作为计量尺度,作为衡量企业全部资产价值的计量单位,是以币值稳定为前提的。但在现实经济生活中,货币的购买力(即币值)是在不断变化的。持续性的物价变动,会影响传统会计模式产生的信息的有用性。

1. **资产计价失真**

根据历史成本原则,资产负债表中列示的资产净值是其历史成本原值与已摊销价值的差额。因为无论物价如何变动,资产或负债始终按发生时的入账价值反映,所以,在任何时候,企业账上的资产都是未摊销的原始成本,而不是资产在市场上的价值,从而表现为资产计价失真。这里又有两种具体表现形式:

首先,无法反映资产真实价值的变动。在传统会计模式下,企业资产有两个价值:一是账面价值(即历史成本计价的未摊销价值);二是市场价值。这两个价值往往不等,有时相差很大。产生这种差异的因素很多,如供求不平衡、物价上涨等。例如,某企业 20×7 年购入一套设备,原始成本为 50 000 元,两年后的 20×9 年,该设备的价值上升到 70 000 元,两年的一般物价水平上升了 20%。如果按照历史成本原则计价原始价值,在资产负债表上该设备在 20×9 年只能反映为 50 000 元。如果考虑物价变动因素的影响,可以有两种办法来显示 20×9 年的资产价值:一是用其现值 70 000 元来反映;二是用 60 000 元[50 000 元 $\times$ (1 + 20%)]来反映。前者的价值变动是由于资产价值本身变动引起的,后者的价值变化是由于通货膨胀所引起的。而按 50 000 元反映,显然未能反映出资产价值的变动情况。

其次,无法将不同时点取得资产的价值有意义地相加。采用历史成本原则时,资产负债表中不同时点的资产反映的是相应购买时期的历史成本。在物价变动的情况下,将不具有相同购买力货币单位所计量的资产价值相加显然没有经济意义。

2. 收益计算虚假

历史成本会计原则要求资产在其消耗时按历史成本结转,因此,所得的收益是按现时价格计量的收入与按历史成本计量的已耗资产相配比的结果。这样,在物价上涨时,较高的收入与较低的历史成本相比,产生较高的收益。而事实上,较高的收益中有一部分是物价上涨的结果(即持产利得),而不是企业的经营业绩,从而使收益计算虚假,最终影响对企业经营成果的评估和预测。简而言之,在物价上涨时,会低估资产价值,从而少计成本费用,多计收益;反之,在物价下降时,会高估资产价值,从而多计成本费用,少计收益。

3. 企业的再生产能力下降

物价持续上涨,会使按照传统会计模式确认的收益虚增。企业按照报表列示的虚增的收益进行分配,就会把投资者投入的一部分资本以收益的形式分配给投资者,从而会影响企业的财力,使其丧失补充存货和更新固定资产的能力。也就是说,企业无法保持简单再生产的能力。同时,企业以虚增的收益为基础计算交纳所得税,又使企业承受了不应有的纳税义务。因此,在通货膨胀的环境下,历史成本会计会导致企业虚盈实亏、虚盈实分、虚盈实税,严重威胁到企业的持续经营,并且会在一定程度上影响整个国民经济的发展。

总之,物价变动对传统会计的影响是十分严重的,不消除或不反映物价变动对传统会计的影响,会计信息质量就难以保证,会计目标就难以实现,会计的作用就难以发挥。因此,应加强对物价变动会计的理论研究探索。

第二节　资本保持理论

资本保持理论来源于经济学,它是真实收益理论的核心。资本保持理论认为只有保持了企业所有者投入的资本金,才能出现利润,即在期初资本金不受侵蚀时,才可能有收益。资本保持等于投资不受侵蚀。资本保持理论要求一个企业在其经营活动中以保持资本完整无损为前提来确定收益。但如何理解并计量资本已经完整无损地得到保持,可将资本保持理论区分为财务资本保持理论和实体资本保持理论两大派别。

一、财务资本保持理论

财务资本保持理论是一个相对传统的资本保持观念。传统的历史成本会计模式就是以财务资本保持理论为基础的。不过,在考虑了物价变动的因素后,财务资本保持理论获得了一定程度的发展。财务资本保持理论是建立在财务资本概念的基础之上的。财务资本概念将资本视为业主投入企业的货币或购买力,所以资本与净资产是一致的。因此,在财务资本保持理论下,企业需要保持的资本就是企业原有净资产或业主产权。这样,对于一定的会计期间来说,期末净资产超过期初净资产的部分,在扣除了业主当期资本净投入后的余额,就是企业当期的收益。也就是说,收益是当期财务资本的增量。

二、实体资本保持理论

实体资本保持理论是较为激进的资本保持观念,它是建立在实体资本概念的基础之上的。实体资本概念认为资本是企业实物生产能力或经营能力或取得该能力所需的资源或资金,所以资本与生产能力相一致。因此,在实体资本保持理论下,企业要保持的资本就是企业原有的生产能力或经营能力或取得该能力所需的资源或资金。这样,对于一定的会计期间来说,期末实物生产能力或经营能力或取得该能力所需的资源或资金超过期初的部分,在扣除了业主当期资本净投入后的剩余部分,才能作为当期收益。也就是说,收益只能是当期实体资本的增量。

三、两种资本保持理论对会计的影响

财务资本保持理论对会计计量单位和计量属性没有特定的要求。因此,在财务资本保持理论下的会计计量单位,既可以是名义货币,也可以是不变币值货币;而计量属性既可以采用历史成本,也可以采用重置成本或现行成本或其他计量属性。

因此,当以历史成本为计量属性,以名义货币作为计量单位时,也就是采用传统的历史成本会计模式时,所应保持的资本观念就是财务资本保持观念。在这种情况下,所要保持的仅仅是业主最初投入的货币额。当然,表述这一金额的货币是名义货币,据此所确认的资产与收益,是不考虑物价变动影响的。

然而,即使在考虑了物价变动因素后,也就是在计量单位或/和计量属性方面进行了某种改变后,在财务资本保持理论下,对于通过改变会计计量单位或/和计量属性而揭示的物价变动的影响将被作为物价变动利得或损失,列入收益表,计入当期收益。因此,在财务资本保持理论下,即使在会计计量方面进行了某种改变,如采用不变币值货币或/和现行价值计量属性,所保持的资本还是业主原投入的货币额,最多是业主原来所投入的货币所形成的购买力。因此,将物价变动影响的一部分或全部计入当期收益的做法都是财务资本保持理论的体现。

在实体资本保持理论下,资本必须用表示生产能力或经营能力的实物量(取得生产能力和经营能力所需的资源)或价值量(取得生产能力和经营能力所需的资金)来表示。因此,企业净资产的计量可以是名义货币,也可以是不变币值货币;而企业净资产的计量属性则必须是重置成本、现行成本等表示资产现行价值的计量属性。对于物价变动的影响,只能处理为企业实物生产能力或经营能力或取得该能力所需资源或资金在计量上的变动,不能计入当期收益,而只能在资产负债表中的股东权益部分以单独的项目列示,如,资本保持增值、现行成本调整、重置成本调整或物价变动准备或资本保持准备等。所以,采用现行价值作为计量属性并将物价变动的影响全部计入资产负债表的做法,才是遵循了实体资本保持理论。

显然,财务资本保持理论和实体资本保持理论所制约的会计方法与程度是有很大区别的,且两者对企业净资产的实际影响也是大不相同的。当采用以财务资本保持理论为理论依据构建的会计模式时,企业所有者最初投入企业的货币所形成的生产能力或经营能力或取得该能力所需的资源或资金是很难得到保持的。而在实体资本保持理论下,从财务数据所反映的情况看,企业所有者的投资形成的生产能力或经营能力或取得该能力所需的资源或资金的保持情况是能够得以较为恰当的反映的。因此,尽管采用实体资本保持理论在会计计量上有一定的困难(这一点将在后面说明),但它仍然不失为一种理想的资本保持观念。

第三节　消除物价变动影响的基本方法

一、部分消除物价变动影响的方法

部分消除物价变动影响的方法,又称为局部调整法,是指在不改变传统会计模式的条件下,只对传统会计模式的部分项目进行调整,以补救物价变动对传统会计影响所采用的会计处理方法。为了弥补传统历史成本会计模式的不足,人们提出了许多建议,试图在不动摇历史成本会计基本框架的前提下做出局部的调整、改革。

（一）对存货计价采用后进先出法

中外会计实务中,绝大多数企业都采用先进先出法或加权平均法进行存货流动的计价。在物价变动较为剧烈的情况下,如果存货流动速度又较慢,便会发生用以前较低的成本与当前较高的收入相配比的情况,从而导致收益虚增,成本补偿不足。存货计价的后进先出法,主要是为了解决在物价上涨情况下成本补偿不足的问题。这是因为,价格上涨后,对存货计量采取后进先出法,可以使当期成本与当期收入更具有较强的配比性,即将近期购入的存货价格与当期收入相配比,使企业在物价上涨情况下解决成本补偿不足的问题,并能比较真实地反映企业的再生产能力。

然而,使用后进先出法偏重于收益表而忽视了资产负债表,使资产负债表上的存货价值不实。在后进先出法下,由于期末存货以早期的低成本计价,在物价上涨幅度较大时,与近期成本可能有较大差异,从而使资产负债表上的存货价值与现实不符。所以,存货计量采用后进先出法,虽然缓解了利润不实的问题,但却加剧了资产负债表上资产信息的失真,最后也就不能很好地解决成本补偿不足的问题(我国 2006 年颁布的企业会计准则已取消了"后进先出法"这一存货发出的计价方法)。

（二）固定资产加速折旧法

固定资产加速折旧法的结果是在固定资产使用年限内早期的折旧费用较大,以后则逐年递减。很显然,使用固定资产加速折旧法,使固定资产使用的早期以较高的费用与收入进行配比,其目的是解决收益虚计的问题。但它的不足也是明显的:它没有解决固定资产使用后期利润虚计的问题。所以,除了能使企业获得税收节省的好处外,最后也未能真正解决成本补偿不足的问题。

由此可见,上述这些部分消除物价变动影响的方法,虽然从某一局部改善了传统会计信息的质量,但未能从根本上解决由于物价变动所产生的全部或主要问题,而且,这些方法都存在理论上的缺陷或实务上的困难。因此它们不是系统处理物价变动对传统会计模式影响的理想方法。

二、全面消除物价变动影响的方法

全面消除物价变动影响的方法就是改变现行传统会计模式,用另一种会计模式取而代之。会计模式,也称为会计计量模式,它是由计量单位和计量属性结合而成的。会计的计量单位是货币,根据是否会发生购买力变动,可以将货币区分为名义货币和不变币值货币(稳值货币)。名义货币单位指不考虑购买力变动的货币单位,不变币值货币单位(稳值货币单位)是指具有相同购买力的货币单位。会计的计量属性是指被计量对象的某种特征,可以用原始成本,也可以用现行成本。这样,将两种计量单位和两种计量属性相结合就可以组成四种不同的会计计量模式(简称会计模式)。表10-1说明了其间的关系:

表10-1 会计计量模式

计量属性 \ 计量单位	名义货币	不变币值货币
原始成本	模式1	模式2
现行成本	模式3	模式4

模式1 历史成本会计模式,或称原始成本/名义货币会计模式。该模式就是世界各国长期普遍采用的会计模式,被称为传统会计模式。由于它以名义货币作为计量单位,所以不考虑货币价值的变动;同时它以原始成本作为计量属性,故不考虑被计量要素价格的变动。该模式完全不能反映物价变动的信息。

模式2 原始成本/不变币值会计模式。该模式的计量属性仍是原始成本,计量单位是不变币值货币(稳值货币),故又称为不变币值会计(稳值会计)模式。该模式通过一般物价指数来调整传统会计模式所提供的会计信息,其目的是反映或消除一般物价水平变动对会计信息的影响,又称为一般物价水平会计模式。

模式3 现行成本/名义货币会计模式。该模式与模式2的区别在于两者调整的着眼点不同。该模式以现行成本作为计量属性,而计量单位仍采用名义货币。以现行成本代替原始成本,可以消除个别项目的现行成本与原始成本不一致给报表带来的影响。如果企业认为该企业的物价变动与一般物价水平变动并不一定正相关,而企业更关心它所持有个别资产的现行成本,就可以采用这一会计模式,所以现行成本/名义货币会计模式是反映或消除个别(或特定、具体)物价变动影响的会计模式。

模式4 现行成本/不变币值会计模式。该模式以现行成本作为计量属性,以不变币值即购买力相同的货币作为计量单位,以达到能全面反映或消除一般物价和个别(或特定、具体)物价变动所带来的影响。

从以上介绍中不难看出:模式1是历史成本会计模式,又称为传统会计模式,它不能反映或消除物价变动的影响;由于模式2、模式3和模式4,是运用不同的方法、手段,试图反映或消除物价变动对会计信息的影响的会计模式,所以被称为物价变动会计模式。以下将分章介绍这三种会计模式。

本章小结

物价变动是商品或劳务价格的上涨或下跌,即同一种商品或劳务的价格在不同时间的波动。传统会计模式是建立在原始成本和币值不变(名义货币单位)假设基础之上的,即以名义货币为计量单位,以原始成本为计量属性。而物价变动会对传统会计模式形成冲击,主要表现在:资产计价失真、收益计算虚假、企业再生产能力下降等。

消除物价变动影响的方法可以分为局部调整法和全面消除物价变动影响的方法。局部调整法,是指在不改变传统会计模式的条件下,只对传统会计模式的部分项目进行调整,以补救物价变动对传统会计的影响;全面消除物价变动影响的方法,具体又可以分为:只改变传统会计的计量单位,用不变币值取代名义货币,而不改变传统会计的计量基础的"原始成本/不变币值会计模式";只改变传统会计的计量基础,用现行成本取代原始成本,而不改变传统会计的计量单位的"现行成本/名义货币会计模式";既改变传统会计的计量单位,用不变币值取代名义货币,又改变传统会计的计量基础,用现行成本取代原始成本的"现行成本/不变币值会计模式"。

【思考题】

1. 什么是物价变动?物价变动有哪几种类型?
2. 造成物价变动的主要原因是什么?
3. 物价变动对传统会计有何影响?
4. 什么是资本保全理论?资本保全理论对会计模式有何影响?
5. 如何消除物价变动对会计的影响?
6. 如何确定会计模式?
7. 什么是物价变动会计?
8. 物价变动会计模式有哪些?

第十一章

不变币值会计

 学习目的与要求

通过本章学习,了解并掌握:
1. 不变币值会计模式的基本原理;
2. 不变币值会计模式的调整程序;
3. 货币性项目净额上购买力损益的计算;
4. 不变币值会计模式的优缺点。

不变币值会计又称为原始成本/不变币值会计模式或一般物价水平会计模式,是反映或消除一般物价水平变动对传统会计影响的会计模式。不变币值会计模式是采用币值固定,即购买力一定的货币单位作为会计计量单位,并通过一般物价指数将传统会计模式按名义货币单位编制的会计报表调整为按不变币值编制的会计报表,并以此反映或消除一般物价变动对传统会计影响的会计程序和方法。

第一节 不变币值会计的基本构想

不变币值会计模式的基本构想是:将传统历史成本会计模式下的名义货币单位改变为不变币值货币单位,并不改变原始成本计量属性。由于这种会计模式仍然采用原始成本计量属性,所以日常会计处理方法与传统历史成本会计处理方法一致,其不同之处在于:在按传统历史成本会计方法处理经济业务和编制会计报表后,再按一般物价指数调整会计报表中的相关项目,从而将会计报表中各项目上的名义货币金额转换为不变币值金额,按不变币值货币单位重新编制会计报表,并反映货币性项目上的购买力损益。

第二节 不变币值会计的基本程序

如前所述,不变币值会计是在原始成本/名义货币会计模式的基础上,借助于一定的物价指数,将按原始成本/名义货币编制的会计报表中代表不同时期和时点购买力的名义货币单位调整为不变币值货币单位,并揭示货币性项目购买力损益的会计程序和方法。也就是说,采用不变币值会计模式,通常仍然保留传统历史成本会计核算体系,日常会计处理仍然遵循传统的历史成本会计程序,所不同的是在会计期末进行某些调整。因此,也可以把不变币值会计程序和方法理解成对传统历史成本会计报表调整的程序和方法。

按照不变币值会计的要求,运用不变币值会计的基本步骤是:(1)区分货币性项目与非货币性项目;(2)把名义货币单位表示的会计报表中各项目的金额转换为不变币值货币单位表示的金额;(3)计算货币性项目净额上的购买力损益;(4)按不变币值重新编制会计报表。

一、区分货币性项目与非货币性项目

货币性项目与非货币性项目受一般物价水平变动的影响是不同的。货币性项目直接承受一般物价水平变动的影响,非货币性项目不直接承受一般物价水平变动的影响。因此,不变币值会计模式首先将会计报表项目区分为货币性项目与非货币性项目两类,以便正确运用一般物价指数调整相关项目,并计算货币性项目净额上的购买力损益。

（一）货币性项目

货币性项目是指在一般物价水平发生变动时,其金额固定不变,只是实际购买力发生变动的项目。货币性项目可分为货币性资产和货币性负债两类。货币性资产是指企业所拥有的现金及其他金额固定的债权。其中金额固定的债权是指企业只拥有收回定量货币的权利而不能控制货币购买力变化的各项应收款项。货币性资产因一般物价水平变动,其实际购买力也随之发生变动。例如,年初持有现金1 000元,年末也是1 000元,假设一般物价水平上涨一倍,则年末的1 000元现金的购买力仅为年初的一半,即相当于年初的500元。货币性负债是指企业负担的金额固定的债务。它同货币性资产一样,随着时间的推移,其金额不变,但在一般物价水平变动的情况下,其实际购买力也在发生变化。持有货币性负债与持有货币性资产所产生的购买力损益是相反的,当一般物价水平上涨时,持有货币性资产会使企业蒙受购买力损失,而持有货币性负债则会给企业带来购买力利得(或称收益),这是因为企业可以用购买力较低的货币偿付金额固定的债务;在一般物价水平下跌时,货币性资产与货币性负债所产生的购买力损益与物价上涨时正好相反。

（二）非货币性项目

非货币性项目是指在一般物价水平发生变动时,其名义货币金额不是固定不变,而是随着一般物价水平上涨而提高,随着一般物价水平下降而降低。非货币性项目也可分为非货币性资产和非货币性负债两类。非货币性项目不会发生购买力损益,但在重新编制会计报表时,必须按一般物价指数对其进行调整;与其相反,货币性项目不需要做调整,但需要计算购买力损益。

应当指出,在实务中,精确地区分货币性项目与非货币性项目并不那么简单,也就是说,准确划分货币性项目与非货币性项目,实际上是较难做到的。而且,理论界在区分货币性项目与非货币性项目的问题上,仍然存在着争议。上面所讲的区分方法,也只不过是粗略的一般区分方法。就是按照前述方法划分货币性项目与非货币性项目时,也会有一些特殊项目还需作特殊对待。例如,预付货款,如果合同明确供货方提供数量固定的商品,它就不会受一般物价水平变动的影响,此时属于非货币性项目;但如果合同明确供货方提供一定金额的商品,供货方所提供商品的数量随物价变动而变动(物价上涨时商品数量减少,物价下降时商品数量就增多),就会受到一般物价水平变动的影响,这时预付货款就属于货币性项目。与预付货款相似的还有预收货款等项目。

现将资产负债表中货币性项目与非货币性项目的区分结果列表如下,以供参考。如表11-1 所示。

表11-1 货币性项目与非货币性项目的划分

资产负债表项目	货币性项目	非货币性项目
资产	库存现金、银行存款、应收账款、应收票据、应收股利、应收利息、其他应收款以及准备持有至到期的债券投资等	预付账款、存货、可供出售金融资产、长期股权投资、固定资产、在建工程、无形资产等
负债	短期借款、应付票据、应付账款、应付股利、应付利息、其他应付款、应交税费、应付职工薪酬等	预收账款等
所有者权益		实收资本(股本)、资本公积、盈余公积、未分配利润等

另外,收益表上的所有项目均被认为是非货币性项目。

二、把名义货币单位表示的会计报表中各项目的金额转换为不变币值货币单位表示的金额

我们知道,货币的购买力是衡量货币价值的标准,它是指一个单位货币所能换取的商品或劳务的数量。通常用一般物价指数变动作为货币购买力变动的参考依据。物价指数通常是指某一时期商品或劳务的价格与基期的商品或劳务价格的比率。物价指数可以分为一般物价指数和个别物价指数,其中一般物价指数能反映范围广泛的商品价格变动情况。世界各国广泛采用一般物价指数来衡量通货膨胀的程度。在美国,经常选用的一般物价指数有:城市消费物价指数、批发物价指数、建筑成本综合物价指数。我国一般选用零售物价指数来计量物价水平的变动,它是反映城乡商品零售价格变动趋势的一种综合指数。

采用不变币值会计模式时,需要编制不变币值会计报表,其目的在于反映或消除一般物价水平变动对企业财务状况和经营成果的影响,因而需要将传统历史成本会计报表项目的金额按照一般物价指数进行调整(即重新表述)。此时,必须确定代表不变币值的货币单位。

一般是采用重编报表当年的货币作为不变币值货币单位。由于一年中的货币购买力也会有所不同,因此,又有"年初物价指数""年末物价指数"和"年度平均物价指数"等的区别。同时由于对比的需要,物价指数又可分为"基期物价指数"和"报告期物价指数"两类。不过,由于会计信息使用者所关心的往往是企业当前的财务状况和经营成果,因此,通常是以当期期末的货币购买力作为不变币值货币单位进行会计计量。这样,对于报表日的货币性项目金额不必折算,而报表日的非货币性项目和非报表日的货币性项目以及非货币性项目都必须进行折算。

由于货币购买力与一般物价水平呈反方向变化——货币购买力上升时,一般物价水平下降;相反,货币购买力下降时,一般物价水平上升。因此,如果以某一时点或时期的一般物价指数作为参照物(基期物价指数),就能测定其他时点或时期货币购买力的变化情况,进而推知有关会计数据受一般物价水平变动影响的程度,并以此对其进行调整。其计算公式如下:

$$调整后金额 = 用名义货币表示的金额 \times \frac{报告期一般物价指数}{基期一般物价指数}$$

其中,"报告期物价指数/基期物价指数"被称为"物价变动系数"或"换算系数"。"调整后金额"也可叫"换算后金额"。

通过这样的调整,就能将原来具有不同购买力的传统历史成本会计报表各项目名义货币金额统一到报告期币值表示的金额上来,从而解决了传统会计模式计量单位不一致的问题,并揭示了一般物价水平变动对传统会计的影响。其换算步骤可概括如下:

(1)确定报表日某项目按名义货币列示的金额。
(2)确定形成或取得该项目的时间。
(3)确定形成或取得该项目时(基期)的物价指数。
(4)确定报告期的物价指数。

下面,按照上述步骤说明资产负债表和收益表各项目的调整程序和方法。

(一)资产负债表项目的调整

1. 货币性项目的调整

货币性项目年初的金额按年末购买力货币单位计量时,其换算系数(物价变动系数)为"年末物价指数/年初物价指数";而年末的金额已经是具有年末购买力货币单位的货币,所以在按一般物价水平调整会计报表数据时,这些金额已经是按照这样的不变币值货币单位表述的金额,因此不必调整,也可以说其换算系数为"年末物价指数/年末物价指数"。

2. 非货币性项目的调整

在物价上涨的情况下,非货币性项目的价格将上涨。所以,无论年初或年末的名义货币金额都应该按照一定的换算系数换算为不变币值货币金额。此时可按照"年末物价指数/该项目形成或取得时的物价指数"的换算系数(物价变动系数)予以换算。

$$换算系数 = \frac{年末一般物价指数}{某项目形成或取得时的一般物价指数}$$

$$换算后金额 = 按名义货币表示的会计报表金额 \times 换算系数$$

为了平衡起见,留存收益一般采用余额法予以倒算,其计算公式为:

留存收益＝调整后资产合计数－调整后负债合计数－调整后投入资本数

这里需要对存货项目作些说明,如果平时有进货记录,发出时又能逐项辨认,那么,就较容易确定年末存货的取得时间以及取得时的物价指数。但是,在存货流转中,要逐项辨认其流转时间与成本的情况是很难的,因此,在大多数情况下,还得依靠假设。一般来说,若企业存货计价采用先进先出法,就假设年末存货的取得日是进货的最近月份;若企业存货计价采用的是后进先出法,就假设年末存货的取得日是进货的最早月份。因此,在上述计算换算系数公式中,其分母选用的物价指数应该同存货流转方式的假设相一致。

(二) 收益表及留存收益表项目的调整

收益表及留存收益表的项目都被认为是非货币性项目,因而对销售收入、销售成本、营业费用等项目都需要进行调整。在具体计算时,换算系数的分子都应该是当年年末的物价指数,而分母则应视每一项目的具体情况而定。一般假设销售收入、营业费用(折旧费除外)以及所得税等都是在年度内均衡发生的,因此,调整系数的分母就应选用年度内平均物价指数;折旧费用的调整必须与其相关的固定资产取得日的物价指数相联系;现金股利是于年末分派的,因此其换算系数的分母应为本年年末物价指数。销售成本可采用下述公式计算:

销售成本＝换算后的年初存货＋换算后的本年购货－换算后的年末存货

三、计算货币性项目净额上的购买力损益

企业持有的货币性项目购买力必然会受到一般物价水平变动的影响。一般来说,在物价上涨时,持有货币性资产会产生货币购买力下降的损失,而持有货币性负债则会产生货币购买力下降的收益;在物价下降时,则相反。对于同一企业在同一时期的货币性项目来说,其货币性资产上的购买力损失或收益与货币性负债上的购买力收益或损失相抵之后的差额才有实际意义。所以,为了简化起见,在划分出货币性资产和货币性负债后,就可以确定货币性项目净额上的购买力损益。

所谓货币性项目净额是指货币性资产总额与货币性负债总额的差额,可用公式表示为:

货币性项目净额＝货币性资产总额－货币性负债总额

如果计算结果是正数,表示企业持有货币性净资产;如果计算结果是负数,表示企业持有货币性净负债。如前所述,在物价上涨的情况下,持有货币性净资产会产生货币性项目购买力损失;持有货币性净负债会产生货币性项目购买力收益。在物价下降的情况下,则相反。

在计算货币性项目净额上的购买力损益时,应将年初持有的货币性项目净额从年初货币调整为年末货币,再将年内发生的货币性项目变动额从发生时的货币调整为年末货币。因为已将年末货币作为一般购买力货币,所以年末的货币性项目不需调整。最后,将已调整的年初货币性项目净额加、减经调整后的本年货币性项目变动数即为调整后的货币性项目净额(或称为"年末应该持有的货币性项目净额"),其与年末资产负债表上的货币性项目净额(或称为"年末实际持有的货币性项目净额")的差额就是本年货币性项目净额上的购买力损益,其计算公式为:

货币性项目净额上的购买力损益＝年末实际持有的货币性项目净额－年末应该持有的

货币性项目净额(+为收益,-为损失)

其中,"年末实际持有的货币性项目净额"为年末资产负债表中货币性项目净额,可以根据年末资产负债表中有关项目计算得出。

"年末应该持有的货币性项目净额"则是根据按物价指数调整后的年初货币性项目净额、年内增加的货币性项目净额和年内减少的货币性净额计算而来。如果选定年末的货币作为不变币值货币,则:

年末应该持有的货币性项目净额=用年末货币表述的年初货币性项目净额+用年末货币表述的年内货币性项目增加额-用年末货币表述的年内货币性项目减少额

用年末货币表述的年初货币性项目净额=年初货币性项目净额×年末物价指数/年初物价指数

用年末货币表述的年内货币性项目增加额=年内货币性项目增加额×年末物价指数/年内平均物价指数

用年末货币表述的年内货币性项目减少额=年内货币性项目减少额×年末物价指数/年内平均物价指数

▶▶▶ 四、按不变币值重编会计报表

根据前面调整换算和货币性项目净额上购买力损益计算的结果,就可以按不变币值重新编制会计报表,从而将传统会计模式按名义货币单位编制的报表调整为不变币值会计模式按不变币值货币单位编制的会计报表。

现以甲公司传统会计报表及相关资料为例,说明不变币值会计的基本程序和方法。

(1)甲公司2018年12月31日和2019年12月31日比较资产负债表见表11-2。
(2)甲公司2019年度收益表及留存收益表见表11-3。

表 11-2 甲公司比较资产负债表

(原始成本/名义货币基础) 单位:元

	2019.12.31	2018.12.31
资产		
现金	6 000	5 400
应收账款(净额)	84 000	86 400
存货	302 400	396 000
厂房设备(净额)	360 000	420 000
土地	600 000	600 000
资产合计	1 352 400	1 507 800
负债		
应付账款	180 000	201 600
应付所得税	12 000	13 200
应付债券(账面值)	264 000	264 000

续表

	2019.12.31	2018.12.31
负债小计	456 000	478 800
股东权益		
普通股	720 000	720 000
留存收益	<u>176 400</u>	<u>309 000</u>
股东权益小计	<u>896 400</u>	<u>1 029 000</u>
负债及股东权益合计	<u>1 352 400</u>	<u>1 507 800</u>

表 11-3　甲公司收益及留存收益表(原始成本/名义货币基础)

2019 年度(12 月 31 日止)　　　　　　　　　　　　　　　　　　　　单位：元

销售收入		1 116 000
销售成本		
期初存货	396 000	
购货	<u>840 000</u>	
可供销售的商品成本	1 236 000	
期末存货	<u>302 400</u>	<u>933 600</u>
销售毛利		182 400
营业费用(折旧费用除外)	48 000	
折旧费用	<u>60 000</u>	<u>108 000</u>
税前收益		74 400
所得税		<u>18 000</u>
净收益		56 400
留存收益(2018.12.31)		<u>309 000</u>
合计		365 400
现金股利		<u>189 000</u>
留存收益(2019.12.31)		<u>176 400</u>

(3) 其他有关资料如下：

① 物价指数。

2017 年 1 月 1 日(开业时)	100
2018 年 12 月 31 日	120
2019 年 12 月 31 日	150
2018 年年度平均	110
2018 年第四季度平均	118
2019 年年度平均	125
2019 年第四季度平均	132

② 存货采用先进先出法计价。假设 2019 年年初存货基本上购于上年第四季度,年末存

货基本上购于 2019 年第四季度。

③ 厂房设备和土地均于开业时购置。厂房设备平均使用年限为 10 年,按直线法折旧,不留残值。

④ 普通股于开业时发行。

⑤ 销售收入、购货成本、营业费用(折旧费除外)和所得税都是在年内均衡发生的。

⑥ 现金股利于 2019 年 12 月 31 日分派。

⑦ 以 2019 年年末货币作为不变币值货币。

下面,我们根据不变币值会计的基本程序进行有关会计处理。

1. 区分货币性项目与非货币性项目

货币性项目与非货币性项目的划分结果,如表 11-4 所示。

表 11-4 货币性项目与非货币性项目　　　　　　　　　　单位:元

货币性项目	2019.12.31	2018.12.31
货币性资产		
现金	6 000	5 400
应收账款(净额)	84 000	86 400
货币性资产合计	90 000	91 800
货币性负债		
应付账款	180 000	201 600
应付所得税	12 000	13 200
应付债券(账面值)	264 000	264 000
货币性负债合计	456 000	478 800

2. 把资产负债表中按名义货币单位表示的各项目的金额换算为不变币值货币单位表示的金额

(1)货币性项目调整过程,见表 11-5。

表 11-5 货币性项目的调整过程　　　　　　　　　　单位:元

项目	金额
现金 2018.12.31 2019.12.31	5 400 × 150/120 = 6 750 6 000 × 150/150 = 6 000
应收账款 2018.12.31 2019.12.31	86 400 × 150/120 = 108 000 84 000 × 150/150 = 84 000
应付账款 2018.12.31 2019.12.31	201 600 × 150/120 = 252 000 180 000 × 150/150 = 180 000
应付所得税 2018.12.31 2019.12.31	13 200 × 150/120 = 16 500 12 000 × 150/150 = 12 000
应付债券 2018.12.31 2019.12.31	264 000 × 150/120 = 330 000 264 000 × 150/150 = 264 000

(2) 非货币性项目调整过程,见表11-6。

表11-6 非货币性项目的调整过程 单位:元

存货 2018.12.31 2019.12.31	396 000×150/118=503 390 302 400×150/132=343 636
厂房设备 2018.12.31 2019.12.31	420 000×150/100=630 000 360 000×150/100=540 000
土地 2018.12.31 2019.12.31	600 000×150/100=900 000 600 000×150/100=900 000
普通股 2018.12.31 2019.12.31	720 000×150/100=1 080 000 720 000×150/100=1 080 000
留存收益(用结余法倒算) 2018.12.31 2019.12.31	资产总额-负债总额-普通股 469 640 337 636

3. 把收益表及留存收益表中按名义货币单位表示的各个项目的金额换算为不变币值货币单位表示的金额

收益表及留存收益表有关项目的换算过程,如表11-7所示。

表11-7 收益表及留存收益表项目的换算 单位:元

(1) 销售收入	1 116 000×150/125=1 339 200
(2) 销售成本	
存货(2018.12.31)	396 000×150/118=503 390
购货	840 000×150/125=1 008 000
可供销售的商品成本(1 197 500)	1 511 390
存货(2019.12.31)	302 400×150/132=343 636
销售成本	1 167 754
(3) 营业费用(折旧费用除外)	48 000×150/125=57 600
(4) 折旧费用	60 000×150/100=90 000
(5) 所得税	18 000×150/125=21 600
(6) 现金股利	189 000×150/150=189 000

4. 计算货币性项目净额上的购买力损益

甲公司货币性项目净额上购买力损益计算过程,如表11-8所示。

表 11-8 甲公司购买力损益计算表

2019 年度(按 12 月 31 日货币)   单位:元

	2018.12.31			2019.12.31 历史成本
	历史成本	换算系数	按 2019.12.31 货币调整	
现金	5 400	150/120	6 750	6 000
应收账款(净额)	86 400	150/120	108 000	84 000
应付账款	(201 600)	150/120	(252 000)	(180 000)
应付所得税	(13 200)	150/120	(16 500)	(12 000)
应付债券	(264 000)	150/120	(330 000)	(264 000)
货币性项目净额	(387 000)a		(483 750)b	(366 000)c
	历史成本	换算系数	按 2019.12.31 货币金额	
货币性项目净额,2018.12.31 加(2019 年来源): 销售收入 合计	(387 000)a 1 116 000 729 000d	150/120 150/125	(483 750)b 1 339 200 855 450f	
减(2019 年运用): 购货 营业费用(折旧费除外) 所得税 现金股利 合计	 840 000 48 000 18 000 189 000 1 095 000e	 150/125 150/125 150/125 150/150	 1 008 000 57 600 21 600 189 000 1 276 200g	
货币性项目净额,2019.12.31,历史成本(d-e) 货币性项目净额,按 12.31 货币重新表述(f-g) 货币性项目净额上的购买力损益(c-h)	(366 000)c		 (420 750)h 54 750	

由甲公司货币性项目净额上购买力损益计算表可知,甲公司货币性项目净额上购买力损益为收益 54 750 元。

5. 按不变币值重编会计报表

在经过上述调整后,我们可以按不变币值货币为甲公司重新编制会计报表,如表 11-9、表 11-10 所示。

表 11-9 甲公司收益及留存收益表

2019 年度(12 月 31 日止)   (不变币值货币单位)   单位:元

销售收入		1 339 200
销售成本		
期初存货	503 390	
购货	1 008 000	
可供销售的商品成本	1 511 390	
期末存货	343 636	1 167 754
销售毛利		171 446

续表

营业费用(折旧费用除外)	57 600	
折旧费用	90 000	147 600
税前收益		23 846
所得税费用		21 600
不包括购买力损益的净收益		2 246
货币性项目净额上的购买力收益		54 750
不变购买力净收益		56 996
留存收益(2018.12.31)		469 640
合计		526 636
现金股利		189 000
留存收益(2019.12.31)		337 636

表11-10 甲公司比较资产负债表

(不变币值货币单位) 单位:元

	2019.12.31	2018.12.31
资产		
现金	6 000	6 750
应收账款(净额)	84 000	108 000
存货	343 636	503 390
厂房设备(净额)	540 000	630 000
土地	900 000	900 000
资产合计	1 873 636	2 148 140
负债		
应付账款	180 000	252 000
应付所得税	12 000	16 500
应付债券(账面值)	264 000	330 000
负债小计	456 000	598 500
股东权益		
普通股	1 080 000	1 080 000
留存收益	337 636	469 640
股东权益小计	1 417 636	1 549 640
负债及股东权益合计	1 873 636	2 148 140

第三节 不变币值会计模式的评价

不变币值会计模式是用一般物价指数将传统会计报表中的各项目数值加以调整,从而反映或消除一般物价水平变动对传统会计报表的影响,它没有考虑企业各类资产价值的实际变化,因此,它的基本结构与传统历史成本会计模式并没有实质性的区别。不变币值会计模式作为改变会计计量单位的尝试,在提高会计信息质量方面为人们提供了某种思路,也在一定程度上反映或消除了一般物价水平变动对传统会计的影响。

一、不变币值会计模式的优点

(一) 方法简便

在不变币值会计模式下,不须改变传统历史成本会计模式的程序和方法,而仅仅通过一般物价指数对传统历史成本会计报表进行调整。因而,可以说简便易行,且易于为人们所理解。

(二) 增强了报表数据的可比性

由于按一般物价水平将企业在不同年度购进的资产和欠下的负债金额加以调整,从而统一了报表中不同时点所形成数据的货币计量单位。同时,如果将这种方法连续应用于相邻的会计期间,也会提高各期会计报表数据之间的可比性;如果相关企业都采用这一会计模式,则由于所采用的一般物价指数相同,所以也增加了企业之间会计信息的可比性。

(三) 有利于企业间的竞争

由于不同企业都使用相同物价指数对会计报表进行调整,从而使各企业受物价变动的影响一目了然,因此,有利于企业利益集团对成员企业做出评价,据以进行相应决策,从而促使企业间进行公平竞争。

(四) 易于监督

由于所有企业依据相同的物价指数对会计报表进行调整,使调整后的会计报表具有客观性和可验证性,从而使会计报表具有可审计性。

二、不变币值会计模式的缺点

(一) 不能确切地反映企业真实的财务状况和经营成果

不变币值会计模式是按一般物价指数调整会计报表中的数据,没有考虑企业各类资产价值的实际变化。然而,企业所持有的资产和承担的负债主要受个别物价变动的影响,而个别物价变动与一般物价水平变动之间的差异可能是相当大的,甚至其影响方向可能是相反的。在采用不变币值会计模式的情况下,个别物价变动对企业的影响是无法反映的。因此,即使采用了不变币值会计模式,会计报表按一般物价指数作了调整,仍然无法正确揭示企业真实的财务状况和经营成果。

（二）物价指数的资料难以满足需要

物价指数一般只能靠政府提供,而政府提供的物价指数主要不是为了满足物价变动会计的需要。而且,大多数国家选用消费品价格指数,由于消费价格指数主要由食品、服装、房租等构成,它与企业所要调整的各项生产资料价格走向不一定完全相关。此外,一般物价指数是一个综合的物价指数,因而它并不能确切地反映某一具体类别资产价格水平的变化。在大多数情况下,个别物价水平和一般物价水平的差异是较大的。再加上各企业的资本结构不同,按一般物价指数统一不同类型企业的会计报表,显然是不合理的。

（三）容易导致误解

不变币值会计报表所揭示的购买力损益只是一种计算上的差额,并不意味着企业的股东可以因此而分享相应的股利,或意味着企业可以因此而累积更多的盈余来扩大经营规模。由于会计报表项目与一般物价指数的相关性不尽相同,以致按一般物价指数调整后的资产和负债与其现值相去甚远,因此不宜据此进行决策。特别是当存在巨额购买力收益时,往往意味着企业承担巨额负债。这样,一方面,在传统历史成本会计模式下,将有巨大的利息费用计入了传统历史成本会计财务费用,另一方面又在不变币值会计模式中将其确认为购买力收益。凡此种种,极易引起误解,导致决策失误。

（四）物价指数的可信性不足

前已说明,世界上大多数国家选用消费物价指数来衡量一般物价水平。但这种物价指数的编制方法存在以下问题:(1)选择的样本是否具有代表性,值得怀疑;(2)有些项目采用的是牌价,而不是成交价,两者的差别往往很大;(3)计算指数所用的权数往往不能及时调整,或者调整得不适当;(4)对商品和劳务的质量变化对价格的影响情况往往不予剔除。

本 章 小 结

不变币值会计是以购买力一定的货币单位作为会计计量单位,并通过一般物价指数将传统会计模式按名义货币单位编制的会计报表调整为按不变币值编制的会计报表,并以此反映或消除一般物价变动对传统会计影响的会计程序和方法。

不变币值会计模式的基本步骤是:(1)区分货币性项目与非货币性项目;(2)把名义货币单位表示的会计报表中各项目的金额转换为不变币值货币单位表示的金额;(3)计算货币性项目净额上的购买力损益;(4)按不变币值重新编制会计报表。

不变币值会计模式具有方法简便、提高了财务报表数据的可比性,以及所有企业依据相同的物价指数对会计报表项目进行调整,使调整后的会计报表具有客观性和可验证性等优点,但同时也具有不能确切地反映企业真实的财务状况和经营成果、一般物价指数无法满足不同类型企业的会计报表调整的要求等缺点。

【思考题】

1. 什么是不变币值会计模式？它有何特点？
2. 如何划分货币性项目和非货币性项目？
3. 如何计算货币性项目净额上的购买力损益？
4. 不变币值会计模式的基本程序由哪些步骤组成？
5. 如何运用不变币值会计模式重编会计报表？
6. 不变币值会计模式有何优缺点？

【自测题】

一、目的

练习不变币值会计模式的基本原理与方法。

二、资料

K 公司于 20×6 年年初开业，20×7 年历史成本/名义货币的资产负债表和收益及留存收益表如表 11-11 和表 11-12 所示。

表 11-11　K 公司比较资产负债表

（原始成本/名义货币基础）　　　　　　　　　　　　　　　单位：元

	20×7.12.31	20×6.12.31
资产		
货币资金	688 500	723 000
应收账款（净额）	300 000	150 000
存货	525 000	375 000
固定资产原价	750 000	750 000
减：累计折旧	300 000	150 000
固定资产净值	450 000	600 000
资产合计	1 963 500	1 848 000
负债		
应付账款	375 000	300 000
长期借款	600 000	600 000
负债小计	975 000	900 000
股东权益		
实收资本	750 000	750 000
留存收益	238 500	198 000
股东权益小计	988 500	948 000
负债及股东权益合计	1 963 500	1 848 000

表 11-12　K 公司收益及留存收益表

20×7 年度(12 月 31 日止)　　(原始成本/名义货币基础)　　　　　　　　单位:元

项目	20×7 年度	20×6 年度
营业收入	1 650 000	1 500 000
减:营业成本	900 000	600 000
营业费用	585 000	510 000
其中:工资费用	375 000	300 000
折旧费	150 000	150 000
利息费用	60 000	60 000
税前收益	165 000	390 000
减:所得税	49 500	117 000
净收益	115 500	273 000
留存收益(20×6.12.31)	198 000	
合计	313 500	273 000
减:现金股利	75 000	75 000
留存收益(20×7.12.31)	238 500	198 000

三、其他有关资料如下

(1) 物价指数:

20×6 年 1 月 1 日(开业时)	110
20×6 年 12 月 31 日	120
20×7 年 12 月 31 日	132
20×6 年年度平均	115
20×7 年年度平均	126

(2) 存货均为当年均匀购入,发出存货采用加权平均法计价。20×7 年年购入存货共计 1 050 000 元。

(3) 固定资产于开业时购置,并于当年年初开始计提折旧,年折旧率为 20%,无残值。固定资产购入时的物价指数为 110。

(4) 实收资本于开业时筹集。

(5) 营业收入、营业费用(折旧费除外)和所得税都是在年内均衡发生的。

(6) 现金股利均在年末支付。

四、要求

根据上述资料,按照 20×7 年 12 月 31 日的物价指数调整并重编 K 公司不变币值会计报表。

第十二章

现行成本会计

 学习目的与要求

通过本章学习,了解并掌握:
1. 现行成本会计模式的基本原理;
2. 现行成本会计模式的调整程序;
3. 资产持有损益的计算;
4. 现行成本会计模式的优缺点。

现行成本会计模式是指以现行成本为计量属性,以名义货币为计量单位的会计程序和方法。现行成本会计又称为现行成本/名义货币会计,它是为了反映或消除个别物价水平变动对传统会计影响的会计模式。

第一节 现行成本会计的基本设想

如前所述,不变币值会计模式是在会计期末按一般物价指数,对传统会计报表数据进行调整,以反映或消除一般物价水平变动对会计报表数据影响的一种物价变动会计程序和方法。由于各个企业所持有资产的构成不同,受到物价变动的影响也不同,除了某些巧合外,按一般物价指数调整的资产价值很少能与企业的现行价格相一致,因而所反映的财务状况和经营成果难免与企业真实情况不相一致。现行成本会计则着眼于企业所持有的个别资产的价格变动,具体地说,对企业持有的资产以它的现行成本计价,在确定收益时,以经营收入与所消耗生产要素的现行成本相比较来计量。由此可见,反映或消除个别物价变动的影响是现行成本会计模式的基本构想。与传统历史成本会计模式相比,现行成本会计模式具有两个特征:一是以现行成本取代历史成本。随着物价的波动,不断地对同一资产进行重新计量,通过企业资产价值变化的不断计量,来提供更为相关的会计信息。二是反映资产的持有损益。在物价变动时,物价上涨将带来资产持有收益;物价下跌将会发生资产持有损失。现行成本会计对资产在持有期间按现行成本的变化不断进行计量,以反映物价波动所带来的资产持有损益。

另外,做两点说明:一是,关于现行成本和重置成本。重置成本是指在当前市场条件下,按现行价格购置与现有资产相同或类似的资产所需支付的现金及其等价物。现行成本则主要不是从购买的角度,而主要是从企业使用的角度来说的,它是指企业对现有资产进行重新评估的价值,是以企业继续经营为条件对其所拥有和控制的资产的估算价值。二是,采用现行成本会计模式时,既可以以现行成本作为计量属性进行日常会计处理,也可以在会计年末一次性重估现行成本,进而确认现行成本变动额,并重新编制现行成本会计报表。由于现行成本资料的取得往往需要较长的时间和可观的费用,因此,基于成本效益原则的考虑,在实务中,一般采取于会计期末一次调整的做法。在下面的举例中,我们将假定在实行现行成本会计时,在会计期末一次估定现行成本,并据以调整传统历史成本会计报表数据,确认资产持有损益,重编现行成本会计报表。

第二节　现行成本会计的基本程序

现行成本会计的基本程序是:(1)确定各项目的现行成本;(2)确定资产持有损益;(3)重编以现行成本为基础的会计报表。

下面结合上一章所给的甲公司的会计报表资料,阐述现行成本会计的基本步骤和方法。

一、按现行成本调整报表数据

我们仍然利用甲公司2018年12月31日和2019年12月31日的资产负债表及以历史成本会计为基础的2019年度收益表及留存收益表所提供的数据(见表11-2和表11-3)为例予以说明,其余相关资料如下:

(1)存货:2018年12月31日的现行成本为516 000元;2019年12月31日的现行成本为384 000元。

(2)厂房设备:2018年12月31日的现行成本为480 000元,净值为444 000元;2019年12月31日的现行成本为420 000元,净值为384 000元。

(3)土地:2018年12月31日的现行成本为660 000元;2019年12月31日的现行成本为696 000元。

(4)销售成本:以现行成本为基础的销售成本为960 000元。

(5)销售收入、营业费用(折旧费用除外)、所得税、现金股利都是按发生日的现行成本表述的,所以,其现行成本为基础的金额与按历史成本为基础的金额是相同的。

（一）按现行成本调整会计报表中的数据

1. 调整资产负债表

对资产负债表项目的调整,应当对货币性项目和非货币性项目区别对待。由于货币性项目是按固定金额表述的,不受个别物价变动的影响,年初的历史成本就是其年初的现行成本,年末的历史成本就是其年末的现行成本。因此,对货币性项目只须按其账面价值表述,不必进行任何调整。与此相反,由于非货币性项目直接感受个别物价变动的影响,其历史成本就是其在形成或前一次调整时的现行成本;每一会计期末,应当根据这些资产市场价格的变动情况和它们对企业的价值(考虑在企业所处的位置、状态,对企业有利或不利,应继续持有还是予以处置等因素)确定其当时的现行成本,然后将其历史成本金额调整为会计报表日确认的现行成本。

(1) 货币性项目。按其在历史成本报表中的金额表述,不须调整,如表12-1所示。

表12-1　货币性项目列表　　　　　　　　　　　　　　　单位:元

	2018年12月31日	2019年12月31日
现金	6 000	5 400
应收账款	84 000	86 400
应付账款	180 000	201 600
应付所得税	12 000	13 200
应付债券(账面值)	264 000	264 000

(2) 非货币性项目。根据所给资料将其历史成本调整为现行成本,如表12-2所示。

表12-2　非货币性项目列表　　　　　　　　　　　　　　单位:元

	2019年12月31日	2018年12月31日
存货	384 000	516 000
厂房设备	384 000	444 000
土地	696 000	660 000
普通股	720 000	720 000
留存收益	378 000	513 000

注:留存收益=资产现行成本-负债现行成本-普通股历史成本

2. 调整收益表和留存收益表

如前所述,销售收入、营业费用(折旧费用除外)、所得税、现金股利都是按发生日的现行成本表述的,其现行成本的金额与历史成本金额相同,销售成本的现行成本条件为已知,有关数据如表12-3所示。

表 12-3　收益表和留存收益表项目的调整　　　　　　　　　　　　　单位：元

	2019 年 12 月 31 日
销售收入	1 116 000
营业费用(折旧费用除外)	48 000
所得税	180 000
现金股利	189 000
销售成本	960 000

折旧费用的现行成本应该按照厂房设备的现行成本的平均余额计算取得：

厂房设备现行成本的平均余额 = (480 000 + 420 000)/2 = 450 000(元)

年折旧费用 = 450 000/10 = 45 000(元)

(二) 确定资产持有损益

在现行成本会计模式下，确定资产持有损益是关键的一步，也是难度较大的一个步骤。资产持有损益(又称为现行成本变动额)主要发生在存货、厂房设备、土地等具有实物形态的资产上，并延及销售成本和折旧费用等收益表项目。在初次实行现行成本会计的情况下，是当年现行成本总额与传统历史成本会计报表显示的历史成本总额的差额；在前期已经实行现行成本会计的情况下，由于每年年末都曾确认过当时的资产持有损益，因此在报告期末，只须确认本期现行成本与上期现行成本的差额，也就是本期对上期现行成本变动额(即资产持有损益)。

资产持有损益分为已实现资产持有损益和未实现资产持有损益两部分。

1. 已实现资产持有损益

已实现资产持有损益是指已经销售或转换了的资产的资产持有损益，其中包括销售了的存货上的资产持有损益和当期摊提折旧的资产在当期现行成本折旧额中的资产持有损益。

已实现资产持有损益的具体计算方法如下：

存货上的已实现资产持有损益 = 现行成本销售成本 − 历史成本销售成本

厂房设备的已实现资产持有损益 = 现行成本的折旧费用 − 历史成本的折旧费用

土地的已实现资产持有损益 = 土地现行销售成本 − 所售土地的历史成本

2. 未实现资产持有损益

未实现资产持有损益是指资产负债表中非货币性项目的现行成本与历史成本之间的差额。另外，在确定厂房设备的未实现资产持有损益时，还应考虑卷入折旧。

未实现资产持有损益的计算方法为：

存货的未实现资产持有损益 = 期末存货的现行成本 − 期末存货的历史成本

厂房设备的未实现资产持有损益 = 厂房设备的现行成本 − 厂房设备的历史成本 − 卷入折旧(如果现行成本高于历史成本)

土地的未实现资产持有损益 = 土地的现行成本 − 土地的历史成本

卷入折旧也称储备折旧，是指按厂房设备期末的现行成本计算的折旧额与按厂房设备期初期末现行成本加权平均计算的折旧额之差。它是用来调整未实现持有损益，以便使期末现行成本资产负债表中的累计折旧与厂房设备的期末现行成本相吻合,从而使期末现行成本资产负债表实现平衡以及保持资产负债表与收益及留存收益表之间的勾稽关系。其计算方法如下:

卷入折旧 = 按厂房设备期末现行成本计算的折旧额 − 按厂房设备期初期末现行成本加权平均计算的折旧额

现举一简例说明厂房设备持有损益的确定和卷入折旧问题。

设乙公司于年初开业取得厂房设备,其成本为96 000元,年末现行成本为144 000元,使用寿命为10年,无残值。

由假设资料,可以计算出当年厂房设备的历史成本折旧额为

$(96\ 000 + 96\ 000) \div 2 \div 10 = 9\ 600(元)$

在年末确定的现行成本变动额为:

$144\ 000 − 96\ 000 = 48\ 000(元)$

应作的会计分录为:

借:厂房设备——现行成本增值　　　　48 000
　　贷:未实现持有损益　　　　　　　　　　48 000

在本例中,乙公司年初开业时取得厂房设备的成本在年末看来是其历史成本,但就其年初来说确是当时的现行成本。因此,到了年末,乙公司厂房设备的现行成本折旧额(计入现行成本收益表的折旧额)应为:

$(96\ 000 + 144\ 000) \div 2 \div 10 = 12\ 000(元)$

其会计分录应为:

借:折旧费用　　　　　　　　　　　　12 000
　　贷:累计折旧　　　　　　　　　　　　　12 000

这样,未实现持有损益中当年已实现的金额为:

未实现持有损益中当年已实现的金额 = 现行成本折旧费用 − 历史成本折旧费用 = $12\ 000 − 9\ 600 = 2\ 400(元)$

但是,列示于现行成本资产负债表中的厂房设备应当是其现行成本及现行成本基础上的累计折旧额,而到目前为止与现行成本相抵的累计折旧额却是按照年初年末现行成本加权平均计算的。当年年末现行成本基础上的累计折旧额应为:

$144\ 000 \div 10 = 14\ 400(元)$

按年末现行成本计算的折旧额与按照年初年末加权平均计算的现行成本折旧额之间的差额2 400元就是卷入折旧。这项金额不妥善处理,资产负债表本身是无法平衡的。如果补做下述分录,就可以解决这一问题:

借:未实现持有损益　　　　　　　　　2 400
　　贷:累计折旧　　　　　　　　　　　　　2 400

这样,就使得累计折旧余额与厂房设备年末现行成本相抵后的金额符合给定的条件。同时,也通过借记未实现持有损益,使资产负债表自动平衡,并保持了收益表中现行成本折旧费用的合理性。

而未实现持有损益为:

未实现持有损益 = 未实现持有损益总额 – 未实现持有损益中当年已实现的金额 – 卷入折旧 = 48 000 – 2 400 – 2 400 = 43 200(元)

需要说明的是,如果通过比较厂房设备的现行成本净额来确定其现行成本变动额(即资产持有损益),就可以回避卷入折旧问题。下面我们为甲公司编制其持有损益计算表,借以确定其资产持有损益及其变动。在表12-4中,厂房设备的现行成本变动额是根据其年初年末现行成本净额计算的,因此,在后面就没有发生和处理卷入折旧问题。

甲公司资产持有损益计算表,如表12-4所示。

表12-4 甲公司资产持有损益计算表

2019年度(12月31日止)　　　　　　　　　　　　　　　　　　单位:元

	现行成本	历史成本	持有损益
存货,2018.12.31	516 000	396 000	120 000
存货,2019.12.31	384 000	302 400	81 600
销售成本	960 000	933 600	26 400
厂房设备(净值),2018.12.31	444 000	420 000	24 000
厂房设备(净值),2019.12.31	384 000	360 000	24 000
折旧费用	45 000	60 000	(15 000)
土地,2018.12.31	660 000	600 000	60 000
土地,2019.12.31	696 000	600 000	96 000
	存货	厂房设备	土地	合计
未实现持有损益				
2019.12.31	81 600	24 000	96 000	201 600
2018.12.31	120 000	24 000	60 000	204 000
未实现持有损益的增加(减少)	(38 400)	0	36 000	(2 400)
已实现持有损益	26 400	(15 000)	0	11 400
本年持有资产现行成本的增加(减少)	(12 000)	(15 000)	36 000	9 000

(三)重编以现行成本为基础的会计报表

下面,仍然以甲公司的会计报表资料为例,说明如何在现行成本的基础上重新编制会计报表。

根据前面第一步对甲公司历史成本会计报表按照现行成本调整的结果和第二步确定的资产持有损益(现行成本增加额),重新编制甲公司以现行成本为基础的会计报表,如表12-5、表12-6所示。

表12-5 甲公司收益及留存收益表

2019年度(12月31日止)　(以现行成本为基础)　　　　　　　　单位:元

销售收入	1 116 000
销售成本	<u>960 000</u>
销售毛利	156 000
营业费用(折旧费用除外)	48 000

续表

折旧费用	45 000	93 000
税前收益		63 000
所得税		18 000
现行成本营业收益(亏损)		45 000
已实现资产持有利得(损失)		114 00
已实现收益		564 00
未实现资产持有利得(损失)		(2 400)
现行成本净收益		54 000
留存收益,2018年12月31日		513 000
合计		567 000
现金股利		189 000
留存收益,2019年12月31日		378 000

表 12-6 甲公司比较资产负债表

（原始成本/名义货币基础）　　　　　　　　　　　　　单位：元

	2019.12.31	2018.12.31
资产		
现金	6 000	5 400
应收账款(净额)	84 000	86 400
存货	384 000	516 000
厂房设备(净额)	384 000	444 000
土地	696 000	660 000
资产合计	1 554 000	1 711 800
负债		
应付账款	180 000	201 600
应付所得税	12 000	13 200
应付债券(账面值)	264 000	264 000
负债小计	456 000	478 800
股东权益		
普通股	720 000	720 000
留存收益	378 000	513 000
股东权益小计	1 098 000	1 233 000
负债及股东权益合计	1 554 000	1 711 800

第三节 现行成本会计模式的评价

现行成本会计模式采用现行成本计量物价变动对传统会计的影响,能够在物价较剧烈变动的情况下,为会计信息使用者提供更为有用的会计信息。因此,现行成本会计模式具有十分积极的意义和实用价值,但是也存在某些局限性。

一、现行成本会计模式的优点

（一）可以为企业决策提供更为相关的会计信息

会计的基本目标是为经营决策提供信息。与企业经营决策相关的会计信息不是历史成本会计信息,而是现行成本会计信息。这是因为历史成本是沉没成本,它与制定未来经营决策并非直接相关,而现行成本与企业的经营决策直接相关,因而现行成本会计可以提供与决策更相关的会计信息。

（二）可以更加客观地评价企业管理人员的经营业绩

采用现行成本估价资产,可以使企业部分消除因所用资产、厂房设备年龄、消耗水平和生产能力因采用历史成本计价而产生的差异,从而可在统一的价格水平上确定费用,使所确定的经营收益能够建立在可比的基础上,从而有利于企业经营业绩的评价。同时,在现行成本会计中,将企业的收益划分为经营收益和资产持有损益两部分。经营收益的大小取决于企业的经营管理水平;而资产持有损益的大小不仅取决于管理水平,而且取决于物价变动的幅度。正是由于有了这种区分,才更有助于对管理人员的工作业绩进行分析评价。

（三）可以提供更为可靠的会计信息

现行成本会计以现行成本对资产进行计价,可以替代传统历史成本会计中多种多样的存货计价方法,使存货计价方法变得单一和合理,从而解决了历史成本会计由于资产购置时间的不同,使计价存在较大差异的现象;另一方面,现行成本会计以现行成本补偿生产中消耗的原材料和机器设备,可以维护企业的实际生产能力,从而避免历史成本会计所产生的虚假收益,为企业资源和收益的合理分配提供更为可靠的会计信息。

二、现行成本会计的缺点

（一）按现行成本计价缺乏客观依据

由于现行成本的确定需要大量的物价资料和进行复杂的计算,而且所依据的是动荡不定的市场价格。因而,客观真实地确定各项资产的现行成本是一项很困难的工作,在按估价或按个别物价指数进行调整时,会渗入大量的主观估计,难以防止管理人员根据自身利益的需要调整资产价格的现象发生。此外,在资产尚未出售（或处理）之前就确认资产持有损益,而这种资产持有损益将随物价的变动而变动,容易给人一种假象,从而产生虚假收益。

（二）取得现行成本资料的代价较大

由于现行成本会计完全脱离了历史成本会计，如果要求企业编制现行成本会计补充报表，就必须设置一整套会计账簿，这无疑将大大增加会计核算的费用，对中小企业是一笔不小的负担。在花费高昂的费用之后取得的现行成本资料，其效益是否一定大于成本，可能还是一个需要探讨的问题。正是由于人们存在着企业现行成本会计的效益小于成本的疑虑，使得现行成本会计的推行受到很大的阻力。

尽管如此，许多会计学者仍然认为现行成本会计模式要优于不变币值会计模式。

本章小结

现行成本会计模式是指以现行成本为计量属性，以名义货币为计量单位的会计程序和方法。它是用来反映或消除个别物价水平变动对传统会计影响的会计模式。

现行成本会计模式的基本步骤是：(1) 确定各项目的现行成本；(2) 确定资产持有损益；(3) 重编以现行成本为基础的会计报表。

现行成本会计模式可以提供与决策更相关的会计信息，可以更加客观地评价企业管理人员的经营业绩，从而增强了会计信息的可靠性。但同时由于现行成本的确定需要大量的物价资料和进行复杂的计算，其报表调整的成本较高。

【思考题】

1. 什么是现行成本会计模式？它有何特点？
2. 如何确定资产持有损益？
3. 现行成本会计模式基本程序由哪些步骤组成？
4. 如何运用现行成本会计模式重编会计报表？
5. 现行成本会计模式有何优缺点？

【自测题】

一、目的

练习现行成本会计模式的基本原理与方法。

二、资料

K 公司于 20×6 年年初开业，20×7 年历史成本/名义货币的资产负债表和收益及留存收益表如表 11-11 和表 11-12 所示（同第十一章自测题）。

三、其他有关资料如下

(1) 存货：20×6 年 12 月 31 日的现行成本为 390 000 元，20×7 年 12 月 31 日的现行成本为 555 000 元；

（2）固定资产原价：20×6年12月31日的现行成本为825 000元，20×7年12月31日的现行成本为870 000元；

（3）营业成本：20×6年的平均现行成本为660 000元，20×7年的平均现行成本为945 000元；

（4）营业收入、营业费用（折旧费除外）、所得税费用、现金股利其发生时的历史成本就是其现行成本。

四、要求

根据上述资料，调整并重编K公司现行成本会计报表。

第十三章

现行成本/不变币值会计

 学习目的与要求

通过本章学习,了解并掌握:
1. 现行成本/不变币值会计模式的基本原理;
2. 现行成本/不变币值会计模式的调整程序;
3. 现行成本/不变币值会计模式的优缺点。

现行成本/不变币值会计模式是以现行成本为计量属性,不变币值货币为计量单位,全面反映或消除物价变动对传统会计影响的会计程序和方法。

第一节 现行成本/不变币值会计的基本设想

现行成本/不变币值会计模式是一种完全不同于传统会计模式的物价变动会计。我们知道,传统会计模式以历史成本为计量属性,以名义货币为计量单位。而前面介绍的两种物价变动会计模式,即不变币值会计模式和现行成本会计模式的共同之处是,它们都只是从某一方面反映或消除物价变动对传统会计影响的物价变动会计模式,或是改变了传统会计的计量单位,以不变币值货币单位替代名义货币单位(不变币值会计模式),或是改变了传统会计的计量属性,以现行成本替代历史成本(现行成本会计模式)。具体地说,不变币值会计模式以不变币值货币单位取代了传统会计的名义货币单位,但仍保留其历史成本计量属性;而现行成本会计模式以现行成本取代了传统会计的历史成本计量属性,但仍保留名义货币计量单位。从这个意义上讲,这两种物价变动会计模式都不能全面反映或消除物价变动对传统会计的影响。而现行成本/不变币值会计模式既改变了传统会计的计量单位,又改变了其计量属性,也就是将传统会计的名义货币计量单位改为不变币值货币单位,将传统会计的历史成本计量属性改为现行成本计量属性。这实际上是将不变币值会计与现行成本会计有机地结合在一起,以发挥两者的长处,避免了两者的不足,以便能够全面地反映或消除物价变动对传统会计的影响,因而成为一种完全不同于传统会计模式的物价变动会计模式。

一、现行成本/不变币值会计模式的基本设想

现行成本/不变币值会计模式的基本设想是:以现行成本为计量属性,以不变币值货币为计量单位,借助于不变币值会计和现行成本会计的某些构想,也就是将不变币值会计的程序和方法与现行成本会计的程序和方法融为一体。采用这种物价变动会计模式时,通常是在历史成本/名义货币会计报表(传统会计报表)的基础上重编现行成本/不变币值会计报表。因此,也可以把现行成本/不变币值会计模式理解为一种报告模式。在这种情况下,运用物价资料所进行的一切调整,都是在会计期末进行的。当然,如果日常会计资料是以现行成本为计量属性记载的,则在会计期末,只需要按一定物价水平进行相应的调整与重述,并确认物价变动的复合影响就可以了。

二、现行成本/不变币值会计模式的基本内容

现行成本/不变币值会计模式的基本内容可概括如下:

(一) 以现行成本为计量属性,不变币值货币为计量单位

采用现行成本/不变币值会计模式时,日常的会计处理通常仍以历史成本为计量属性,以名义货币为计量单位,即仍然采用传统的历史成本会计模式。这样,在会计期末,首先需要确认各项资产的现行成本,并在此基础上,计算当年资产持有损益,编制出现行成本/名义货币会计报表(现行成本会计报表)。其次,要运用适用的一般物价指数,将现行成本/名义货币基础上的会计报表换算为现行成本/不变币值基础上的会计报表。

(二) 计算资产持有损益和购买力损益

在现行成本/不变币值会计模式下,资产持有损益与现行成本/名义货币会计(现行成本会计)模式下的计算方法相同,货币性项目净额上的购买力损益与历史成本/不变币值会计(不变币值会计)模式下的计算方法和计算结果相同。这是因为,在现行成本/名义货币会计(现行成本会计)模式下,在确认资产持有损益时,是不考虑货币性项目的;而在历史成本/不变币值会计(不变币值会计)模式下,在确认货币性项目净额上的购买力损益时,也没有考虑非货币性项目,因此,在现行成本/不变币值会计模式下,这两种物价水平(一般物价水平和个别物价水平)变动的影响就被分别予以确认了。但是,在最终编制的现行成本/不变币值会计报表中,所列示的资产持有损益却不是最初在重编现行成本/名义货币会计(现行成本会计)报表时所计算确定的金额,而是剔除了一般物价水平变动影响之后的金额。这是因为列示于现行成本/不变币值会计报表中的资产持有损益是根据一般物价指数调整了的资产持有损益,因而已剔除了一般物价水平变动的影响。

(三) 编制现行成本/不变币值会计报表

现行成本/不变币值会计报表是在对现行成本/名义货币会计(现行成本会计)报表数据

进行调整后编制的。

第二节 现行成本/不变币值会计的基本程序

由于现行成本/不变币值会计模式是不变币值会计和现行成本会计两种物价变动会计模式的有机结合,因此,其处理程序也表现为两者的相互结合。现行成本/不变币值会计模式的基本程序可概括为:(1)将历史成本/名义货币会计(传统会计)报表中的数据调整为现行成本;(2)确定资产持有损益;(3)编制现行成本/名义货币会计(现行成本会计)报表;(4)将现行成本/名义货币会计(现行成本会计)报表中的数据按不变币值货币进行调整;(5)计算货币性项目净额上的购买力损益;(6)计算剔除了一般物价水平变动影响的资产持有损益;(7)编制现行成本/不变币值会计报表。

现仍以第十一章甲公司的传统会计报表资料为例,说明现行成本/不变币值会计模式的基本程序和方法。

一、将历史成本/名义货币会计(传统会计)报表中的数据调整为现行成本

这是在日常会计处理采用历史成本/名义货币会计(传统会计)模式的情况下所必须进行的一步。如果日常会计处理采用现行成本计量属性,则不必进行这项调整。甲公司日常会计核算是在历史成本/名义货币会计(传统会计)模式下进行的,因此,需要进行必要的调整。其调整方法和结果与第十二章介绍的现行成本会计相同,这里不再重复。

二、确定资产持有损益

如前所述,资产持有损益需要在确认了期末现行成本的基础上计算。甲公司的资产持有损益已经在第十二章现行成本会计模式中通过"资产持有损益计算表"(表12-4)予以计算确定,这里不再重复。

三、编制现行成本/名义货币会计(现行成本会计)报表

在完成了第一、第二两个步骤之后,就可以重编现行成本/名义货币会计(现行成本会计)报表了。甲公司现行成本/名义货币会计(现行成本会计)收益及留存收益表和资产负债表见第十二章。

四、将现行成本/名义货币会计(现行成本会计)报表中的数据按不变币值货币单位进行调整

这里所要调整的是以现行成本为基础的比较资产负债表和收益及留存收益表。

（一）资产负债表的调整

在采用年末币值货币作为不变币值货币单位的情况下,以现行成本为基础的资产负债

表年末数中的绝大部分项目都已经调整为按年末货币表示的金额了。因此,对于这些已经调整的项目不必再进行调整,但是对于仍按历史成本或混合成本表述的项目(如普通股和留存收益)则需要通过一般物价指数将它们换算为不变币值货币单位表述的金额。而以现行成本为基础的资产负债表年初数则必须逐一通过一般物价指数进行调整,从而将它们换算为不变币值表述的金额。

对于甲公司的例子,其调整结果如表 13-1 所示。

表 13-1 资产负债表项目的调整　　　　　　　　　　　　　单位:元

2019 年 12 月 31 日调整后的金额	
现金	6 000
应收账款(净额)	84 000
存货	384 000
厂房设备(净额)	384 000
土地	696 000
应付账款	180 000
应付所得税	12 000
应付债券	264 000
普通股	720 000 × 150/100 = 1 080 000
留存收益	18 000
2018 年 12 月 31 日调整后的金额	
现金	5 400 × 150/120 = 6 750
应收账款(净额)	86 400 × 150/120 = 108 000
存货	516 000 × 150/120 = 645 000
厂房设备(净额)	444 000 × 150/120 = 555 000
土地	660 000 × 150/120 = 825 000
应付账款	201 600 × 150/120 = 252 000
应付所得税	13 200 × 150/120 = 16 500
应付债券	264 000 × 150/120 = 330 000
普通股	720 000 × 150/100 = 1 080 000
留存收益	461 250

注:留存收益 = 现行成本资产总额 − 现行成本负债总额 − 换算后的普通股

2019 年 12 月 31 日调整后的留存收益金额 = 1 554 000 − 456 000 − 1 080 000 = 18 000(元)

2018 年 12 月 31 日调整后的留存收益金额 = 2 139 750 − 598 500 − 1 080 000 = 461 250(元)

(二)收益及留存收益表的调整

由于收益及留存收益表中的项目都是在年度内均衡发生的,因此可以用换算系数"年末物价指数/平均物价指数"来换算,其具体计算过程如表 13-2 所示。

表 13-2　收益及留存收益表的调整　　　　　　　　　　　　　　单位：元

项目	计算
销售收入	1 116 000 × 150/125 = 1 339 200
销售成本	960 000 × 150/125 = 1 152 000
营业费用（折旧费用除外）	48 000 × 150/125 = 57 600
折旧费用（150/120）	45 000 × 150/125 = 54 000
所得税	18 000 × 150/125 = 21 600

现金股利的发放日是年末，所以不需要进行调整，仍是 189 000 元。

五、计算货币性项目净额上的购买力损益

在现行成本/不变币值会计模式下，货币性项目净额上的购买力损益的计算方法和计算结果与历史成本/不变币值会计（不变币值会计）模式下的计算方法和计算结果完全相同，这里不再作说明。甲公司在历史成本/不变币值会计（不变币值会计）模式下的货币性项目净额上的购买力损益为购买力收益 54 750 元。

六、计算剔除了一般物价水平变动影响后的资产持有损益

现行成本/不变币值会计模式下的资产持有损益仍然反映所持有资产的历史成本（首次实行现行成本会计）或年初现行成本与年末现行成本的差额。所不同的是，现行成本/不变币值会计模式下计算资产持有损益所涉及的现行成本和历史成本都应是已经根据一般物价指数换算过的，也就是已剔除了一般物价变动影响的现行成本和历史成本。在甲公司的举例中，应该是以具有年末货币单位表述的金额。因此，一般物价水平变动的影响已经被自动剔除了。正是由于这里的资产持有损益是已经剔除了一般物价变动影响的资产持有损益，所以，即使对于同一个企业来说，现行成本/不变币值模式下的资产持有损益也不会与现行成本/名义货币会计（现行成本会计）模式下的资产持有损益相同。

甲公司扣除一般物价变动影响后的资产持有损益的计算如表 13-3 所示。

表 13-3　扣除一般物价变动影响的资产持有损益计算表　　　　　单位：元

项目	现行成本（历史成本）名义货币	换算系数	现行成本（历史成本）不变币值货币	扣除一般物价影响的持有损益
存货，2019.12.31	384 000a (302 400)b	150/150 150/132	384 000 (343 636)	40 364
存货，2018.12.31	516 000c (396 000)d	150/120 150/118	645 000 (503 390)	141 610
购货	840 000e (840 000)f	150/125 150/125	1 008 000 (1 008 000)	0
销售成本	960 000g (933 600)h	150/125 *	1 152 000 (1 167 754)	(15 754)
存货现行成本的增加(减少) (a−b)−(c−d)+(e−f)+(g−h)	(12 000)		(117 000)	(117 000)

续表

项目	现行成本(历史成本)名义货币	换算系数	现行成本(历史成本)不变币值货币	扣除一般物价影响的持有损益
厂房设备(净值), 2019.12.31	384 000i (360 000)j	150/150 150/100	384 000 (540 000)	(156 000)
厂房设备(净值), 2018.12.31	444 000k (420 000)l	150/120 150/100	555 000 (630 000)	(75 000)
折旧费用	45 000m (60 000)n	150/125 150/100	54 000 (90 000)	(36 000)
厂房设备现行成本的增加(减少) (i-j)-(k-l)+(m-n)	(15 000)		(117 000)	(117 000)
土地, 2019.12.31	696 000o (600 000)p	150/150 150/100	696 000 (900 000)	(204 000)
土地, 2018.12.31	660 000q (600 000)r	150/120 150/100	825 000 (900 000)	(75 000)
土地现行成本的增加(减少) (o-p)-(q-r)	36 000		(129 000)	(129 000)
	存货	厂房设备(净值)	土地	合计
未实现持有利得(损失) 2019.12.31 2018.12.31	40 364 141 610	(156 000) (75 000)	(204 000) (75 000)	(319 636) (8 390)
未实现持有利得(损失)的增加(减少)	(101 246)	(81 000)	(129 000)	(311 246)
已实现持有利得(损失)	(15 754)	(36 000)	0	(51 754)
本年持有利得(损失)的增加(减少)	(117 000)	(117 000)	(129 000)	(363 000)
	现行成本/名义货币	通货膨胀因素=现行成本/名义货币-现行成本/不变币值货币		现行成本/不变币值货币
现行成本的增加(减少) 存货 厂房设备 土地 合计	(12 000) (15 000) 36 000 9 000	105 000 102 000 165 000 372 000		(117 000) (117 000) (129 000) (363 000)

注:

40 364 = 81 600 + (384 000 - 384 000) - (343 636 - 302 400)

141 610 = 120 000 + (645 000 - 516 000) - (503 390 - 396 000)

(15 754) = 26 400 + (1 152 000 - 960 000) - (1 167 754 - 933 600)

(117 000) = 40 364 - 141 610 - 15 754

(156 000) = 24 000 + (384 000 - 384 000) - (540 000 - 360 000)

(75 000) = 24 000 + (555 000 - 444 000) - (630 000 - 420 000)

(36 000) = (15 000) + (54 000 - 45000) - (90 000 - 60 000)

(117 000) = (156 000) - (75 000) + (36 000)

(204 000) = 96 000 + (696 000 - 696000) - (900 000 - 600 000)
(75 000) = 60 000 + (825 000 - 660 000) - (900 000 - 600 000)
(129 000) = (204 000) - (75 000)

*1 167 754 来自不变币值会计模式的收益及留存收益表。

七、编制现行成本/不变币值会计报表

最后,我们根据以上资料,为甲公司编制的现行成本/不变币值会计报表如表 13-4,表 13-5 所示。

表 13-4 甲公司收益及留存收益表

2019 年度(12 月 31 日止) （现行成本/不变币值基础） 单位:元

销售收入		1 339 200
销售成本		1 152 000
销售毛利		187 200
营业费用(折旧费用除外)	57 600	
折旧费用	54 000	111 600
税前收益		75 600
所得税		21 600
现行成本经营收益(亏损)		54 000
已实现资产持有利得(损失)(不包括通货膨胀因素)		(51 754)
已实现收益		2 246
未实现资产持有利得(损失)(不包括通货膨胀因素)		(311 246)
		(309 000)
货币性项目上的购买力损益		54 750
现行成本净收益		(254 250)
留存收益,2018.12.31		461 250
合计		207 000
现金股利		189 000
留存收益,2019.12.31		18 000

表 13-5 甲公司比较资产负债表

2018 年和 2019 年 12 月 31 日 单位:元

	2019.12.31	2018.12.31
资产		
现金	6 000	6 750
应收账款(净额)	84 000	108 000

续表

	2019.12.31	2018.12.31
存货	384 000	645 000
厂房设备(净额)	384 000	555 000
土地	696 000	825 000
资产合计	1 554 000	2 139 750
负债		
应付账款	180 000	252 000
应付所得税	12 000	16 500
应付债券(账面值)	264 000	330 000
负债小计	456 000	598 500
股东权益		
普通股	1 080 000	1 080 000
留存收益	18 000	461 250
股东权益小计	1 098 000	1 541 250
负债及股东权益合计	1 554 000	2 139 750

第三节　现行成本/不变币值会计模式的评价

现行成本/不变币值会计模式综合了不变币值会计模式和现行成本会计模式的优点,当然也保留了两者的不足。

一、现行成本/不变币值会计模式的优点

(一) 能够为决策提供更为相关的会计信息

不变币值会计模式改变了传统会计的计量单位,在一定程度上反映或消除了一般物价水平变动的影响,但它采用的历史成本计量属性决定了它所提供的会计信息的局限性。现行成本会计改变了传统会计的计量属性,能够提供比历史成本计价更为相关的会计信息,但它仍然采用名义货币计量单位,不能全面反映或消除物价变动对传统会计的影响。而现行成本/不变币值会计模式既改变了传统会计的计量单位,又改变了它的计量属性。因而综合了不变币值会计模式和现行成本会计模式的优点,它以不变币值作为计量单位,以现行成本作为计量属性,从而能够提供对决策更为相关的会计信息。

(二) 可以更加真实地反映企业的收益并更好地评价管理人员的业绩

传统会计以现行收入与历史成本相配比计算收益,而且以名义货币单位计量,从而使收

益水分加大。现行成本/不变币值会计模式以不变币值货币计量的现行收入与现行成本相配比,使计算出的收益更为客观。同时,将收益分为经营损益和持有收益,并对持有损益进一步加以区分,能够较科学地评价管理人员运用资本获取利润的能力和资产保值增值的水平。

二、现行成本/不变币值会计模式的缺点

(一)所需的资料难以得到

现行成本/不变币值会计模式为了全面反映或消除物价变动对传统会计信息的影响,采用现行成本计价。但各项资产的现行成本资料的获得是一大难题,实际上很难避免主观随意性。此外,用不变币值货币作为计量单位需要各种与企业资产结构相适应的物价指数,而这些物价指数同样难以取得。这就使得现行成本/不变币值会计模式的推广应用受到限制。

(二)会计程序和方法过于繁杂,使信息阅读者不易理解

从本章的举例可以看出,采用现行成本/不变币值会计模式对以现行成本计量基础的会计报表还需要按不变币值货币进行换算,既要反映货币购买力损益,又要反映资产持有损益,还要对持有损益加以区分,其调整计算过程比较复杂,并且经过多次调整计算后得到的报表资料,在理解上有一定的难度,实际上,能真正理解这种报表所提供信息的使用者是很少的。

(三)需要花费较高的成本,很难符合效益原则

由于现行成本/不变币值会计模式的程序和方法较为复杂,因而大大增加了其工作量,相应地也就增加了信息的取得成本,从而使其效益是否一定大于成本成为一个值得探讨的问题。

另外,迄今为止,还找不到全面实行现行成本/不变币值会计模式的例子。不过,美国和加拿大曾经采取在这一模式的框架上提供有关信息的做法。

本 章 小 结

现行成本/不变币值会计模式是以现行成本为计量属性,不变币值货币为计量单位,全面反映或消除物价变动对传统会计影响的会计程序和方法。

不变币值会计模式的基本步骤是:(1)将历史成本/名义货币会计(传统会计)报表中的数据调整为现行成本;(2)确定资产持有损益;(3)编制现行成本/名义货币会计(现行成本会计)报表;(4)将现行成本/名义货币会计(现行成本会计)报表中的数据按不变币值货币进行调整;(5)计算货币性项目净额上的购买力损益;(6)计算剔除了一般物价水平变动影响的资产持有损益;(7)编制现行成本/不变币值会计报表。

现行成本/不变币值会计模式综合了不变币值会计模式和现行成本会计模式的优点,当

然也保留了两者的不足。

【思考题】

1. 什么是现行成本/不变币值会计模式？它有何特点？
2. 现行成本/不变币值会计模式有哪些基本程序？
3. 如何运用现行成本/不变币值会计模式重编会计报表？
4. 如何评价现行成本/不变币值会计模式？
5. 你认为在我国有推行物价变动会计的必要么？如果有必要，应该选择哪种物价变动会计模式？为什么？如果认为没有必要，也请说明理由。

【自测题】

一、目的

练习现行成本/不变币值会计模式的基本原理与方法。

二、资料

K 公司于 20×6 年年初开业，20×7 年历史成本/名义货币的资产负债表和收益及留存收益表如表 11-11 和表 11-12 所示（同第十一章自测题）。

三、其他有关资料如下

（同第十一章、第十二章自测题）。

四、要求

根据上述资料，调整并重编 K 公司现行成本/不变币值会计报表。

第五篇

合并财务报表专题

本篇将分章论述企业合并的形式以及所产生的会计问题,购买法和股权结合法的会计处理方法,进而阐述企业集团合并会计报表的编制方法及其国际惯例。

第十四章

合并财务报表的理论基础和编制程序

 学习目的与要求

通过本章学习,了解并掌握:
1. 合并财务报表的基本理论;
2. 合并财务报表的合并范围;
3. 合并财务报表的编制流程。

第一节 合并财务报表概述

一、合并财务报表的定义及其特征

(一)合并财务报表的定义

合并财务报表又称合并会计报表。它是以母公司和子公司组成的企业集团为一会计主体,以母公司和子公司单独编制的个别财务报表为基础,由母公司编制的综合反映企业集团财务状况、经营成果及现金流量的财务报表。

(二)合并财务报表的特征

与中级财务会计阶段所学习的个别财务报表相比,合并财务报表存在以下两个明显特征:

1. 报告主体(会计主体)不同

合并财务报表虽然是由母公司编制而成,但是它与母公司编制的个别财务报表相比有显著区别。母公司的个别财务报表是为其自身编制的,报表上的财务数据应该基于母公司自身的角度予以界定,而母公司编制的合并财务报表却是基于整个企业集团(包括母公司和应当纳入合并范围的子公司在内)的角度。两者的立场不同决定了同样的交易在不同的报表上(母公司编制的个别财务报表和合并财务报表)对外列示的结果也可能会有差异。

[**例 14-1**] 甲公司持有乙公司60%的股权,当年甲公司出售一批商品给乙公司,这批商品在甲公司的账面价值为60万元(未计提存货跌价准备),售价为100万元,货款已经结算完毕。假设乙公司购入该批商品后作为原材料处理,截止当年年末该批原材料尚未领用。假设不考虑税收因素。

(1) 甲公司会计处理:

甲公司账务处理中将当年的发出商品作为销售处理,分别确认了100万元的主营业务收入和60万元的主营业务成本。

借:银行存款　　　　　　　　　　　1 000 000
　　贷:主营业务收入　　　　　　　　　　1 000 000
借:主营业务成本　　　　　　　　　　600 000
　　贷:库存商品　　　　　　　　　　　　600 000

(2) 乙公司会计处理:

乙公司账务处理中将购入的商品的作为原材料入账,入账金额为100万元。

借:原材料　　　　　　　　　　　　1 000 000
　　贷:银行存款　　　　　　　　　　　　1 000 000

(3) 合并财务报表会计处理:

甲公司编制的合并财务报表应当基于集团角度(甲公司+乙公司)处理该笔交易。站在整个集团的角度来讲,甲公司向乙公司销售商品属于集团内部交易,这种内部交易的结果应当内部化(抵销),而不应该列示于合并财务报表上。因此在合并财务报表上不会留下这种交易的痕迹,即报表上的收入和成本均为0。

此外,甲公司的商品销售给了乙公司,对于企业集团来讲,这只不过是一种存货的内部转移,不会引起存货的价值增值。因此在合并财务报表上这批商品不仅仍然以存货的名义对外列示,而且金额应当保持不变,即为60万元。至于具体的会计处理此处略过,详见本书第17章第2节的内容。

针对上述甲、乙和集团的不同处理,我们将其报表影响列示如下:

表14-1　甲、乙和集团角度的报表影响　　　　　　　　　　　单位:万元

报表项目	甲公司个别财务报表	乙公司个别财务报表	集团合并财务报表
存货	0	100	60
营业收入	100	0	0
营业成本	60	0	0

2. 编制的依据不同

通过中级财务会计阶段的课程学习,我们知道个别财务报表的编制是以企业账簿为依据,对于企业财务人员来说,每月都要遵循"原始凭证→记账凭证→会计账簿→会计报表(个别报表)"的循环流程。但是合并财务报表的编制依据却不是母子公司的账簿数据,而是母

子公司的个别财务报表。

二、合并财务报表的种类

（一）按反映的具体内容不同分类

与个别财务报表的构成相似,合并财务报表同样由"四表一注"组成,至少应当包括下列各项:(1)合并资产负债表;(2)合并利润表;(3)合并所有者权益变动表(或合并股东权益变动表);(4)合并现金流量表;(5)附注。它们分别从不同的方面反映企业集团财务状况、经营成果及其现金流量等情况,构成一个完整的合并财务报表体系。具体而言：

1. 合并资产负债表

合并资产负债表是反映母公司和子公司所形成的企业集团某一特定日期财务状况的报表。

2. 合并利润表

合并利润表是反映母公司和子公司所形成的企业集团整体在一定期间内经营成果的报表。

3. 合并所有者权益变动表(或合并股东权益变动表)

合并所有者权益变动表(或合并股东权益变动表)是反映母公司在一定期间内,包括经营成果分配在内的所有者(或股东)权益增减变动情况的报表。它是从母公司的角度,站在母公司所有者的立场反映企业所有者(或股东)在母公司中的权益增减变动情况的。

4. 合并现金流量表

合并现金流量表是反映母公司和子公司所形成的企业集团在一定期间现金流入、流出量以及现金净增减变动情况的报表。

5. 合并报表附注

附注是对在合并资产负债表、合并利润表、合并现金流量表和合并所有者权益变动表(或合并股东权益变动表)等报表中列示项目的文字描述或明细资料,以及对未能在这些报表中列示项目的说明等。

（二）按编制的时间不同分类

合并财务报表按照编制的时间不同可分为两类,分别为:购并日的合并财务报表和购并日后的合并财务报表。

1. 购并日的合并财务报表

购并日的合并财务报表又称控制权日合并财务报表,是指母公司取得对子公司控制权当天编制的合并财务报表。理论上会计年度中的任何一天都可以成为母公司对子公司的控制权取得日,因此此类合并财务报表编制一般没有时间限制,但是却有次数限制,只能编制一次,即在母公司首次取得对子公司控制权当天编制合并财务报表。如果控制权日后母公司追加购入子公司股权,则并不涉及购并日的合并财务报表编制事宜。

考虑到企业合并的类型分为同一控制企业合并和非同一控制企业合并,因此购并日的合并财务报表包括合并日合并财务报表和购买日合并财务报表两种。前者是指同一控制下控股合并中母公司取得对子公司控制权当天编制的合并财务报表,至少包括三张报表,分别为合并资产负债表、合并利润表和合并现金流量表,而后者则是指非同一控制下控股合并中母公司取得对子公司控制权当天编制的合并财务报表,仅包括合并资产负债表一张。

2.购并日后的合并财务报表

购并日后的合并财务报表又称控制权日后合并财务报表,是指母公司取得对子公司控制权后定期编制的合并财务报表,例如:年报、半年报以及季报等。在教学中,我们一般以年报为例介绍购并日后合并财务报表的编制。

根据企业合并的类型,此类合并财务报表同样需要区分同一控制和非同一控制两种情形,具体包括合并日后合并财务报表和购买日后合并财务报表两种。

三、合并财务报表的作用

合并财务报表的作用主要表现在两个方面:第一,合并财务报表能够对外提供反映由母子公司组成的企业集团整体经营情况的会计信息。在控股经营的情况下,母公司和子公司都是独立的法人实体,分别编报自身的个别财务报表,分别反映企业本身的生产经营情况,这些个别财务报表并不能够有效地提供反映整个企业集团的会计信息。为此,要了解控股公司整体经营情况,就需要将控股公司与被控股子公司的个别财务报表进行合并,通过编制合并财务报表提供反映企业集团整体经营的会计信息,以满足企业集团管理当局强化对被控股企业管理的需要。第二,合并财务报表有利于避免一些企业集团利用内部控股关系,人为粉饰财务报表情况的发生。控股公司的发展也带来了一系列新的问题,一些控股公司利用对子公司的控制和从属关系,运用内部转移价格等手段,如低价向子公司提供原材料、高价收购子公司产品,出于避税考虑而转移利润;再如,通过高价对企业集团内的其他企业进行销售,低价购买其他企业的原材料,转移亏损。通过编制合并财务报表,可以将企业集团内部交易所产生的收入及利润予以抵销,使财务报表反映企业集团客观真实的财务和经营情况,有利于防止和避免控股公司人为操纵利润、粉饰财务报表现象的发生。例如:上述[例14-1]就很好地诠释了这一作用,通过编制合并财务报表将甲公司个别财务报表上的"业绩"(收入和成本)予以抹除,同时剔除乙公司个别财务报表上存货中的"虚假价值",只保留真实的外部交易,有利于报表使用者了解集团的真实情况。

第二节 合并财务报表编制的理论选择

虽然合并财务报表的构成与个别财务报表相似都是由"四表一注"构成,但是两者编制的出发点不同导致合并财务报表编制的理论选择与个别财务报表存在较大差异,本节主要从合并财务报表编制的相关理论以及常见处理方法角度进行介绍。

一、合并财务报表编制的基本理论

目前国际上关于合并财务报表编制的基本理论代表性的主要有三种,分别为:所有权理论、实体理论和母公司理论。这些理论在母公司对非全资子公司编制合并财务报表时关于企业集团界定、少数股东(未掌控子公司股权的股东)和商誉处理方面存在较大差异,为此我们需要先了解这些理论的不同观点。

(一) 所有权理论

所有权理论又称业主权理论,认为母子公司之间的关系应当理解为拥有和被拥有的关系而不是控制与被控制的关系。该理论认为合并财务报表编制目的仅仅是为了满足母公司股东了解其拥有资源的信息需求,无需太多顾及子公司少数股东对于信息的索取。基于这一立场,当母公司对非全资子公司编制合并财务报表时,纳入合并范围的并不是子公司的全部资源而仅限于为母公司所拥有的部分。例如,子公司的资产、负债、各类损益以及合并商誉都是按照母公司实际拥有的股权比例纳入合并财务报表,而子公司少数股东拥有的权益(少数股东权益)和损益分享额(少数股东损益)则不会包含在合并财务报表中。

所有权理论引导下形成的合并财务报表所反映的集团资源主要包括两部分:一是母公司自身的资源;二是子公司资源中为母公司股东按照持股比例所拥有(而非控制)的部分。这种理论虽然严格遵循了按股权比例分配资源的思路,但是忽视了"控制"的真正魅力。须知现实生活中,母公司凭借其独一无二的控制权可以支配子公司的全部资源,这种支配力并不是持股比例所能体现的。因此,所有权理论的做法违背了"实质重于形式"的原则。

(二) 实体理论

实体理论又称经济实体理论,认为母子公司之间的关系应当理解为控制和被控制的关系而不是拥有与被拥有的关系。该理论认为合并财务报表的编制目的不仅仅是为了满足母公司股东了解其拥有资源的信息需求,同时也应该服务于子公司的少数股东。基于这一立场,当母公司对非全资子公司编制合并财务报表时,纳入合并范围的应当是子公司的全部资源包括子公司少数股东所拥有的部分,例如:子公司的资产、负债以及各类损益都是按照全比例(即百分之百)纳入合并财务报表,其中就包括了子公司少数股东拥有的权益(少数股东权益)和损益分享额(少数股东损益)。

实体理论引导下形成的合并财务报表所反映的集团资源主要包括两部分:一是母公司自身的资源;二是子公司资源。尤其是对于合并商誉,实体理论下确认的合并商誉既包括母公司获得控制权时形成的商誉,还包括少数股东的推定商誉。这种理论在处理子公司各类大小股东权益的问题上基本遵循了一视同仁的思路,能够予以同等对待。

(三) 母公司理论

母公司理论并不能算是一种全新的理论,它是在所有权理论和实体理论基础上发展而来。在合并财务报表的编制目的方面,母公司理论采用了所有权理论的观点,即合并财务报表的编制仅仅是为了满足母公司股东的信息需求,但是在合并财务报表的权益内容方面,母公司理论基本采用了实体理论的观点,即需要将包括子公司少数股东权益在内的所有子公司权益都纳入合并财务报表。只是母公司理论将少数股东视为债权人看待,将少数股东权益和少数股东损益分别归入负债和费用处理。基于这一立场,母公司理论在合并资产负债表中只是按照母公司股东持股比例确认了合并商誉。

对于,上述三种理论的比较我们简要概括如表14-2所示。

表 14-2 三种理论在对待非全资子公司合并方面的区别

处理内容	所有权理论	实体理论	母公司理论
合并报表编制目的	满足母公司股东和债权人	满足集团全体股东(包括子公司股东)和债权人	满足母公司股东和债权人
子公司可辨认资产	按母公司股东持股比例并入合并报表	按全额(100%)并入合并报表	按全额(100%)并入合并报表
子公司合并商誉	合并商誉不包括子公司少数股东商誉	合并商誉包括子公司少数股东推定商誉	合并商誉不包括子公司少数股东商誉
子公司负债	按母公司股东持股比例并入合并报表	全额(100%)并入合并报表	全额(100%)并入合并报表
子公司各类损益	按母公司股东持股比例并入合并报表	全额(100%)并入合并报表	全额(100%)并入合并报表
子公司少数股东	合并报表中没有少数股东一席之地	将少数股东和母公司股东同等对待,单独确认少数股东权益和少数股东损益	将少数股东纳入合并范围,但是视为债权人。少数股东权益归为负债,少数股东损益归为费用
未实现内部交易损益	按照母公司持股比例抵销	逆流交易按母公司股东和少数股东持股比例分配抵销;顺流交易按 100% 比例抵销	逆流交易按母公司持股比例抵销,少数股东部分不抵销;顺流交易按 100% 比例抵销

二、我国合并财务报表编制的理论选择

《企业会计准则第 20 号——企业合并》和《企业会计准则第 33 号——合并财务报表》并没有明确指出我国合并财务报表编制所采用的理论,但是从准则规定的处理方法中我们可以看出我国合并财务报表的编制是以实体理论为主,母公司理论为辅。我们将第 20 和 33 号准则中体现合并财务报表编制理论的处理要求简要分述如下:

(一)实体理论的体现

1. 子公司可辨认净资产

现行会计准则规定子公司的所有可辨认资产、负债都应当全比例纳入合并财务报表,即使母公司对子公司的持股比例不足 100%。

2. 子公司各类收入、成本和费用

现行会计准则规定合并利润表应当包括参与合并财务报表编制的所有公司(包括母公司和子公司)当期各类损益,但是需要抵销的未实现内部交易损益除外。因此,如果不考虑内部交易的话,子公司当期各类收入、成本和费用都应当全比例纳入合并财务报表,即使母公司对子公司的持股比例不足 100%。

3. 子公司少数股东

现行会计准则并没有将子公司少数股东视为债权人处理,还是与母公司股东一样享有

股东待遇,具体表现在合并资产负债表和合并利润表的报表格式中。

(1) 合并资产负债表中单独设置"少数股东权益"项目用于反映少数股东对子公司所有者权益的分享,虽然该项目位于"归属于母公司股东权益合计"项目之下,但是也属于所有者权益类别,不属于负债类别。

(2) 合并利润表中"净利润"项目下分别设置"归属于母公司股东的净利润"和"少数股东损益"两个独立项目,由此可见合并利润表中的利润计算包含了少数股东的份额。

4. 母子公司间未实现内部交易损益抵销

《企业会计准则第33号——合并财务报表》第36条对母子公司间顺流和逆流交易中未实现内部交易损益的抵销做出了以下规定:

(1) 顺流。母公司向子公司出售资产所发生的未实现内部交易损益,应当全额抵销"归属于母公司股东的净利润"。

(2) 逆流。子公司向母公司出售资产所发生的未实现内部交易损益,应当按照母公司对该子公司的分配比例在"归属于母公司股东的净利润"和"少数股东损益"之间分配抵销。

(二) 母公司理论的体现

我国会计准则中将企业合并分为同一控制和非同一控制两种类型。同一控制下的企业合并中母公司不确认对子公司的合并商誉,但是非同一控制下的企业合并中我们通常按照以下公式计算合并商誉。

合并商誉 = 企业合并成本 - 合并中取得的被购买方可辨认净资产公允价值份额

上述"份额"两字就体现了现行会计准则是按照母公司持股比例来确认合并商誉的。

三、企业合并的会计处理方法

企业合并时的会计处理方法代表性的有两种,分别是权益结合法和购买法。我国现行会计准则对于同一控制下企业合并的会计处理原则上采用权益结合法,而非同一控制下企业合并的会计处理原则上采用购买法。以下我们分别介绍这两种方法的主要处理思路。

(一) 权益结合法

权益结合法又称权益联合法,认为不应当将母公司对子公司的合并视作购买行为,而应理解为母子公司间通过股权交换形成的所有者权益的联合。在这种联合方式下,合并财务报表的编制要求为:

1. 合并资产负债表

母子公司的资产、负债应当按照其原有账面价值列示于合并资产负债表上。此外,由于双方的合并交易不能视作购买行为,因此不用考虑股权支付对价的超支或节约,即无须确认合并商誉或营业外收入。

2. 合并利润表

无论母子公司的合并发生在哪一天,母子公司当年全年的利润都应当纳入合并利润表中。双方以前年度的利润(留存收益)也应予以合并。

(二) 购买法

购买法认为母公司对子公司的合并应当视作购买行为,即相当于母公司通过支付对价

购入子公司的资产同时承担其相应的负债。在这种购买方式下,合并财务报表的编制要求为:

1. 合并资产负债表

因企业合并被视作母公司对子公司的购买,所以母公司的资产、负债应当按照其原有账面价值列示于合并资产负债表上,而子公司的资产、负债则应当按照企业合并当日的公允价值列示。另一方面,企业购买行为的定性使得我们有必要考虑股权支付对价的超支或节约,即根据情况确认合并商誉或营业外收入。

2. 合并利润表

需要纳入合并利润表的利润应当包括母公司当年的利润以及子公司在当年被合并后产生的利润,但不能包括子公司当年被合并前产生的利润。

第三节 合并财务报表的合并范围

一、合并范围的一般性确定

合并范围是指参与合并财务报表编制的主体范围,母公司应当以"控制"为基础判定纳入合并范围的子公司(包括母公司所控制的单独主体)。2014年2月发布并于同年7月1日开始实施的修订后《企业会计准则第33号——合并财务报表》对"控制"和"母子公司"的界定做出了重新修订,现将其主要内容整理如下:

(一)"控制"的界定

2006年颁布的《企业会计准则第33号——合并财务报表》第6条规定:控制,是指一个企业能够决定另一个企业的财务和经营政策,并能据以从另一个企业的经营活动中获取利益的权力。

2014年颁布的修订后《企业会计准则第33号——合并财务报表》第7条规定:控制,是指投资方拥有对被投资方的权力,通过参与被投资方的相关活动而享有可变回报,并且有能力运用对被投资方的权力影响其回报金额。

新的"控制"概念的界定说明投资方要想实现对被投资方的控制需要具备三个基本要素:一是投资方拥有对被投资方的权力;二是投资方因参与被投资方的相关活动而享有可变回报;三是投资方可以利用其对被投资方的权力影响其获得的回报金额。

1. 投资方拥有对被投资方的权力

所谓的"投资方拥有对被投资方的权力"是指投资方能够主导被投资方的相关活动。"权力"的产生往往来自于控制方因持有权益工具而获得的表决权,但有时表决权本身不足以对被投资方的可变回报产生重大影响,这时权力可能表现为其他合同安排。

(1)"投资方拥有对被投资方的权力"的辨别。

除非有确凿证据表明其不能主导被投资方相关活动,下列情况表明投资方对被投资拥有权力：

① 投资方持有被投资方半数以上的表决权；

② 投资方持有被投资方半数或以下的表决权，但通过与其他表决权持有人之间的协议能够控制半数以上表决权。

投资方持有被投资方半数或以下的表决权，但综合考虑下列事实和情况后，判断投资方持有的表决权足以使其目前有能力主导被投资方相关活动的，视为投资方对被投资方拥有权力：

a. 投资方持有的表决权相对于其他投资方持有的表决权份额的大小，以及其他投资方持有表决权的分散程度。

b. 投资方和其他投资方持有的被投资方的潜在表决权，如可转换公司债券、可执行认股权证等。

c. 其他合同安排产生的权利。

d. 被投资方以往的表决权行使情况等其他相关事实和情况。

③ 某些情况下投资方可能难以判断其享有的权利是否足以使其拥有对被投资方的权力。在这种情况下，投资方应当考虑其具有实际能力以单方面主导被投资方相关活动的证据，从而判断其是否拥有对被投资方的权力。投资方应考虑的因素包括但不限于下列事项：

a. 投资方能否任命或批准被投资方的关键管理人员。

b. 投资方能否出于其自身利益决定或否决被投资方的重大交易。

c. 投资方能否掌控被投资方董事会等类似权力机构成员的任命程序，或者从其他表决权持有人手中获得代理权。

d. 投资方与被投资方的关键管理人员或董事会等类似权力机构中的多数成员是否存在关联方关系。

（2）实质性权利和保护性权利。

投资方在判断是否拥有对被投资方的权力时，应当仅考虑与被投资方相关的实质性权利，包括自身所享有的实质性权利以及其他方所享有的实质性权利，但仅享有保护性权利的投资方不拥有对被投资方的权力。

实质性权利，是指权利持有人在对相关活动进行决策时有实际能力行使的可执行权利。判断一项权利是否为实质性权利，应当综合考虑所有相关因素，包括权利持有人行使该项权利是否存在财务、价格、条款、机制、信息、运营、法律法规等方面的障碍；当权利由多方持有或者行权需要多方同意时，是否存在实际可行的机制使得这些权利持有人在其愿意的情况下能够一致行权；权利持有人能否从行权中获利等。

保护性权利，是指仅为了保护权利持有人利益却没有赋予持有人对相关活动决策权的一项权利。保护性权利通常只能在被投资方发生根本性改变或某些例外情况发生时才能够行使，它既没有赋予其持有人对被投资方拥有权力，也不能阻止其他方对被投资方拥有权力。

2. 参与相关活动而享有可变回报

（1）相关活动。

这里的相关活动，是指对被投资方的回报产生重大影响的活动。被投资方的相关活动应当根据具体情况进行判断,通常包括商品或劳务的销售和购买、金融资产的管理、资产的购买和处置、研究与开发活动以及融资活动等。

(2) 可变回报。

这里的可变回报是指投资方从被投资方获得的回报金额不是固定的,而是随着被投资方的业绩变化而波动,这种波动可能表现为正回报、负回报甚至两者兼而有之。

可变回报的形式包括:①股利、被投资方经济利益的其他分配(例如:被投资方发行的债务工具产生的利息)、投资方对被投资方的投资的价值变动;②因向被投资方的资产或负债提供服务而得到的报酬、因提供信用支持或流动性支持收取的费用或承担的损失、被投资方清算时在其剩余净资产中所享有的权益、税务利益、因参与被投资方而获得的未来流动性;③其他利益持有方无法得到的回报,例如投资方将自身资产与被投资方的资产整合以实现规模经济,达到节约成本的目的。

需要说明的是,有权分享被投资方可变回报的投资方并不仅限于控制方,例如子公司的少数股东也有权力分享其利润。

3. 能够利用其权力影响回报金额

投资方必须不仅拥有主导被投资方相关活动的权力和能够通过参与相关活动而享有可变回报,而且投资方还应该能够借助其对被投资方的权力来影响其所获取的回报金额。只有三个基本要素同时满足时,投资方才控制被投资方。

(二) 母公司和子公司的界定

2006 年颁布的《企业会计准则第 33 号——合并财务报表》第 2 条规定:母公司,是指有一个或一个以上子公司的企业(或主体)。子公司,是指被母公司控制的企业。

2014 年颁布的修订后《企业会计准则第 33 号——合并财务报表》第 2 条规定:母公司,是指控制一个或一个以上主体(含企业、被投资单位中可分割的部分,以及企业所控制的结构化主体等)的主体。子公司,是指被母公司控制的主体。

新的"母子公司"概念的界定说明母公司可以是企业,如《公司法》所规范的股份有限公司、有限责任公司,也可以是主体,如非企业形式的、但形成会计主体的其他组织,如基金等。子公司可以是企业,如《公司法》所规范的股份有限公司、有限责任公司,也可以是主体,如非企业形式的、但形成会计主体的其他组织,如基金以及信托项目等特殊目的主体等。

▶▶ 二、合并范围的特殊规定

投资方通常应当对是否控制被投资方整体进行判断。但极个别情况下,有确凿证据表明同时满足下列条件并且符合相关法律法规规定的,投资方应当将被投资方的一部分(以下简称"该部分")视为被投资方可分割的部分(单独主体),进而判断是否控制该部分(单独主体):

1. 该部分的资产是偿付该部分负债或该部分其他权益的唯一来源,不能用于偿还该部分以外的被投资方的其他负债;

2. 除与该部分相关的各方外,其他方不享有与该部分资产相关的权利,也不享有与该部分资产剩余现金流量相关的权利。

如果投资方能够控制上述可分割部分,则应当将该部分纳入合并范围,而其他方在考虑对被投资方的合并时不能再将该部分考虑在内。

三、合并范围的豁免规定

（一）投资性主体

1. 投资性主体的定义

当母公司同时满足下列条件时，该母公司属于投资性主体：

（1）该公司是以向投资者提供投资管理服务为目的，从一个或多个投资者处获取资金；

（2）该公司的唯一经营目的，是通过资本增值、投资收益或两者兼有而让投资者获得回报；

（3）该公司按照公允价值对几乎所有投资的业绩进行考量和评价。

2. 投资性主体的特征

母公司属于投资性主体的，通常情况下应当符合下列所有特征：

（1）拥有一个以上投资；

（2）拥有一个以上投资者；

（3）投资者不是该主体的关联方；

（4）其所有者权益以股权或类似权益方式存在。

（二）合并范围的豁免规定

母公司应当将其全部子公司（包括母公司所控制的单独主体）纳入合并财务报表的合并范围。

如果母公司是投资性主体，则母公司应当仅将为其投资活动提供相关服务的子公司（如有）纳入合并范围并编制合并财务报表；其他子公司不应当予以合并，母公司对其他子公司的投资应当按照公允价值计量且其变动计入当期损益。

当母公司由非投资性主体转变为投资性主体时，除仅将为其投资活动提供相关服务的子公司纳入合并财务报表范围编制合并财务报表外，企业自转变日起对其他子公司不再予以合并。

当母公司由投资性主体转变为非投资性主体时，应将原未纳入合并财务报表范围的子公司于转变日纳入合并财务报表范围，原未纳入合并财务报表范围的子公司在转变日的公允价值视同为购买的交易对价。

第四节 合并财务报表编制的准备工作和程序

一、合并财务报表编制的准备工作

合并财务报表虽然如前所述是在母子公司的个别财务报表基础上编制而成，但是在对母子公司的个别财务报表正式"加工"之前，我们还须完成一些前期准备工作。为了使编制

的合并财务报表准确、全面反映企业集团的真实情况,需要完成的前期准备事项至少包括以下内容:

（一）统一母子公司的会计政策

根据可比性原则的要求,同一会计主体对外编制的财务报表在处理相同或相似交易或事项时应当采用一致的会计政策。虽然作为合并财务报表会计主体的集团,不是法律主体,但是也需要遵循这一报表编制原则。为此,在编制合并财务报表前,应当尽可能统一母公司和子公司的会计政策,统一要求子公司所采用的会计政策与母公司保持一致。具体做法如下:

（1）要求境内子公司日常编制个别财务报表时就尽可能采用与母公司一致的会计政策;

（2）对于境外子公司,因所处会计环境不同而确实无法采用与母公司一致会计政策的,可要求子公司按照母公司会计政策专门另行编制个别财务报表以供合并财务报表的编制之用,也可以由母公司根据自身所采用的会计政策对境外子公司报送的个别财务报表进行调整,作为编制合并财务报表的基础。

（二）统一母子公司的资产负债表日及会计期间

财务报表的编制需要按照一定期间加以划分,以便识别不同会计期间的交易或事项。这一点对于基于母子公司个别财务报表编制而成的合并财务报表显得尤为重要。目前世界各国对于会计年度的划分并不是统一的,包括中国大陆在内的大多数国家或地区采用的是公历制。而在公历制外仍然存在其他种类的划分,例如美国的会计年度通常为10月至次年9月,英国、日本等国的会计年度为4月至次年3月,瑞典、澳大利亚等国的会计年度则通常为7月至次年6月。

所以,当参与合并财务报表编制的母子公司涉及不同的会计期间划分时,我们需要统一企业集团内所有子公司的资产负债表日和会计期间,使子公司的资产负债表日和会计期间与母公司的资产负债表日和会计期间保持一致。对于需要调整会计期间的境外子公司,出于简化工作量的需要母公司可以要求这些子公司在日常编制个别财务报表的同时按照母公司对会计期间的划分专门另行编制个别财务报表以供合并财务报表的编制之用,也可以由母公司根据自身所采用的会计期间对境外子公司报送的个别财务报表进行调整。

（三）对以外币计量的子公司个别财务报表进行折算

虽然我国《会计法》允许企业根据自身经济环境选择恰当的记账本位币,并不强制要求只采用人民币作为记账本位币,但是对外编报的财务报表必须采用人民币。因此当参与合并财务报表编制的子公司中存在"境外经营"情况时,需要将其按照外币编制的个别财务报表折算为人民币计量单位。需要说明的是,所谓的"境外经营"子公司并不一定是在境外的子公司,也可以是在境内经营但采用外币记账的子公司。有关"境外经营"的具体界定标准参见《企业会计准则第19号——外币折算》,此处不再赘述。

（四）收集与编制合并财务报表有关的资料

合并财务报表的编制是基于企业集团角度,因此在具体编制合并财务报表时并不是简单地叠加母子公司个别财务报表数据,而需要对其进行调整或抵销。这就需要基于企业集团这一会计主体的角度筛选出需要进一步加工处理的交易数据,例如集团内母子公司或子公司之间内部交易的数据,非同一控制下子公司在购买日的资产、负债公允价值资料等。虽然上述相关资料的搜集是否齐全将直接决定合并财务报表的会计质量,但是基于重要性原则有时我们也要进行一定的取舍。

二、合并财务报表的编制程序

在完成前述各项准备工作后,我们正式进入合并财务报表的具体编制程序。虽然,合并财务报表被许多学者公认为财务会计四大难题[①]之一,但是合并财务报表的编制程序其实并不复杂。我们将合并财务报表的编制程序归类如下:

(一)搭建合并工作底稿

合并财务报表是在纳入合并范围的母子公司个别财务报表基础上编制而成,但是这种编制并不是简单的汇总,而是需要进行必要的调整和抵销,为了便于完成这些专业化的会计处理,我们通常借助于"合并工作底稿"这一工作平台完成。合并工作底稿的模板样式如表14-3 所示:

表14-3 合并工作底稿模板样式

项目	母公司	子公司1	……	子公司n	调整/抵销分录		少数股东权益	合并金额
					借方	贷方		
资产负债表:								
……								
利润表:								
……								
现金流量表:								
……								
所有者权益变动表:								
……								

(二)数据导入

这里的数据导入是指将纳入合并范围的母子公司个别财务报表数据都导入合并工作底稿。只要前期的准备工作完成充分,母子公司的个别财务报表格式已统一,这种数据导入工作就不存在技术性的挑战。在数据导入时,我们一般将每个公司的报表数据单独占列。

(三)编制调整分录和抵销分录

合并财务报表的会计主体是整个企业集团,因此我们需要对导入合并工作底稿的母子公司个别财务报表数据进行调整和抵销。这里的会计处理是整个编制程序中最具有挑战性也是最难的部分,对于合并工作底稿中的调整和抵销分录我们在本节第三部分简要介绍。

---

① 财务会计四大难题分别是:合并财务报表、衍生金融工具、外币交易及报表折算和物价变动会计。

此外，从上述合并工作底稿的分布结构，我们可以看出合并工作底稿中的所有会计分录（无论调整分录还是抵销分录）都是针对导入的母子公司个别财务报表数据展开的，因此与以往其他财务会计领域的分录编制不同，此处的会计分录借贷的是报表项目而不是会计科目。我们将合并工作底稿中常见的需要区分的报表项目和与之对照的会计科目整理如表14-4所示。

表14-4 需要区分的常见报表项目和会计科目

报表类型	报表项目	会计科目
资产负债表	应收账款	坏账准备
	存货	库存商品、存货跌价准备
	固定资产	累计折旧、固定资产减值准备
	无形资产	累计摊销、无形资产减值准备
	未分配利润	利润分配
利润表	营业收入	主营业务收入、其他业务收入
	营业成本	主营业务成本、其他业务成本

我们以表14-4为例，假设母子公司之间当年发生库存商品买卖交易，则按照集团合并财务报表的编制要求，内部交易形成的销售收入和销售成本应该予以抵销。关于这笔交易，虽然销售方在账簿中的会计处理时确认了主营业务收入和主营业务成本，但是该项交易的销售结果在利润表中分别计入"营业收入"和"营业成本"。因此，在合并工作底稿中需要对导入的销售方报表项目（营业收入和营业成本）而非账簿数据进行抵销，所编制的抵销分录中只允许出现"营业收入"和"营业成本"，而不能出现"主营业务收入"和"主营业务成本"。

（四）计算合并财务报表项目数据

完成必要的调整和抵销分录编制后，我们需要在此基础上结合母子公司个别财务报表数据计算出将来列示于合并财务报表上的数据，即表14-3中最右边一列的"合并金额"。这种计算过程分为两种情形：

1. 横向计算

"合并金额"一列中的大多数报表项目是通过从左往右计算而得。一般是先将同一行的母子公司相同报表项目数据简单相加，如果该报表项目涉及调整或抵销分录，则根据会计分录的借贷方向进行加减计算进而求得最终结果。

2. 纵向计算

个别财务报表中的有些项目金额本来就是合计而得，例如流动资产合计、资产合计、营业利润、利润总额。对于这些项目的计算在"合并金额"一列中也是如此。

（五）数据导出

当我们完成"合并金额"一列中所有空格的计算后，即可将该列数据导出填入空白的合并财务报表中，至此合并财务报表编制的主要程序完成。

三、合并工作底稿中的调整和抵销项目

从上述合并工作底稿的运用可以看出,前述编制程序五步流程中最为核心的是第三步即编制调整和抵销分录。以下我们分报表类型简要介绍调整和抵销分录的编制情形,具体的会计分录编写详见本书第15—17章相关内容。

(一) 合并资产负债表

母子公司以及子公司之间发生的各类交易都会在各自的个别财务报表上留下痕迹,但是在企业集团看来只有外部交易的结果方能展示于合并财务报表之上。对于那些罗列于母子公司个别财务报表上但在集团看来属于内部交易的部分需要予以抵销。编制合并资产负债表时常见的抵销内容包括:(1)母公司对子公司长期股权投资项目与子公司所有者权益项目的抵销;(2)母公司以及子公司之间债权债务的抵销;(3)母公司以及子公司之间内部存货、固定资产或无形资产交易涉及的未实现内部交易损益的抵销。

编制合并资产负债表时常见的调整内容包括:(1)非同一控制下对子公司购买日个别财务报表中公允价值≠账面价值的资产或负债持续调整;(2)同一控制下对子公司合并日之前始自最终控制方开始实施控制时的留存收益的恢复;(3)购并日后的合并资产负债表编制时将母公司对子公司的长期股权投资核算方法从成本法调整为权益法。

(二) 合并利润表和合并所有者权益变动表

母子公司以及子公司之间发生的各类交易如果涉及损益,对于未实现的损益部分需要予以调整或抵销。这种调整或抵销既会涉及利润表也会涉及所有者权益变动表。编制合并利润表时常见的调整或抵销内容包括:(1)内部销售收入和内部销售成本的抵销;(2)内部投资收益的抵销;(3)内部交易涉及的资产减值损失的调整或抵销;(4)纳入合并范围的子公司利润分配项目的调整。

(三) 合并现金流量表

如果母子公司以及子公司之间发生现金流的转移,表面上看对于合并资产负债表的货币资金总额没有影响,但是现金的流入和流出在双方各自的现金流量表上是以不同的项目列示的。例如:母公司销售100万元的商品给子公司,款项已经结清,则母公司的个别现金流量表中标记"销售商品、提供劳务收到的现金100万元",而子公司的个别现金流量表中标记"购买商品、接受劳务支付的现金100万元"。这种项目的转换对于整个集团来讲没有任何变动的意义,集团的现金能力并没有因此发生变动,需要将其还原。

编制合并现金流量表时常见的抵销内容包括:(1)母子公司以及子公司之间当期因股权投资所产生的现金流量的抵销。(2)母子公司以及子公司之间当期因取得投资收益收到的现金与分配股利、利润或偿付利息支付的现金的抵销。(3)母子公司以及子公司之间以现金结算债权与债务所产生的现金流量的抵销。(4)母子公司以及子公司之间当期销售商品所产生的现金流量的抵销。(5)母子公司以及子公司之间处置固定资产、无形资产和其他长期资产收回的现金净额与购建固定资产、无形资产和其他长期资产支付的现金的抵销。

四、合并财务报表的格式

合并财务报表的构成如同个别财务报表一样也是"四表一注",所以合并财务报表的结构内容与个别财务报表极其相似,但是也存在一些差异。我们将变动部分简要表述如下,具体表格样式请参见本书第15—17章相关内容。

(一)合并资产负债表

如前所述,我国合并财务报表的编制是以实体理论为主,母公司理论为辅。在我国的合并财务报表中虽然将少数股东与母公司股东同等对待,但是在合并资产负债表中还是需要区分列示,具体表现为:

1. 归属于母公司股东权益合计

该项目属于合并资产负债表中的所有者权益项目,用于反映企业集团的所有者权益中归属于母公司股东的部分,等于合并资产负债表中在该项目之前列示的"股本""其他权益工具""资本公积""其他综合收益""盈余公积"和"未分配利润"等项目的金额合计。

2. 少数股东权益

该项目属于合并资产负债表中的所有者权益项目,用于反映企业集团的所有者权益中归属于少数股东的部分,但不再细分为"股本""其他权益工具""资本公积""其他综合收益""盈余公积"和"未分配利润"等项目,而仅表示归属于少数股东部分的合计数。该项目位于"归属于母公司股东权益合计"项目之下。

(二)合并利润表

1. "净利润"项目下新增两个报表项目

个别利润表中"净利润"项目表示会计主体当期实现的净利润,但是我国采用的合并财务报表理论决定了合并利润表需要在"净利润"项目下再增设"归属于母公司股东的净利润"和"少数股东损益"两项分别反映集团利润中归属于母公司股东的部分和少数股东的部分。

2. "综合收益总额"项目下新增两个报表项目

同理,合并利润表需要在"综合收益总额"项目下再增设"归属于母公司股东的综合收益总额"和"归属于少数股东的综合收益总额"两项分别反映集团综合收益总额中归属于母公司股东的部分和少数股东的部分。

(三)合并现金流量表

由于合并现金流量表编制中的抵销分录只是将母子公司以及子公司之间因现金交易引起的项目变动还原,合并现金流量表的格式与个别现金流量表格式基本相同。

(四)合并所有者权益变动表

与个别所有者权益变动表相比,合并所有者权益变动表需要增设"少数股东权益"一栏用于反映少数股东权益的变动情况。

本章小结

合并财务报表与个别财务报表一样都是为了反映会计主体的财务信息,只不过前者是站在集团角度,而后者则是站在某个企业角度。从反映的具体内容角度来看,合并财务报表也包括"四表一注",而从编制的时间角度来看,合并财务报表包括购并日的合并财务报表和购并日后的合并财务报表。

合并财务报表的基本理论主要有三种,分别为所有权理论、实体理论和母公司理论。在熟悉三种理论彼此之间的区别时,需要了解我国合并财务报表的编制是以实体理论为主,母公司理论为辅。

2014年公布的修订后《企业会计准则第33号——合并财务报表》对"控制"和"母子公司"的定义做出了重新修订。这一修订使合并范围的划分产生了重大变化。

合并财务报表的编制是一个复杂的系统工程,熟悉合并财务报表的编制流程以及前期准备工作对于真正掌握合并工作底稿中各类调整、抵销分录的编写显得尤为重要。

【思考题】

1. 比较合并财务报表编制的三种基本理论。
2. 何为"控制"?新老准则对于"控制"的界定有何变化?
3. 如何判定母公司和子公司?
4. 什么样的母公司需要编制合并财务报表?
5. 什么样的子公司需要纳入合并范围?
6. 合并财务报表的编制需要做好哪些准备工作?
7. 合并财务报表的编制程序是怎么样的?

第十五章

购并日的合并财务报表

 学习目的与要求

通过本章学习,了解并掌握:
1. 同一控制控股合并方式下合并日合并财务报表的编制;
2. 非同一控制控股合并方式下购买日合并财务报表的编制;
3. 反向购买方式下合并财务报表的编制。

第一节 同一控制下合并日合并财务报表的编制

本节讨论的内容为同一控制控股合并方式下母公司在取得对子公司控制权当天合并财务报表的编制。为此需要先明确三个基本概念:

(1) 合并方,是指同一控制下企业合并中取得对其他参与合并企业控制权的一方,在本节中是指同一控制控股合并方式下的母公司;

(2) 被合并方,是指同一控制下企业合并中被其他参与合并企业取得控制权的一方,在本节中是指同一控制控股合并方式下的子公司;

(3) 合并日,是指同一控制下企业合并中合并方首次实际取得对被合并方控制权的日期。这里的"首次"即第一次的意思,所以合并日只是一个日期,不会重复出现。如果母公司在同一控制下企业合并中已经取得对子公司控制权以后再次追加投资,则该新的投资日在会计上不属于合并日。

基于上述三个概念的介绍,我们再次强调本节的内容为介绍同一控制控股合并方式下合并方在合并日当天的会计处理。由于控制权的取得,首先体现为合并方对被合并方股权的获取,因此本节中相关例题的会计处理既包括了合并财务报表的编制,也涉及了合并方对被合并方长期股权投资的会计处理。

一、同一控制下企业合并的处理原则

合并方在进行同一控制下企业合并的会计处理时应该遵循以下原则：

（1）合并方在合并中确认取得的被合并方的资产、负债仅限于被合并方账面上原已确认的资产和负债，合并中不产生新的资产和负债，即按原有资产、负债确认。

同一控制下企业合并并不完全排斥商誉的出现，但是该商誉仅限于被合并方"自带"（即已确认）的商誉，而非合并过程中合并方对被合并方确认的合并商誉。

（2）合并方在合并中取得的被合并方各项资产、负债应维持其在被合并方的原账面价值不变，即按原账面价值计量。

在合并双方会计政策不一致的情形下，上述账面价值的确认需要在统一母子公司（合并双方）会计政策的前提下展开。

此外，根据同一控制企业合并的定义，合并双方在合并前后均受相同的最终控制方控制，因此在被合并方是（合并双方）最终控制方以前年度从第三方收购来的情况下，合并方应按照被合并方资产、负债在最终控制方合并财务报表中的账面价值为基础进行确认。

（3）合并方在合并中取得的净资产的入账价值相对于为进行企业合并支付的对价账面价值之间的差额，不作为资产的处置损益，不影响合并当期利润表，有关差额应首先调整资本公积（资本溢价或股本溢价），资本公积（资本溢价或股本溢价）的余额不足冲减的，应冲减留存收益。即集团内的并购不能因为并购本身产生业绩，否则，就可以通过并购调节业绩了。

（4）同一控制下企业合并中发生的各项费用按照以下分类处理：

① 各项直接相关费用计入管理费用。

此处的直接相关费用主要包括为企业合并而发生的审计费用、咨询费用、评估费用和鉴证费用等增量费用。

② 债券发行费用。

合并方以发行债券方式作为企业合并支付对价的，与债券发行有关的佣金、手续费应当计入债券的初始金额。

③ 股票发行费用。

合并方以定向增发股票方式作为企业合并支付对价的，与股票发行有关的佣金、手续费应当冲减股票溢价收入，若股票发行无溢价收入或溢价不足时，则冲减盈余公积和未分配利润。

（5）对于同一控制下的控股合并，合并方在编制合并财务报表时，应视同合并后形成的报告主体自（合并双方）最终控制方开始实施控制时一直是一体化存续下来的，参与合并各方在合并以前期间实现的留存收益应体现为合并财务报表中的留存收益。合并财务报表中，应以合并方的资本公积（经调整后的资本公积中的资本溢价或股本溢价部分）为限，在所有者权益内部进行调整，将被合并方在合并日以前实现的留存收益中按照持股比例计算归属于合并方的部分自资本公积转入留存收益。

需要指出的是，上述 5 条原则中除第 5 条原则仅适用于同一控制控股合并外，第 1—4 条原则既适用于同一控制吸收合并也适用于同一控制控股合并。

二、会计处理

由于本章属于合并财务报表专题，因此以下会计处理的介绍仅围绕同一控制控股合并展开。当发生同一控制控股合并时相关的会计处理主要涉及两个方面：一是个别报表层面即合并方在其账簿中对于长期股权投资的会计处理；二是合并报表层面即合并方为完成合并日合并财务报表的编写而在合并工作底稿中编制的调整分录和抵销分录。上述两方面的会计处理具体表现为：

（一）个别报表层面

此处的个别报表层面会计处理，主要是指合并日当天合并方对长期股权投资的会计处理。根据 2014 年 3 月发布并于同年 7 月 1 日开始实施的修订后《企业会计准则第 2 号——长期股权投资》的规定，同一控制下合并日当天的长期股权投资的会计处理需要分成"一步到位实现同一控制控股合并"和"分步到位（通过多次交换交易）实现同一控制控股合并"两类。由于本章主要介绍合并财务报表的编制，并不涉及长期股权投资的专题介绍，因此现将上述两类同一控制控股合并方式下长期股权投资的会计处理简要概括如下：

1. 一步到位实现同一控制下控股合并

合并日当天长期股权投资的入账价值（初始投资成本）为合并方按照取得被合并方所有者权益账面价值份额确认的金额。需要说明的是，此处的被合并方所有者权益是指被合并方的所有者权益相对于最终控制方而言的账面价值。

具体进行会计处理时，合并方在合并日按照取得被合并方所有者权益账面价值的份额（不含应自被投资单位收取的现金股利或利润），借记"长期股权投资"科目，按应享有被投资单位已宣告但尚未发放的现金股利或利润，借记"应收股利"科目，按支付的合并对价的账面价值，贷记有关资产或借记有关负债科目，按其差额，贷记"资本公积——资本溢价或股本溢价"科目；如为借方差额，应借记"资本公积——资本溢价或股本溢价"科目，资本公积（资本溢价或股本溢价）不足冲减的，借记"盈余公积""利润分配——未分配利润"科目。

2. 分步到位实现同一控制下控股合并

此处的"分步到位"是指合并方通过两次以上（含两次）股权交易才实现对被合并方的控制。与"一步到位"相同，合并日当天长期股权投资的入账价值（初始投资成本）也是合并方按照取得被合并方所有者权益账面价值份额（按累计持股比例计算）确认的金额。

具体进行会计处理时，合并方在合并日按照上述方法确认的金额，借记"长期股权投资"科目，按账面价值贷记原股权投资（合并日之前持有的长期股权投资或可供出售金融资产等股权资产）的同时，按当日新购股权支付的合并对价的账面价值贷记有关资产或借记有关负债科目。因会计分录借贷不平衡形成的差额处理方式与上述"一步到位"相同，即贷记"资本公积——资本溢价或股本溢价"科目；如为借方差额，应借记"资本公积——资本溢价或股本溢价"科目，资本公积（资本溢价或股本溢价）不足冲减的，借记"盈余公积""利润分配——未分配利润"科目。

(二) 合并报表层面

按照同一控制企业合并的定义,合并双方在合并前后均受相同最终控制方的控制,因此在涉及需要编制合并财务报表的同一控制控股合并时,正如前述同一控制第 5 条处理原则的规定,我们需要视同合并后形成的报告主体自(合并双方)最终控制方开始实施控制时一直是一体化存续下来的。这一结论意味着尽管对于合并双方来说,合并日这一天两者首次形成控制和被控制的关系,但是合并日当天需要编制的合并财务报表却需要至少包括三张报表,分别为合并资产负债表、合并利润表和合并现金流量表。

1. 合并资产负债表

在会计上资产负债表属于静态报表,其反映的是报告主体在某一时间点(特定日期)的财务状况。因此合并方在编制合并日的合并资产负债表时应包含合并双方的资产和负债。但是双方资产、负债的融合并不是简单相加,需要考虑以下事项:

(1) 一般资产、负债的处理。

合并方个别财务报表上的资产、负债应按照其账面价值并入合并资产负债表。

被合并方个别财务报表上的资产、负债也应以其账面价值(而非公允价值)并入合并财务报表。当合并双方采用的会计政策不同时,合并方需要按照其自身的会计政策,对被合并方有关资产、负债的账面价值进行调整后才能并入合并资产负债表。

上述做法,看似只是将合并双方个别财务报表上的资产、负债按其原有账面价值直接导入合并资产负债表进行简单相加。但是有一些特殊的资产、负债需要进行抵销处理后方可列示于合并资产负债表上,这就需要我们学习以下的抵销和调整分录。

(2) 抵销分录。

所谓的特殊资产、负债是指基于合并财务报表的报告主体(集团)角度所判定的内部交易形成的资产、负债。例如,因母子公司之间买卖交易所形成的应收账款和应付账款、子公司宣告向母公司发放股利形成的应付股利和应收股利。这些交易对于当事人(母子公司)来说属于外部交易,可以直接列示于母子公司的个别财务报表之上,但是对于合并财务报表来说,由于涉事双方均属于合并范围,因此需要将该类交易判定为内部交易,阻止其直接列示于合并财务报表上以免误导财务报告使用者。

此类交易如果发生在母子公司合并后,我们直观上都可以将其判定为内部交易。这一结论既适用于同一控制也适用于非同一控制,本书第 17 章的"内部交易抵销"教学内容正是针对母子公司合并后的内部交易展开的。但是因为同一控制企业合并的特殊性,在会计上自最终控制方对合并双方开始实施控制(此时合并双方尚未建立控制与被控制关系)日始至合并双方正式合并这一期间所发生的交易,也应判定为内部交易进行抵销。虽然这类交易的判定属于同一控制所特有,但是其抵销处理与母子公司合并后发生的内部交易抵销处理思路相同。因此对于此类交易在合并日的抵销会计处理可参考第 17 章的教学内容,此处略过。

我们在这里着重介绍的是一笔非常重要的抵销分录,该分录在每次编制合并财务报表时都需要编写,其重要性不言而喻。我们可将其称为"投资和权益的抵销分录"。由于该分录的编写因同一控制情形和非同一控制情形略有差异,因此我们这里先介绍其同一控制情

形下的编写方法,至于非同一控制下的编写方法请参见下一节的教学内容。该分录具体编写如下:

借:股本　　　　　　⎫
　　资本公积　　　　　⎪
　　其他综合收益　　　⎬ 子公司所有者权益账面价值
　　盈余公积　　　　　⎪
　　未分配利润　　　　⎭
　　贷:长期股权投资(母公司对子公司股权投资)
　　　　少数股东权益

在不考虑合并日其他内部交易抵销分录时,上述抵销分录是我们编制合并财务报表时在合并工作底稿中编写的第一笔分录。该分录的编写依据是母公司个别财务报表上列示的长期股权投资表示的是母公司对子公司的对外股权投资,但是该项股权投资对于集团合并财务报表来说属于集团内某一公司(母公司)对集团内另一公司(子公司)的股权投资,这属于内部投资。由此所形成的长期股权投资不能作为对外投资形成的资产列示于合并资产负债表上。另外,子公司个别财务报表上的各项所有者权益项目就其持有者来讲属于子公司的外部投资者包括母公司和其他持有子公司股权的投资者(以下简称"少数股东")。但站在整个集团角度来讲,子公司所有者权益项目中归属于母公司所享有的部分属于内部投资的结果,也不能列示于合并资产负债表上。综上所述,子公司所有者权益项目中归属于母公司所享有的部分应当与母公司个别财务报表上列示的长期股权投资对冲,至于子公司所有者权益项目中归属于少数股东所享有的部分,因其持有者为集团外的投资者,可以保留于合并资产负债表上,无需抵销,但是需要改记为"少数股东权益"。

另外,当母公司对子公司的持股比例为100%时,则上述抵销分录中子公司所有者权益项目全部与母公司对子公司的长期股权投资抵销,无需按比例再确认"少数股东权益"。

(3)调整分录。

根据同一控制企业合并的处理原则,我们需要视同合并后形成的报告主体自(合并双方)最终控制方开始实施控制时一直是一体化存续下来的,因此被合并方在上述抵销分录中被抵销的留存收益中归属于这一期间的部分应当通过冲减合并方资本公积(资本溢价或股本溢价)的方式予以恢复,该分录具体编写如下:

借:资本公积
　　贷:盈余公积
　　　　未分配利润

上述分录中借方的资本公积归属于合并方,贷方的留存收益则归属于被合并方。当合并方的资本公积(资本溢价或股本溢价)余额不足,导致被合并方在合并前实现的留存收益在合并资产负债表中未予全额恢复的,合并方应当在报表附注中对这一情况进行说明。

(4)分步到位实现控股合并时的新增分录。

无论合并方对被合并方的控制是一步到位方式实现还是分步到位方式实现,合并方都需要在合并工作底稿中编制上述两笔会计分录(先抵销后调整)。但是当该控制过程为通过多次交换交易即分步到位实现时还须增加额外的会计处理。

多次交换交易分步实现的同一控制下企业合并,合并日原所持股权采用权益法核算、按被投资单位实现净利润和原持股比例计算确认的损益、其他综合收益,以及其他净资产变动部分,在合并财务报表中予以冲回,即冲回原权益法下确认的损益和其他综合收益,并转入资本公积(资本溢价或股本溢价)。若原所持股权划分为可供出售金融资产,则在合并日之前确认的其他综合收益也一并转入资本公积(资本溢价或股本溢价)。

2. 合并利润表

在会计上利润表属于动态报表,其反映的是报告主体在某一期间的经营成果。因此合并方在编制合并日的合并利润表时,应包含合并双方(合并财务报表的报告主体)自合并当期期初至合并日累计实现的净利润。例如,同一控制下的企业合并发生于2×16年5月18日,合并方当日编制合并利润表时,应包括合并双方自2×16年1月1日至2×16年5月18日实现的净利润。

由于在会计处理时要求视同报告主体自最终控制方开始实施控制时一直是一体化存续下来的,因此合并双方在当期(无论是期初至合并日还是合并日至期末)所发生的交易(例如:存货交易、固定资产交易、无形资产交易以及由此所形成的债权债务等)均应当按照本书第17章的思路判定为内部交易进行抵销处理。具体内部交易抵销分录的编制详见第17章的教学内容,此处略过。

3. 合并现金流量表

合并日合并现金流量表的编制与合并利润表的编制原则相同。

[例15-1] A公司2×16年9月19日以银行存款11 000万元购入P公司持有的B公司80%的股权。A、B公司合并前已属于P公司控制的两家子公司。假设A、B公司采用的会计政策相同,合并日之前两家公司之间未发生其他须抵销的内部交易。合并日当天双方的个别财务报表数据(不含A公司当天对B公司股权投资的影响)如表15-1所示:

表15-1 资产负债表(简表)

2×16年9月19日   单位:万元

项目	A公司	B公司	
	账面价值	账面价值	公允价值
资产:			
货币资金	20 000	2 500	2 500
存货	6 400	3 500	3 800
可供出售金融资产	900	—	—
长期股权投资	9 100	5 000	5 000
固定资产	50 000	8 000	8 500
无形资产	3 600	1 000	1 200
资产合计	90 000	20 000	21 000
权益:			
应付账款	7 000	500	500

续表

项目	A公司	B公司	
	账面价值	账面价值	公允价值
其他负债	23 000	4 500	4 500
负债合计	30 000	5 000	5 000
股本	35 000	6 000	
资本公积	6 000	3 000	
其他综合收益	4 000	2 000	
盈余公积	3 000	2 600	
未分配利润	12 000	1 400	
所有者权益合计	60 000	15 000	16 000
权益合计	90 000	20 000	21 000

假设上述报表数据中，A公司的资本公积6 000万元余额中股本溢价的金额为1 300万元。另假设B公司于2×14年5月1日成立，2×15年8月1日P公司取得其80%股权。B公司上述报表数据中盈余公积2 600万元、未分配利润1 400万元，其中归属于2×14年5月1日至2×15年8月1日期间的盈余公积为1 200万元，未分配利润为500万元。

对于上述股权投资，A公司在2×16年9月19日合并日这一天的会计处理需要包括以下两方面：

（1）A公司个别报表层面的账务处理：

借：长期股权投资　　　　　　　　　　　　　12 000（15 000×80%）
　　贷：银行存款　　　　　　　　　　　　　11 000
　　　　资本公积——股本溢价　　　　　　　1 000

A公司需要在编制完上述会计分录后立即将其登记入账并编制当天的个别财务报表，其新的资产负债表简要数据如表15-2所示。此项交易因在A公司和P公司之间展开故而对B公司个别财务报表数据不产生任何影响。

表15-2　A公司对B公司股权投资后资产负债表（简表）

2×16年9月19日　　　　　　　　　　　　　　　　　　　　　　　　单位：万元

项目	金额	项目	金额
资产：		权益：	
货币资金	9 000	应付账款	7 000
存货	6 400	其他负债	23 000
可供出售金融资产	900	股本	35 000
长期股权投资	21 100	资本公积	7 000
固定资产	50 000	其他综合收益	4 000
无形资产	3 600	盈余公积	3 000
		未分配利润	12 000
资产合计	91 000	权益合计	91 000

(2) A 公司合并工作底稿会计处理

在将表 15-2 中的 A 公司个别财务报表数据和表 15-1 中的 B 公司个别财务报表数据导入合并工作底稿后,A 公司需要编制以下两笔抵销和调整分录:

① 抵销分录:

借:股本		6 000
资本公积		3 000
其他综合收益		2 000
盈余公积		2 600
未分配利润		1 400
贷:长期股权投资		12 000(15 000×80%)
少数股东权益		3 000(15 000×20%)

② 调整分录:

借:资本公积		1 840
贷:盈余公积		1 120[(2 600－1 200)×80%]
未分配利润		720[(1 400－500)×80%]

A 公司在根据上述两笔分录对导入合并工作底稿中的母子公司个别财务报表数据抵销和调整后,即可得出用于填列在合并日合并资产负债表上的报表数据。对于合并工作底稿的编制过程,我们简略展示如表 15-3 所示。

表 15-3　合并工作底稿(简表)

2×16 年 9 月 19 日　　　　　　　　　　　　　　　单位:万元

项目	A 公司	B 公司	调整/抵销分录		少数股东权益	合并金额
			借方	贷方		
资产:						
货币资金	9 000	2 500				11 500
存货	6 400	3 500				9 900
可供出售金融资产	900					900
长期股权投资	21 100	5 000		12 000		14 100
固定资产	50 000	8 000				58 000
无形资产	3 600	1 000				4 600
资产合计	91 000	20 000		12 000		99 000
权益:						
应付账款	7 000	500				7 500
其他负债	23 000	4 500				27 500
负债合计	30 000	5 000				35000
股本	35 000	6 000	6 000			35 000
资本公积	7 000	3 000	4 840			5 160
其他综合收益	4 000	2 000	2 000			4 000

续表

项目	A公司	B公司	调整/抵销分录 借方	调整/抵销分录 贷方	少数股东权益	合并金额
盈余公积	3 000	2 600	2 600	1 120		4 120
未分配利润	12 000	1 400	1 400	720		12 720
少数股东权益					3 000	3 000
所有者权益合计	61 000	15 000	16 840	1 840	3 000	64 000
权益合计	91 000	20 000	16 840	1 840	3 000	99 000

在完成合并工作底稿的编写后,A公司将上述工作底稿中的"合并金额"一栏填写于空白合并资产负债表即形成最终成果如表15-4所示。

表15-4 合并资产负债表(简表)

2×16年9月19日 单位:万元

资产	合并日金额	期初金额	权益	合并日金额	期初金额
货币资金	11 500		应付账款	7 500	
存货	9 900		其他负债	27 500	
可供出售金融资产	900		负债合计	35 000	
长期股权投资	14 100		股本	35 000	
固定资产	58 000		资本公积	5 160	
无形资产	4 600		其他综合收益	4 000	
			盈余公积	4 120	
			未分配利润	12 720	
			归属于母公司股东权益合计	61 000	
			少数股东权益	3 000	
资产合计	99 000		权益合计	99 000	

由于本题假设 A、B 公司在合并日之前未发生其他须抵销的内部交易,因此在编制合并利润表和合并现金流量表时并不涉及因其他内部交易而导致对相关报表项目的调整或抵销,故此处略过合并日利润表和合并日现金流量表的编制。因内部交易而导致对合并利润表和合并现金流量表的影响详见本书第 16 章和第 17 章。

[例 15-2] 沿用[例 15-1]中 A、B 公司的基本报表数据,但假设 A 公司对 B 公司的控制是分两步实现的,具体为 2×15 年 12 月 1 日,A 公司以 600 万元购入 P 公司持有的 B 公司 5%的股权,A 公司将购入的 B 公司股权归类为可供出售金融资产,当年年末该笔股权的公允价值为 660 万元。2×16 年 9 月 19 日,A 公司又从 P 公司处购入 B 公司 75%的股权,支付方式为银行存款 8 000 万元和一批商品(公允价值 4 000 万元,账面价值 2 000 万元)。两次股权交易使得 A 公司对 B 公司的持股比例增至 80%。假设 A 公司先前购买的 B 公司 5%股权在 2×16 年 8 月 31 日和 2×16 年 9 月 19 日的公允价值分别为 900 万元和 1 000 万元。假设 A、B 公司采用的会计政策相同,合并日之前两家公司之间未发生其他须抵销的内部交

易。假设不考虑税收因素。

本题与[例15-1]一样都是同一控制下的控股合并,只是本题中 A 公司对 B 公司的控制是分步到位实现的。我们将 A 公司对 B 公司股权投资的会计处理分解如下:

2×15 年 12 月 1 日:
  借:可供出售金融资产——成本   600
    贷:银行存款   600

2×15 年 12 月 31 日:
  借:可供出售金融资产——公允价值变动 60
    贷:其他综合收益   60

2×16 年 8 月 31 日:
  借:可供出售金融资产——公允价值变动 240
    贷:其他综合收益   240

2×16 年 9 月 19 日,A 公司追加购入 B 公司 75% 股权后实现对 B 公司的控制,根据两者之间的关系此项合并可判断为同一控制下控股合并,对于合并当日的股权投资 A 公司这一天的会计处理需要包括以下两方面:

(1) A 公司个别报表层面的账务处理

  借:长期股权投资   12 000[15 000×(5%+75%)]
    贷:可供出售金融资产——成本 600
           ——公允价值变动 300
     银行存款   8 000
     库存商品   2 000
     资本公积——股本溢价   1 100

与前述一步到位实现合并时的会计处理一致,A 公司需要在编制完上述会计分录后立即将其登记入账并编制当天的个别财务报表,根据表 15-1 调整后新的资产负债表简要数据如表 15-5 所示。此项交易对 B 公司个别财务报表数据不产生任何影响。

表 15-5 A 公司对 B 公司股权投资后资产负债表(简表)

2×16 年 9 月 19 日   单位:万元

项目	金额	项目	金额
资产:		权益:	
货币资金	12 000	应付账款	7 000
存货	4 400	其他负债	23 000
长期股权投资	21 100	股本	35 000
固定资产	50 000	资本公积	7 100
无形资产	3 600	其他综合收益	4 000
		盈余公积	3 000
		未分配利润	12 000
资产合计	91 100	权益合计	91 100

(2) A 公司合并工作底稿会计处理：

在将表 15-5 中的 A 公司个别财务报表数据和表 15-1 中的 B 公司个别财务报表数据导入合并工作底稿后，A 公司需要编制以下抵销和调整分录：

① 抵销分录：

借：股本	6 000	
资本公积	3 000	
其他综合收益	2 000	
盈余公积	2 600	
未分配利润	1 400	
贷：长期股权投资	12 000（15 000×80%）	
少数股东权益	3 000（15 000×20%）	

② 调整分录：

① 将上述抵销分录中 B 公司部分留存收益予以恢复

借：资本公积　　　　　　　　　　　1 840
　　贷：盈余公积　　　　　　　　　　1 120〔(2 600-1 200)×80%〕
　　　　未分配利润　　　　　　　　　　720〔(1 400-500)×80%〕

② 将 A 公司先前持有 B 公司 5% 股权期间确认的其他综合收益转入资本公积

借：其他综合收益　　　　　　　　　　300
　　贷：资本公积　　　　　　　　　　　300

A 公司在根据上述三笔分录对导入合并工作底稿中的母子公司个别财务报表数据抵销和调整后，即可得出用于填列在合并日合并资产负债表上的报表数据。对于合并工作底稿的编制过程，我们简略展示如表 15-6 所示。

表 15-6　合并工作底稿（简表）

2×16 年 9 月 19 日　　　　　　　　　　　　　　　　　　　单位：万元

项目	A 公司	B 公司	调整/抵销分录		少数股东权益	合并金额
			借方	贷方		
资产：						
货币资金	12 000	2 500				14 500
存货	4 400	3 500				7 900
长期股权投资	21 100	5 000		12 000		14 100
固定资产	50 000	8 000				58 000
无形资产	3 600	1 000				4 600
资产合计	91 100	20 000		12 000		99 100
权益：						
应付账款	7 000	500				7 500
其他负债	23 000	4 500				27 500

续表

项目	A 公司	B 公司	调整/抵销分录		少数股东权益	合并金额
			借方	贷方		
负债合计	30 000	5 000				35 000
股本	35 000	6 000	6 000			35 000
资本公积	7 100	3 000	4 840	300		5 560
其他综合收益	4 000	2 000	2 300			3 700
盈余公积	3 000	2 600	2 600	1 120		4 120
未分配利润	12 000	1 400	1 400	720		12 720
少数股东权益					3 000	3 000
所有者权益合计	61 100	15 000	17 140	2 140	3 000	64 100
权益合计	91 100	20 000	17 140	2 140	3 000	99 100

在完成合并工作底稿的编写后，A 公司将上述工作底稿中的"合并金额"一栏填写于空白合并资产负债表即形成最终成果如表 15-7 所示。

表 15-7　合并资产负债表(简表)

2×16 年 9 月 19 日　　　　　　　　　　　　　　　　　　单位：万元

资产	合并日金额	期初金额	权益	合并日金额	期初金额
货币资金	14 500		应付账款	7 500	
存货	7 900		其他负债	27 500	
长期股权投资	14 100		负债合计	35 000	
固定资产	58 000		股本	35 000	
无形资产	4 600		资本公积	5 560	
			其他综合收益	3 700	
			盈余公积	4 120	
			未分配利润	12 720	
			归属于母公司股东权益合计	61 100	
			少数股东权益	3 000	
资产合计	99 100		权益合计	99 100	

由于本题假设 A、B 公司在合并日之前未发生其他需抵销的内部交易，因此在编制合并利润表和合并现金流量表时并不涉及因其他内部交易而导致对相关报表项目的调整或抵销，故此处略过合并日利润表和合并日现金流量表的编制。因内部交易而导致对合并利润表和合并现金流量表的影响详见本书第 16 章和第 17 章。

[例 15-3]　沿用[例 15-1]中 A、B 公司的基本报表数据，但假设 A 公司对 B 公司的控制是分两步实现的，具体为 2×15 年 1 月 1 日，A 公司以 3 000 万元购入 P 公司持有的 B 公司 20% 的股权，A 公司将购入的 B 公司股权划分为长期股权投资并采用权益法核算。假设投资当日，B 公司各项可辨认资产、负债的公允价值与其账面价值相同，投资双方当年和以

前期间都没有发生过内部交易。假设 B 公司当年净利润为 1 000 万元,未进行过股利分配,因持有的可供出售金融资产公允价值变动 B 公司当年确认了其他综合收益 200 万元。2×16 年 9 月 19 日,A 公司又从 P 公司处购入其剩余持有的 B 公司 60% 的股权,支付方式为银行存款 8 000 万元和一批商品(公允价值 4 000 万元,账面价值 2 000 万元)。两次股权交易使得 A 公司对 B 公司的持股比例增至 80%。假设 A 公司先前购买的 B 公司 30% 股权在购买日的公允价值为 3 300 万元。假设不考虑税收因素。

本题与[例 15-2]一样都是分步到位实现控股合并,只是[例 15-2]属于原以公允价值计量的金融资产因追加投资升级成对被投资方单位的同一控制控股合并股权投资,而本题中 A 公司对 B 公司的同一控制控股合并则是在权益法下股权投资基础上追加投资升级而来。我们将 A 公司对 B 公司股权投资的会计处理分解如下:

2×15 年 1 月 1 日:

  借:长期股权投资——投资成本   3 000
    贷:银行存款   3 000

2×15 年 12 月 31 日:

  借:长期股权投资——损益调整   200(1 000×20%)
    贷:投资收益   200
  借:长期股权投资——其他综合收益 40(200×20%)
    贷:其他综合收益   40

2×16 年 9 月 19 日,A 公司追加购入 B 公司 60% 股权后实现对 B 公司的控制,根据两者之间的关系此项合并可判断为同一控制下控股合并,对于合并当日的股权投资 A 公司这一天的会计处理需要包括以下两方面:

(1) A 公司个别报表层面的账务处理

  借:长期股权投资   12 000[15 000×(20%+60%)]
    资本公积——股本溢价   1 240
    贷:长期股权投资——投资成本 3 000
         ——损益调整   200
         ——其他综合收益 40
    银行存款   8 000
    库存商品   2 000

同样,A 公司需要在编制完上述会计分录后立即将其登记入账并编制当天的个别财务报表。根据表 15-1 调整后新的资产负债表简要数据如表 15-8 所示。此项交易对 B 公司个别财务报表数据不产生任何影响。

表 15-8 A 公司对 B 公司股权投资后资产负债表(简表)

2×16 年 9 月 19 日   单位:万元

项目	金额	项目	金额
资产:		权益:	
货币资金	12 000	应付账款	7 000

续表

项目	金额	项目	金额
存货	4 400	其他负债	23 000
可供出售金融资产	900	股本	35 000
长期股权投资	17 860	资本公积	4 760
固定资产	50 000	其他综合收益	4 000
无形资产	3 600	盈余公积	3 000
		未分配利润	12 000
资产合计	88 760	权益合计	88 760

（2）A 公司合并工作底稿会计处理

在将表 15-8 中的 A 公司个别财务报表数据和表 15-1 中的 B 公司个别财务报表数据导入合并工作底稿后，A 公司需要编制以下抵销和调整分录：

① 抵销分录

借：股本　　　　　　　　　　　　　　6 000
　　资本公积　　　　　　　　　　　　3 000
　　其他综合收益　　　　　　　　　　2 000
　　盈余公积　　　　　　　　　　　　2 600
　　未分配利润　　　　　　　　　　　1 400
　　贷：长期股权投资　　　　　　　　12 000（15 000×80%）
　　　　少数股东权益　　　　　　　　3 000（15 000×20%）

② 调整分录

a 将上述抵销分录中 B 公司部分留存收益予以恢复

借：资本公积　　　　　　　　　　　　1 840
　　贷：盈余公积　　　　　　　　　　1 120 [（2 600－1 200）×80%]
　　　　未分配利润　　　　　　　　　720 [（1 400－500）×80%]

b 将 A 公司原持有 B 公司 20% 股权期间确认的其他综合收益和投资收益转入资本公积

借：其他综合收益　　　　　　　　　　40
　　投资收益　　　　　　　　　　　　200
　　贷：资本公积　　　　　　　　　　240

A 公司在根据上述三笔分录对导入合并工作底稿中的母子公司个别财务报表数据抵销和调整后，即可得出用于填列在合并日合并资产负债表上的报表数据。对于合并工作底稿的编制过程，我们简略展示如表 15-9 所示：

表15-9 合并工作底稿(简表)

2×16年9月19日 单位:万元

项目	A公司	B公司	调整/抵销分录 借方	调整/抵销分录 贷方	少数股东权益	合并金额
资产:						
货币资金	12 000	2 500				1 4500
存货	4 400	3 500				7 900
可供出售金融资产	900					900
长期股权投资	17 860	5 000		12 000		10 860
固定资产	50 000	8 000				58 000
无形资产	3 600	1 000				4 600
资产合计	88 760	20 000		12 000		96 760
权益:						
应付账款	7 000	500				7 500
其他负债	23 000	4 500				27 500
负债合计	30 000	5 000				3 5000
股本	35 000	6 000	6 000			35 000
资本公积	4 760	3 000	4 840	240		3 160
其他综合收益	4 000	2 000	2 040			3 960
盈余公积	3 000	2 600	2 600	1 120		4 120
未分配利润	12 000	1 400	1 600	720		12 520
少数股东权益					3 000	3 000
所有者权益合计	58 760	15 000	<u>17 080</u>	<u>2 080</u>	<u>3 000</u>	61 760
权益合计	88 760	20 000	<u>17 080</u>	<u>2 080</u>	<u>3 000</u>	96 760

在完成合并工作底稿的编写后,A公司将上述工作底稿中的"合并金额"一栏填写于空白合并资产负债表即形成最终成果如表15-10所示。

表15-10 合并资产负债表(简表)

2×16年9月19日 单位:万元

资产	合并日金额	期初金额	权益	合并日金额	期初金额
货币资金	14 500		应付账款	7 500	
存货	7 900		其他负债	27 500	
可供出售金融资产	900		负债合计	35 000	
长期股权投资	10 860		股本	35 000	
固定资产	58 000		资本公积	3 160	
无形资产	4 600		其他综合收益	3 960	

续表

资产	合并日金额	期初金额	权益	合并日金额	期初金额
			盈余公积	4 120	
			未分配利润	12 520	
			归属于母公司股东权益合计	58 760	
			少数股东权益	3 000	
资产合计	96 760		权益合计	96 760	

由于本题假设 A、B 公司在合并日之前未发生其他须抵销的内部交易,因此在编制合并利润表和合并现金流量表时并不涉及因其他内部交易而导致对相关报表项目的调整或抵销,故此处略过合并日利润表和合并日现金流量表的编制。因内部交易而导致对合并利润表和合并现金流量表的影响详见本书第 16 章和第 17 章。

第二节 非同一控制下购买日合并财务报表的编制

本节讨论的内容为非同一控制控股合并方式下母公司在取得对子公司控制权当天合并财务报表的编制。与本章第一节类似,在此之前也要先明确三个基本概念:

(1) 购买方,是指非同一控制下企业合并中取得对其他参与合并企业控制权的一方,在本节中是指非同一控制控股合并方式下的母公司;

(2) 被购买方,是指非同一控制下企业合并中被其他参与合并企业取得控制权的一方,在本节中是指非同一控制控股合并方式下的子公司;

(3) 购买日,是指非同一控制下企业合并中购买方首次实际取得对被购买方控制权的日期。同上一节的"合并日"一样,购买日也只是一个日期,不会重复出现。如果母公司在非同一控制下企业合并中已经取得对子公司控制权以后再次追加投资,则该新的投资日在会计上不属于购买日,其相关的会计处理我们将在下一章进行介绍。

基于上述三个概念的介绍,我们再次强调本节的内容为介绍非同一控制控股合并方式下购买方在购买日当天的会计处理。与上一节类似,本节中相关例题的会计处理既包括了合并财务报表的编制,也涉及了购买方对被购买方长期股权投资的会计处理。

▶▶ 一、非同一控制下企业合并的处理原则

购买方在进行非同一控制下企业合并的会计处理时应该遵循以下原则:

(一) 非同一控制下的企业合并,基本处理原则为购买法

(二) 确认企业合并成本

所谓企业合并成本原则是指非同一控制下购买方为获得被购买方控制权所支付对价的公允价值。在进行非同一控制下企业合并的会计处理时,我们需要使用这一概念,因为在会

计上我们认为购买方合并成本的付出并不仅限于获得被购买方的可辨认净资产(即"可辨认资产－负债")份额。我们需要将购买方在购买日的合并成本分拆成两个部分,即"用于获得被购买方可辨认净资产份额的部分"和"差额部分"。

考虑到控制权的获得分为"一步到位"和"分步到位"两种方式,因此现有会计准则中的"企业合并成本"概念至少包括以下两种情形:

(1) 一步到位实现企业合并。

当购买方以一步到位方式实现对被购买方的控制时,购买方的合并成本包括购买方为进行企业合并支付的现金或非现金资产,发行或承担的债务、发行的权益性证券等在购买日的公允价值。

(2) 分步到位实现企业合并。

当购买方以分步到位(即多次交换交易)方式实现对被购买方的控制时,购买方的合并成本为购买日之前持有的被购买方的股权于购买日的公允价值与购买日新购入股权所支付对价的公允价值之和。

需要补充说明的是,本节后续内容将涉及另一种特殊的企业合并方式——反向购买,届时我们将再行介绍反向购买方式下的企业合并成本。

3. 非同一控制下企业合并中发生的各项费用处理

此处的各项费用分为三种,分别是:以审计费用、咨询费用、评估费用和鉴证费用等增量费用为代表的与合并直接相关的费用;以发行债券方式换取被购买方控制权时产生的发行费用;以定向增发股票方式换取被购买方控制权时产生的发行费用。

根据 2010 年 1 月 1 日开始实施的《企业会计准则解释第 4 号》的规定,非同一控制企业合并所发生的上述三种费用的会计处理与同一控制企业合并方式下的处理一致。

4. 被购买方可辨认资产、负债的确认

与同一控制控股合并方式下,合并方将被合并方资产、负债按其账面价值列示于合并资产负债表不同,非同一控制下的购买方对于被购买方的可辨认资产和负债按照购买日当天的公允价值列示于合并资产负债表之上。

5. 被购买方的或有负债

对于购买方在企业合并时可能需要代被购买方承担的或有负债,即便其不完全满足负债确认条件(例如:该现时义务导致经济利益流出企业的可能性未达到《企业会计准则第 13 号——或有事项》所规定的"很可能"级别)导致被购买方没有在其个别资产负债表中单独确认,但只要该或有负债的公允价值能够可靠计量,购买方也可以在合并资产负债表中将其作为合并中取得负债单独确认。

6. 企业合并成本与取得的被购买方可辨认净资产公允价值份额的差额

如前所述,在非同一控制下企业合并的处理中我们需要将购买方在购买日的合并成本分拆成两个部分,即"用于获得被购买方可辨认净资产份额的部分"和"差额部分"。所谓的差额部分,应视以下两种情况处理:

(1) 企业合并成本＞取得的被购买方可辨认净资产公允价值份额。

当上述差额部分为正时,在会计上需要将该差额部分确认为商誉。无论是吸收合并还是控股合并都是这样处理,只不过前者是在购买方的账簿和个别财务报表中确认为商誉,后

者则是在购买方编制的合并资产负债表中确认为商誉。

需要说明的是,商誉在确认后,持有期间不要求摊销,仅在期末按照《企业会计准则第8号——资产减值》的规定进行减值测试。

（2）企业合并成本＜取得的被购买方可辨认净资产公允价值份额。

当上述差额部分为负时,在会计上需要将该差额部分确认为营业外收入。但在实际处理时吸收合并和控股合并方式下的处理略有区别。具体表现为：

非同一控制吸收合并方式下,上述差额部分在购买方当期的个别财务报表中直接确认为营业外收入；

非同一控制控股合并方式下,由于合并双方不存在均受相同最终控制方控制这种情况,无需假设报告主体一直是一体化存续下来,因此购买日当天购买方所需编制的合并财务报表仅限于合并资产负债表,而无需编制合并利润表和合并现金流量表。因此此时的差额部分无法直接确认为营业外收入,而只能调整合并资产负债表上的留存收益即盈余公积和未分配利润。

二、会计处理

与第一节类似,以下会计处理的介绍仅围绕非同一控制控股合并展开,不涉及非同一控制吸收合并。当发生非同一控制控股合并时相关的会计处理主要涉及两个方面：一是个别报表层面即购买方在其账簿中对于长期股权投资的会计处理；二是合并报表层面即购买方为完成购买日合并财务报表的编写而在合并工作底稿中编制的调整分录和抵销分录。上述两方面的会计处理具体表现为：

（一）个别报表层面

此处的个别报表层面会计处理,主要是指购买日当天购买方对长期股权投资的会计处理。根据2014年3月发布并于同年7月1日开始实施的修订后《企业会计准则第2号——长期股权投资》的规定,非同一控制下购买日当天的长期股权投资的会计处理需要分成"一步到位实现非同一控制控股合并"和"分步到位（通过多次交换交易）实现非同一控制控股合并"两类。现将上述两类非同一控制控股合并方式下长期股权投资的会计处理简要概括如下：

1. 一步到位实现非同一控制下控股合并

购买日当天长期股权投资的入账价值（初始投资成本）为购买方角度的合并成本即购买方为进行企业合并支付的现金或非现金资产、发行或承担的债务、发行的权益性证券等在购买日的公允价值。

具体进行会计处理时,对于非同一控制下企业合并形成的长期股权投资,应在购买日按企业合并成本（不含应自被投资单位收取的现金股利或利润）,借记"长期股权投资"科目,按享有被投资单位已宣告但尚未发放的现金股利或利润,借记"应收股利"科目,按支付合并对价的账面价值,贷记有关资产或借记有关负债科目,按其差额,贷记"营业外收入"或"投资收益"等科目,或借记"营业外支出""投资收益"等科目。非同一控制下企业合并涉及以库存商品等作为合并对价的,应按库存商品的公允价值,贷记"主营业务收入"或"其他业务收入"科目,并同时结转相关的成本。涉及以可供出售金融资产作为支付对价的,在确认处置损益的同时,需要将可供出售金融资产持有期间因公允价值变动形成的其他综合收益一并转入投资收益。

2. 分步到位实现非同一控制下控股合并

分步到位实现非同一控制控股合并时,购买日当天长期股权投资的入账价值(初始投资成本)需要分以下两种情形:

(1)购买日之前所持股权划分为可供出售金融资产。

购买日当天长期股权投资的入账价值(初始投资成本)为购买日之前所持可供出售金融资产在购买日当天的公允价值与购买日取得进一步股份新支付对价的公允价值之和。

购买日之前持有的被购买方的股权投资划分为可供出售金融资产的,该股权投资的公允价值与账面价值的差额以及原计入其他综合收益的累计公允价值变动应当全部转入当期投资收益。

(2)购买日之前所持股权划分为权益法下的长期股权投资。

购买日当天长期股权投资的入账价值(初始投资成本)为购买日之前所持权益法下股权投资的账面价值与购买日取得进一步股份新支付对价的公允价值之和。

购买日之前持有的被购买方的权益法下的股权投资涉及其他综合收益和其他权益变动的,不在购买日当天转入个别财务报表投资收益,而应当在未来处置该项投资时才转入当期投资收益。

综上所述,以上两种情形下进行会计处理时,购买方在购买日按照上述方法确认的金额,借记"长期股权投资"科目,将购买日之前持有的原股权(权益法下长期股权投资或可供出售金融资产)按照上述两种情形分类处理的同时对于新购股权支付对价的会计处理同上述一步到位的做法一致即按支付合并对价的账面价值,贷记有关资产或借记有关负债科目,按其差额,贷记"营业外收入"或"投资收益"等科目,或借记"营业外支出""投资收益"等科目。非同一控制下企业合并新增股权涉及以库存商品等作为合并对价的,应按库存商品的公允价值,贷记"主营业务收入"或"其他业务收入"科目,并同时结转相关的成本。

(二)合并报表层面

根据前述非同一控制第6条原则的结论,购买日当天购买方需要编制的合并财务报表仅限于合并资产负债表,而无需编制合并利润表和合并现金流量表。因此以下介绍编制购买日合并资产负债表过程中涉及的相关会计处理。

1. 被购买方资产、负债的处理

如前所述,现行会计准则按照购买法的思路来处理非同一控制下的企业合并。这就要求购买方在非同一控制控股合并方式下编制购买日合并资产负债表时对于合并双方资产、负债的列示按照以下原则处理:

(1)购买方自己个别财务报表上的资产、负债应按照其购买日账面价值并入合并资产负债表。

(2)被购买方个别财务报表上的资产、负债则应当以其在购买日当日的公允价值并入合并财务报表,而无论此时购买方对被购买方的持股比例是多少。

[**例 15-4**]　A 公司买入 B 公司 80% 股权,假设当天 A 公司和 B 公司账上各有一批存货,其账面价值和公允价值如表 15-11 所示。另假设 A、B 公司在合并前无任何关联方关系。

表 15-11　A、B 公司合并当天存货账面价值和公允价值　　单位:万元

价值＼资产	A 公司存货	B 公司存货
账面价值	100	180
公允价值	160	220

本题中因为 A、B 公司在合并前无任何关联方关系,所以 A 公司对 B 公司的合并属于非同一控制控股合并,按照会计准则的规定 A 公司在购买日当天编制的合并资产负债表上对外列示的存货项目为 100 + 220 = 320 万元。再次强调的是,即便 A 公司对 B 公司的持股比例不是 80%,而是其他比例如 70% 或 100% 等,上述两项存货在合并资产负债表上的合并金额仍为 320 万元。

上述做法是基于购买法处理思路得出的结论,但是这一结论只能指导我们在被购买方的资产、负债的公允价值≠账面价值时确认合并资产负债表上的项目金额。可是这一结论的实现却需要区分两种情形,这就需要我们学习以下的调整分录。

2. 调整分录

所谓的两种情形是指购买日购买方对被购买方的持股比例小于还是等于 100%,这是因为现有会计准则规定非同一控制下的企业合并中,被购买方在企业合并后仍持续经营的(即控股合并),如购买方取得被购买方 100% 股权,被购买方可以按合并中确定的有关资产、负债的公允价值调账,其他情况下被购买方不应因企业合并改记资产、负债的账面价值。这一规定针对的是被购买方是否有权在其资产、负债的公允价值≠账面价值时主动根据公允价值调账。为帮助大家理解思路,我们将上述结论整理如下:

(1) 购买方对被购买方的持股比例 < 100%。

此时被购买方不得自行在账簿中根据当日资产、负债的公允价值调整其账面价值,但购买法的处理思路又要求被购买方的资产、负债应当按其当日公允价值列示于合并资产负债表上。在理解了上一章所介绍的合并财务报表编制流程后,我们可以推断出以下处理方式即由购买方出面在合并工作底稿中代被购买方完成上述金额的调整。

[**例 15-5**]　沿用[例 15-4]的数据,结合上述结论分析调整分录。

由于本题中 A 公司对 B 公司的持股比例为 80%,不足 100%,因此 B 公司无法自行在账簿中将其存货的金额从 180 万元上调 40 万元至 220 万元。在其存货按照合并财务报表的编制流程以 180 万元的金额导入合并工作底稿后,这时就需要由 A 公司在合并工作底稿中代为编制以下调整分录:

借:存货　　　　　　　　　　　　　　　　40
　　贷:资本公积　　　　　　　　　　　　　　　40

需要说明的是,上述会计分录中资本公积的调整是针对导入合并工作底稿的 B 公司个别财务报表数据而不是 A 公司的报表数据,理解这一点对学习下面的抵销分录显得至关重要。

（2）购买方对被购买方的持股比例 = 100%。

此时被购买方可能视情形自行在账簿中根据当日资产、负债的公允价值调整其账面价值,这样一来就不需购买方出面代为调整,也就省略了上述调整分录。

3. 递延所得税的确认

[例 15-5] 调整分录的编写随即直接产生一个新的问题,那就是递延所得税的确认。本题中 B 公司的存货在 B 公司个别财务报表中按照 180 万元列示,而在合并资产负债表中因为非同一控制的原因需要按照 220 万元列示。同样的存货在两张资产负债表上分别按不同的金额列示,但是其计税基础的界定却只能有一个结果。

如果该批存货的计税基础判定为 180 万元,则存货在合并资产负债表上的账面价值为 220 万元 ≠ 计税基础 180 万元,那么上述调整分录的编写就会在合并资产负债表层面产生应纳税暂时性差异,需要确认相应的递延所得税负债,对应的会计分录就是:

借：资本公积　　　　　　　　　　　10(40×25%)
　　贷：递延所得税负债　　　　　　　　　　10

通常,我们习惯于把上述两笔会计分录合并编写为:

借：存货　　　　　　　　　　　　　40
　　贷：资本公积　　　　　　　　　　　　　30
　　　　递延所得税负债　　　　　　　　　　10

至于上述合并工作底稿中调整的类似资产的计税基础如何界定,根据 2014 年 12 月 25 日财政部、国家税务总局联合颁布的《关于促进企业重组有关企业所得税处理问题的通知》（财税〔2014〕109 号）的规定,在股权收购交易中如果同时满足以下条件,则被购买方的资产计税基础等于其原有账面价值。

（1）收购企业购买的股权不低于被收购企业全部股权的 50%；

（2）收购企业在该股权收购发生时的股权支付金额不低于其交易支付总额的 85%。

严格意义上来讲,我们在实务中需要遵循上述规定来判定调整后的资产账面价值是否等于其计税基础,进而判定是否确认递延所得税。但是出于简化,本章和下一章的相关例题中我们不以上述标准来判定,对于需要考虑递延所得税的确认时,我们会在例题中直接表明要求。

4. 抵销分录

此处的抵销分录即为"投资和权益的抵销分录"。关于这笔会计分录,我们在上一节有所介绍。但是该分录的编写因同一控制情形和非同一控制情形略有差异,上一节我们学习的是同一控制情形下的编写方法,这里我们介绍其在非同一控制下的编写方法。该分录在非同一控制下的表现形式略微复杂,分以下两种情形:

（1）购买日企业合并成本 > 取得的被购买方可辨认净资产公允价值份额。

借：股本
　　资本公积
　　其他综合收益 ⎫
　　盈余公积　　 ⎬ 子公司可辨认净资产公允价值
　　未分配利润　 ⎪
　　商誉　　　　 ⎭
　贷：长期股权投资（母公司对子公司股权投资）
　　　少数股东权益

（2）购买日企业合并成本＜取得的被购买方可辨认净资产公允价值份额。

借：股本
　　资本公积
　　其他综合收益 ⎫ 子公司可辨认净资产公允价值
　　盈余公积　　 ⎬
　　未分配利润　 ⎭
　贷：长期股权投资（母公司对子公司股权投资）
　　　少数股东权益
　　　营业外收入

对于上述抵销分录中为何要冲减子公司所有者权益的同时对冲母公司对子公司的长期股权投资并保留少数股东权益，关于这部分内容的编制原理请参见上一节同一控制下该笔分录的解释，两者的原理完全一致，此处不再赘述。我们这里主要解释上述会计分录与同一控制下分录的区别：

第一，在会计上企业合并成本是表示非同一控制下购买方为获得被购买方控制权所支付对价的公允价值。但是实务中因为多种因素的存在，购买方实际支付的合并成本往往并不会正好等于所获得的被购买方可辨认净资产公允价值份额，其结果可能是超额支付或者是不足支付。现行会计准则中将上述超额支付的部分确认为商誉，而不足支付的部分则计入当期损益（营业外收入）。至于同样的抵销分录为什么不在上一节的同一控制下也出现商誉或营业外收入的处理，那是因为同一控制下合并双方在合并前后均受相同最终控制方的控制，对于最终控制方来说并没有因为此类合并而导致其掌控的资源发生实质性改变，因此同一控制下企业合并的会计处理中不考虑合并方对被合并方的合并商誉或当期损益的确认。

综上所述，非同一控制企业合并中购买方所确认的对被购买方的合并商誉计算公式可以表述如下：

合并商誉＝企业合并成本－合并中取得的被购买方可辨认净资产公允价值份额＞0

该合并商誉计算公式既适用于非同一控制控股合并也适用于非同一控制吸收合并方式下合并商誉的计算。

第二，在上一节同一控制下企业合并的会计处理中，我们在介绍上述抵销分录时指出该分录是我们编制合并日合并财务报表时在合并工作底稿中编写的第一笔分录，但是在非同一控制下购买日合并财务报表的编制中，该分录却必须屈居第二了。那是因为上述合并商誉的计算公式表明我们需要将企业合并成本超过所取得可辨认净资产公允价值份额的部分确认为商誉,而除非购买方对被购买方的持股比例为100%,否则被购买方的资产、负债是按照购买日账面价值导入合并工作底稿的。因此,如果此时就编制上述抵销分录的话,那会计分录中位于借方的子公司所有者权益各项金额合计数为账面价值而非公允价值。为了正确计算合并商誉,我们必须先编制调整分录将子公司导入合并工作底稿中的那些公允价值不等于账面价值的资产、负债逐项进行调整,方能编制上述抵销分录。

最后,当母公司对子公司的持股比例为100%时,则上述抵销分录中子公司所有者权益项目全部与母公司对子公司的长期股权投资抵销,无须按比例再确认"少数股东权益"。这一点与同一控制下的会计处理一致。

5. 分步到位实现控股合并时的新增分录

无论购买方对被购买方的控制是一步到位方式实现还是分步到位方式实现,购买方都需要在合并工作底稿中编制上述调整分录和抵销分录。但是当该控制过程为通过多次交换交易即分步到位实现时还需增加额外的会计处理。

购买方在购买日之前持有的被购买方股权如果被划分为权益法下长期股权投资的,该部分股权投资的账面价值需要在合并工作底稿中按照购买日公允价值重新计量,调整金额计入当期投资收益,另外原持有期间涉及的其他综合收益也需要转为当期投资收益。

[例15-6] 沿用[例15-1],但将A公司购买B公司80%股权的资金支出更改为13 000万元,其他数据资料包括表15-1的数据均不变。假设A公司与B公司在合并前无任何关联方关系。另假设在编制调整分录的过程中需要考虑递延所得税的确认,所得税税率为25%。

本题中假设A公司与B公司在合并前无任何关联方关系,因此两者的合并属于非同一控制控股合并。2×16年9月19日这一天就由原题中的"合并日"改称为"购买日"。

对于此项合并交易,A公司在2×16年9月19日购买日这一天的会计处理需要包括以下两方面:

(1) A公司个别报表层面的账务处理:

借:长期股权投资　　　　　　　　　　　　13 000
　　贷:银行存款　　　　　　　　　　　　　　　13 000

A公司需要在编制完上述会计分录后立即将其登记入账并编制当天的个别财务报表,其新的资产负债表简要数据如表15-12所示,而此项交易因在A公司和B公司股东之间展开故而对B公司个别财务报表数据不产生任何影响。

表15-12　A公司对B公司股权投资后资产负债表(简表)

2×16年9月19日　　　　　　　　　　　　　　　　　　　　　　单位:万元

项目	金额	项目	金额
资产:		权益:	
货币资金	7 000	应付账款	7 000
存货	6 400	其他负债	23 000
可供出售金融资产	900	股本	35 000
长期股权投资	22 100	资本公积	6 000

续表

项目	金额	项目	金额
固定资产	50 000	其他综合收益	4 000
无形资产	3 600	盈余公积	3 000
		未分配利润	12 000
资产合计	90 000	权益合计	90 000

(2) A公司合并工作底稿会计处理：

在将表15-12中的A公司个别财务报表数据和表15-1中的B公司个别财务报表数据导入合并工作底稿后，A公司需要编制以下两笔调整和抵销分录：

a 调整分录：

  借：存货   300
    固定资产   500
    无形资产   200
   贷：资本公积   750 [1 000 × (1 − 25%)]
     递延所得税负债   250 (1 000 × 25%)

b 抵销分录：

  借：股本   6 000
    资本公积   3 750
    其他综合收益   2 000
    盈余公积   2 600
    未分配利润   1 400
    商誉   400
   贷：长期股权投资   13 000
     少数股东权益   3 150 (15 750 × 20%)

A公司在根据上述两笔分录对导入合并工作底稿中的母子公司个别财务报表数据调整和抵销后，即可得出用于填列在购买日合并资产负债表上的报表数据。对于合并工作底稿的编制过程，我们简略展示如表15-13所示。

表15-13 合并工作底稿（简表）

2×16年9月19日   单位：万元

项目	A公司	B公司	调整/抵销分录		少数股东权益	合并金额
			借方	贷方		
资产：						
货币资金	7 000	2 500				9 500
存货	6 400	3 500	300			10 200
可供出售金融资产	900					900
长期股权投资	22 100	5 000		13 000		14 100
固定资产	50 000	8 000	500			58 500

续表

项目	A 公司	B 公司	调整/抵销分录 借方	调整/抵销分录 贷方	少数股东权益	合并金额
无形资产	3 600	1 000	200			4 800
商誉	–	–	400			400
资产合计	90 000	20 000	1 400	13 000		98 400
权益：						
应付账款	7 000	500				7 500
递延所得税负债	–	–		250		250
其他负债	23 000	4 500				27 500
负债合计	30 000	5 000		250		35 250
股本	35 000	6 000	6 000			35 000
资本公积	6 000	3 000	3 750	750		6 000
其他综合收益	4 000	2 000	2 000			4 000
盈余公积	3 000	2 600	2 600			3 000
未分配利润	12 000	1 400	1 400			12 000
少数股东权益					3 150	3 150
所有者权益合计	60 000	15 000	15 750	750	3 150	63 150
权益合计	90 000	20 000	15 750	1 000	3 150	98 400

在完成合并工作底稿的编写后，A 公司将上述工作底稿中的"合并金额"一栏填写于空白合并资产负债表即形成最终成果如表 15-14 所示。

表 15-14　合并资产负债表（简表）

2×16 年 9 月 19 日　　　　　　　　　　　　　　　　　　　　　　　　单位：万元

资产	合并日金额	期初金额	权益	合并日金额	期初金额
货币资金	9 500		应付账款	7 500	
存货	10 200		递延所得税负债	250	
可供出售金融资产	900		其他负债	27 500	
长期股权投资	14 100		负债合计	35 250	
固定资产	58 500		股本	35 000	
无形资产	4 800		资本公积	6 000	
商誉	400		其他综合收益	4 000	
			盈余公积	3 000	
			未分配利润	12 000	
			归属于母公司股东权益合计	60 000	
			少数股东权益	3 150	
资产合计	98 400		权益合计	98 400	

如果本题在编制调整分录的过程中不需要考虑递延所得税的确认,那么 A 公司在合并工作底稿中编制的调整分录和抵销分录分别为:

(1) 调整分录:

借:存货	300	
固定资产	500	
无形资产	200	
贷:资本公积		1 000

(2) 抵销分录:

借:股本	6 000	
资本公积	4 000	
其他综合收益	2 000	
盈余公积	2 600	
未分配利润	1 400	
商誉	200	
贷:长期股权投资		13 000
少数股东权益		3 200(16 000×20%)

A 公司在根据上述两笔分录对导入合并工作底稿中的母子公司个别财务报表数据调整和抵销后的剩余步骤与本题前半部分相似,包括合并工作底稿和合并资产负债表在内的相关内容此处略过。

[例 15-7] 沿用[例 15-2],基本数据资料包括表 15-1 的数据均不变,但假设 A 公司与 B 公司在合并前无任何关联方关系。另假设在编制调整分录的过程中需要考虑递延所得税的确认,A 公司个别财务报表中可供出售金融资产的涨跌调整不考虑递延所得税的确认,所得税税率为 25%。

本题与[例 15-2]一样都是分步到位实现控股合并,只是本题中 A 公司对 B 公司的控制是非同一控制控股合并。我们将 A 公司对 B 公司股权投资的会计处理分解如下:

2×15 年 12 月 1 日:

借:可供出售金融资产——成本	600	
贷:银行存款		600

2×15 年 12 月 31 日:

借:可供出售金融资产——公允价值变动	60	
贷:其他综合收益		60

2×16 年 8 月 31 日:

借:可供出售金融资产——公允价值变动	240	
贷:其他综合收益		240

2×16 年 9 月 19 日,A 公司追加购入 B 公司 75% 股权后实现对 B 公司的控制,此项合并可判断为非同一控制下控股合并,对于合并当日的股权投资 A 公司这一天的会计处理需要包括以下两方面:

(1) A 公司个别报表层面的账务处理:

借：长期股权投资	13 000	
贷：可供出售金融资产——成本		600
——公允价值变动		300
投资收益		100
银行存款		8 000
主营业务收入		4 000
借：主营业务成本	2 000	
贷：库存商品		2 000
借：其他综合收益	300	
贷：投资收益		300

同样,A 公司需要在编制完上述会计分录后立即将其登记入账并编制当天的个别财务报表,因为非同一控制下购买日当天只须编制合并资产负债表,无须编制合并利润表,所以上述会计分录中的所有损益类科目全部调整 A 公司个别资产负债表中的留存收益。出于简化,我们假设 A 公司只调整了未分配利润项目。根据表 15-1 调整后新的资产负债表简要数据如表 15-15 所示,而此项交易对 B 公司个别财务报表数据不产生任何影响。

表 15-15 A 公司对 B 公司股权投资后资产负债表(简表)

2×16 年 9 月 19 日　　　　　　　　　　　　　　　　　　　　　　单位:万元

项目	金额	项目	金额
资产:		权益:	
货币资金	12 000	应付账款	7 000
存货	4 400	其他负债	23 000
长期股权投资	22 100	股本	35 000
固定资产	50 000	资本公积	6 000
无形资产	3 600	其他综合收益	3 700
		盈余公积	3 000
		未分配利润	14 400
资产合计	92 100	权益合计	92 100

(2) A 公司合并工作底稿会计处理:

在将表 15-15 中的 A 公司个别财务报表数据和表 15-1 中的 B 公司个别财务报表数据导入合并工作底稿后,A 公司需要编制以下调整和抵销分录:

① 调整分录:

借：存货	300	
固定资产	500	
无形资产	200	
贷：资本公积		750[1 000×(1−25%)]
递延所得税负债		250(1 000×25%)

② 抵销分录:

借：股本	6 000	
资本公积	3 750	
其他综合收益	2 000	
盈余公积	2 600	
未分配利润	1 400	
商誉	400	
贷：长期股权投资	13 000	
少数股东权益	3 150（15 750×20%）	

A 公司在根据上述两笔分录对导入合并工作底稿中的母子公司个别财务报表数据调整和抵销后的剩余步骤（包括合并工作底稿和合并资产负债表在内的相关内容）与[例 15-6]完全相同，此处略过。

[例 15-8] 沿用[例 15-3]，基本数据资料包括表 15-1 的数据均不变，但假设 A 公司与 B 公司在合并前无任何关联方关系。另假设在编制调整分录的过程中需要考虑递延所得税的确认，所得税税率为 25%。

本题与[例 15-7]一样都是分步到位实现控股合并，只是[例 15-7]属于原以公允价值计量的金融资产因追加投资升级成对被投资方单位的非同一控制控股合并股权投资，而本题中 A 公司对 B 公司的非同一控制控股合并则是在权益法下股权投资基础上追加投资升级而来。我们将 A 公司对 B 公司股权投资的会计处理分解如下：

2×15 年 1 月 1 日：
　　借：长期股权投资——投资成本　　　　　3 000
　　　贷：银行存款　　　　　　　　　　　　　　3 000

2×15 年 12 月 31 日：
　　借：长期股权投资——损益调整　　　　　200（1 000×20%）
　　　贷：投资收益　　　　　　　　　　　　　　200
　　借：长期股权投资——其他综合收益　　　40（200×20%）
　　　贷：其他综合收益　　　　　　　　　　　　40

2×16 年 9 月 19 日，A 公司追加购入 B 公司 60% 股权后实现对 B 公司的控制，此项合并可判断为非同一控制下控股合并，对于合并当日的股权投资 A 公司这一天的会计处理需要包括以下两方面：

（1）A 公司个别报表层面的账务处理：
　　借：长期股权投资　　　　　　　　　　　15 240
　　　贷：长期股权投资——投资成本　　　　　3 000
　　　　　　　　　　　　——损益调整　　　　　200
　　　　　　　　　　　　——其他综合收益　　　40
　　　　　银行存款　　　　　　　　　　　　　8 000
　　　　　主营业务收入　　　　　　　　　　　4 000
　　借：主营业务成本　　　　　　　　　　　2 000
　　　贷：库存商品　　　　　　　　　　　　　2 000

同样,A 公司需要在编制完上述会计分录后立即将其登记入账并编制当天的个别财务报表,因为非同一控制下购买日当天只须编制合并资产负债表,无须编制合并利润表,所以上述会计分录中的所有损益类科目全部调整 A 公司个别资产负债表中的留存收益。出于简化,我们假设 A 公司只调整了未分配利润项目。根据表 15-1 调整后新的资产负债表简要数据如表 15-16 所示,而此项交易对 B 公司个别财务报表数据不产生任何影响。

表 15-16 A 公司对 B 公司股权投资后资产负债表(简表)

2×16 年 9 月 19 日　　　　　　　　　　　　　　　　　　　　单位:万元

项目	金额	项目	金额
资产:		权益:	
货币资金	12 000	应付账款	7 000
存货	4 400	其他负债	23 000
可供出售金融资产	900	股本	35 000
长期股权投资	21 100	资本公积	6 000
固定资产	50 000	其他综合收益	4 000
无形资产	3 600	盈余公积	3 000
		未分配利润	14 000
资产合计	92 000	权益合计	92 000

(2) A 公司合并工作底稿会计处理:

在将表 15-16 中的 A 公司个别财务报表数据和表 15-1 中的 B 公司个别财务报表数据导入合并工作底稿后,A 公司需要编制以下调整和抵销分录:

① 调整分录:

a 对导入合并工作底稿的 B 公司公允价值≠账面价值资产进行调整。

　　借:存货　　　　　　　　　　　　　　　　　300
　　　　固定资产　　　　　　　　　　　　　　　500
　　　　无形资产　　　　　　　　　　　　　　　200
　　　贷:资本公积　　　　　　　　　　　　　　750[1000×(1−25%)]
　　　　　递延所得税负债　　　　　　　　　　　250(1000×25%)

b 将 A 公司原持有 B 公司 20% 股权投资按照公允价值重新计量。

　　借:长期股权投资　　　　　　　　　　　　　60
　　　贷:投资收益　　　　　　　　　　　　　　60

② 抵销分录:

a 编制投资和权益的抵销分录,确认商誉。

　　借:股本　　　　　　　　　　　　　　　　　6 000
　　　　资本公积　　　　　　　　　　　　　　　3 750
　　　　其他综合收益　　　　　　　　　　　　　2 000
　　　　盈余公积　　　　　　　　　　　　　　　2 600
　　　　未分配利润　　　　　　　　　　　　　　1 400

         商誉   2 700
           贷：长期股权投资   15 300
           少数股东权益   3 150（15 750×20%）

  b 将 A 公司原持有 B 公司 20% 股权期间确认的其他综合收益转入投资收益。
         借：其他综合收益   40
           贷：投资收益   40

A 公司在根据上述四笔分录对导入合并工作底稿中的母子公司个别财务报表数据调整和抵销后，即可得出用于填列在购买日合并资产负债表上的报表数据，对于上述四笔分录中的所有损益类科目全部调整合并工作底稿中的留存收益。出于简化，我们假设只调整了未分配利润项目。对于合并工作底稿的编制过程，我们简略展示如表 15-17 所示：

表 15-17 合并工作底稿（简表）

2×16 年 9 月 19 日　　　　　　　　　　　　　　　　　　　　　　单位：万元

项目	A 公司	B 公司	调整/抵销分录 借方	调整/抵销分录 贷方	少数股东权益	合并金额
资产：						
货币资金	12 000	2 500				14 500
存货	4 400	3 500	300			8 200
可供出售金融资产	900					900
长期股权投资	21 100	5 000	60	15 300		10 860
固定资产	50 000	8 000	500			58 500
无形资产	3 600	1 000	200			4 800
商誉	—	—	2 700			2 700
资产合计	92 000	20 000	3 760	15 300		100 460
权益：						
应付账款	7 000	500				7 500
递延所得税负债	—	—		250		250
其他负债	23 000	4 500				27 500
负债合计	30 000	5 000		250		35 250
股本	35 000	6 000	6 000			35 000
资本公积	6 000	3 000	3 750	750		6 000
其他综合收益	4 000	2 000	2 040			3 960
盈余公积	3 000	2 600	2 600			3 000
未分配利润	14 000	1 400	1 400	100		14 100
少数股东权益					3 150	3 150
所有者权益合计	62 000	15 000	15 790	850	3 150	65 210
权益合计	92 000	20 000	15 790	1 100	3 150	100 460

在完成合并工作底稿的编写后,A 公司将上述工作底稿中的"合并金额"一栏填写于空白合并资产负债表即形成最终成果如表 15-18 所示。

表 15-18　合并资产负债表(简表)

2×16 年 9 月 19 日　　　　　　　　　　　　　　　　　　　　　　单位:万元

资产	合并日金额	期初金额	权益	合并日金额	期初金额
货币资金	14 500		应付账款	7 500	
存货	8 200		递延所得税负债	250	
可供出售金融资产	900		其他负债	27 500	
长期股权投资	10 860		负债合计	35 250	
固定资产	58 500		股本	35 000	
无形资产	4 800		资本公积	6 000	
商誉	2 700		其他综合收益	3 960	
			盈余公积	3 000	
			未分配利润	14 100	
			归属于母公司股东权益合计	62 060	
			少数股东权益	3 150	
资产合计	100 460		权益合计	100 460	

三、反向购买的处理

(一)反向购买的定义

在介绍反向购买的定义之前,我们先举一个小例子来让大家感受一下反向购买的特征。例如,A 公司为一家上市公司,B 公司为一家非上市公司。B 公司拟通过收购 A 公司的方式达到上市目的,但该交易是通过 A 公司向 B 公司原股东发行普通股用以交换 B 公司原股东持有的对 B 公司股权方式实现。该项交易后,B 公司原控股股东持有 A 公司 50% 以上股权,A 公司也持有 B 公司 50% 以上股权,此项合并在现行会计准则的处理中被归类为"反向购买"。上述合并案例具有两个显著特征:一是挑起合并的一方(A 公司)以定向增发股票作为支付手段;二是 A 公司在控制 B 公司的同时也被 B 公司的股东实现了控制。

现在我们来看看学术界对于反向购买的定义。美国的《财务会计准则公告第 141 号——企业合并》(SFAS141)将反向购买界定为"当一个非上市公司想成为上市公司,但是又不想注册其股权时,非上市公司通过股权交换达到间接上市,就产生了反向购买"。《国际财务报告准则第 3 号——企业合并》(IFRS3)则将反向购买定义为:"出于会计处理的目的,当发行权益性证券的实体(法律上的购买方)被确定为会计上的被购买方,股权被收购的实体(法律上的被购买方)被确定为会计上的购买方的交易,应认定为反向购买。"我国会计准则也采用了类似的概念:非同一控制下的企业合并,以发行权益性证券交换股权的方式进行的,通常发行权益性证券的一方为购买方,但某些企业合并中,发行权益性证券的一方因其生产经营决策在合并后被参与合并的另一方所控制的,发行权益性证券的一方虽然为法律上的母公司,但其为会计上的被购买方,该类企业合并通常称为"反向购买"。

(二) 反向购买的会计处理

1. 相关会计法律文件

通常我们在进行反向购买的会计处理时,除了遵循《企业会计准则第20号——企业合并》外,还要借鉴两个财政部文件,它们分别是:《财政部会计司关于非上市公司购买上市公司股权实现间接上市会计处理的复函》(财会便〔2009〕17号)和《财政部关于做好执行会计准则企业2008年年报工作的通知》(财会函〔2008〕60号)。

财会便〔2009〕17号规定,非上市公司以所持有的对子公司投资等资产为对价取得上市公司的控制权,构成反向购买的,上市公司编制合并财务报表时应当区别以下情况处理:

(1) 交易发生时,上市公司未持有任何资产负债或仅持有现金、交易性金融资产等不构成业务的资产或负债的,上市公司在编制合并财务报表时,应当按照《财政部关于做好执行会计准则企业2008年年报工作的通知》(财会函〔2008〕60号)的规定执行,而后者规定企业购买上市公司,被购买的上市公司不构成业务的,购买企业应按照权益性交易的原则进行处理,不得确认商誉或确认计入当期损益。

(2) 交易发生时,上市公司保留的资产、负债构成业务的,应当按照《企业会计准则第20号——企业合并》及相关讲解的规定执行,即对于形成非同一控制下企业合并的,企业合并成本与取得的上市公司可辨认净资产公允价值份额的差额应当确认为商誉或是计入当期损益。

对于"业务"的判断,财会便〔2009〕17号指出业务是指企业内部某些生产经营活动或资产负债的组合,该组合具有投入、加工处理过程和产出能力,能够独立计算其成本费用或所产生的收入等,目的在于为投资提供股利、降低成本或带来其他经济利益。有关资产或资产、负债的组合具备了投入和加工处理过程两个要素即可认为构成一项业务。对于取得的资产、负债组合是否构成业务,应当由企业结合实际情况进行判断。

2. 具体的会计处理

上述两种情况的会计处理中,"不构成业务情况"的处理相对简单,本书主要介绍更为复杂的"构成业务情况"的会计处理。此类情况的会计处理主要涉及以下几个问题:

(1) 购买方和被购买方身份的确认。

通常情况下,非同一控制控股合并方式下的母公司为购买方,子公司为被购买方,合并财务报表由母公司(购买方)负责编制。在合并资产负债表上,母公司(购买方)的资产、负债按照其当日的账面价值列示,而子公司(被购买方)的资产、负债则按照当日的公允价值列示。以上的会计处理是在界定了母子公司身份后就可以立即展开的,但是在反向购买的会计处理中我们面临了较为复杂的情况。

根据反向购买的定义,我们可以发现反向购买的复杂性在于其所谓的"合并"至少在表面看来是双向的,以前述例子为例,A公司在控制B公司的同时也被B公司的股东实现了控制。因此到底由谁出面编制合并财务报表以及谁的资产、负债需要按照购买法处理就成为我们首先需要解决的问题。

根据会计准则的规定,在遇到反向购买时我们以发行权益性证券的一方作为法律上的母公司,参与合并的另一方就自然成为子公司,但是在实质进行会计处理时,会计却要求我们将母公司视作被购买方,而子公司视作购买方处理。以前述例子为例,A 公司为法律上的母公司、B 公司为法律上的子公司,但从会计角度,A 公司为被购买方,B 公司为购买方。

(2) 合并财务报表的编制主体身份。

根据合并财务报表的定义,合并财务报表应当是由母公司出面编制。所以尽管反向购买中母公司和购买方的身份是分离的,但是作为实质上会计处理时的被购买方还是以法律上母公司的身份编制合并财务报表。这一点是我们在初次学习反向购买情形下合并财务报表的编制时尤为要注意的。以前述例子为例,A 公司负责合并财务报表的编制。

(3) 合并双方资产、负债在合并资产负债表上的列示金额。

根据财会便〔2009〕17 号的规定,对于"构成业务情况"的反向购买的会计处理需要按照《企业会计准则第 20 号——企业合并》执行。因此以前述例子为例,A 公司作为会计上的被购买方其资产、负债应该按照购买日当天的公允价值列示于合并资产负债表上,而 B 公司作为会计上的购买方其资产、负债应该按照购买日当天的账面价值列示。

(4) 企业合并成本。

在本节的一开始我们就介绍了企业合并成本的概念,所谓企业合并成本实则是指非同一控制下购买方为获得被购买方控制权所支付对价的公允价值。我们需要强调的是合并成本是从购买方角度出发计算,而不是从母公司角度出发计算,这一点在母公司和购买方身份分离的反向购买中显得至关重要。

但是在会计处理时我们一开始遇到一个问题,反向购买中真正出手的是母公司,是母公司主动挑起合并定向增发了股票。以前述例子为例,该交易是通过 A 公司向 B 公司原股东发行普通股用以交换 B 公司原股东持有的对 B 公司股权方式实现的。所以作为会计上的购买方的 B 公司其实根本没有出手,那么如何计算合并成本呢?

因此我们在学习了前述"一步到位实现企业合并"和"分步到位实现企业合并"两种情形下的企业合并成本后,让我们来认识一下"反向购买"的企业合并成本。反向购买中,法律上的子公司(购买方)的企业合并成本是指其如果以发行权益性证券的方式为获取在合并后报告主体的股权比例,应向法律上母公司(被购买方)的股东发行的权益性证券数量与其公允价值计算的结果。我们将在[例 15-9]中对这一定义做进一步的解释。

(5) 合并商誉。

根据财会便〔2009〕17 号的规定,在"构成业务情况"的反向购买中,当"购买方合并成本 > 取得的上市公司可辨认净资产公允价值份额"时,允许将其差额确认为商誉。

[例 15-9] A 上市公司于 2×16 年 7 月 31 日通过定向增发本企业普通股对 B 企业进行合并,取得 B 企业 100% 股权。假定不考虑所得税影响。A 公司及 B 企业在合并前简化资产负债表如表 15-19 所示。

表 15-19 A 公司及 B 企业合并前资产负债表(简表)

2×16 年 7 月 31 日　　　　　　　　　　　　　　　　　　　　　　单位:万元

项目	A 公司		B 企业	
	账面价值	公允价值	账面价值	公允价值
流动资产	6 500	6 500	9 000	10 000
非流动资产	13 500	15 500	46 000	46 000
资产总额	20 000	22 000	55 000	56 000
流动负债	3 600	3 600	5 000	5 000
非流动负债	4 400	4 400	8 000	8 000
负债总额	8 000	8 000	13 000	13 000
所有者权益:				
股本	1 500		900	
资本公积	2 000		7 000	
盈余公积	2 500		6 100	
未分配利润	6 000		28 000	
所有者权益总额	12 000		42 000	

其他资料:

(1) 2×16 年 7 月 31 日,A 公司通过定向增发本企业普通股,以 3 股换 1 股的比例自 B 企业原股东处取得了 B 企业全部股权。A 公司共发行了 2 700 万股普通股以取得 B 企业全部 900 万股普通股。

(2) A 公司普通股在 2×16 年 7 月 31 日的公允价值为 10 元,B 企业每股普通股当日的公允价值为 30 元。A 公司、B 企业每股普通股的面值为 1 元。

(3) 假设 A 公司的非流动资产公允价值不等于账面价值是源于一项固定资产。

(4) 假定 A 公司与 B 企业在合并前不存在任何关联方关系。

本题中 A 公司通过定向增发 2 700 万股股票获取了 B 企业 100% 的控制权,但是其对自身的股权比例下降至 1 500/(1 500 + 2 700) < 50%,说明 A 公司原有股东丧失了对 A 公司的控制权,B 企业原有股东对 A 公司的控股比例达到 2 700/(1 500 + 2 700) > 50%。这种 A 公司控制了 B 企业但又被 B 企业原有股东控制的局面属于"反向购买"。

这时需要由 A 公司出面编制合并资产负债表,但是 A 公司的资产、负债应该按照购买日当天的公允价值列示于合并资产负债表上,而 B 企业的资产、负债应该按照购买日当天的账面价值列示。

关于合并成本的计算,依据前述反向购买方式下合并成本的定义,我们需要假设 A 公司没有发行 2 700 万股股票而是改由 B 企业出面定向增发股票以获取对 A 公司的控制权,持股比例达到 2 700/(1 500 + 2 700) > 50%。我们假设 B 企业发行的股票数量为 x,则得到以下计算公式:

$$\frac{900}{x+900} = \frac{2\ 700}{(1\ 500 + 2\ 700)}$$

计算得到，x = 500 万股，因此 B 企业的合并成本 = 500 × 30 = 15 000 万元。

由于 A 公司股票和 B 企业股票的置换比例为 3∶1，所以 B 企业发行 500 万股股票可以换取 A 公司全部股权达到 100% 控股，因此合并商誉 = 15 000 − (12 000 + 2 000) × 100% = 1 000 万元。

关于会计分录的编写，A 公司在 2×16 年 7 月 31 日购买日这一天的会计处理需要包括以下两方面：

(1) A 公司个别报表层面的账务处理：

  借：长期股权投资   27 000 = 2 700 × 10
    贷：股本   2 700
      资本公积——股本溢价 24 300

A 公司在将上述会计分录编制完毕后立即登记入账，然后将 A、B 公司的个别报表数据（包括上述增发股票的数据）导入合并工作底稿。

(2) A 公司合并工作底稿会计处理：

(1) 将 A 公司增发股票的业务予以抵销。

  借：股本   2 700
    资本公积   24 300
    贷：长期股权投资   27 000

(2) 假设 B 公司发行 500 万股股票换取 A 公司 100% 股权。

  借：长期股权投资   15 000 (500 × 30)
    贷：股本   500
      资本公积   14 500

(3) 按照公允价值对被购买方 A 公司的资产进行调整。

  借：固定资产   2 000
    贷：资本公积   2 000

(4) 编制"投资和权益的抵销分录"。

  借：股本   1 500
    资本公积   4 000 (2 000 + 2 000)
    盈余公积   2 500
    未分配利润   6 000
    商誉   1 000
    贷：长期股权投资   15 000

综上所述，我们将 A 公司编制的合并资产负债表简略成表 15-20 所示。

表 15-20 合并资产负债表（简表）

2×16 年 7 月 31 日   单位：万元

资产	合并日金额	期初金额	权益	合并日金额	期初金额
流动资产	15 500		流动负债	8 600	
非流动资产（不含商誉）	61 500		非流动负债	12 400	

续表

资产	合并日金额	期初金额	权益	合并日金额	期初金额
商誉	1 000		负债合计	21 000	
			股本	1 400	
			资本公积	21 500	
			盈余公积	6 100	
			未分配利润	28 000	
资产合计	78 000		权益合计	78 000	

[**例 15-10**] 沿用[例 15-9],但假设 B 企业的股东并没有都参与到此项反向购买中来,只有其中的 90% 股权持有者愿意换取 A 公司增发的普通股。那我们该如何处理呢?

其实会计处理的思路与上述做法基本一致,只是将 B 企业中没有参与此项合并的 10% 股权"置身事外"划分为少数股东单独处理。如果只是换取 B 企业 90% 股权的话,A 公司应发行的普通股股数为 2 430 万股(900×90%×3)。但具体实务中在计算定向增发股票后,B 公司参与反向购买交易股东的持股比例时又分为以下两种情形:

情形 1:在计算持股比例时不考虑少数股权。

我们假设 B 企业发行的股票数量为 y,则得到以下计算公式:

$$\frac{(900 \times 90\%)}{[y+(900 \times 90\%)]} = \frac{2\,430}{(1\,500+2\,430)}$$

计算得到,y = x = 500 万股。所以 B 企业的合并成本还是 15 000 万元,其合并商誉也仍然是 1 000 万元。

B 企业未参与股权交换的股东划分为少数股东,其拥有的所有者权益在合并财务报表中应作为少数股东权益列示,金额为 42 000×10% = 4 200 万元。

关于会计分录的编写,A 公司在 2×16 年 7 月 31 日购买日这一天的会计处理需要包括以下两方面:

(1) A 公司个别报表层面的账务处理:

借:长期股权投资　　　　　　　24 300(2 430×10)
　　贷:股本　　　　　　　　　　　　　2 430
　　　　资本公积——股本溢价　　　　21 870

A 公司在将上述会计分录编制完毕后立即登记入账,然后将 A、B 公司的个别报表数据(包括上述增发股票的数据)导入合并工作底稿。

(2) A 公司合并工作底稿会计处理:

① 将 A 公司增发股票的业务予以抵销

借:股本　　　　　　　　　　　　2 430
　　资本公积　　　　　　　　　　21 870
　　贷:长期股权投资　　　　　　　　24 300

② 假设 B 公司发行 500 万股股票换取 A 公司 100% 股权

借:长期股权投资　　　　　　　15 000(500×30)

贷：股本 500
　　资本公积 14 500

③ 按照公允价值对被购买方 A 公司的资产进行调整
借：固定资产 2 000
贷：资本公积 2 000

④ 编制对 A 公司的"投资和权益的抵销分录"
借：股本 1 500
　　资本公积 4 000(2 000＋2 000)
　　盈余公积 2 500
　　未分配利润 6 000
　　商誉 1 000
贷：长期股权投资 15 000

（5）将 B 企业中不参与反向购买的 10% 股权持有者权益转入少数股东权益
借：股本 90(900×10%)
　　资本公积 700(7 000×10%)
　　盈余公积 610(6 100×10%)
　　未分配利润 2 800(28 000×10%)
贷：少数股东权益 4 200

此时 A 公司编制的合并资产负债表简略成表 15-21 所示。

表 15-21　合并资产负债表（简表）

2×16 年 7 月 31 日　　　　　　　　　　　　　　　　　　　　　　单位：万元

资产	购买日金额	期初金额	权益	购买日金额	期初金额
流动资产	15 500		流动负债	8 600	
非流动资产(不含商誉)	61 500		非流动负债	12 400	
商誉	1 000		负债合计	21 000	
			股本	1 310	
			资本公积	20 800	
			盈余公积	5 490	
			未分配利润	25 200	
			归属于母公司股东权益合计	52 800	
			少数股东权益	4 200	
资产合计	78 000		权益合计	78 000	

情形 2：在计算持股比例时考虑少数股权。

我们假设 B 企业发行的股票数量为 z，则得到以下计算公式：

$$\frac{(900\times 90\%)}{(z+900)}=\frac{2\ 430}{(1\ 500+2\ 430)}$$

计算得到，$z=410$（万股）。所以 B 企业的合并成本是 $410\times 30=12\ 300$（万元）。合并后

B公司换取了A公司410×3=1 230(万股)股票,对A公司的持股比例为$\frac{1\ 230}{1\ 500}=82\%$,因此合并商誉=12 300-(12 000+2 000)×82%=820(万元)。

B企业未参与股权交换的股东划分为少数股东,其拥有的所有者权益在合并财务报表中应作为少数股东权益列示,金额为42 000×10%=4 200(万元)。

A企业股东中除去B公司以外,剩余持有18%股权的股东也划分为少数股东,其拥有的所有者权益在合并财务报表中也应作为少数股东权益列示,金额为(12 000+2 000)×18%=2 520(万元)。

关于会计分录的编写,A公司在2×16年7月31日购买日这一天的会计处理需要包括以下两方面:

(1) A公司个别报表层面的账务处理:

借:长期股权投资　　　　　　　　24 300(2 430×10)
　　贷:股本　　　　　　　　　　　　2 430
　　　　资本公积——股本溢价　　　　21 870

A公司在将上述会计分录编制完毕后立即登记入账,然后将A、B公司的个别报表数据(包括上述增发股票的数据)导入合并工作底稿。

(2) A公司合并工作底稿会计处理:

① 将A公司增发股票的业务予以抵销。

借:股本　　　　　　　　　　　　2 430
　　资本公积　　　　　　　　　　21 870
　　贷:长期股权投资　　　　　　　　24 300

② 假设B公司发行410万股股票换取A公司82%股权。

借:长期股权投资　　　　　　　　12 300(410×30)
　　贷:股本　　　　　　　　　　　　410
　　　　资本公积　　　　　　　　　　11 890

③ 按照公允价值对被购买方A公司的资产进行调整。

借:固定资产　　　　　　　　　　2 000
　　贷:资本公积　　　　　　　　　　2 000

④ 编制对A公司的"投资和权益的抵销分录"。

借:股本　　　　　　　　　　　　1 500
　　资本公积　　　　　　　　　　4 000(2 000+2 000)
　　盈余公积　　　　　　　　　　2 500
　　未分配利润　　　　　　　　　6 000
　　商誉　　　　　　　　　　　　820
　　贷:长期股权投资　　　　　　　　12300
　　　　少数股东权益　　　　　　　　2 520

⑤ 将B企业中不参与反向购买的10%股权持有者权益转入少数股东权益。

借:股本　　　　　　　　　　　　90(900×10%)

资本公积	700 (7 000×10%)	
盈余公积	610 (6 100×10%)	
未分配利润	2 800 (28 000×10%)	
贷：少数股东权益		4 200

此时 A 公司编制的合并资产负债表简略成表 15-22 所示。

表 15-22　合并资产负债表(简表)

2×16 年 7 月 31 日　　　　　　　　　　　　　　　　　　单位：万元

资产	购买日金额	期初金额	权益	购买日金额	期初金额
流动资产	15 500		流动负债	8 600	
非流动资产(不含商誉)	61 500		非流动负债	12 400	
商誉	820		负债合计	21 000	
			股本	1 220	
			资本公积	18 190	
			盈余公积	5 490	
			未分配利润	25 200	
			归属于母公司股东权益合计	50 100	
			少数股东权益	6 720	
资产合计	77 820		权益合计	77 820	

本 章 小 结

合并日合并财务报表是指同一控制控股合并方式下取得控制权当天合并方需要编制的合并财务报表,理论上包括三张报表,分别是合并资产负债表、合并利润表和合并所有者权益变动表。本章主要介绍合并日合并资产负债表的编制,具体内容包括合并方在账簿中的处理,以及合并工作底稿中先抵销后调整的编制顺序。

购买日合并财务报表是指非同一控制控股合并方式下取得控制权当天购买方需要编制的合并资产负债表。编制该报表时需要掌握的内容包括购买方在账簿中的处理,以及合并工作底稿中先调整后抵销的编制顺序。

反向购买是一种比较特殊的非同一控制下企业合并方式,其存在母公司和购买方身份分离的问题。在编制合并财务报表时需要由法律上的母公司出面,但是该母公司却是会计上的被购买方,其资产、负债需要按照购买日公允价值列示于合并资产负债表上。

【思考题】

1. 合并财务报表有哪些分类?
2. 合并日合并财务报表涉及哪些会计分录?

3. 购买日合并财务报表涉及哪些会计分录?
4. 比较合并日合并财务报表和购买日合并财务报表的区别。
5. 反向购买方式下的购买方和被购买方如何识别?
6. 说出非同一控制下企业合并的三种合并成本。

【自测题】

1. 2×16年1月1日甲公司以5 000万元购入乙公司60%股权,当日乙公司可辨认净资产公允价值为8 000万元,账面价值为7 550万元,乙公司主要报表数据项目如下:

乙公司主要报表数据　　　　　　　　　　　　　单位:万元

项目	账面价值	公允价值
存货	300	350
固定资产	800	1 200
股本	4 000	
资本公积	2 000	
盈余公积	550	
未分配利润	1 000	

假设不考虑所得税以外的其他税收因素。

要求:

(1) 假设甲、乙两公司在合并前属于同一个集团,编制合并日合并资产负债表(假设甲公司资本公积中的资本溢价金额充足)。

(2) 假设甲、乙两公司在合并前无任何关联方关系,编制购买日合并资产负债表。

2. 2×16年8月31日B公司通过A上市公司(以下简称A公司)实现了上市。具体做法是:A上市公司于2×16年8月31日通过定向增发本公司普通股对B企业进行合并,取得B企业100%股权。假定不考虑所得税影响。B企业及A公司在进行合并前简化资产负债表如下所示:

B企业及A公司合并前资产负债表(简表)　　　　　　　单位:万元

项目	A公司	B企业
流动资产	1 000	1 500
非流动资产	5 000	11 500
资产总计	6 000	13 000
流动负债	518	500
非流动负债	2 182	2 500
负债合计	2 700	3 000
股东权益:		
股本	1 000	2 000
资本公积	300	1 000
盈余公积	1 000	3 000

续表

项目	A 公司	B 企业
未分配利润	1 000	4 000
股东权益合计	3 300	10 000

其他资料：

(1) 2×16 年 8 月 31 日，A 公司通过定向增发本公司普通股，以 2 股换 1 股的比例自 B 企业原股东处取得了 B 企业全部股权。A 公司共发行了 4 000 万股普通股以取得 B 企业全部 2 000 万股普通股。

(2) A 公司普通股在 2×16 年 8 月 31 日的公允价值为每股 15 元，B 企业普通股当日的公允价值为每股 30 元。A 公司、B 企业每股普通股的面值均为 1 元。

(3) 2×16 年 8 月 31 日，A 公司除非流动资产公允价值较账面价值高 800 万元以外，其他资产、负债项目的公允价值与其账面价值相同。B 企业除流动资产公允价值较账面价值高 100 万元以外，其他资产、负债项目的公允价值与其账面价值相同。

(4) 假定 A 公司与 B 企业在合并前不存在任何关联方关系。以上业务不考虑其他因素和相关税费的影响。

B 企业及 A 公司合并后资产负债表（简表） 单位：万元

项目	合并数据
流动资产	
非流动资产	
商誉	
资产总计	
流动负债	
非流动负债	
负债合计	
股东权益：	
股本	
资本公积	
盈余公积	
未分配利润	
股东权益合计	

要求：

(1) 确定 2×16 年 B 企业与 A 公司合并业务的购买方；

(2) 确定 2×16 年 B 企业与 A 公司合并后 B 企业原股东持有 A 公司的股权比例；

(3) 计算 2×16 年 B 企业与 A 公司合并业务中的合并成本、合并商誉；

(4) 填列购买日简要资产负债表中合并后的数据；

(5) 假设上述合并过程中，B 企业股东只有 90% 参与此项合并，用手中所持股权换取 A 公司增发的股票，则对上述 (1)—(4) 有何影响。

第十六章

购并日后的合并财务报表

 学习目的与要求

通过本章学习,了解并掌握:
1. 同一控制控股合并方式下合并日后合并财务报表的连续编制;
2. 非同一控制控股合并方式下购买日后合并财务报表的连续编制;
3. 购买日后母公司对子公司持股比例变动对合并财务报表层面的影响。

第一节 连续编制合并财务报表的注意事项

上一章我们介绍了控股合并方式下,母公司取得对子公司控制权当天编制合并财务报表的会计处理。但是在会计上母公司不是只有在取得控制权当天才需要编制合并财务报表,控制权取得后每逢特定日期(例如:半年末、年末等)仍然需要编制依据母公司掌控子公司资源所确定合并范围内的合并财务报表。我们把这种合并财务报表的编制思路称为连续编制合并财务报表。在教学中,我们一般以年报为例来介绍合并财务报表的连续编制。

与上一章一样,合并财务报表的连续编制也需要区分为"同一控制下合并财务报表的连续编制"和"非同一控制下合并财务报表的连续编制"两种情况。我们将分别在本章第二、三节对此进行介绍。另外,实际生活中母公司在取得对子公司控制权以后,因为某些因素的考虑可能增持(追加投资)或减持(处置部分子公司股权)导致对合并财务报表的编制产生影响,我们也一并将在本章进行介绍。

但是,在正式开始以下两个小节的学习之前,需要指出一些注意事项,主要用于提醒大家合并财务报表的连续编制既是上一章的延续,但又有其一些特有的会计处理。简要归纳如下:

(1)我们在第14章学习过合并财务报表的编制流程,合并财务报表虽然是在母子公司个别财务报表基础上编制而成,但是所有在合并工作底稿中编制的会计分录(调整分录或抵销分录)无论简单与否都不会对合并范围内所有公司的个别财务报表产生直接影响。相同名称的报表项目(例如:存货、长期股权投资等)在母子公司个别财务报表上和合并财务报表上完全有可能按不同的金额列示。可是在连续编制合并财务报表时我们却遇到一个尴尬的局面,那就是我们一方面必须在当年母子公司个别财务报表而非上一年合并财务报表的基础上编制新的合并财务报表,另一方面我们又要保持合并财务报表数据的连续性(例如:当年合并资产负债表的期初数应该等于上一年年末合并资产负债表的期末数)。合并财务报表的编制程序确保了母子公司个别财务报表在这一过程中是毫发无损的,所以上述合并财务报表数据连续性的要求如何实现呢?答案就是每次在连续编制合并财务报表时,我们需要重复编制在上一期合并财务报表编制过程中在合并工作底稿中编制的会计分录。这种会计工作的重复劳动,我们会在以下两个小节例题中得到直观体现。

(2)在上一章我们学过一笔非常重要的会计分录"投资和权益的抵销分录",当时我们提到过这一分录之所以如此重要,那是因为每次编制合并财务报表时都需要编写这笔抵销分录。上一章在介绍合并日和购买日合并财务报表时我们都涉及了该笔分录的编写,而本章合并日后和购买日后合并财务报表的编制同样会需要编写该笔抵销分录。但是为了配合这笔抵销分录的编写,在本章中会出现一些新的会计分录,分录的具体内容我们将在下一节揭晓,但是这些分录却是本章独有,与上一章无关。

(3)实际生活中母子公司之间除了股权投资关系外还有可能发生其他交易(例如:存货买卖交易),甚至同一合并范围内的子公司之间也可能发生类似交易。但在合并财务报表的会计主体(整个集团)看来,此类交易属于内部交易,在编制合并财务报表时需要予以抵销,使其经济结果不能对外公开。关于这部分内部交易的抵销处理我们将在第17章具体介绍。

(4)从企业合并步骤的繁简角度,我们可以把企业合并分为"一步到位"和"分步到位(通过多次交换交易)"两种方式下的企业合并。通过上一章的学习,我们知道控制权日合并财务报表的编制实际上可以分为以下四种:①"一步到位实现同一控制企业合并"合并日合并财务报表;②"分步到位实现同一控制企业合并"合并日合并财务报表;③"一步到位实现非同一控制企业合并"购买日合并财务报表;④"分步到位实现非同一控制企业合并"购买日合并财务报表。

上述四种控制权日合并财务报表的编制各有特点,但是本章属于控制权日后合并财务报表的编制,所学习的新会计分录主要与控制权日后新发生的业务有关,与企业合并的实现是通过"一步到位"还是"分步到位"没有太大的关系。因此出于简化,本章后面所涉及的例题均选择"一步到位"实现企业合并的简化模式。

第二节　同一控制下合并日后合并财务报表的编制

如前所述,同一控制下合并财务报表的编制分为"合并日合并财务报表"和"合并日后合并财务报表"。本节分别从这两个角度进行介绍。

一、合并日合并财务报表的编制

根据《企业会计准则第20号——企业合并》,母公司在合并日需要编制合并日的合并资产负债表、合并利润表和合并现金流量表等合并财务报表。但是由于合并日以前的内部交易我们并入第17章的学习,所以此处我们只涉及合并日合并资产负债表的编制。在"一步到位实现同一控制企业合并"合并日合并资产负债表中只涉及两笔会计分录的编写,分别是"投资和权益的抵销"以及"(子公司)留存收益的部分恢复"。

[例16-1] A公司2×16年1月1日以银行存款11 500万元购入B公司80%的股权。A、B公司合并前已属于同一控制下的企业。假设A、B公司采用的会计政策相同,合并日之前两家公司之间未发生其他需抵销的内部交易。合并日当天双方的个别财务报表数据(不含A公司当天对B公司股权投资的影响)如表16-1所示。

表16-1 资产负债表(简表)

2×16年1月1日 单位:万元

项目	A公司	B公司	
	账面价值	账面价值	公允价值
资产:			
货币资金	50 000	15 000	15 000
应收账款	2 000	500	490
存货	1 200	3 300	3 500
长期股权投资	6 000	2 200	2 200
固定资产	1 800	1 000	1 250
资产合计	61 000	22 000	22 440
权益:			
短期借款	5 000	3 200	3 200
应付账款	6 000	3 800	3 800
负债合计	11 000	7 000	7 000
股本	20 000	8 000	
资本公积	10 000	2 000	
其他综合收益	2 000	1 200	
盈余公积	3 000	800	
未分配利润	15 000	3 000	
所有者权益合计	50 000	15 000	15 440
权益合计	61 000	22 000	22 440

假设上述报表数据中,A公司的资本公积10 000万元余额中股本溢价的金额为3 000万元。B公司的盈余公积800万元、未分配利润3 000万元全部系最终控制方对A和B开始实施控制后产生。

对于上述股权投资,A 公司在 2×16 年 1 月 1 日合并日这一天的会计处理需要包括以下两方面:

(1) A 公司个别报表层面的账务处理

借:长期股权投资　　　　　　　12 000(15 000×80%)
　　贷:银行存款　　　　　　　　　　　　　11 500
　　　　资本公积——股本溢价　　　　　　　　500

A 公司需要在编制完上述会计分录后立即将其登记入账并编制当天的个别财务报表,其新的资产负债表简要数据如表 16-2 所示。此项交易因在 A 公司和 B 公司股东之间展开故而对 B 公司个别财务报表数据不产生任何影响。

表 16-2　A 公司对 B 公司股权投资后资产负债表(简表)

2×16 年 1 月 1 日　　　　　　　　　　　　　　　　　　　　　单位:万元

项目	金额	项目	金额
资产:		权益:	
货币资金	38 500	短期借款	5 000
应收账款	2 000	应付账款	6 000
存货	1 200	股本	20 000
长期股权投资	18 000	资本公积	10 500
固定资产	1 800	其他综合收益	2 000
		盈余公积	3 000
		未分配利润	15 000
资产合计	61 500	权益合计	61 500

(2) A 公司合并工作底稿会计处理。

在将表 16-2 中的 A 公司个别财务报表数据和表 16-1 中的 B 公司个别财务报表数据导入合并工作底稿后,A 公司需要编制以下两笔抵销和调整分录:

① 抵销分录:

借:股本　　　　　　　　　　　　　　8 000
　　资本公积　　　　　　　　　　　　2 000
　　其他综合收益　　　　　　　　　　1 200
　　盈余公积　　　　　　　　　　　　　800
　　未分配利润　　　　　　　　　　　3 000
　　贷:长期股权投资　　　　　　　12 000(15 000×80%)
　　　　少数股东权益　　　　　　　 3 000(15 000×20%)

② 调整分录:

借:资本公积　　　　　　　　　　　3 040
　　贷:盈余公积　　　　　　　　　　640(800×80%)
　　　　未分配利润　　　　　　　　2 400(3 000×80%)

A 公司在根据上述两笔分录对导入合并工作底稿中的母子公司个别财务报表数据抵销

和调整后,即可得出用于填列在合并日合并资产负债表上的报表数据。对于合并工作底稿的编制过程,我们简略展示如表 16-3 所示。

表 16-3 合并工作底稿(简表)

2×16 年 1 月 1 日　　　　　　　　　　　　　　　　　　　单位:万元

项目	A 公司	B 公司	调整/抵销分录 借方	调整/抵销分录 贷方	少数股东权益	合并金额
资产:						
货币资金	38 500	15 000				53 500
应收账款	2 000	500				2 500
存货	1 200	3 300				4 500
长期股权投资	18 000	2 200		12 000		8 200
固定资产	1 800	1 000				2 800
资产合计	61 500	22 000		12 000		71 500
权益:						
短期借款	5 000	3 200				8 200
应付账款	6 000	3 800				9 800
负债合计	11 000	7 000				18 000
股本	20 000	8 000	8 000			20 000
资本公积	10 500	2 000	5 040			7 460
其他综合收益	2 000	1 200	1 200			2 000
盈余公积	3 000	800	800	640		3 640
未分配利润	15 000	3 000	3 000	2 400		17 400
少数股东权益					3 000	3 000
所有者权益合计	50 500	15 000	18 040	3 040	3 000	53 500
权益合计	61 500	22 000	18 040	3 040	3 000	71 500

在完成合并工作底稿的编写后,A 公司将上述工作底稿中的"合并金额"一栏填写于空白合并资产负债表即形成最终成果如表 16-4 所示。

表 16-4 合并资产负债表(简表)

2×16 年 1 月 1 日　单位:万元

资产	合并日金额	期初金额	权益	合并日金额	期初金额
货币资金	53 500		短期借款	8 200	
应收账款	2 500		应付账款	9 800	
存货	4 500		负债合计	18 000	
长期股权投资	8 200		股本	20 000	
固定资产	2 800		资本公积	7 460	

续表

资产	合并日金额	期初金额	权益	合并日金额	期初金额
			其他综合收益	2 000	
			盈余公积	3 640	
			未分配利润	17 400	
			归属于母公司股东权益合计	50 500	
			少数股东权益	3 000	
资产合计	71 500		权益合计	71 500	

二、合并日后合并财务报表的编制

按照合并财务报表的编制流程，合并日后合并财务报表也需要在母子公司期末个别财务报表基础上编制而成，考虑到此时的母子公司个别财务报表与合并日当天个别财务报表相比存在差异，因此我们的会计处理如下：

（一）个别报表层面

由于合并日母公司对子公司的股权投资已然登记于账簿中，因此合并日和合并日后母公司的个别资产负债表中均包含了这一会计处理的结果，在编制合并日后合并财务报表时不需要再重复这一会计分录。

编制合并日后合并财务报表时，只要将母子公司当日的个别财务报表数据直接导入合并工作底稿即可。

（二）合并报表层面

为了完成合并日后合并财务报表的编制，我们仍然需要在合并工作底稿中对母子公司的个别财务报表数据进行必要的调整和抵销。合并日后母子公司之间可能发生其他内部交易（例如：存货买卖交易），关于这部分内部交易的抵销处理我们将在第17章具体介绍。但即使不考虑这类内部交易的抵销，我们在编制合并日后合并财务报表时仍然需要掌握以下会计分录的编制，其中既有之前学过的会计处理，也有一些新面孔的出现。

1. 母公司对子公司长期股权投资的调整

在上一章我们曾经提到编制合并日合并财务报表时在合并工作底稿中编写的第一笔分录是"投资和权益的抵销分录"，但是在编制合并日后合并财务报表时该笔会计分录却需要屈居第二了。此时，我们需要在合并工作底稿中做的第一件事是将母公司对子公司长期股权投资由成本法核算的结果调整为权益法核算的结果，使母公司对子公司长期股权投资项目反映其在子公司所有者权益中所拥有权益的变动情况。

其实母公司对子公司的长期股权投资在合并财务报表看来属于内部交易需要抵销，最终是不允许出现在合并财务报表上的，但是为了配合后面"投资和权益的抵销分录"的编制我们需要将母公司对子公司的长期股权投资从成本法转为权益法。

（1）投资收益的确认。

按照子公司当年实现的净利润（若当年子公司分派或宣告分派现金股利，则还要扣除现

金股利)中属于母公司享有的份额,调整增加对子公司长期股权投资的金额,并调整增加当年投资收益。会计分录为:

  借:长期股权投资
   贷:投资收益

之所以要按子公司分派或宣告分派的现金股利调整减少投资收益,是因为在成本法核算的情况下,母公司在当期的财务报表中已按子公司分派或宣告分派的现金股利确认投资收益。

此外,当母子公司存在内部交易(例如:存货逆流交易)时,也会对上述分录中金额的计算产生影响,但是由于内部交易的会计处理在第 17 章介绍,所以届时我们再讨论存在逆流交易时对成本法转为权益法的影响。

(2)其他所有者权益变动的确认。

对于子公司除净利润以外其他所有者权益的变动,根据权益法的规定,母公司应当根据所享有的金额计入资本公积或其他综合收益。会计分录为:

  借:长期股权投资
   贷:资本公积
     其他综合收益

2. 投资和权益的抵销分录

(1)需要重复编写的部分。

此处的重复编写意思是指将合并日的"投资和权益的抵销分录"再重复编写一遍,虽然该分录在合并日合并工作底稿中已经编写,但是由于对合并日母子公司个别财务报表没有产生任何影响,所以为了保持合并财务报表数据的连续性,需要将合并日编写的抵销分录再次编写。会计分录为:

  借:股本 ⎫
   资本公积 ⎬
   其他综合收益 ⎭ 子公司合并日所有者权益账面价值
   盈余公积
   未分配利润
   贷:长期股权投资(母公司合并日对子公司股权投资)
     少数股东权益

但是这笔分录的重复编写,只是确保了合并财务报表数据的连续性,可是合并日至当年年末期间子公司的所有者权益势必又发生了新的变化(我们通常假设子公司的股本不变)。对于这部分新增的所有者权益变动部分,我们在合并工作底稿中也需要抵销。这就涉及以下会计分录的编写。

(2)新增部分。

  借:资本公积
   其他综合收益
   盈余公积 ⎬ 子公司合并日至当年年末期间所有者权益变动部分
   未分配利润

　　　　贷：长期股权投资（前述按照成本法转为权益法新增确认的部分）
　　　　　　少数股东权益（子公司所有者权益变动中归属于少数股东的部分）
　　通常在实务中，我们把上述(1)、(2)中的会计分录合并编写。
　　3. 子公司留存收益的部分恢复
　　　　借：资本公积
　　　　　　贷：盈余公积
　　　　　　　　未分配利润
　　上述会计分录我们在合并日合并工作底稿中已经编写，但依据前述同样的道理，我们在合并日后的合并工作底稿中仍然需要重复上述分录的编写。特别值得一提的是，由于上述会计分录的编写是专门针对子公司自最终控制方对母子公司开始实施控制至合并日期间的留存收益，所以即便在合并日后合并工作底稿中编写该笔分录，其金额也是不变的，不会因为子公司在合并日后留存收益的变化而相应改变。

　　4. 母公司对子公司投资收益的抵销
　　前面第一笔分录中，我们将母公司对子公司的长期股权投资从成本法转为权益法的同时，确认了母公司对子公司的投资收益。这种投资收益属于内部损益不能对外公开，需要抵销。为此，我们需要编制以下抵销分录：
　　　　借：投资收益
　　　　　　少数股东损益
　　　　　　年初未分配利润
　　　　　　贷：提取盈余公积
　　　　　　　　向股东分配利润
　　　　　　　　年末未分配利润
　　上述会计分录的作用是多方面的，一方面在合并利润表中抵销了母公司对子公司的投资收益，另一方面确认了子公司利润中归属于少数股东的部分（即少数股东损益）。此外，该笔分录对合并所有者权益变动表中的相关数据也进行了抵销。

　　5. 母子公司应收应付股利的抵销
　　如果子公司向股东宣告分派现金股利形成对母公司负债的，在股利发放之前，双方个别财务报表上分别形成了应付股利和应收股利两项内容，此类内部债权债务也需要抵销。会计分录如下：
　　　　借：应付股利
　　　　　　贷：应收股利
　　综上所述，上述所有合并工作底稿中会计分录的推导既适用于合并后当年年末也适用于合并以后各年度合并财务报表的编写。只是每次合并财务报表的编写需要首先重复上一期合并工作底稿中的会计分录，其次根据本期业务的发展（包括子公司所有者权益变动部分）编写新的调整或抵销分录。

　　[例16-2]　接续[例16-1]，至 2×16 年年末A、B公司的个别财务报表数据如表16-5、16-6和16-7所示。

表16-5 资产负债表(简表)

2×16年12月31日　　　　　　　　　　　　　　　　　　　　　　　　单位:万元

资产	A公司	B公司	权益	A公司	B公司
货币资金	41 700	17 400	短期借款	4 500	3 000
应收账款	1 800	600	应付账款	5 100	2 400
应收股利	900	0	应付股利	0	1 000
存货	1 600	2 500	股本	20 000	8 000
长期股权投资	19 000	2 300	资本公积	10 500	2 000
固定资产	1 700	900	其他综合收益	2 600	1 500
			盈余公积	3 600	1 000
			未分配利润	20 400	4 800
资产合计	66 700	23 700	权益合计	66 700	23 700

表16-6 利润表(简表)

2×16年度　　　　　　　　　　　　　　　　　　　　　　　　　　　单位:万元

项目	A公司	B公司
一、营业收入	29 000	16 400
减:营业成本	13 000	9 100
营业税金及附加	1 200	700
销售费用	3 100	2 300
管理费用	1 200	840
财务费用	800	320
资产减值损失	300	40
加:公允价值变动损益(损失以"-"号填列)	0	0
投资收益(损失以"-"号填列)	2 600	400
二、营业利润(亏损以"-"号填列)	12 000	3 500
加:营业外收入	500	150
减:营业外支出	200	50
三、利润总额(亏损总额以"-"号填列)	12 300	3 600
减:所得税费用	1 800	600
四、净利润(净亏损以"-"号填列)	10 500	3 000
五、其他综合收益的税后净额	600	300
六、综合收益总额	11 100	3 300

表 16-7 所有者权益变动表(简表)

2×16 年度 单位:万元

项目	A公司						B公司					
	股本	资本公积	其他综合收益	盈余公积	未分配利润	股东权益合计	股本	资本公积	其他综合收益	盈余公积	未分配利润	股东权益合计
一、上年年末余额	20 000	10 000	2 000	3 000	15 000	50 000	8 000	2 000	1 200	800	3 000	15 000
加:会计政策变更												
前期差错更正												
二、本年年初余额	20 000	10 000	2 000	3 000	15 000	50 000	8 000	2 000	1 200	800	3 000	15 000
三、本年增减变动金额(减少以"-"号填列)												
(一)综合收益总额			600		10 500	11 100			300		3 000	3 300
(二)所有者投入和减少资本												
(三)利润分配												
1. 提取盈余公积				600	-600					200	-200	
2. 对股东的分配					-4 500	-4 500					-1 000	-1 000
3. 其他												
(四)股东权益内部结转												
四、本年年末余额	20 000	10 000	2 600	3 600	20 400	56 600	8 000	2 000	1 500	1 000	4 800	17 300

假设 A 公司 2×16 年全年实现净利润 10 500 万元,当年提取盈余公积 600 万元,向股东完成分派现金股利 4 500 万元。A 公司当年因持有可供出售金融资产公允价值变动确认了其他综合收益税后净额 600 万元。

假设 B 公司 2×16 年全年实现净利润 3 000 万元,当年提取盈余公积 200 万元,向股东宣告分派现金股利 1 000 万元。B 公司当年因持有可供出售金融资产公允价值变动确认了其他综合收益税后净额 300 万元。

2×16 年 12 月 31 日 A 公司编制合并财务报表时的会计处理需要包括以下两方面:

(1) A、B 公司个别报表层面的账务处理。

作为编制合并工作底稿的第一步,A 公司需要将 A、B 公司的个别财务报表数据(表 16-5、16-6 和 16-7)导入合并工作底稿。这里需要说明的是,题目中假设 A 公司已完成了现金股利的发放,所以 A 公司个别财务报表中应付股利项目的金额为 0,而 B 公司只是宣告但尚未发放现金股利,所以其个别财务报表中应付股利项目的金额为 1 000 万元。

在 B 公司宣告发放现金股利时,A 公司确认了以下会计处理:

借:应收股利　　　　　　　　　　800(1 000×80%)
　　贷:投资收益　　　　　　　　　　　　800

上述会计处理的结果已包含在表 16-5 和 16-6 中。但是此项业务属于内部交易,在合并资产负债表上不允许出现,需要在合并工作底稿中抵销,具体会计分录见以下第二步。

(2) A 公司合并工作底稿会计处理

① 母公司对子公司长期股权投资的调整。

B公司当年实现净利润3 000万元,按照权益法的规定,A公司可以确认80%的份额

借:长期股权投资　　　　　　　　　2 400(3 000×80%)
　贷:投资收益　　　　　　　　　　　2 400　　　　　　　　　　　a

B公司当年向股东宣告分派现金股利1 000万元,按照权益法的要求,A公司理论上应当在合并工作底稿中编制以下会计分录:

借:应收股利　　　　　　　　　　　　800(1 000×80%)
　贷:长期股权投资　　　　　　　　　800

由于A公司之前已在个别财务报表中将上述股利确认为投资收益,为了体现成本法向权益法的转换,A公司实际上应该在合并工作底稿中编制以下会计分录:

借:投资收益　　　　　　　　　　　　800(1 000×80%)
　贷:长期股权投资　　　　　　　　　800　　　　　　　　　　　　b

实务中,我们通常将上述a、b分录合并编写为:

借:长期股权投资　　　　　　　　　1 600[(3 000-1 000)×80%]
　贷:投资收益　　　　　　　　　　　1 600

另外,B公司当年因持有可供出售金融资产公允价值变动确认了其他综合收益税后净额300万元,按照权益法的规定,A公司可以确认80%的份额

借:长期股权投资　　　　　　　　　240(300×80%)
　贷:其他综合收益　　　　　　　　　240

② 投资和权益的抵销分录。

理论上A公司对于这一步的抵销分录应该拆解成以下两步:

第一步:将合并日合并工作底稿中的这笔抵销分录重复编写,具体会计分录为:

借:股本　　　　　　　　　　　　　　8 000
　资本公积　　　　　　　　　　　　　2 000
　其他综合收益　　　　　　　　　　　1 200　　　　　　　　　　c
　盈余公积　　　　　　　　　　　　　800
　未分配利润　　　　　　　　　　　　3000
　贷:长期股权投资　　　　　　　　　12 000(15 000×80%)
　　　少数股东权益　　　　　　　　　3 000(15 000×20%)

第二步:将B公司合并日至当年年末期间所有者权益变动(本题中主要为其他综合收益和留存收益)中归属于A公司的份额与A公司上述按照权益法调整的长期股权投资对冲,其余部分继续确认为少数股东权益,具体会计分录为:

借:其他综合收益　　　　　　　　　　300
　盈余公积　　　　　　　　　　　　　200
　未分配利润　　　　　　　　　　　　1 800(4 800-3 000)　　　d
　贷:长期股权投资　　　　　　　　　1 840(2 300×80%)
　　　少数股东权益　　　　　　　　　460(2 300×20%)

实务中,我们通常将上述c、d分录合并编写为:

```
借：股本                               8 000
    资本公积                           2 000
    其他综合收益                       1 500
    盈余公积                           1 000
    未分配利润                         4 800
  贷：长期股权投资          13 840(17 300×80%)
      少数股东权益           3 460(17 300×20%)
```

③ 子公司留存收益的部分恢复。

```
借：资本公积                           3 040
  贷：盈余公积                640(800×80%)
      未分配利润            2 400(3 000×80%)
```

尽管此时是 2×16 年 12 月 31 日合并财务报表的编写，但是仍然需要在合并工作底稿中编写上述会计分录，而且金额也不变。

④ 母公司对子公司投资收益的抵销。

在前述会计分录 a 中，我们根据权益法的规定确认了 A 公司对 B 公司的投资收益 2 400 万元，但是这部分内部投资收益不能出现在合并财务报表上，为此需要抵销，并同时确认合并利润表中的少数股东损益项目。

```
借：投资收益                           2 400
    少数股东损益                         600
    年初未分配利润                     3 000
  贷：提取盈余公积                       200
      向股东分配利润                   1 000
      年末未分配利润                   4 800
```

⑤ 母子公司应收应付股利的抵销。

将 A、B 公司个别财务报表上的内部应收、应付股利项目抵销，具体会计分录为：

```
借：应付股利                             800
  贷：应收股利                           800
```

A 公司在根据上述五类分录对导入合并工作底稿中的母子公司个别财务报表数据抵销和调整后，即可得出用于填列在 2×16 年年末合并财务报表上的报表数据。对于合并工作底稿的编制过程，我们简略展示如表 16-8 所示。

表 16-8　合并工作底稿（简表）

2×16 年度　　　　　　　　　　　　　　　　　　　　　　　　　单位：万元

项目	A 公司	B 公司	调整/抵销分录		少数股东权益	合并金额
			借方	贷方		
资产：						
货币资金	41 700	17 400				59 100
应收账款	1 800	600				2 400

续表

项目	A公司	B公司	调整/抵销分录 借方	调整/抵销分录 贷方	少数股东权益	合并金额
应收股利	900	0		800		100
存货	1 600	2 500				4 100
长期股权投资	19 000	2 300	1 840	13 840		9 300
固定资产	1 700	900				2 600
资产合计	66 700	23 700	1 840	14 640		77 600
权益:						
短期借款	4 500	3 000				7 500
应付账款	5 100	2 400				7 500
应付股利	0	1 000	800			200
负债合计	9 600	6 400	800			15 200
股本	20 000	8 000	8 000			20 000
资本公积	10 500	2 000	5 040			7 460
其他综合收益	2 600	1 500	1 500	240		2 840
盈余公积	3 600	1 000	1 000	640		4 240
未分配利润（见本表最后一行）	20 400	4 800				24 400
少数股东权益					3 460	3 460
所有者权益合计	57 100	17 300				62 400
权益合计	66 700	23 700				77 600
利润表						
一、营业收入	29 000	16 400				45 400
减:营业成本	13 000	9 100				22 100
营业税金及附加	1 200	700				1 900
销售费用	3 100	2 300				5 400
管理费用	1 200	840				2 040
财务费用	800	320				1 120
资产减值损失	300	40				340
加:公允价值变动损益(损失以"-"号填列)	0	0				0
投资收益(损失以"-"号填列)	2 600	400	2 400	1 600		2 200
二、营业利润(亏损以"-"号填列)	12 000	3 500	2 400	1 600		14 700
加:营业外收入	500	150				650
减:营业外支出	200	50				250

续表

项目	A公司	B公司	调整/抵销分录 借方	调整/抵销分录 贷方	少数股东权益	合并金额
三、利润总额(亏损总额以"－"号填列)	12 300	3 600	<u>2 400</u>	<u>1 600</u>		15 100
减:所得税费用	1 800	600				2 400
四、净利润(净亏损以"－"号填列)	10 500	3 000	2 400	1 600		12 700
归属于母公司股东的净利润						12 100
少数股东损益					600	600
五、其他综合收益的税后净额	600	300				900
六、综合收益总额	11 100	3 300	2 400	1 600		13 600
归属于母公司股东的综合收益总额						12 940
归属于少数股东的综合收益总额						660
所有者权益变动表						
一、年初未分配利润	15 000	3 000	3 000	2 400		17 400
二、本年增加金额	10 500	3 000				12 100
三、本年减少金额						
利润分配:						
1. 提取盈余公积	600	200		200		600
2. 对股东的分配	4 500	1 000		1 000		4 500
四、年末未分配利润	20 400	4 800	4 800 <u>10 200</u>	4 800 <u>10 000</u>	<u>600</u>	24 400*

注:* 24 400 = 20 400 + 4 800 + (10 000 - 10 200) - 600

在完成合并工作底稿的编写后,A公司将上述工作底稿中的"合并金额"一栏填写于空白合并财务报表即形成最终成果如表16-9、16-10和16-11所示。

表16-9　合并资产负债表(简表)

2×16年12月31日　　　　　　　　　　　　　　　　　　　　　单位:万元

资产	合并日金额	期初金额	权益	合并日金额	期初金额
货币资金	59 100		短期借款	7 500	
应收账款	2 400		应付账款	7 500	
应收股利	100		应付股利	200	
存货	4 100		负债合计	15 200	
长期股权投资	9 300		股本	20 000	
固定资产	2 600		资本公积	7 460	
			其他综合收益	2 840	
			盈余公积	4 240	
			未分配利润	24 400	

续表

资产	合并日金额	期初金额	权益	合并日金额	期初金额
			归属于母公司股东权益合计	58 940	
			少数股东权益	3 460	
资产合计	77 600		权益合计	77 600	

表16-10 合并利润表(简表)

2×16年度　　　　　　　　　　　　　　　　　　　　　　　单位:万元

项目	本年金额	上年金额
一、营业收入	45 400	
减:营业成本	22 100	
营业税金及附加	1 900	
销售费用	5 400	
管理费用	2 040	
财务费用	1 120	
资产减值损失	340	
加:公允价值变动损益(损失以"-"号填列)	0	
投资收益(损失以"-"号填列)	2 200	
二、营业利润(亏损以"-"号填列)	14 700	
加:营业外收入	650	
减:营业外支出	250	
三、利润总额(亏损总额以"-"号填列)	15 100	
减:所得税费用	2 400	
四、净利润(净亏损以"-"号填列)	12 700	
归属于母公司股东的净利润	12 100	
少数股东损益	600	
五、其他综合收益的税后净额	900	
六、综合收益总额	13 600	
归属于母公司股东的综合收益总额	12 940	
归属于少数股东的综合收益总额	660	

表 16-11　合并所有者权益变动表(简表)

2×16 年度　　　　　　　　　　　　　　　　　　　　　　　　　　单位:万元

项目	本年金额							上年金额						
	归属于母公司股东权益					少数股东权益	股东权益合计	归属于母公司股东权益					少数股东权益	股东权益合计
	股本	资本公积	其他综合收益	盈余公积	未分配利润			股本	资本公积	其他综合收益	盈余公积	未分配利润		
一、上年年末余额	20 000	10 500	2 000	3 000	15 000		50 500							
加:会计政策变更		-3 040		640	2 400	3 000	3 000							
前期差错更正														
二、本年年初余额	20 000	7 460	2 000	3 640	17 400	3 000	53 500							
三、本年增减变动金额(减少以"-"号填列)														
(一)综合收益总额			840		12 100	660	13 600							
(二)所有者投入和减少资本														
(三)利润分配														
1. 提取盈余公积				600	-600									
2. 对股东的分配					-4 500	-200	-4 700							
3. 其他														
(四)股东权益内部结转														
四、本年年末余额	20 000	7 460	2 840	4 240	24 400	3 460	62 400							

[例16-3]　接续[例16-2],至 2×17 年年末 A、B 公司的个别财务报表数据如表 16-12、16-13 和 16-14 所示。

表 16-12　资产负债表(简表)

2×17 年 12 月 31 日　　　　　　　　　　　　　　　　　　　　　单位:万元

资产	A 公司	B 公司	权益	A 公司	B 公司
货币资金	39 500	14 800	短期借款	3 200	2 300
应收账款	2 500	1 100	应付账款	4 300	1 700
应收股利	2 600	0	应付股利	0	3 000
存货	4 200	3 700	股本	20 000	8 000
长期股权投资	21 000	3 600	资本公积	10 500	2 000
固定资产	4 800	2 100	其他综合收益	2 600	1 500
			盈余公积	4 600	1 100
			未分配利润	29 400	5 700
资产合计	74 600	25 300	权益合计	74 600	25 300

表16-13 利润表(简表)

2×17年度 单位:万元

项目	A公司	B公司
一、营业收入	48 600	22 860
减:营业成本	22 000	13 200
营业税金及附加	1 900	1 150
销售费用	3 700	2 550
管理费用	2 500	1 300
财务费用	1 100	380
资产减值损失	200	30
加:公允价值变动损益(损失以"-"号填列)	0	0
投资收益(损失以"-"号填列)	3 200	600
二、营业利润(亏损以"-"号填列)	20 400	4 850
加:营业外收入	300	120
减:营业外支出	200	70
三、利润总额(亏损总额以"-"号填列)	20 500	4 900
减:所得税费用	2 500	900
四、净利润(净亏损以"-"号填列)	18 000	4 000
五、其他综合收益的税后净额		
六、综合收益总额	18 000	4 000

表16-14 所有者权益变动表(简表)

2×17年度 单位:万元

项目	A公司						B公司					
	股本	资本公积	其他综合收益	盈余公积	未分配利润	股东权益合计	股本	资本公积	其他综合收益	盈余公积	未分配利润	股东权益合计
一、上年年末余额	20 000	10 000	2 600	3 600	20 400	56 600	8 000	2 000	1 500	1 000	4 800	17 300
加:会计政策变更												
前期差错更正												
二、本年年初余额	20 000	10 000	2 600	3 600	20 400	56 600	8 000	2 000	1 500	1 000	4 800	17 300
三、本年增减变动金额(减少以"-"号填列)												

续表

项目	A 公司						B 公司					
	股本	资本公积	其他综合收益	盈余公积	未分配利润	股东权益合计	股本	资本公积	其他综合收益	盈余公积	未分配利润	股东权益合计
(一)综合收益总额					18 000	18 000					4 000	4 000
(二)所有者投入和减少资本												
(三)利润分配												
1. 提取盈余公积				1 000	-1 000					100	-100	
2. 对股东的分配					-8 000	-8 000					-3 000	-3 000
3. 其他												
(四)股东权益内部结转												
四、本年年末余额	20 000	10 000	2 600	4 600	29 400	66 600	8 000	2 000	1 500	1 100	5 700	18 300

假设 A 公司 2×17 年全年实现净利润 18 000 万元,当年提取盈余公积 1 000 万元,向股东完成分派现金股利 8 000 万元。

假设 B 公司 2×17 年全年实现净利润 4 000 万元,当年提取盈余公积 100 万元,向股东宣告分派现金股利 3 000 万元。

此外,假设 A、B 公司当年的其他综合收益金额没有发生变动。

2×17 年 12 月 31 日 A 公司编制合并财务报表时的会计处理需要包括以下两方面:

(1) A、B 公司个别报表层面的账务处理。

作为编制合并工作底稿的第一步,A 公司需要将 A、B 公司的个别财务报表数据(表 16-12、16-13 和 16-14)导入合并工作底稿。这里需要说明的是,题目中假设 A 公司已完成了现金股利的发放,所以 A 公司个别财务报表中应付股利项目的金额为 0,而 B 公司只是宣告但尚未发放现金股利,所以其个别财务报表中应付股利项目的金额为 3 000 万元。

在 B 公司宣告发放现金股利时,A 公司确认了以下会计处理:

借:应收股利　　　　　　　　　2 400(3 000×80%)
　　贷:投资收益　　　　　　　　　　　2 400

上述会计处理的结果已包含在表 16-12 和 16-13 中。但是此项业务属于内部交易,在合并资产负债表上不允许出现,需要在合并工作底稿中抵销,具体会计分录见以下第二步。

(2) A 公司合并工作底稿会计处理。

① 母公司对子公司长期股权投资的调整。

只要是编制控制权日后的合并财务报表,无论是合并当年年末还是合并以后年度的合并财务报表都需要在合并工作底稿中将母公司对子公司的长期股权投资核算方法从成本法转为权益法。这是本章相对于上一章而言在编制合并财务报表时所独有的会计分录。

因此,2×17年度合并财务报表编制中也需要如同上一年(2×16年)一样,根据子公司当年的所有者权益变动确认长期股权投资的调整,具体推导思路参见[例16-2],最终会计分录如下:

借:长期股权投资　　800[(4 000 - 3 000)×80%]
　　贷:投资收益　　　　　　　　　　　　800

另外,[例16-2]中A公司编制2×16年度合并财务报表时编写了以下会计分录:

借:长期股权投资　　　　　　　　　1 840
　　贷:投资收益　　　　　　　　　　1 600
　　　　其他综合收益　　　　　　　　240

但是A公司在2×16年合并工作底稿中编写的这笔调整分录对A公司2×16年的个别财务报表没有产生任何影响,当然也不会影响到A公司2×17年的个别财务报表,所以为了体现合并财务报表数据的连续性,我们就需要在A公司2×17年合并工作底稿中将上述会计分录重复编写为:

借:长期股权投资　　　　　　　　　1 840
　　贷:年初未分配利润　　　　　　　1 600
　　　　其他综合收益　　　　　　　　240

综上所述,A公司在编制2×17年度合并财务报表时在合并工作底稿中将对B公司长期股权投资核算方法从成本法调整为权益法时需要编制两笔调整分录:一是针对2×17年度B公司的所有者权益变动,二是将2×16年度已经编制的调整分录再重复编写,只是需要将原先计入投资收益的金额改计入年初未分配利润。此种处理思路同样适用于以后年度(例如:2×18年度)合并财务报表的编制。

② 投资和权益的抵销分录。

与[例16-2]相似,我们在合并日后连续编制合并财务报表时,对于这笔分录的编写应该拆解成以下两步:

第一步:将2×16年年末合并工作底稿中的这笔抵销分录重复编写,具体会计分录为:

借:股本　　　　　　　　　　　　　8 000
　　资本公积　　　　　　　　　　　2 000
　　其他综合收益　　　　　　　　　1 500
　　盈余公积　　　　　　　　　　　1 000
　　未分配利润　　　　　　　　　　4 800
　　贷:长期股权投资　　13 840(17 300×80%)
　　　　少数股东权益　　 3 460(17 300×20%)

第二步:将B公司2×17年度所有者权益变动(本题中主要为留存收益)中归属于A公司的份额与A公司上述按照权益法调整的2×17年度长期股权投资金额对冲,其余部分继续确认为少数股东权益,具体会计分录为:

借：盈余公积　　　　　　　　　　　　　　　100
　　未分配利润　　　　　　　　　　　　　　900
　　贷：长期股权投资　　　　　　　　　800(1 000×80%)
　　　　少数股东权益　　　　　　　　　200(1 000×20%)

实务中,我们通常将上述两步的会计分录合并编写为：

借：股本　　　　　　　　　　　　　　　　8 000
　　资本公积　　　　　　　　　　　　　　2 000
　　其他综合收益　　　　　　　　　　　　1 500
　　盈余公积　　　　　　　　　　　　　　1 100
　　未分配利润　　　　　　　　　　　　　5 700
　　贷：长期股权投资　　　　　　　14 640(18 300×80%)
　　　　少数股东权益　　　　　　　 3 660(18 300×20%)

③ 子公司留存收益的部分恢复。

借：资本公积　　　　　　　　　　　　　　3 040
　　贷：盈余公积　　　　　　　　　　　640(800×80%)
　　　　未分配利润　　　　　　　　 2 400(3 000×80%)

此处仍然重复编写2×16年1月1日合并日合并工作底稿中的会计分录,包括金额在内不变,推导思路请参见[例16-2]。

④ 母公司对子公司投资收益的抵销。

在前述长期股权投资调整分录中,我们根据权益法的规定确认了A公司对B公司2×17年的投资收益3 200万元(4 000×80%),但是这部分内部投资收益不能出现在合并财务报表上,为此需要抵销,并同时确认合并利润表中的少数股东损益项目。

借：投资收益　　　　　　　　　　　　　　3 200
　　少数股东损益　　　　　　　　　　　　　800
　　年初未分配利润　　　　　　　　　　　4 800
　　贷：提取盈余公积　　　　　　　　　　　100
　　　　向股东分配利润　　　　　　　　　3 000
　　　　年末未分配利润　　　　　　　　　5 700

⑤ 母子公司应收应付股利的抵销。

将A、B公司个别财务报表上的内部应收、应付股利项目抵销,具体会计分录为：

借：应付股利　　　　　　　　　　　　　　2 400
　　贷：应收股利　　　　　　　　　　　　2 400

A公司在根据上述五类分录对导入合并工作底稿中的母子公司个别财务报表数据抵销和调整后,即可得出用于填列在2×17年年末合并财务报表上的报表数据。对于合并工作底稿的编制过程,我们简略展示如表16-15所示。

表 16-15　合并工作底稿(简表)

2×17 年年度　　　　　　　　　　　　　　　　　　　　　　　　　　　　单位:万元

项目	A公司	B公司	调整/抵销分录 借方	调整/抵销分录 贷方	少数股东权益	合并金额
资产负债表						
资产:						
货币资金	39 500	14 800				54 300
应收账款	2 500	1 100				3 600
应收股利	2 600	0		2 400		200
存货	4 200	3 700				7 900
长期股权投资	21 000	3 600	2 640	14 640		12 600
固定资产	4 800	2 100				6 900
资产合计	74 600	25 300	2 640	17 040		85 500
权益:						
短期借款	3 200	2 300				5 500
应付账款	4 300	1 700				6 000
应付股利	0	3 000	2 400			600
负债合计	7 500	7 000	2 400			12 100
股本	20 000	8 000	8 000			20 000
资本公积	10 500	2 000	5 040			7 460
其他综合收益	2 600	1 500	1 500	240		2 840
盈余公积	4 600	1 100	1 100	640		5 240
未分配利润(见本表最后一行)	29 400	5 700				34 200
少数股东权益					3 660	3 660
所有者权益合计	67 100	18 300				73 400
权益合计	74 600	25 300				85 500
利润表						
一、营业收入	48 600	22 860				71 460
减:营业成本	22 000	13 200				35 200
营业税金及附加	1 900	1 150				3 050
销售费用	3 700	2 550				6 250
管理费用	2 500	1 300				3 800
财务费用	1100	380				1 480
资产减值损失	200	30				230
加:公允价值变动损益(损失以"-"号填列)	0	0				0

续表

项目	A公司	B公司	调整/抵销分录 借方	调整/抵销分录 贷方	少数股东权益	合并金额
投资收益(损失以"-"号填列)	3 200	600	3 200	800		1 400
二、营业利润(亏损以"-"号填列)	20 400	4 850	3 200	800		22 850
加：营业外收入	300	120				420
减：营业外支出	200	70				270
三、利润总额(亏损总额以"-"号填列)	20 500	4 900	3 200	800		23 000
减：所得税费用	2 500	900				3 400
四、净利润(净亏损以"-"号填列)	18 000	4 000	3 200	800		19 600
归属于母公司股东的净利润						18 800
少数股东损益					800	800
五、其他综合收益的税后净额						0
六、综合收益总额	18 000	4 000	3 200	800		19 600
归属于母公司股东的综合收益总额						18 800
归属于少数股东的综合收益总额						800
所有者权益变动表						
一、年初未分配利润	20 400	4 800	4 800	4 000		24 400
二、本年增加金额	18 000	4 000				18 800
三、本年减少金额						
利润分配：						
1. 提取盈余公积	1 000	100		100		1 000
2. 对股东的分配	8 000	3 000		3 000		8 000
四、年末未分配利润	29 400	5 700	5 700 13 700	5 700 13 600	800	34 200*

注：*34 200 = 29 400 + 5 700 + (13 600 - 13 700) - 800

在完成合并工作底稿的编写后，A公司将上述工作底稿中的"合并金额"一栏填写于空白合并财务报表即形成最终成果如表16-16、16-17和16-18所示。

表16-16 合并资产负债表(简表)

2×17年12月31日　　　　　　　　　　　　　　　　　　　　　　　　单位：万元

资产	期末金额	期初金额	权益	期末金额	期初金额
货币资金	54 300		短期借款	5 500	
应收账款	3 600		应付账款	6 000	
应收股利	200		应付股利	600	
存货	7 900		负债合计	12 100	
长期股权投资	12 600		股本	20 000	

续表

固定资产	6 900		资本公积	7 460	
			其他综合收益	2 840	
			盈余公积	5 240	
			未分配利润	34 200	
			归属于母公司股东权益合计	69 740	
			少数股东权益	3 660	
资产合计	85 500		权益合计	85 500	

表 16-17　合并利润表（简表）

2×17 年度　　　　　　　　　　　　　　　　　　　　　　　　　　　　单位：万元

项目	本年金额	上年金额
一、营业收入	71 460	
减：营业成本	35 200	
营业税金及附加	3 050	
销售费用	6 250	
管理费用	3 800	
财务费用	1 480	
资产减值损失	230	
加：公允价值变动损益（损失以"－"号填列）	0	
投资收益（损失以"－"号填列）	1 400	
二、营业利润（亏损以"－"号填列）	22 850	
加：营业外收入	420	
减：营业外支出	270	
三、利润总额（亏损总额以"－"号填列）	23 000	
减：所得税费用	3 400	
四、净利润（净亏损以"－"号填列）	19 600	
归属于母公司股东的净利润	18 800	
少数股东损益	800	
五、其他综合收益的税后净额	0	
六、综合收益总额	19 600	
归属于母公司股东的综合收益总额	18 800	
归属于少数股东的综合收益总额	800	

表 16-18 合并所有者权益变动表(简表)

2×17 年度　　　　　　　　　　　　　　　　　　　　　　　　　　　　单位:万元

项目	本年金额							上年金额						
	归属于母公司股东权益					少数股东权益	股东权益合计	归属于母公司股东权益					少数股东权益	股东权益合计
	股本	资本公积	其他综合收益	盈余公积	未分配利润			股本	资本公积	其他综合收益	盈余公积	未分配利润		
一、上年年末余额	20 000	7 460	2 840	4 240	24 400	3 460	62 400							
加:会计政策变更														
前期差错更正														
二、本年年初余额	20 000	7 460	2 840	4 240	24 400	3 460	62 400							
三、本年增减变动金额(减少以"-"号填列)														
(一) 综合收益总额					18 800	800	19 600							
(二) 所有者投入和减少资本														
(三) 利润分配														
1. 提取盈余公积				1 000	-1 000									
2. 对股东的分配					-8 000	-600	-8 600							
3. 其他														
(四) 股东权益内部结转														
四、本年年末余额	20 000	7 460	2 840	5 240	34 200	3 660	73 400							

第三节　非同一控制下购买日后合并财务报表的编制

如前所述,非同一控制下合并财务报表的编制分为"购买日合并财务报表"和"购买日后合并财务报表"。本节首先分别从这两个角度进行介绍,此外企业在取得控制权后其持股比例可能继续增加也有可能后期随着多种因素的出现而减持,由此产生的与合并财务报表相关的知识点也一并在本节进行介绍。

一、购买日合并财务报表的编制

根据《企业会计准则第20号——企业合并》,母公司在购买日仅需要编制一张合并资产负债表。上一章我们提到,在"一步到位实现非同一控制企业合并"购买日合并资产负债表中只涉及两笔会计分录的编写,分别是"对子公司公允价值≠账面价值的资产或负债的调整"以及"投资和权益的抵销"。

[**例 16-4**] 沿用[例 16-1],但将 A 公司购买 B 公司 80% 股权的资金支出更改为 12 500 万元,其他数据资料包括表 16-1 的数据均不变。假设 A 公司与 B 公司在合并前无任何关联方关系。另假设在编制调整分录的过程中需要考虑递延所得税的确认,所得税税率为 25%。

本题中假设 A、B 公司在合并前无任何关联方关系,因此 A 公司对 B 公司的合并属于非同一控制下控股合并。

对于该项股权投资,A 公司在 2×16 年 1 月 1 日购买日这一天的会计处理需要包括以下两方面:

(1) A 公司个别报表层面的账务处理。

  借:长期股权投资   12 500
    贷:银行存款   12 500

A 公司需要在编制完上述会计分录后立即将其登记入账并编制当天的个别财务报表,其新的资产负债表简要数据如表 16-19 所示,而此项交易因在 A 公司和 B 公司股东之间展开故而对 B 公司个别财务报表数据不产生任何影响。

表 16-19   A 公司对 B 公司股权投资后资产负债表(简表)

2×16 年 1 月 1 日   单位:万元

项目	金额	项目	金额
资产:		权益:	
货币资金	37 500	短期借款	5 000
应收账款	2 000	应付账款	6 000
存货	1 200	股本	20 000
长期股权投资	18 500	资本公积	10 000
固定资产	1 800	其他综合收益	2 000
		盈余公积	3 000
		未分配利润	15 000
资产合计	61 000	权益合计	61 000

(2) A 公司合并工作底稿会计处理。

在将表 16-19 中的 A 公司个别财务报表数据和表 16-1 中的 B 公司个别财务报表数据导入合并工作底稿后,A 公司需要编制以下调整和抵销分录:

① 调整分录:

  a 对导入合并工作底稿的 B 公司公允价值≠账面价值资产进行调整。

    借:存货   200
      固定资产   250
     贷:应收账款   10
       资本公积   440

  b 确认递延所得税资产和负债。

    借:资本公积   110

　　　　递延所得税资产　　　　　　　　　　　　　2.5
　　　贷：递延所得税负债　　　　　　　　　　　112.5
② 抵销分录：
　　借：股本　　　　　　　　　　　　　　　　8 000
　　　　资本公积　　　　　　　　　　　　　　2 330
　　　　其他综合收益　　　　　　　　　　　　1 200
　　　　盈余公积　　　　　　　　　　　　　　　800
　　　　未分配利润　　　　　　　　　　　　　3 000
　　　　商誉　　　　　　　　　　　　　　　　　236
　　　贷：长期股权投资　　　　　　　　　　 12 500
　　　　　少数股东权益　　　　　　　　　　 3 066（15 330×20%）

A 公司在根据上述两笔分录对导入合并工作底稿中的母子公司个别财务报表数据调整和抵销后，即可得出用于填列在购买日合并资产负债表上的报表数据。对于合并工作底稿的编制过程，我们简略展示如表 16-20 所示。

表 16-20　合并工作底稿（简表）

2×16 年 1 月 1 日　　　　　　　　　　　　　　　　　　　　　　　　　单位：万元

项目	A 公司	B 公司	调整/抵销分录 借方	调整/抵销分录 贷方	少数股东权益	合并金额
资产：						
货币资金	37 500	15 000				52 500
应收账款	2 000	500		10		2 490
存货	1 200	3 300	200			4 700
长期股权投资	18 500	2 200		12 500		8 200
固定资产	1 800	1 000	250			3 050
商誉	—	—	236			236
递延所得税资产	—	—	2.5			2.5
资产合计	61 000	22 000	688.5	12 510		71 178.5
权益：						
短期借款	5 000	3 200				8 200
应付账款	6 000	3 800				9 800
递延所得税负债	—	—		112.5		112.5
负债合计	11 000	7 000		112.5		18 112.5
股本	20 000	8 000	8 000			20 000
资本公积	10 000	2 000	2 440	440		10 000
其他综合收益	2 000	1 200	1 200			2 000
盈余公积	3 000	800	800			3 000

续表

项目	A公司	B公司	调整/抵销分录 借方	调整/抵销分录 贷方	少数股东权益	合并金额
未分配利润	15 000	3 000	3 000			15 000
少数股东权益					3 066	3 066
所有者权益合计	50 000	15 000	15 440	440	3 066	53 066
权益合计	61 000	22 000	15 440	552.5	3 066	71 178.5

在完成合并工作底稿的编写后,A公司将上述工作底稿中的"合并金额"一栏填写于空白合并资产负债表即形成最终成果如表16-21所示。

表16-21 合并资产负债表(简表)

2×16年1月1日 单位:万元

资产	购买日金额	期初金额	权益	购买日金额	期初金额
货币资金	52 500		短期借款	8 200	
应收账款	2 490		应付账款	9 800	
存货	4 700		递延所得税负债	112.5	
长期股权投资	8 200		负债合计	18 112.5	
固定资产	3 050		股本	20 000	
商誉	236		资本公积	10 000	
递延所得税资产	2.5		其他综合收益	2 000	
			盈余公积	3 000	
			未分配利润	15 000	
			归属于母公司股东权益合计	50 000	
			少数股东权益	3 066	
资产合计	71 178.5		权益合计	71 178.5	

二、购买日后合并财务报表的编制

按照合并财务报表的编制流程,购买日后合并财务报表也需要在母子公司期末个别财务报表基础上编制而成,考虑到此时的母子公司个别财务报表与购买日当天个别财务报表相比存在差异,因此我们的会计处理如下:

(一)个别报表层面

由于购买日母公司对子公司的股权投资已经登记于账簿中,因此购买日和购买日后母公司的个别资产负债表中均包含了这一会计处理的结果,在编制购买日后合并财务报表时不需要再重复这一会计分录。

编制购买日后合并财务报表时,只要将母子公司当日的个别财务报表数据直接导入合并工作底稿即可。

(二) 合并报表层面

母公司取得对子公司控制权后,两者之间发生的其他内部交易(例如存货买卖交易)同样需要抵销,但是其会计处理与当初的合并是同一控制还是非同一控制无关。关于这部分内部交易的抵销处理我们将在第 17 章具体介绍。但即使不考虑这类内部交易的抵销,我们在编制购买日后合并财务报表时仍然需要掌握以下会计分录的编制,其中既有之前学过的会计处理,也有一些新面孔的出现。

1. 购买日子公司公允价值≠账面价值资产或负债调整的后续处理

之所以用"后续处理"这个词来描述是因为在购买日后合并工作底稿中对此项调整分录的处理包括两方面:

(1) 需要重复编写的部分。

按照购买法的规定,非同一控制下子公司的资产、负债应该按照公允价值列示于合并资产负债表上。对于子公司在购买日存在公允价值≠账面价值的资产或负债,如果子公司无法自行调整(母公司对子公司持股比例<100%),则由母公司代为在合并工作底稿中调整。

相关调整分录(包括递延所得税的确认)的推导请参见上一章第二节的内容,但是我们需要再次强调的是合并工作底稿中的所有会计分录是不对母子公司个别财务报表产生影响的,因此即便母公司在合并工作底稿中编制了上述调整分录,子公司的资产或负债还是按照账面价值列示于个别资产负债表上。所以为了保持合并财务报表数据的连续性,需要将购买日编写的调整分录再次编写。

但是调整分录的重复编写,只是确保了合并财务报表数据的连续性,可是购买日至当年年末期间子公司的这些资产或负债可能发生金额变动(例如:资产变现、负债清偿等)。对于这部分新增的变动部分,我们在合并工作底稿中也需要跟进调整。这就涉及以下会计分录的编写。

(2) 新增部分。

此类新增分录是针对上述所指购买日当天子公司公允价值≠账面价值的资产或负债在合并财务报表期间所发生的后续变动而编写。具体的分录因不同的资产或负债表现方式而不同,我们通过[例 16-5]举例说明。

[例 16-5] 沿用[例 16-4]中存货的数据,假设 2×16 年 1 月 1 日购买日当天 B 公司公允价值≠账面价值的存货在当年对外出售了 1/4。

2×16 年 1 月 1 日购买日当天,A 公司已代 B 公司在合并工作底稿将 B 公司的存货金额从账面价值 3 300 万元调整为公允价值 3 500 万元。具体分录为:

借:存货　　　　　　　　　　　　　　200
　　贷:资本公积　　　　　　　　　　　　150
　　　　递延所得税负债　　　　　　　　　 50

上述分录的编写意味着,我们在合并工作底稿中是将该批存货的价值评定为 3 500 万元的,所以如果该批存货在购买日后对外出售了 1/4,那么在合并利润表中的营业成本就应该按照 3 500×1/4 万元列示,而不能是 3 300×1/4 万元。可是购买日当天 B 公司对于这批存货是按照其账面价值 3 300 万元列示于个别资产负债表上的,在存货当年出售了 1/4 的情况下，B 公司个别利润表中的营业成本按照 3 300×1/4 万元列示。有鉴于合并财务报表是按照母子公司个别财务报表编制的，我们就需要将导入合并工作底稿的 B 公司营业成本从 3 300×1/4 万元调整为 3 500×1/4 万元。具体会计分录为：

借：营业成本　　　　　　　　　　　　　50
　　贷：存货　　　　　　　　　　　　　　　50

上述分录的编制也带动了递延所得税负债的转回，具体会计分录为：

借：递延所得税负债　　　　　　　　　　12.5
　　贷：所得税费用　　　　　　　　　　　　12.5

本题只是以存货为例，演示了当子公司购买日当天存在公允价值≠账面价值的资产或负债时，我们如何在编制购买日后合并财务报表时跟进调整。在[例16-4]中还出现了固定资产和应收账款的调整，在[例16-6]中我们将详细介绍其调整分录。

2. 母公司对子公司长期股权投资的调整

此处的调整分录推导思路与本章上一节同一控制下合并日后合并工作底稿中成本法转为权益法的做法基本一致，也是为了配合后面"投资和权益的抵销分录"的编制。会计分录内容包括：

（1）投资收益的确认。

会计分录为：

借：长期股权投资
　　贷：投资收益

需要指出的是，虽然会计分录的编写与同一控制一致，但是两者在金额的计算方面存在些许差异。在同一控制下即便子公司在合并日当天存在一些资产或负债公允价值不等于账面价值的情况，我们也无需考虑，只要将子公司当期净利润直接乘以持股比例即可。但是在非同一控制下确认投资收益时必须考虑购买日当天存在的资产或负债公允价值不等于账面价值的情况。例如，在前述[例16-5]中我们针对当年存货出售了1/4的事实做了后续跟进，在合并工作底稿中追加确认了营业成本50万元，这一做法将直接影响到权益法下母公司对子公司投资收益的确认。

另外，当母子公司存在内部交易（例如：存货逆流交易）时，也会对上述分录中金额的计算产生影响，但是由于内部交易的会计处理在第17章介绍，所以届时我们再讨论存在逆流交易时对成本法转为权益法的影响。

（2）其他所有者权益变动的确认。

对于子公司除净利润以外其他所有者权益的变动，根据权益法的规定，母公司应当根据所享有的金额计入资本公积或其他综合收益。会计分录为：

借：长期股权投资
　　贷：资本公积
　　　　其他综合收益

3. 投资和权益的抵销分录

此处"投资和权益的抵销分录"连续编制的思路与同一控制下相同，即理论上可以拆解成两个独立部分：

(1) 需要重复编写的部分。

此处的重复编写意思是指将合并日的"投资和权益的抵销分录"再重复编写一遍,虽然该分录在合并日合并工作底稿中已经编写,但是由于对合并日母子公司个别财务报表没有产生任何影响,所以为了保持合并财务报表数据的连续性,需要将合并日编写的抵销分录再次编写。会计分录为:

借:股本
　　资本公积
　　其他综合收益　⎫
　　盈余公积　　　⎬ 子公司购买日可辨认净资产公允价值
　　未分配利润　　⎭
　　商誉
　贷:长期股权投资(母公司购买日对子公司股权投资)
　　　少数股东权益

但是这笔分录的重复编写,只是确保了合并财务报表数据的连续性,可是购买日至当年年末期间子公司的所有者权益势必又发生了新的变化(我们通常假设子公司的股本不变)。对于这部分新增的所有者权益变动部分,我们在合并工作底稿中也需要抵销。这就涉及以下会计分录的编写。

(2) 新增部分。

借:资本公积　　⎫
　　其他综合收益⎬ 子公司购买日至当年年末期间所有者权益变动部分
　　盈余公积　　⎪
　　未分配利润　⎭
　贷:长期股权投资(前述按照成本法转为权益法新增确认的部分)
　　　少数股东权益(子公司所有者权益变动中归属于少数股东的部分)

需要注意的是,非同一控制下企业合并中商誉仅在购买日确认,因此购买日后新增部分的会计分录不会产生新的商誉。通常在实务中,我们把上述(1)、(2)中的会计分录合并编写。

4. 母公司对子公司投资收益的抵销

此处"投资收益的抵销分录"编制的思路与同一控制下相同,具体为:

借:投资收益
　　少数股东损益
　　年初未分配利润
　贷:提取盈余公积
　　　向股东分配利润
　　　年末未分配利润

上述会计分录的作用是多方面的,一方面在合并利润表中抵销了母公司对子公司的投资收益,另一方面确认了子公司利润中归属于少数股东的部分(即少数股东损益)。此外,该笔分录对合并所有者权益变动表中的相关数据也进行了抵销。

5. 母子公司应收应付股利的抵销

如果子公司向股东宣告分派现金股利形成对母公司负债的,在股利发放之前,双方个别财务报表上分别形成了应付股利和应收股利两项内容,此类内部债权债务也需要抵销。会计分录如下:

借:应付股利
　　贷:应收股利

综上所述,上述所有合并工作底稿中会计分录的推导既适用于合并后当年年末也适用于合并以后各年度合并财务报表的编写。只是每次合并财务报表的编写需要首先重复上一期合并工作底稿中的会计分录,其次根据本期业务的发展(包括子公司所有者权益变动部分)编写新的调整或抵销分录。

[例16-6] 接续[例16-4]中的假设条件,至于2×16年1月1日和2×16年年末A、B公司的个别财务报表、净利润、盈余公积提取和股利分派等数据参见[例16-1]和[例16-2]。补充以下数据,假设[例16-1]的表16-1中:

(1) B公司的固定资产公允价值不等于账面价值系源自一台办公设备,该办公设备采用年限平均法计提折旧,无残值,当日剩余折旧年限为5年;

(2) 购买日B公司公允价值≠账面价值的存货在2×16年对外出售了1/4;

(3) 购买日B公司公允价值≠账面价值的应收账款最终按照购买日确认的金额收回,确认的坏账已核销。

2×16年12月31日A公司编制合并财务报表时的会计处理需要包括以下两方面:

(1) A、B公司个别报表层面的账务处理。

在B公司宣告发放现金股利时,A公司确认了以下会计处理:

借:应收股利　　　　　　　　　　800(1 000×80%)
　　贷:投资收益　　　　　　　　　　　800

(2) A公司合并工作底稿会计处理。

① 购买日子公司公允价值≠账面价值资产或负债调整的后续处理。

第一步:需要重复编写的部分。

将[例16-4]中2×16年1月1日购买日合并工作底稿中的调整分录,重复编写如下:

借:存货　　　　　　　　　　　　200
　　固定资产　　　　　　　　　　250
　　贷:应收账款　　　　　　　　　　10
　　　　资本公积　　　　　　　　　440
借:资本公积　　　　　　　　　　110
　　递延所得税资产　　　　　　　2.5
　　贷:递延所得税负债　　　　　　112.5

第二步:新增部分。

根据本题中假设的2×16年度固定资产、存货和应收账款变动情况编制以下新的调整分录:

第一笔,固定资产折旧的调整分录:

借：管理费用 50
　　贷：固定资产 50

上述分录的编制也带动了递延所得税负债的转回,具体会计分录为：

借：递延所得税负债 12.5
　　贷：所得税费用 12.5

第二笔,存货销售成本的调整分录：

借：营业成本 50
　　贷：存货 50

上述分录的编制也带动了递延所得税负债的转回,具体会计分录为：

借：递延所得税负债 12.5
　　贷：所得税费用 12.5

第三笔,应收账款减值情况的调整分录：

借：应收账款 10
　　贷：资产减值损失 10

上述分录的编制也带动了递延所得税资产的转回,具体会计分录为：

借：所得税费用 2.5
　　贷：递延所得税资产 2.5

② 母公司对子公司长期股权投资的调整。

B公司当年实现净利润3 000万元,但是此时我们不能像[例16-2]一样,直接将3 000×80%=2 400(万元)确认为投资收益,而需要根据上述固定资产、存货和应收账款调整分录中涉及损益的部分对3 000万元的净利润进行调整后才能计算确认投资收益。合并工作底稿中调整后的B公司2×16年净利润=3 000-(50-12.5)-(50-12.5)+(10-2.5)=2 932.5(万元)。

借：长期股权投资　2 346(2 932.5×80%)
　　贷：投资收益 2 346　　　　　　　　　　　a

至于B公司2×16年现金股利分派的调整分录,我们采用与[例16-2]一样的做法。

借：投资收益　800(1 000×80%)
　　贷：长期股权投资 800　　　　　　　　　　b

实务中,我们通常将上述a、b合并编写为：

借：长期股权投资　1 546=(2 932.5-1 000)×80%
　　贷：投资收益 1 546

对于B公司2×16年其他综合收益变动部分,我们也采用与[例16-2]一样的做法。

借：长期股权投资　240(300×80%)
　　贷：其他综合收益 240

③ 投资和权益的抵销分录。

理论上A公司对于这一步的抵销分录应该拆解成以下两步：

第一步:将购买日合并工作底稿中的这笔抵销分录重复编写,具体会计分录为:

借:股本　　　　　　　　　　　　　　　8 000
　　资本公积　　　　　　　　　　　　　2 330　　　　　　　　　c
　　其他综合收益　　　　　　　　　　　1 200
　　盈余公积　　　　　　　　　　　　　　800
　　未分配利润　　　　　　　　　　　　3 000
　　商誉　　　　　　　　　　　　　　　　236
　　贷:长期股权投资　　　　　　　　12 500
　　　　少数股东权益　　　　　　　　 3 066(15 330×20%)

第二步:将 B 公司购买日至当年年末期间所有者权益变动(本题中主要为其他综合收益和留存收益)中归属于 A 公司的份额与 A 公司上述按照权益法调整的长期股权投资对冲,其余部分继续确认为少数股东权益,具体会计分录为:

借:其他综合收益　　　　　　　　　　　300
　　盈余公积　　　　　　　　　　　　　200　　　　　　　　　　d
　　未分配利润　　1 732.5(2 932.5 − 1 000 − 200)
　　贷:长期股权投资　　1 786(2 232.5×80%)
　　　　少数股东权益　　 446.5(2 232.5×20%)

实务中,我们通常将上述 c、d 合并编写为:

借:股本　　　　　　　　　　　　　　　8 000
　　资本公积　　　　　　　　　　　　　2 330
　　其他综合收益　　　　　　　　　　　1 500
　　盈余公积　　　　　　　　　　　　　1 000
　　未分配利润　　　　　　　　　　　　4 732.5
　　商誉　　　　　　　　　　　　　　　　236
　　贷:长期股权投资　　　　　　　　14 286
　　　　少数股东权益　　　　　　　3 512.5(17 562.50×20%)

④ 母公司对子公司投资收益的抵销。

在前述会计分录 a 中,我们根据权益法的规定确认了 A 公司对 B 公司的投资收益为 2 346万元,但是这部分内部投资收益不能出现在合并财务报表上,为此需要抵销,并同时确认合并利润表中的少数股东损益项目。

借:投资收益　　　　　　　　　　　　2 346
　　少数股东损益　　　　　　　　　　 586.5
　　年初未分配利润　　　　　　　　　3 000
　　贷:提取盈余公积　　　　　　　　　200
　　　　向股东分配利润　　　　　　　1 000
　　　　年末未分配利润　　　　　　　4 732.5

⑤ 母子公司应收应付股利的抵销。

将 A、B 公司个别财务报表上的内部应收、应付股利项目抵销,具体会计分录为:

借：应付股利　　　　　　　　　　　　　　　　800
　　贷：应收股利　　　　　　　　　　　　　　　　　　800

A公司在根据上述五类分录对导入合并工作底稿中的母子公司个别财务报表数据调整和抵销后，即可得出用于填列在2×16年年末合并财务报表上的报表数据。对于合并工作底稿的编制过程，我们简略展示如表16-22所示。

表16-22　合并工作底稿（简表）

2×16年度　　　　　　　　　　　　　　　　　　　　　　　　　　　单位：万元

项目	A公司	B公司	调整/抵销分录		少数股东权益	合并金额
			借方	贷方		
资产负债表						
资产：						
货币资金	41 700	17 400				59 100
应收账款	1 800	600	10	10		2 400
应收股利	900	0		800		100
存货	1 600	2 500	200	50		4 250
长期股权投资	19 000	2 300	1 786	14 286		8 800
固定资产	1 700	900	250	50		2 800
商誉	–	–	236			236
递延所得税资产	–	–	2.5	2.5		0
资产合计	66 700	23 700	2 484.5	15 198.5		77 686
权益：						
短期借款	4 500	3 000				7 500
应付账款	5 600	2 400				8 000
应付股利	0	1 000	800			200
递延所得税负债	–	–	25	112.5		87.5
负债合计	10 100	6 400	825	112.5		15 787.5
股本	20 000	8 000	8 000			20 000
资本公积	10 000	2 000	2 440	440		10 000
其他综合收益	2 600	1 500	1 500	240		2 840
盈余公积	3 600	1 000	1 000			3 600
未分配利润（见本表最后一行）	20 400	4 800				21 946
少数股东权益					3 512.5	3 512.5
所有者权益合计	56 600	17 300				61 898.5
权益合计	66 700	23 700				77 686
利润表						
一、营业收入	29 000	16 400				45 400

续表

项目	A公司	B公司	调整/抵销分录 借方	调整/抵销分录 贷方	少数股东权益	合并金额
减:营业成本	13 000	9 100	50			22 150
营业税金及附加	1 200	700				1 900
销售费用	3 100	2 300				5 400
管理费用	1 200	840	50			2 090
财务费用	800	320				1 120
资产减值损失	300	40		10		330
加:公允价值变动损益(损失以"-"号填列)	0	0				0
投资收益(损失以"-"号填列)	2 600	400	2 346	1 546		2 200
二、营业利润(亏损以"-"号填列)	12 000	3 500	<u>2 446</u>	<u>1 556</u>		14 610
加:营业外收入	500	150				650
减:营业外支出	200	50				250
三、利润总额(亏损总额以"-"号填列)	12 300	3 600	2 446	1 556		15 010
减:所得税费用	1 800	600	2.5	25		2 377.5
四、净利润(净亏损以"-"号填列)	10 500	3 000	<u>2 448.5</u>	<u>1 581</u>		12 632.5
归属于母公司股东的净利润						12 046
少数股东损益					586.5	586.5
五、其他综合收益的税后净额	600	300				900
六、综合收益总额	11 100	3 300	2 448.5	1 581		13 532.5
归属于母公司股东的综合收益总额						12 886
归属于少数股东的综合收益总额						646.5
所有者权益变动表						
一、年初未分配利润	15 000	3 000	3 000			15 000
二、本年增加金额	10 500	3 000				12 046
三、本年减少金额						
利润分配:						
1. 提取盈余公积	600	200		200		600
2. 对股东的分配	4 500	1 000		1 000		4 500
四、年末未分配利润	20 400	4 800	4 732.5 <u>10 181</u>	4 732.5 <u>7 513.5</u>	<u>586.5</u>	21 946*

注:*21 946 = 20 400 + 4 800 + (7 513.5 - 10 181) - 586.5

在完成合并工作底稿的编写后,A公司将上述工作底稿中的"合并金额"一栏填写于空白合并财务报表即形成最终成果如表16-23、16-24 和 16-25 所示。

表 16-23 合并资产负债表(简表)

2×16 年 12 月 31 日   单位:万元

资产	期末金额	期初金额	权益	期末金额	期初金额
货币资金	59 100		短期借款	7 500	
应收账款	2 400		应付账款	8 000	
应收股利	100		应付股利	200	
存货	4 250		递延所得税负债	87.5	
长期股权投资	8 800		负债合计	15 787.5	
固定资产	2 800		股本	20 000	
商誉	236		资本公积	10 000	
递延所得税资产	0		其他综合收益	2 840	
			盈余公积	3 600	
			未分配利润	21 946	
			归属于母公司股东权益合计	58 386	
			少数股东权益	3 512.5	
资产合计	77 686		权益合计	77 686	

表 16-24 合并利润表(简表)

2×16 年度   单位:万元

项目	本年金额	上年金额
一、营业收入	45 400	
减:营业成本	22 150	
营业税金及附加	1 900	
销售费用	5 400	
管理费用	2 090	
财务费用	1 120	
资产减值损失	330	
加:公允价值变动损益(损失以"-"号填列)	0	
投资收益(损失以"-"号填列)	2 200	
二、营业利润(亏损以"-"号填列)	14 610	
加:营业外收入	650	
减:营业外支出	250	
三、利润总额(亏损总额以"-"号填列)	15 010	
减:所得税费用	2 377.5	
四、净利润(净亏损以"-"号填列)	12 632.5	
归属于母公司股东的净利润	12 046	

续表

项目	本年金额	上年金额
少数股东损益	586.5	
五、其他综合收益的税后净额	900	
六、综合收益总额	13 532.5	
归属于母公司股东的综合收益总额	12 886	
归属于少数股东的综合收益总额	646.5	

表16-25 合并所有者权益变动表(简表)

2×16年度　　　　　　　　　　　　　　　　　　　　　　　　　　　　　　单位:万元

项目	本年金额							上年金额						
	归属于母公司股东权益					少数股东权益	股东权益合计	归属于母公司股东权益					少数股东权益	股东权益合计
	股本	资本公积	其他综合收益	盈余公积	未分配利润			股本	资本公积	其他综合收益	盈余公积	未分配利润		
一、上年年末余额	20 000	10 000	2 000	3 000	15 000		50 000							
加:会计政策变更						3 066	3 066							
前期差错更正														
二、本年年初余额	20 000	10 000	2 000	3 000	15 000	3 066	53 066							
三、本年增减变动金额(减少以"-"号填列)														
(一)综合收益总额			840		12 046	646.5	13 532.5							
(二)所有者投入和减少资本														
(三)利润分配														
1. 提取盈余公积				600	-600									
2. 对股东的分配					-4 500	-200	-4 700							
3. 其他														
(四)股东权益内部结转														
四、本年年末余额	20 000	10 000	2 840	3 600	21 946	3 512.5	61 898.5							

[例16-7] 接续[例16-6],2×17年年末A、B公司的个别财务报表、净利润、盈余公积提取和股利分派等数据参见[例16-3]中相关表格。同时假设购买日B公司公允价值≠账面价值的存货在2×17年又对外出售了1/2,历经两年的销售后年末剩余1/4。

2×17年12月31日A公司编制合并财务报表时的会计处理需要包括以下两方面:

(1) A、B公司个别报表层面的账务处理。

在B公司宣告发放现金股利时,A公司确认了以下会计处理:

　　借:应收股利　　　　　　　　　2 400(3 000×80%)
　　　　贷:投资收益　　　　　　　　　　　　2 400

（2）A公司合并工作底稿会计处理。

① 购买日子公司公允价值≠账面价值资产或负债调整的后续处理。

a 需要重复编写的部分。

将［例16-6］中2×16年12月31日合并工作底稿中的调整分录,重复编写如下:

借：存货	200
固定资产	250
贷：应收账款	10
资本公积	440
借：资本公积	110
递延所得税资产	2.5
贷：递延所得税负债	112.5
借：年初未分配利润	50
贷：固定资产	50
借：递延所得税负债	12.5
贷：年初未分配利润	12.5
借：年初未分配利润	50
贷：存货	50
借：递延所得税负债	12.5
贷：年初未分配利润	12.5
借：应收账款	10
贷：年初未分配利润	10
借：年初未分配利润	2.5
贷：递延所得税资产	2.5

注意,虽然只是将上一期合并工作底稿中的会计分录重复编写,但是损益类科目需要改计入年初未分配利润。

b 新增部分。

根据本题中假设的2×17年度固定资产和存货情况编制以下新的调整分录:

第一笔,固定资产折旧的调整分录:

借：管理费用	50
贷：固定资产	50

上述分录的编制也带动了递延所得税负债的转回,具体会计分录为:

借：递延所得税负债	12.5
贷：所得税费用	12.5

第二笔,存货销售成本的调整分录:

借：营业成本	100
贷：存货	100

上述分录的编制也带动了递延所得税负债的转回,具体会计分录为:

借：递延所得税负债	25

  贷：所得税费用   25

② 母公司对子公司长期股权投资的调整。

  B 公司当年实现净利润 4 000 万元，但是此时我们不能像[例 16-3]一样，直接将 4 000×80% = 3 200(万元)确认为投资收益，而需要根据上述固定资产和存货调整分录中涉及损益的部分对 4 000 万元的净利润进行调整后才能计算确认投资收益。合并工作底稿中调整后的 B 公司 2×17 年净利润 = 4 000 - (50 - 12.5) - (100 - 25) = 3 887.5(万元)。

  借：长期股权投资   3 110(3 887.5×80%)
    贷：投资收益   3 110   a

至于 B 公司 2×17 年现金股利分派的调整分录，我们采用与[例 16-3]一样的做法。

  借：投资收益   2 400(3 000×80%)
    贷：长期股权投资   2 400   b

实务中，我们通常将上述 a、b 分录合并编写为：

  借：长期股权投资   710[(3 887.5 - 3 000)×80%]
    贷：投资收益   710

另外，[例 16-6]中 A 公司编制 2×16 年度合并财务报表时编写了以下会计分录：

  借：长期股权投资   1 786
    贷：投资收益   1 546
      其他综合收益   240

  但是 A 公司在 2×16 年合并工作底稿中编写的这笔调整分录对 A 公司 2×16 年的个别财务报表没有产生任何影响，当然也不会影响到 A 公司 2×17 年的个别财务报表，所以为了体现合并财务报表数据的连续性，我们就需要在 A 公司 2×17 年合并工作底稿中将上述会计分录重复编写为：

  借：长期股权投资   1 786
    贷：年初未分配利润   1 546
      其他综合收益   240

  综上所述，A 公司在编制 2×17 年度合并财务报表时在合并工作底稿中将对 B 公司长期股权投资核算方法从成本法调整为权益法时需要编制两笔调整分录：一是针对 2×17 年度 B 公司的所有者权益变动，二是将 2×16 年度已经编制的调整分录再重复编写，只是需要将原先计入投资收益的金额改计入年初未分配利润。此种处理思路同样适用于以后年度（例如：2×18 年度）合并财务报表的编制。

③ 投资和权益的抵销分录。

  与[例 16-6]相似，我们在购买日后连续编制合并财务报表时，对于这笔分录的编写应该拆解成以下两步：

第一步：将 2×16 年年末合并工作底稿中的这笔抵销分录重复编写，具体会计分录为：

  借：股本   8 000
    资本公积   2 330
    其他综合收益   1 500
    盈余公积   1 000

未分配利润　　　　　　　　　　4 732.5
　　商誉　　　　　　　　　　　　　236
　　贷：长期股权投资　　　　　　　14 286
　　　　少数股东权益　　　　　　　3 512.5(17 562.50×20%)

第二步：将B公司2×17年度所有者权益变动（本题中主要为留存收益）中归属于A公司的份额与A公司上述按照权益法调整的2×17年度长期股权投资金额对冲，其余部分继续确认为少数股东权益，具体会计分录为：

　　借：盈余公积　　　　　　　　　100
　　　　未分配利润　　　　　　　　787.5(3 887.5－3 000－100)
　　贷：长期股权投资　　　　　　　710(887.5×80%)
　　　　少数股东权益　　　　　　　177.5(887.5×20%)

实务中，我们通常将上述两步的会计分录合并编写为：

　　借：股本　　　　　　　　　　　8 000
　　　　资本公积　　　　　　　　　2 330
　　　　其他综合收益　　　　　　　1 500
　　　　盈余公积　　　　　　　　　1 100
　　　　未分配利润　　　　　　　　5 520
　　　　商誉　　　　　　　　　　　236
　　贷：长期股权投资　　　　　　　14 996
　　　　少数股东权益　　　　　　　3 690(18 450×20%)

④ 母公司对子公司投资收益的抵销。

在前述会计分录 a 中，我们根据权益法的规定确认了A公司对B公司的投资收益3 110万元，但是这部分内部投资收益不能出现在合并财务报表上，为此需要抵销，并同时确认合并利润表中的少数股东损益项目。

　　借：投资收益　　　　　　　　　3 110
　　　　少数股东损益　　　　　　　777.5
　　　　年初未分配利润　　　　　　4 732.5
　　贷：提取盈余公积　　　　　　　100
　　　　向股东分配利润　　　　　　3 000
　　　　年末未分配利润　　　　　　5 520

⑤ 母子公司应收应付股利的抵销。

将A、B公司个别财务报表上的内部应收、应付股利项目抵销，具体会计分录为：

　　借：应付股利　　　　　　　　　2 400
　　贷：应收股利　　　　　　　　　2 400

A公司在根据上述五类分录对导入合并工作底稿中的母子公司个别财务报表数据调整和抵销后，即可得出用于填列在2×17年年末合并财务报表上的报表数据。对于合并工作底稿的编制过程，我们简略展示如表16-26所示。

表 16-26　合并工作底稿(简表)

2×17 年度　　　　　　　　　　　　　　　　　　　　　单位:万元

项目	A 公司	B 公司	调整/抵销分录 借方	调整/抵销分录 贷方	少数股东权益	合并金额
资产:						
货币资金	39 500	14 800				54 300
应收账款	2 500	1 100	10	10		3 600
应收股利	2 600	0		2 400		200
存货	4 200	3700	200	150		7 950
长期股权投资	21 000	3 600	2 496	14 996		12 100
固定资产	4 800	2 100	250	100		7 050
商誉	-	-	236			236
递延所得税资产	-	-	2.5	2.5		0
资产合计	74 600	25 300	3 194.5	17 658.5		85 436
权益:						
短期借款	3 200	2 300				5 500
应付账款	4 800	1 700				6 500
应付股利	0	3 000	2 400			600
递延所得税负债			62.5	112.5		50
负债合计	8 000	7 000	2 462.5	112.5		12 650
股本	20 000	8 000	8 000			20 000
资本公积	10 000	2 000	2 440	440		10 000
其他综合收益	2 600	1 500	1 500	240		2 840
盈余公积	4 600	1 100	1 100			4 600
未分配利润(见本表最后一行)	29 400	5 700				31 656
少数股东权益					3 690	3 690
所有者权益合计	66 600	18 300				72 786
权益合计	74 600	25 300				85 436
利润表						
一、营业收入	48 600	22 860				71 460
减:营业成本	22 000	13 200	100			35 300
营业税金及附加	1 900	1 150				3 050
销售费用	3 700	2 550				6 250
管理费用	2 500	1 300	50			3 850
财务费用	1 100	380				1 480

续表

项目	A公司	B公司	调整/抵销分录 借方	调整/抵销分录 贷方	少数股东权益	合并金额
资产减值损失	200	30				230
加:公允价值变动损益(损失以"－"号填列)	0	0				0
投资收益(损失以"－"号填列)	3 200	600	3 110	710		1 400
二、营业利润(亏损以"－"号填列)	20 400	4 850	3 260	710		22 700
加:营业外收入	300	120				420
减:营业外支出	200	70				270
三、利润总额(亏损总额以"－"号填列)	20 500	4 900	3 260	710		22 850
减:所得税费用	2 500	900		37.5		3 362.5
四、净利润(净亏损以"－"号填列)	18 000	4 000	3 260	747.5		19 487.5
归属于母公司股东的净利润						18 710
少数股东损益					777.5	777.5
五、其他综合收益的税后净额						0
六、综合收益总额	18 000	4 000	3 260	747.5		19 487.5
归属于母公司股东的综合收益总额						18 710
归属于少数股东的综合收益总额						777.5
所有者权益变动表						
一、年初未分配利润	20 400	4 800	4 807.5	1 553.5		21 946
二、本年增加金额	18 000	4 000				18 710
三、本年减少金额						
利润分配:						
1. 提取盈余公积	1 000	100		100		1 000
2. 对股东的分配	8 000	3 000		3 000		8 000
四、年末未分配利润	29 400	5 700	5 520 13 587.5	5 520 10 921	777.5	31 656*

注:*31 656 = 29 400 + 5 700 + (10 921 − 13 587.5) − 777.5

在完成合并工作底稿的编写后,A公司将上述工作底稿中的"合并金额"一栏填写于空白合并财务报表即形成最终成果如表16-27、16-28和16-29所示。

表 16-27　合并资产负债表（简表）

2×17 年 12 月 31 日　　　　　　　　　　　　　　　　　　　　　　单位：万元

资产	期末金额	期初金额	权益	期末金额	期初金额
货币资金	54 300		短期借款	5 500	
应收账款	3 600		应付账款	6 500	
应收股利	200		应付股利	600	
存货	7 950		递延所得税负债	50	
长期股权投资	12 100		负债合计	12 650	
固定资产	7 050		股本	20 000	
商誉	236		资本公积	10 000	
递延所得税资产	0		其他综合收益	2 840	
			盈余公积	4 600	
			未分配利润	31 656	
			归属于母公司股东权益合计	69 096	
			少数股东权益	3 690	
资产合计	85 436		权益合计	85 436	

表 16-28　合并利润表（简表）

2×17 年度　　　　　　　　　　　　　　　　　　　　　　单位：万元

项目	本年金额	上年金额
项目	本年金额	上年金额
一、营业收入	71 460	
减：营业成本	35 300	
营业税金及附加	3 050	
销售费用	6 250	
管理费用	3 850	
财务费用	1 480	
资产减值损失	230	
加：公允价值变动损益（损失以"－"号填列）	0	
投资收益（损失以"－"号填列）	1 400	
二、营业利润（亏损以"－"号填列）	22 700	
加：营业外收入	420	
减：营业外支出	270	
三、利润总额（亏损总额以"－"号填列）	22 850	
减：所得税费用	3 362.5	
四、净利润（净亏损以"－"号填列）	19 487.5	

续表

项目	本年金额	上年金额
归属于母公司股东的净利润	18 710	
少数股东损益	777.5	
五、其他综合收益的税后净额	0	
六、综合收益总额	19 487.5	
归属于母公司股东的综合收益总额	18 710	
归属于少数股东的综合收益总额	777.5	

表 16-29 合并所有者权益变动表(简表)

2×17 年度　　　　　　　　　　　　　　　　　　　　　　　　　　　　单位:万元

项目	本年金额							上年金额						
	归属于母公司股东权益					少数股东权益	股东权益合计	归属于母公司股东权益					少数股东权益	股东权益合计
	股本	资本公积	其他综合收益	盈余公积	未分配利润			股本	资本公积	其他综合收益	盈余公积	未分配利润		
一、上年年末余额	20 000	10 000	2 840	3 600	21 946	3 512.5	61 898.5							
加:会计政策变更														
前期差错更正														
二、本年年初余额	20 000	10 000	2 840	3 600	21 946	3 512.5	61 898.5							
三、本年增减变动金额(减少以"-"号填列)														
(一)综合收益总额					18 710	777.5	19 487.5							
(二)所有者投入和减少资本														
(三)利润分配														
1.提取盈余公积				1 000	-1 000									
2.对股东的分配					-8 000	-600	-8 600							
3.其他														
(四)股东权益内部结转														
四、本年年末余额	20 000	10 000	2 840	4 600	31 656	3 690	72 786							

三、控制权日后持股比例变动的会计处理

此处所指的"控制权日后持股比例变动"是指母公司在首次取得子公司控制权后又因为多种因素的考虑对所持股权进行增持或减持。由于现行会计准则对于这部分内容的规范主要集中在非同一控制情形下,因此我们这里对购买日后购买方增持或减持被购买方股权的交易做分类介绍。

（一）母公司购买子公司少数股东股权

母公司取得子公司控制权时,我们通常把子公司的其他股东（没有控制子公司的股东）统称为"少数股东"。现实生活中,母公司在首次取得子公司控制权后,可能并不满足于已有的控制,而选择继续从子公司少数股东手中追加购买子公司的股权,在会计上我们把这种交易称为"购买子公司少数股权"。此类交易既可能发生在合并日后也可能发生在购买日后,我们这里主要介绍"购买日后母公司购买子公司少数股权交易"的会计处理。

对于"购买子公司少数股权交易"的会计处理,2014年2月发布并于同年7月1日开始实施的修订后《企业会计准则第33号——合并财务报表》第47条规定:"母公司购买子公司少数股东拥有的子公司股权,在合并财务报表中,因购买少数股权新取得的长期股权投资与按照新增持股比例计算应享有子公司自购买日或合并日开始持续计算的净资产份额之间的差额,应当调整资本公积（资本溢价或股本溢价）,资本公积不足冲减的,调整留存收益。"

[例16-8]　沿用[例16-7]基本数据,假设2×17年12月31日A公司以银行存款2 000万元再次购入B公司10%的股权,至此两项股权交易后A公司对B公司的持股比例达到90%。

本题中A公司购入B公司10%股权,交易的性质属于购买子公司少数股权行为。虽然持股比例追加到90%,但是在会计上2×17年12月31日不属于购买日。在非同一控制下的企业合并中,只有母公司首次取得子公司控制权的日期即2×16年1月1日才是购买日。

购买日的界定在会计上意义重大,因为合并商誉的计算是截止于购买日的,也就是说即便母公司在取得对子公司控制权后发生持股比例的变动（增持或减持）,只要不动摇"控制"这一结果,那么在合并财务报表中确认的合并商誉是不变的。以本题为例,A公司虽然在2×17年12月31日持有B公司90%的股权,但是新增的10%股权不会导致合并财务报表上原有合并商誉的增加或减少。上述引用的企业会计准则第33号第47条规定就是基于这一要求制定的。

2×17年12月31日A公司编制合并财务报表时的会计处理需要包括以下两方面:

（1）A公司个别报表层面的账务处理。

① 在A公司追加购入B公司10%股权时,A公司确认了以下会计处理:

　　借：长期股权投资　　　　　　　　　　　　2 000
　　　　贷：银行存款　　　　　　　　　　　　　　　2 000

上述会计分录编制完毕后,A公司账簿中对B公司的长期股权投资金额从原有的12 500万元（持股比例80%）增至14 500万元（持股比例90%）。

另外,因此项交易在A公司和B公司股东之间展开,故而对B公司个别财务报表数据

不产生任何影响。

② 在 B 公司宣告发放现金股利时,A 公司确认了以下会计处理:

借:应收股利　　　　　　　　　　2 400 = 3 000×80%
　　贷:投资收益　　　　　　　　　　　2 400

(2) A 公司合并工作底稿会计处理。

本题与[例 16-7]的区别主要在于 A 公司在 2×17 年年末追加购入了 B 公司的股权,所以除以下两笔会计分录外,其余分录与[例 16-7]的会计分录完全一致,我们不再赘述。

① 对新增 10% 股权投资的调整。

借:资本公积　　　　　　　　　155(2 000 - 18 450×10%)
　　贷:长期股权投资　　　　　　　　　155

此项调整分录为新增会计分录,其目的是为了确保以下"投资和权益的抵销分录"中合并商誉保持 236 万元不变。

② 投资和权益的抵销分录(商誉不变)。

借:股本　　　　　　　　　　　　8 000
　　资本公积　　　　　　　　　　2 330
　　其他综合收益　　　　　　　　1 500
　　盈余公积　　　　　　　　　　1 100
　　未分配利润　　　　　　　　　5 520
　　商誉　　　　　　　　　　　　　236
　　贷:长期股权投资　　　　　　　　16 841
　　　　少数股东权益　　　　　　　　1 845(18 450×10%)

(二) 母公司处置子公司股权但不丧失控制权

现实生活中,母公司可能在取得子公司控制权后又出于其他原因而处置股权。处置的结果分为"丧失控制权"和"不丧失控制权"两种,以下我们分别介绍。

对于"母公司处置子公司股权但不丧失控制权交易"的会计处理,修订后《企业会计准则第 33 号——合并财务报表》第 49 条规定:"母公司在不丧失控制权的情况下部分处置对子公司的长期股权投资,在合并财务报表中,处置价款与处置长期股权投资相对应享有子公司自购买日或合并日开始持续计算的净资产份额之间的差额,应当调整资本公积(资本溢价或股本溢价),资本公积不足冲减的,调整留存收益。"

[例 16-9]　沿用[例 16-7]基本数据,假设 2×17 年 12 月 31 日 A 公司出售持有的 B 公司 10% 股权,所得价款 2 000 万元存入银行,此项交易完成后 A 公司对 B 公司的持股比例降至 70%。

本题中 A 公司出售持有的 B 公司 10% 股权,交易的性质属于不丧失控制权情形下处置部分子公司股权行为。虽然 A 公司对 B 公司的持股比例下降至 70%,但是 A 公司仍为 B 公司的母公司,正如我们在[例 16-8]中分析的,此时 A 公司编制的合并财务报表中对 B 公司的合并商誉金额保持不变。

(1) A 公司个别报表层面的账务处理。

① 在 A 公司出售持有的 B 公司 10% 股权时，A 公司确认了以下会计处理：

借：银行存款　　　　　　　　　　　2 000
　　贷：长期股权投资　　　　　　　　1 562.5（12 500 × 1/8）
　　　　投资收益　　　　　　　　　　437.5

上述会计分录编制完毕后，A 公司账簿中对 B 公司的长期股权投资金额从原有的 12 500 万元（持股比例 80%）降至 10 937.5 万元（持股比例 70%）。

另外，此项交易在 A 公司和其他投资者之间展开，故而对 B 公司个别财务报表数据不产生任何影响。

② 在 B 公司宣告发放现金股利时（假设 A 公司持股比例尚未下降），A 公司确认了以下会计处理：

借：应收股利　　　　　　　　　　　2 400（3 000 × 80%）
　　贷：投资收益　　　　　　　　　　2 400

（2）A 公司合并工作底稿会计处理。

本题与［例 16-7］的区别主要在于 A 公司在 2×17 年年末出售持有的部分 B 公司股权。虽然持股比例下降，但是由于处置日期发生在年末，所以除以下两笔会计分录外，其余分录（包括母公司对子公司股权投资从成本法转为权益法时投资收益的确认）与［例 16-7］的会计分录完全一致，我们不再赘述。

① 对 A 公司个别财务报表中股权处置损益的调整。

借：投资收益　　　　　　　　　　　437.5
　　贷：资本公积　　　　　　　　　　155（2 000 − 18 450 × 10%）
　　　　长期股权投资　　　　　　　　282.5

此项调整分录为新增会计分录，其编制目的一方面是为了全部抵销 A 公司因为处置部分 B 公司股权而在个别财务报表中确认的投资收益 437.5 万元，另一方面是为了确保以下"投资和权益的抵销分录"中合并商誉保持 236 万元不变。

② 投资和权益的抵销分录（商誉不变）。

借：股本　　　　　　　　　　　　　8 000
　　资本公积　　　　　　　　　　　2 330
　　其他综合收益　　　　　　　　　1 500
　　盈余公积　　　　　　　　　　　1 100
　　未分配利润　　　　　　　　　　5 520
　　商誉　　　　　　　　　　　　　236
　　贷：长期股权投资　　　　　　　　13 151
　　　　少数股东权益　　　　　　　　5 535（18 450 × 30%）

（三）母公司处置子公司股权且丧失控制权

对于"母公司处置子公司股权且丧失控制权交易"的会计处理，现行会计准则分为"一次交易处置子公司"和"多次交易分步处置子公司"。

1. 一次交易处置子公司部分股权导致丧失控制权

修订后《企业会计准则第 33 号——合并财务报表》第 50 条规定："企业因处置部分股权

投资等原因丧失了对被投资方的控制权的,在编制合并财务报表时,对于剩余股权,应当按照其在丧失控制权日的公允价值进行重新计量。处置股权取得的对价与剩余股权公允价值之和,减去按原持股比例计算应享有原有子公司自购买日或合并日开始持续计算的净资产的份额之间的差额,计入丧失控制权当期的投资收益,同时冲减商誉。与原有子公司股权投资相关的其他综合收益等,应当在丧失控制权时转为当期投资收益。"

[例16-10] 接续[例16-7],假设2×18年1月1日A公司出售持有的B公司60%股权,所得价款12 000万元存入银行,此项交易完成后A公司对B公司的持股比例降至20%。对于剩余持有的B公司20%股权A公司改用权益法处理,并假设剩余股权的公允价值为4 000万元。另假设A、B公司提取盈余公积的比例均为10%。

本题中A公司一次性处置了其持有的大部分B公司股权,导致直接丧失了控制权,其2×18年度相关的会计处理包括以下两方面:

(1) A公司个别报表层面的账务处理。

① 处置持有的B公司60%股权。

借:银行存款　　　　　　　　　　　　　　　　　12 000
　　贷:长期股权投资　　　　　　　　　　　　　　9 375(12 500×3/4)
　　　　投资收益　　　　　　　　　　　　　　　　2 625

② 剩余持有的B公司20%股权核算方法从成本法转为权益法。

根据[例16-2]和[例16-3]的设定,B公司2×16年全年实现净利润3 000万元,向股东宣告分派现金股利1 000万元,当年因持有可供出售金融资产公允价值变动确认了其他综合收益税后净额300万元。B公司2×17年全年实现净利润4 000万元,向股东宣告分派现金股利3 000万元,当年其他综合收益未发生变动。但是由于2×16年1月1日A公司取得B公司控制权时,B公司当天存在存货、固定资产和应收账款公允价值不等于账面价值的情况,因此A公司在2×18年1月1日对于剩余持有B公司20%股权转为权益法核算时,认定的B公司2×16年度和2×17年度的净利润不能采用[例16-2]和[例16-3]的数据而应该采用[例16-6]和[例16-7]中调整后的数据,即B公司2×16年度和2×17年度的净利润调整为2 932.5万元和3 887.5万元。

借:长期股权投资——投资成本　　　　　　　　　3 125(12 500×1/4)
　　贷:长期股权投资　　　　　　　　　　　　　　3 125
借:长期股权投资——损益调整　564[(2 932.5－1 000＋3 887.5－3 000)×20%]
　　贷:盈余公积　　　　　　　　　　　　　　　　56.4
　　　　利润分配——未分配利润　　　　　　　　　507.6
借:长期股权投资——其他综合收益　　　　　　　60(300×20%)
　　贷:其他综合收益　　　　　　　　　　　　　　60

(2) A公司合并工作底稿会计处理。

由于A公司丧失了对B公司的控制权,所以A公司编制的2×18年度合并财务报表的合并范围中不再包含B公司,对于导入合并工作底稿的处置B公司股权投资收益2 625万元不须全部抵销而仅须进行调整,调整分录由以下三笔分录构成:

① 剩余20%股权按照丧失控制权日(2×18年1月1日)的公允价值进行重新计量。

借：长期股权投资　　　　　　　　　　　　251［4 000 －(3 125 ＋564 ＋60)］
　　贷：投资收益　　　　　　　　　　　　　251

② 对 A 公司 2 625 万元的处置损益部分内容归属期间进行调整。

借：投资收益　　　　　　　　1 692［(2 932.5 －1 000 ＋3 887.5 －3 000)×60％］
　　贷：年初未分配利润　　　　　　　　　1 692

③ 剩余 20％股权对应的其他综合收益转入投资收益。

借：其他综合收益　　　　　　　　　　　　60
　　贷：投资收益　　　　　　　　　　　　　60

上述三笔调整分录编制完成后，A 公司编制的 2×18 年度合并利润表上关于处置 B 公司股权交易确认的投资收益为 2 625 ＋251 －1 692 ＋60 ＝1 244 万元。

我们可以换种角度来理解上述 1 244 万元投资收益的确认，由于 A 公司处置 B 公司股权后丧失了控制权，因此对于 2×18 年度的合并财务报表来说这是一笔外部交易，所以 1 244 万元的投资收益其实就是合并财务报表层面的股权处置损益，即(12 000 ＋4 000)－[(15 330 ＋236/80％)＋(2 932.5 －1 000 ＋3 887.5 －3 000)＋300]×80％＋300×80％＝1 244 万元。

2. 多次交易分步处置子公司部分股权导致丧失控制权

修订后《企业会计准则第 33 号——合并财务报表》在对多次交易分步处置子公司股权进行会计处理时要求我们区分分步处置交易是否属于"一揽子交易"。

处置对子公司股权投资的各项交易的条款、条件以及经济影响符合下列一种或多种情况，通常表明应将多次交易事项作为一揽子交易进行会计处理：这些交易是同时或者在考虑了彼此影响的情况下订立的；这些交易整体才能达成一项完整的商业结果；一项交易的发生取决于其他至少一项交易的发生；一项交易单独考虑时是不经济的，但是和其他交易一并考虑时是经济的。

根据企业会计准则第 33 号，分步交易是否属于"一揽子交易"对会计处理的影响表现如下：

（1）分步交易不属于"一揽子交易"。

在丧失控制权以前的各项处置股权交易，按照前述"（二）母公司处置子公司股权但不丧失控制权"的规定进行会计处理。

（2）分步交易属于"一揽子交易"。

修订后《企业会计准则第 33 号——合并财务报表》第 51 条规定："如果处置对子公司股权投资直至丧失控制权的各项交易属于一揽子交易的，应当将各项交易作为一项处置子公司并丧失控制权的交易进行会计处理；但是，在丧失控制权之前每一次处置价款与处置投资对应的享有该子公司净资产份额的差额，在合并财务报表中应当确认为其他综合收益，在丧失控制权时一并转入丧失控制权当期的损益。"

本 章 小 结

合并财务报表的编制并不是仅限于控制权取得日,只要母子公司关系没有解除以后期间都需要编制合并财务报表。与控制权日合并财务报表不同的是,控制权日后(连续编制)的合并财务报表更为全面,不仅包含合并资产负债表还包含了合并利润表、合并现金流量表以及合并所有者权益变动表。

连续编制合并财务报表时需要注意以下两点:(1)为了保持合并财务报表数据的连续性,我们往往需要重复编制上一期合并工作底稿中已经编制的分录;(2)对于本期新发生业务的调整或抵销,例如:母公司对子公司股权投资从成本法转为权益法、投资收益的抵销以及非同一控制下购买日公允价值≠账面价值资产或负债的后续跟进处理。

控制权日后母公司对子公司的持股比例可能发生后续变动,其知识点包括以下三个:(1)购买子公司少数股权;(2)母公司处置子公司股权但不丧失控制权;(3)母公司处置子公司股权且丧失控制权。其中(1)和(2)因为没有丧失对子公司的控制权,所以母公司编制的合并财务报表上仍然保留有合并商誉且金额不变,对子公司的投资收益也必须清零。而(3)中因为丧失控制权,所以合并财务报表层面上原有合并商誉消失,但投资收益却不用再隐藏。

【思考题】

1. 与合并日合并财务报表相比,合并日后合并财务报表新增哪些调整或抵销分录?
2. 与购买日合并财务报表相比,购买日后合并财务报表新增哪些调整或抵销分录?
3. 购买子公司股权后,在编制合并财务报表时企业合并商誉是否变化,如何实现?
4. 母公司处置子公司股权但不丧失控制权后,在编制合并财务报表时企业合并商誉是否变化,如何实现?
5. 母公司处置子公司股权且丧失控制权后,在编制合并财务报表时两者之间的投资收益是否还须清零,如何实现?

【自测题】

1. 2×16年1月1日甲公司以定向增发1 000万元股票和银行存款1 000万元购入乙公司80%的股权,每股股价为8.6元。当日乙公司可辨认净资产账面价值为10 000万元(不含递延所得税资产和负债),除下表项目以外,乙公司其他可辨认资产、负债的公允价值与账面价值相等:

单位:万元

项目	账面价值	公允价值
存货	500	800
固定资产	1 500	2 000
预计负债	0	100

假设上述存货在2×16年和2×17年分别出售了1/3。固定资产在当日的剩余寿命为5年,合并双方都认为采用年限平均法折旧,无残值。上述或有负债为乙公司因产品质量诉讼被客户告上法院所致,至2×16年1月1日法院尚未进行判决,乙公司法律顾问认为此项诉讼败诉的可能性为49%。2×17年3月1日法院对此项诉讼做出判决,驳回原告诉讼请求。

乙公司2×16年和2×17年的账面净利润分别为3 000万元和4 000万元。

假设不考虑所得税以外的其他税收因素。

要求:根据以下两种情形分别分析甲公司对乙公司在2×16年和2×17年合并工作底稿中投资收益的确认。

(1)假设甲公司与乙公司的合并为同一控制控股合并;

(2)假设甲公司与乙公司的合并为非同一控制控股合并。

2. 甲公司于2×16年7月1日出售其所持子公司(乙公司)股权的60%,所得价款9 000万元收存银行,同时办理了股权划转手续。当日,甲公司持有乙公司剩余股权的公允价值为5 800万元。甲公司出售乙公司股权后,仍持有乙公司32%股权并在乙公司董事会中派出1名董事。

甲公司原所持乙公司80%股权系2×15年1月1日以8 000万元从非关联方购入,购买日乙公司可辨认净资产的公允价值为9 000万元,除办公楼的公允价值大于账面价值1 500万元外,其余各项可辨认资产、负债的公允价值与账面价值相同。上述办公楼按20年、采用年限平均法计提折旧,自购买日开始尚可使用15年,预计净残值为零。

2×15年1月1日至2×16年6月30日,乙公司实现净利润2 400万元,可供出售金融资产公允价值上涨计入其他综合收益800万元。

其他有关资料:

① 甲公司实现净利润按10%提取法定盈余公积后不再分配;

② 本题不考虑税费及其他因素。

要求:根据上述资料回答下列问题:

(1)编制甲公司因处置乙公司股权而导致长期股权投资核算方法转变的相关分录。

(2)假设甲公司还存在其他子公司,编制甲公司在合并工作底稿中与处置乙公司股权有关的调整或抵销分录。

第十七章

企业集团内部交易的抵销

 学习目的与要求

通过本章学习,了解并掌握:
1. 内部存货交易的抵销;
2. 内部债权债务的抵销;
3. 内部固定资产交易的抵销;
4. 内部无形资产交易的抵销。

第一节 企业集团内部交易抵销的注意事项

上一章我们介绍了母公司取得对子公司控制权后合并财务报表的连续编制,出于教学内容简化的目的,我们在该章的例题中没有假设母子公司之间在控制权日后发生除股权投资和股利支付以外的其他内部交易(例如:集团内公司之间买卖交易)。由于这类内部交易对合并财务报表的影响较大,我们选择在本章中进行专门介绍。在正式开始介绍企业集团内部交易抵销的会计处理之前,我们需要将一些注意事项简要归纳如下:

(1) 本章所指的企业集团内部交易是指集团内母子公司之间或子公司之间发生的交易。由于合并财务报表的会计主体是整个集团,因此上述内部交易为合并财务报表所"不容",需要予以抵销以确保合并财务报表上显现的各类交易结果都是源自集团内公司与集团外公司之间的交易。

(2) 虽然我们在第16章中介绍控制权日后合并财务报表的连续编制时区分了同一控制和非同一控制两种情形的会计处理,但是控制权日后内部交易的抵销是基于合并财务报表的会计主体(集团)角度,属于基本原理层面的处理,与双方的合并类型没有任何关系即无论是合并日后还是购买日后发生的内部交易抵销的会计处理是一致的。因此出于简化起见,本章所有例题不再强调母子公司之间当初的合并类型。

(3) 我们在第十五章第一节介绍同一控制控股合并的会计处理原则时曾指出现行会计准则要求我们视同合并后形成的报告主体自(合并双方)最终控制方开始实施控制时一直是一体化存续下来的。根据这一假设,自最终控制方对合并双方开始实施控制(此时合并双方尚未建立控制与被控制关系)日始至合并双方正式合并这一期间所发生的交易,也应判定为内部交易进行抵销。虽然这类交易的判定属于同一控制所特有,但是其抵销处理与母子公司合并后发生的内部交易抵销处理思路相同。因此出于简化起见,本章所有例题涉及的内部交易均假设发生在控制权日后。

(4) 2014 年 2 月发布并于同年 7 月 1 日开始实施的修订后《企业会计准则第 33 号——合并财务报表》第 36 条对母子公司之间顺流、逆流以及子公司之间内部交易的抵销做了专门规定。本章介绍存货、固定资产以及无形资产内部交易的抵销时也是按照这一顺序分别进行介绍。

(5) 即便是集团内部交易也可能存在款项没有结算完毕的情形,关于内部交易形成债权债务的处理我们将在本章第三节具体介绍。

(6) 集团内部发生的现金交易(现销和现购),需要编制合并现金流量表层面的抵销分录,考虑到本章主要介绍合并资产负债表和合并利润表层面的抵销分录,因此对此予以省略。

第二节 内部存货交易的抵销

▶▶ 一、基本抵销分录

如前所述,本节我们将分别按照母子公司之间顺流、逆流以及子公司之间内部交易的顺序介绍内部存货交易的抵销。其中母子公司之间顺流交易的抵销分录具有通用性,即母子公司之间逆流交易和子公司之间交易的抵销也要遵循这几笔会计分录的编制,只不过它们需要在此基础上增加额外的会计处理。为此,我们将母子公司之间顺流交易的抵销分录称之为基本抵销分录。

(一) 内部存货交易当年的抵销分录

内部存货交易过程中销售方的售价(不含增值税)与存货销售成本之间的差额属于内部存货交易的损益。对于集团来说,此类内部交易所涉及的存货必须全部外部化方能在合并财务报表上正式承认该笔损益的存在,而所谓的"外部化"是指内部存货交易中的买方将该批存货向集团外的企业出售。但是现实生活中,内部存货交易的外部化程度是多样化的,有时存货在内部交易当年就全部对外出售,有时只出售了部分存货甚至有时存货在内部交易当年全部未对外出售。通常对于内部存货交易当年的抵销处理,我们采取以下"一个假设+

一个修正"两笔分录的组合来灵活应对。

1. 假设交易当年存货全部对外出售

由于存货当年的外部化程度是多样化的,所以在会计处理时我们干脆先假设存货当年全部外部化,至于实际上没有外部化(留在集团内部)的存货留待第二笔调整分录处理。此时的抵销分录编制为:

借:营业收入
　　贷:营业成本

上述会计分录的金额为内部交易时存货的实际售价(不含增值税)。

2. 年末仍留有存货时的调整

当实际业务中,期末存货没有全部对外出售时,我们需要针对留存存货中的未实现内部交易损益予以调整。此时的调整分录编制为:

借:营业成本
　　贷:存货

上述会计分录的金额为期末留存内部交易存货中所包含的内部交易损益。

[例 17-1] 假设 A 公司持有 B 公司 80% 股权,A 公司 2×16 年向 B 公司出售一批商品,该批存货成本为 80 万元,售价为 100 万元。B 公司当年对外出售了 1/4 存货,售价 30 万元。由于增值税不属于内部交易抵销内容,因此本题假设不考虑增值税因素。至于所得税因素则在本节后面的[例 17-3]再涉及。

本题中 A 公司与 B 公司之间发生的顺流交易属于内部交易,在 A 公司编制 2×16 年合并财务报表时需要予以抵销。

为了更好地展示合并工作底稿中当年内部存货交易的抵销处理,我们将相关的会计处理分成以下两方面:

(1) A、B 公司个别报表层面的账务处理。

① A 公司当年向 B 公司出售商品时:

借:银行存款　　　　　　　　　　　　　　100
　　贷:主营业务收入　　　　　　　　　　　　　100
借:主营业务成本　　　　　　　　　　　　 80
　　贷:库存商品　　　　　　　　　　　　　　　 80

② B 公司对集团外企业出售 1/4 存货时:

借:银行存款　　　　　　　　　　　　　　 30
　　贷:主营业务收入　　　　　　　　　　　　　 30
借:主营业务成本　　　　　　　　　　　　 25
　　贷:库存商品　　　　　　　　　　　　　　　 25

上述 A 公司和 B 公司确认的销售业务其实是同一批商品,这种"一批商品出售两次"的业绩是不允许出现在合并财务报表上的。所以在将包含了上述 A、B 公司会计分录的个别财务报表数据导入合并工作底稿后我们需要编制以下抵销分录。

(2) A 公司合并工作底稿会计处理。

① 假设交易当年存货全部对外出售:

借：营业收入　　　　　　　　　　　　　　100
　　贷：营业成本　　　　　　　　　　　　　　　　　100
② 年末仍留有3/4存货时的调整：
借：营业成本　　　　　　　　　　　　　　15
　　贷：存货　　　　　　　　　　　　　　　　　　　15

A公司在根据上述两笔分录对导入合并工作底稿中的母子公司个别财务报表数据抵销处理后，即可得出用于填列在2×16年年末合并财务报表上的报表数据。对于合并工作底稿的编制过程，我们简略展示如表17-1所示。

表17-1　合并工作底稿（简表）

2×16年12月31日　　　　　　　　　　　　　　　　　　　　　　单位：万元

项目	A公司	B公司	调整/抵销分录		合并金额
			借方	贷方	
（资产负债表项目）					
……					
存货		75		15	60
……					
（利润表项目）					
营业收入	100	30	100		30
营业成本	80	25	15	100	20
……					
营业利润	20	5			10
……					
净利润	20	5			10
（所有者权益变动表项目）					
年初未分配利润	0	0			0
……					
年末未分配利润	20	5	115	100	10

（二）内部存货交易以后年度的抵销分录

当内部存货交易当年买方没有把存货全部出售时，我们就需要持续地关注这批存货在内部交易以后年度的出售进度，以此编制后续年度合并财务报表中的抵销分录。只有在这批存货彻底外部化后，抵销处理才告终结。通常对于以往年度内部存货交易外部化不彻底的后续抵销处理，我们也采取"一个假设＋一个修正"两笔分录的组合来灵活应对。

1. 假设期初留存的内部交易存货当年全部对外出售

以前年度留存至期初的内部交易存货可能在本期全部外部化，也可能部分外部化，所以在会计处理时我们同样先假设期初留存的内部交易存货当年全部外部化，至于实际上没有外部化（留在集团内部）的存货留待第二笔调整分录处理。此时的抵销分录编制为：

借：年初未分配利润
　　贷：营业成本

上述会计分录的金额为期初留存内部交易存货中所包含的内部交易损益。

2. 年末仍留有存货时的调整

虽然上述第一笔分录假设期初留存的内部交易存货能够在当期全部外部化，但是实际业务中存货可能仍然没有彻底对外出售，我们需要针对留存存货中的未实现内部交易损益予以调整。此时的调整分录编制为：

借：营业成本
　　贷：存货

上述会计分录的金额为期末留存内部交易存货中所包含的内部交易损益。

[例17-2]　接续[例17-1]，假设2×17年B公司将上一年度留存的存货再次出售1/2，售价为60万元，期末剩余1/4存货。

本题中A公司与B公司之间2×17年没有发生新的内部交易，但是对于2×16年顺流交易的结果需要进行跟进处理。

为了更好地展示合并工作底稿中期初留存内部交易存货的抵销处理，我们将相关的会计处理分成以下两方面：

（1）A、B公司个别报表层面的账务处理。

B公司对集团外企业出售1/2存货时：

借：银行存款　　　　　　　　　　　　　　60
　　贷：主营业务收入　　　　　　　　　　　　60
借：主营业务成本　　　　　　　　　　　　50
　　贷：库存商品　　　　　　　　　　　　　　50

上述B公司确认的销售业务属于对外出售，其销售收入无论是B公司个别财务报表还是集团合并财务报表都是认可的，因此对于其报表上的营业收入数据无需再调整，但是B公司的营业成本是站在自身当初从A公司采购存货的成本立场上得来，需要进行抵销处理。

（2）A公司合并工作底稿会计处理。

① 假设期初留存的内部交易存货当年全部对外出售：

借：年初未分配利润　　　　　　　　　　　15
　　贷：营业成本　　　　　　　　　　　　　　15

② 年末仍留有1/4存货时的调整：

借：营业成本　　　　　　　　　　　　　　5
　　贷：存货　　　　　　　　　　　　　　　　5

A公司在根据上述两笔分录对导入合并工作底稿中的母子公司个别财务报表数据抵销处理后，即可得出用于填列在2×17年年末合并财务报表上的报表数据。对于合并工作底稿的编制过程，我们简略展示如表17-2所示。

表 17-2　合并工作底稿(简表)

2×17 年 12 月 31 日　　　　　　　　　　　　　　　　　单位:万元

项目	A 公司	B 公司	调整/抵销分录 借方	调整/抵销分录 贷方	合并金额
(资产负债表项目)					
……					
存货		25		5	20
……					
(利润表项目)					
营业收入		60			60
营业成本		50	5	15	40
……					
营业利润		10			20
……					
净利润		10			20
(所有者权益变动表项目)					
年初未分配利润	20	5	15		10
……					
年末未分配利润	20	15	20	15	30

我们需要再次强调的是,上述介绍的内部存货交易抵销分录具有通用性,不仅适用于母子公司之间的顺流交易,还适用于母子公司之间的逆流交易,甚至集团内子公司之间发生的内部存货交易抵销也需要编制上述会计分录。只是对于逆流交易和子公司之间的内部交易抵销而言,除了编制上述抵销分录外还需要增加额外的会计处理,具体请参见本节后续内容。

▶▶ 二、所得税因素的引入

以上我们介绍了内部存货顺流交易的抵销处理,在学习逆流交易和子公司之间内部交易抵销处理之前,我们先要引入所得税因素问题。在我们之前的例题中刻意回避了所得税因素的影响,但实际上在合并财务报表编制过程中所得税因素的引入会使得报表的编制更为复杂。

《企业会计准则第 18 号——所得税》规定企业应当采用资产负债表债务法进行所得税的会计处理。理论上来讲,这里的资产负债表既可以是(母子公司的)个别资产负债表也可是集团的合并资产负债表,对此准则没有任何限制。由于母子公司个别资产负债表和集团合并资产负债表的会计主体分别是母子公司个体和集团,所以同样的资产或负债在这两类资产负债表上的账面价值有可能不同,但是它们的计税基础却只能有一个版本。这就导致合并工作底稿中可能会出现递延所得税的发生、转回或抵销。

[**例 17-3**] 沿用[例 17-1]和[例 17-2],但考虑所得税因素。

本题业务中引入所得税因素对 A、B 公司的个别财务报表数据没有任何影响,我们主要将 A 公司 2×16 年和 2×17 年合并工作底稿中的会计处理归纳如下:

(1) 2×16 年合并工作底稿会计处理。

① 原有抵销分录:

  借:营业收入   100
    贷:营业成本   100
  借:营业成本   15
    贷:存货   15

② 新增所得税分录:

B 公司期末留存 3/4 的存货没有对外出售,这批存货在 B 公司的个别资产负债表上按照 $100×3/4=75$ 万元列示,站在税法角度因为这笔交易是 A、B 公司之间的合法交易且开具了增值税专用发票,所以这批存货的计税基础也等于 75 万元。因此,关于这批留存存货在 B 公司的个别资产负债表上不会产生暂时性差异。但是,在合并资产负债表看来,这批存货只不过是从 A 公司搬到了 B 公司,没有发生实质性的增值,所以这批存货在合并资产负债表上应该按照 $80×3/4=60$ 万元列示,与计税基础 75 万元相比就产生了 15 万元的可抵扣暂时性差异,需要在合并工作底稿中确认递延所得税资产,具体会计分录如下:

  借:递延所得税资产   3.75(15×25%)
    贷:所得税费用   3.75

A 公司在根据上述分录对导入合并工作底稿中的母子公司个别财务报表数据抵销处理后,即可得出用于填列在 2×16 年年末合并财务报表上的报表数据。对于合并工作底稿的编制过程,我们简略展示如表 17-3 所示。

表 17-3 合并工作底稿(简表)

2×16 年 12 月 31 日   单位:万元

项目	A 公司	B 公司	调整/抵销分录		合并金额
			借方	贷方	
(资产负债表项目)					
……					
存货		75		15	60
递延所得税资产			3.75		3.75
……					
(利润表项目)					
营业收入	100	30	100		30
营业成本	80	25	15	100	20
……					
营业利润	20	5			10

续表

项目	A公司	B公司	调整/抵销分录		合并金额
			借方	贷方	
所得税费用				3.75	-3.75
净利润	20	5			13.75
（所有者权益变动表项目）					
年初未分配利润	0	0			0
……					
年末未分配利润	20	5	115	103.75	13.75

（2）2×17年合并工作底稿会计处理。

① 原有抵销分录：

借：年初未分配利润　　　　　　　　　　15
　　贷：营业成本　　　　　　　　　　　　　　15

借：营业成本　　　　　　　　　　　　　5
　　贷：存货　　　　　　　　　　　　　　　　5

② 新增所得税分录：

通过前述对2×16年合并工作底稿中会计分录的分析，我们可知B公司的个别财务报表上并未出现递延所得税资产，所谓的递延所得税资产3.75万元只是出现在集团合并财务报表上，因此为了保持合并财务报表数据的连续性，我们必须将2×16年合并工作底稿中的递延所得税资产重复编写如下：

借：递延所得税资产　　　　　　　3.75（15×25%）
　　贷：年初未分配利润　　　　　　　　　　3.75

但是2×17年上述存货又出售了1/2，存货的出售势必导致暂时性差异的转回，为了体现这一过程，我们需要在2×17年合并工作底稿中新增以下会计分录：

借：所得税费用　　　　　　　　2.5（10×25%）
　　贷：递延所得税资产　　　　　　　　　　2.5

A公司在根据上述分录对导入合并工作底稿中的母子公司个别财务报表数据抵销处理后，即可得出用于填列在2×17年年末合并财务报表上的报表数据。对于合并工作底稿的编制过程，我们简略展示如表17-4所示。

表17-4　合并工作底稿（简表）

2×17年12月31日　　　　　　　　　　　　　　　　　　　　　单位：万元

项目	A公司	B公司	调整/抵销分录		合并金额
			借方	贷方	
（资产负债表项目）					
……					
存货		25		5	20

续表

项目	A公司	B公司	调整/抵销分录 借方	调整/抵销分录 贷方	合并金额
递延所得税资产			3.75	2.5	1.25
……					
（利润表项目）					
营业收入		60			60
营业成本		50	5	15	40
……					
营业利润		10			20
所得税费用			2.5		2.5
净利润		10			17.5
（所有者权益变动表项目）					
年初未分配利润	20	5	15	3.75	13.75
……					
年末未分配利润	20	15	22.5	18.75	31.25

三、逆流交易特有的抵销分录

所谓的顺流、逆流交易主要是针对投资方和被投资方之间发生的交易而界定的,既可以发生在权益法核算的投资方(合营方、联营方)和被投资方(合营企业、联营企业)之间,也可以发生在集团内的投资方(母公司)和被投资方(子公司)之间。2014年2月发布并于同年7月1日开始实施的修订后《企业会计准则第2号——长期股权投资》和《企业会计准则第33号——合并财务报表》分别对权益法下的顺流、逆流和集团内的顺流、逆流作出如下规定：

（1）权益法下的顺流、逆流的规定。修订后《企业会计准则第2号——长期股权投资》第13条规定：投资方计算确认应享有或应分担被投资单位的净损益时,与联营企业、合营企业之间发生的未实现内部交易损益按照应享有的比例计算归属于投资方的部分,应当予以抵销,在此基础上确认投资收益。

（2）集团内顺流、逆流的规定。修订后《企业会计准则第33号——合并财务报表》第36条规定：母公司向子公司出售资产所发生的未实现内部交易损益,应当全额抵销"归属于母公司所有者的净利润"。子公司向母公司出售资产所发生的未实现内部交易损益,应当按照母公司对该子公司的分配比例在"归属于母公司所有者的净利润"和"少数股东损益"之间分配抵销。

从上述准则的规定可以看出权益法下的顺流和逆流交易抵销的会计处理相互之间是没有区别的,但是集团内顺流交易的抵销却与逆流交易的抵销有所区别。

上述区别具体表现为,我们在对集团内逆流交易进行抵销处理时,除了编写之前介绍的基本抵销分录外,还需要按照少数股东分摊的未实现内部交易损益编制以下特有抵销分录：

借：少数股东权益
　　贷：少数股东损益

[例17-4] 沿用[例17-1]、[例17-2]和[例17-3]，但假设商品是由 B 公司销售给 A 公司，A 公司负责将存货对外出售。

本题业务中将 A、B 公司之间的顺流交易改为逆流交易，只是交换了两者账簿中的会计处理，我们主要将 A 公司 2×16 年和 2×17 年合并工作底稿中的会计处理归纳如下：

（1）2×16 年合并工作底稿会计处理。

① 原有抵销分录：

借：营业收入　　　　　　　　　　　100
　　贷：营业成本　　　　　　　　　　　100
借：营业成本　　　　　　　　　　　15
　　贷：存货　　　　　　　　　　　　　15
借：递延所得税资产　　3.75(15×25%)
　　贷：所得税费用　　　　　　　　　3.75

② 新增逆流交易特有抵销分录：

借：少数股东权益　　2.25[15×(1−25%)×20%]
　　贷：少数股东损益　　　　　　　　2.25

（2）2×17 年合并工作底稿会计处理。

① 原有抵销分录：

借：年初未分配利润　　　　　　　　15
　　贷：营业成本　　　　　　　　　　　15
借：营业成本　　　　　　　　　　　5
　　贷：存货　　　　　　　　　　　　　5
借：递延所得税资产　　3.75(15×25%)
　　贷：年初未分配利润　　　　　　　3.75
借：所得税费用　　　　2.5(10×25%)
　　贷：递延所得税资产　　　　　　　2.5

② 新增逆流交易特有抵销分录：

借：少数股东权益　　2.25[15×(1−25%)×20%]
　　贷：年初未分配利润　　　　　　　2.25
借：少数股东损益　　1.5[10×(1−25%)×20%]
　　贷：少数股东权益　　　　　　　　1.5

在实际编制合并财务报表过程中，面临逆流交易时是否一定要编制上述特有抵销分录其实有两种方法：

第一种方法，在合并工作底稿中将母公司对子公司股权投资从成本法转为权益法确认投资收益时不对逆流、顺流交易做任何调整，但在抵销内部逆流交易时除了编制基本抵销分录外还需编制上述特有抵销分录。

第二种方法，在合并工作底稿中将母公司对子公司股权投资从成本法转为权益法确认投资收益时只对逆流交易(不对顺流交易)做调整,但在抵销内部逆流交易时只须编制基本抵销分录而无须再编制上述特有抵销分录。

以上两种方法对合并财务报表的最终影响是完全一致的,没有本质区别,且只是针对集团内部逆流交易。两种方法的具体应用参见[例17-5]。

[例17-5] 沿用上一章的[例16-6]基本数据资料,另外假设B公司2×16年向A公司出售一批商品,该批存货成本为80万元,售价为100万元。A公司当年对外出售了1/4存货,售价30万元。不考虑所得税以外的其他税收因素。

本题的目的在于比较上述两种方法,旨在说明两者对合并财务报表的最终影响是完全一致的,对于A、B公司账簿以及合并工作底稿中的相同分录不再赘述。

第一种方法中调整后的B公司净利润 = 3 000 - (50 - 12.5) - (50 - 12.5) + (10 - 2.5) = 2 932.5(万元)

第二种方法中调整后的B公司净利润 = 3 000 - (50 - 12.5) - (50 - 12.5) + (10 - 2.5) - (100 - 80) × (1 - 25%) × 3/4 = 2 921.25(万元)

上述两种方法中,前者没有考虑逆流交易对B公司净利润调整的影响,后者则在调整B公司净利润时考虑了逆流交易的影响。表面上看两种方法最后计算得到的调整后B公司净利润存在明显差异,但是如果考虑了以下逆流交易抵销分录的不同做法时,其实这两种方法对合并财务报表的最终影响是一致的。我们将两种方法下调整和抵销分录的主要区别归纳如表17-5所示,对于其他会计分录则简略。

表17-5 两种方法调整和抵销分录的差异比较(简表)

2×16年12月31日 单位:万元

会计处理	第一种方法	第二种方法
母公司对子公司长期股权投资从成本法转为权益法	借:长期股权投资　2 932.5×80% 　贷:投资收益　2 346	借:长期股权投资　2 921.25×80% 　贷:投资收益　2 337
内部逆流交易抵销	借:营业收入　100 　贷:营业成本　100 借:营业成本　15 　贷:存货　15 借:递延所得税资产　3.75 　贷:所得税费用　3.75 借:少数股东权益　2.25 　贷:少数股东损益　2.25	借:营业收入　100 　贷:营业成本　100 借:营业成本　15 　贷:存货　15 借:递延所得税资产　3.75 　贷:所得税费用　3.75
投资和权益的抵销	借:股本　8 000 　资本公积　2 330 　其他综合收益　1500 　盈余公积　1 000 　未分配利润　4 732.5 　商誉　236 　贷:长期股权投资　14 286 　　少数股东权益　3 512.5	借:股本　8 000 　资本公积　2 330 　其他综合收益　1 500 　盈余公积　1 000 　未分配利润　4 721.25 　商誉　236 　贷:长期股权投资　14 277 　　少数股东权益　3 510.25

续表

会计处理	第一种方法	第二种方法
投资收益的抵销	借：投资收益　　　　　　2 346 　　少数股东损益　　　　 586.5 　　年初未分配利润　　　3 000 　贷：提取盈余公积　　　　 200 　　　向股东分配利润　　1 000 　　　年末未分配利润　4 732.5	借：投资收益　　　　　　2 337 　　少数股东损益　　　　584.25 　　年初未分配利润　　　3 000 　贷：提取盈余公积　　　　 200 　　　向股东分配利润　　1 000 　　　年末未分配利润　4 721.25

根据表17-5的结论显示，两种方法下合并财务报表上的各个报表项目对外列示的金额都是完全一致的，例如："少数股东权益"项目的金额是3 512.5 - 2.25 = 3 510.25万元，"少数股东损益"项目的金额是586.5 - 2.25 = 584.25万元。关于"长期股权投资"和"投资收益"项目虽然在两种方法下确认的金额都不相同，但是考虑到这两项在合并工作底稿中都是需要全部抵销的，所以结果还是一致的。

另外，表面上看上述两种方法中确认的"未分配利润"分别为4 732.5万元和4 721.25万元，其实最终列示在合并财务报表上的"未分配利润"项目金额都是21 937万元，完全一致。我们将表17-5中的会计分录加入上一章的[例16-6]中的表16-22后摘录部分如表17-6(第一种方法)和表17-7(第二种方法)所示，请大家比较这两张表格中最后一行的"未分配利润"项目数据是否一致。

表17-6　第一种方法下的合并工作底稿(简表)

2×16年12月31日　　　　　　　　　　　　　　　　　　　　单位：万元

项目	A公司	B公司	调整/抵销分录		少数股东权益	合并金额
……						
利润表						
一、营业收入	29 000	16 400	100			45 300
减：营业成本	13 000	9 100	65	100		22 065
营业税金及附加	1 200	700				1 900
销售费用	3 100	2 300				5 400
管理费用	1 200	840	50			2 090
财务费用	800	320				1 120
资产减值损失	300	40		10		330
加：公允价值变动损益(损失以"-"号填列)	0	0				0
投资收益(损失以"-"号填列)	2 600	400	2 346	1 546		2 200
二、营业利润(亏损以"-"号填列)	12 000	3 500	<u>2 561</u>	<u>1 656</u>		14 595
加：营业外收入	500	150				650

续表

项目	A公司	B公司	调整/抵销分录		少数股东权益	合并金额
减:营业外支出	200	50				250
三、利润总额(亏损总额以"-"号填列)	12 300	3 600	2 561	1 656		14 995
减:所得税费用	1 800	600	2.5	28.75		2 373.75
四、净利润(净亏损以"-"号填列)	10 500	3 000	2 563.5	1 684.75		12 621.25
归属于母公司股东的净利润						12 037
少数股东损益					584.25	584.25
五、其他综合收益的税后净额	600	300				900
六、综合收益总额	11 100	3 300	2 563.5	1 684.75		13 521.25
归属于母公司股东的综合收益总额						12 877
归属于少数股东的综合收益总额						644.25
所有者权益变动表						
一、年初未分配利润	15 000	3 000	3 000			15 000
二、本年增加金额	10 500	3 000				12 037
三、本年减少金额						
利润分配:						
1. 提取盈余公积	600	200		200		600
2. 对股东的分配	4 500	1 000		1 000		4 500
四、年末未分配利润	20 400	4 800	4 732.5 10 296	4 732.5 7 617.25	584.25	21 937*

注：*21 937 = 20 400 + 4 800 + (7 617.25 - 10 296) - 584.25

表17-7　第二种方法下的合并工作底稿(简表)

2×16年12月31日　　　　　　　　　　　　　　　　　　　　　　　　单位:万元

项目	A公司	B公司	调整/抵销分录		少数股东权益	合并金额
……						
利润表						
一、营业收入	29 000	16 400	100			45 300
减:营业成本	13 000	9 100	65	100		22 065
营业税金及附加	1 200	700				1 900
销售费用	3 100	2 300				5 400
管理费用	1 200	840	50			2 090

续表

项目	A公司	B公司	调整/抵销分录		少数股东权益	合并金额
财务费用	800	320				1 120
资产减值损失	300	40		10		330
加:公允价值变动损益(损失以"-"号填列)	0	0				0
投资收益(损失以"-"号填列)	2 600	400	2 337	1 537		2 200
二、营业利润(亏损以"-"号填列)	12 000	3 500	2 552	1 647		14 595
加:营业外收入	500	150				650
减:营业外支出	200	50				250
三、利润总额(亏损总额以"-"号填列)	12 300	3 600	2 552	1 647		14 995
减:所得税费用	1 800	600	2.5	28.75		2 373.75
四、净利润(净亏损以"-"号填列)	10 500	3 000	2 554.5	1 675.75		12 621.25
归属于母公司股东的净利润						12 037
少数股东损益					584.25	584.25
五、其他综合收益的税后净额	600	300				900
六、综合收益总额	11 100	3 300	2 554.5	1 675.75		13 521.25
归属于母公司股东的综合收益总额						12 877
归属于少数股东的综合收益总额						644.25
所有者权益变动表						
一、年初未分配利润	15 000	3 000	3 000			15 000
二、本年增加金额	10 500	3 000				12 037
三、本年减少金额						
利润分配:						
1. 提取盈余公积	600	200		200		600
2. 对股东的分配	4 500	1 000		1 000		4 500
四、年末未分配利润	20 400	4 800	4 721.5 10 276	4 721.5 7 597.25	584.25	21 937*

注:*21 937 = 20 400 + 4 800 + (7 597.25 - 10 276) - 584.25

四、子公司之间交易特有的抵销分录

修订后《企业会计准则第33号——合并财务报表》第36条规定:子公司之间出售资产

所发生的未实现内部交易损益,应当按照母公司对出售方子公司的分配比例在"归属于母公司所有者的净利润"和"少数股东损益"之间分配抵销。

上述规定表明,在集团内子公司之间发生内部交易时,除了编制基本抵销分录外,也需要按照母公司对出售方子公司的分配比例(持股比例)分摊的未实现内部交易损益编制以下特有抵销分录:

借:少数股东权益
　　贷:少数股东损益

[例 17-6] 假设 A 公司和 B 公司均为 P 公司的子公司,其中 P 公司持有 A 公司 80%股权,持有 B 公司 70%股权。A 公司 2×16 年向 B 公司出售一批商品,该批存货成本为 80 万元,售价为 100 万元。B 公司当年对外出售了 1/4 存货,售价 30 万元。不考虑所得税以外的其他税收因素。

本题属于子公司之间的内部存货交易抵销,在 P 公司当年编制的合并工作底稿中关于此项内部交易的抵销分录如下:

(1) 基本抵销分录:

借:营业收入　　　　　　　　　　100
　　贷:营业成本　　　　　　　　　　100
借:营业成本　　　　　　　　　　15
　　贷:存货　　　　　　　　　　　　15
借:递延所得税资产　　　　　3.75(15×25%)
　　贷:所得税费用　　　　　　　　　3.75

(2) 特有抵销分录:

借:少数股东权益　　2.25[15×(1−25%)×20%]
　　贷:少数股东损益　　　　　　　　2.25

[例 17-7] 沿用[例 17-6]的资料,但假设商品是由 B 公司销售给 A 公司,A 公司负责将存货对外出售。

本题的基本数据与[例 17-6]一致,且均是子公司之间发生内部交易,但是商品的销售方向从 A 公司销售商品给 B 公司改为 B 公司销售商品给 A 公司。根据现行会计准则的规定,无论是[例 17-6]还是[例 17-7],所涉及的内部交易都需要抵销,两题在基本抵销分录方面完全一致,只是在特有抵销分录方面不同,具体会计分录如下:

(1) 基本抵销分录:

借:营业收入　　　　　　　　　　100
　　贷:营业成本　　　　　　　　　　100
借:营业成本　　　　　　　　　　15
　　贷:存货　　　　　　　　　　　　15
借:递延所得税资产　　　　　3.75(15×25%)
　　贷:所得税费用　　　　　　　　　3.75

(2) 特有抵销分录:

借:少数股东权益　　3.375[15×(1−25%)×30%]

  贷：少数股东损益   3.375

五、存货减值因素的引入

  根据《企业会计准则第1号——存货》的规定，资产负债表日存货应当按照成本与可变现净值孰低计量。同一批存货无论是站在个别财务报表角度还是合并财务报表角度计算得到的可变现净值应该是一致的，但是不同报表角度的成本数据可能不同。所以同一批存货在个别财务报表和合并财务报表层面减值测试的结果可能存在差异，这时就需要我们在合并工作底稿中进行调整或抵销。

  [例17-8] 沿用[例17-1]，假设B公司期末留存的内部交易存货可变现净值为70万元。

  （1）B公司个别财务报表层面。

  本题中B公司从A公司购入的全部存货成本为100万元，因此期末留存存货的成本为$100 \times 3/4 = 75$万元，相比于可变现净值70万元而言，这批存货在B公司角度发生了减值，因此B公司计提了存货跌价准备，具体会计分录为：

  ① 计提存货跌价准备：
    借：资产减值损失   5
      贷：存货跌价准备   5

  ② 确认递延所得税资产：

  上述存货跌价准备的计提在B公司个别资产负债表层面产生了可抵扣暂时性差异，需要确认递延所得税资产。

    借：递延所得税资产 $1.25(5 \times 25\%)$
      贷：所得税费用   1.25

  （2）A公司合并工作底稿会计处理。

  对于集团来说，B公司期末留存存货的实际成本为$80 \times 3/4 = 60$万元＜可变现净值70万元，因此存货没有发生减值，对于B公司导入合并工作底稿的存货跌价准备和递延所得税资产都应该予以抵销，具体会计分录为：

  ① 抵销B公司计提的存货跌价准备：
    借：存货——存货跌价准备   5
      贷：资产减值损失   5

  ② 抵销B公司确认的递延所得税资产：
    借：所得税费用   1.25
      贷：递延所得税资产   1.25

  [例17-9] 沿用[例17-1]，假设B公司期末留存的内部交易存货可变现净值为55万元。

  本题与[例17-8]的区别在于，B公司期末留存的内部交易存货在合并财务报表角度也发生了减值，只是减值的程度与B公司个别财务报表层面确认的减值有所不同。

  （1）B公司个别财务报表层面。

本题中 B 公司从 A 公司购入的全部存货成本为 100 万元,因此期末留存存货的成本为 $100 \times 3/4 = 75$ 万元,相比于可变现净值 55 万元而言,这批存货在 B 公司角度发生了减值,因此 B 公司计提了存货跌价准备,具体会计分录为:

① 计提存货跌价准备:

借:资产减值损失　　　　　　　　　　　　20
　　贷:存货跌价准备　　　　　　　　　　　　　20

② 确认递延所得税资产:

上述存货跌价准备的计提在 B 公司个别资产负债表层面产生了可抵扣暂时性差异,需要确认递延所得税资产。

借:递延所得税资产　　　　　　　　5($20 \times 25\%$)
　　贷:所得税费用　　　　　　　　　　　　　　5

(2) A 公司合并工作底稿会计处理。

对于集团来说,B 公司期末留存存货的实际成本为 $80 \times 3/4 = 60$ 万元 > 可变现净值 55 万元,因此即便是站在集团角度这批存货也发生了减值,只是由于减值金额只有 5 万元,因此还是需要对 B 公司导入合并工作底稿的存货跌价准备和递延所得税资产进行部分抵销,具体会计分录为:

(1) 抵销 B 公司多计提的存货跌价准备:

借:存货——存货跌价准备　　　　　　　　15
　　贷:资产减值损失　　　　　　　　　　　　　15

(2) 抵销 B 公司多确认的递延所得税资产:

借:所得税费用　　　　　　　　　3.75($15 \times 25\%$)
　　贷:递延所得税资产　　　　　　　　　　　　3.75

第三节　内部债权债务的抵销

▶▶ 一、内部债权债务的处理思路

我们这里所讲的内部债权债务是指集团内部母子公司之间或子公司之间因内部交易形成的债权债务关系,常见的业务内容包括:(1)应收账款与应付账款;(2)应收票据与应付票据;(3)应收股利与应付股利;(4)预收账款与预付账款;(5)其他应收款与其他应付款等。由于集团合并财务报表上的数据应该反映的是集团成员(母公司或子公司)与集团外企业发生业务往来所形成的经济结果,因此对于上述内部债权债务应当予以抵销。考虑到上述业务中,应收账款和应付账款的抵销较为复杂,本节以其为例介绍内部债权债务抵销的会计处理。

二、内部应收应付账款抵销的会计处理

内部应收应付账款抵销的难点在于坏账准备的抵销,正因为内部应收账款需要予以抵销,因此为其计提的坏账准备的抵销也是势在必然了。但是集团内部成员间的应收应付账款金额是动态变化的,债权方的坏账准备可能随着应收账款的增减而发生计提或转回等业务,导致合并工作底稿中对其抵销处理也日渐复杂。我们把应收应付账款及其坏账准备的抵销归类为基本抵销分录,在此基础上再引入所得税因素的考虑。

（一）基本抵销分录

1. 内部应收应付账款账面余额的抵销

对于内部应收应付账款账面余额需要直接抵销,具体会计分录为:

借：应付账款
　　贷：应收账款

2. 当年计提坏账准备的抵销

既然集团不认可内部交易产生的应收应付账款,那么为此计提的坏账准备也需要抵销。如果债权方当年新计提了坏账准备,则编制以下抵销分录:

借：应收账款——坏账准备
　　贷：资产减值损失

3. 往年计提坏账准备的抵销

为了保持合并财务报表数据的连续性,对于上年合并工作底稿中针对计提坏账准备的抵销分录需要重复编写为:

借：应收账款——坏账准备
　　贷：年初未分配利润

4. 当年转回坏账准备的抵销

无论应收应付账款增加或减少,对于剩余部分都需要予以抵销。所以即便因为当年应收账款减少而导致债权方转回坏账准备,也需要反向抵销,具体会计分录为:

借：资产减值损失
　　贷：应收账款——坏账准备

5. 往年转回坏账准备的抵销

同样为了保持合并财务报表数据的连续性,对于上年合并工作底稿中针对转回坏账准备的抵销分录需要重复编写为:

借：年初未分配利润
　　贷：应收账款——坏账准备

（二）所得税因素的引入

坏账准备的计提或转回会导致债权方个别财务报表层面出现递延所得税资产,对于内部应收账款形成的递延所得税资产也需要予以抵销。

1. 当年计提坏账准备产生递延所得税资产的抵销

对于债权方当年因为计提坏账准备产生的递延所得税资产分录需要反向抵销,具体会

计分录如下:

  借:所得税费用
    贷:递延所得税资产

2. 往年计提坏账准备产生递延所得税资产的抵销

为了保持合并财务报表数据的连续性,对于上年合并工作底稿中针对计提坏账准备产生递延所得税资产的抵销分录需要重复编写为:

  借:年初未分配利润
    贷:递延所得税资产

3. 当年因转回坏账准备而转回递延所得税资产的抵销

债权方期末根据应收账款余额减少转回坏账准备,导致可抵扣暂时性差异减少,由此债权方需要编制递延所得税资产的转回分录,但是对于集团来说转回分录同样需要抵销,具体会计分录为:

  借:递延所得税资产
    贷:所得税费用

4. 往年因转回坏账准备而转回递延所得税资产的抵销

同样为了保持合并财务报表数据的连续性,对于上年合并工作底稿中针对转回坏账准备而转回递延所得税资产的抵销分录需要重复编写为:

  借:递延所得税资产
    贷:年初未分配利润

(三) 逆流交易特有的抵销分录

修订后《企业会计准则第33号——合并财务报表》第36条对母子公司之间逆流交易抵销处理的规定,既适用于内部存货交易也适用于内部债权债务交易。

也就是说我们在对集团内部逆流交易产生的债权债务进行抵销处理时,除了编写之前介绍的基本抵销分录外,还需要按照少数股东分摊的未实现内部交易损益编制以下特有抵销分录:

  借:少数股东损益
    贷:少数股东权益

[例17-10] 假设A公司持有B公司80%股权,2×16年A公司因为向B公司出售商品形成应收账款100万元,至年末B公司尚未归还欠款。A公司采用应收账款余额百分比法计提坏账准备,计提比例为10%。假设考虑所得税因素,税率为25%。假设不考虑坏账因素。

本题涉及A、B公司之间内部债权债务的抵销以及A公司当年计提坏账准备的抵销。为了更好地展示合并工作底稿中当年内部债权债务的抵销处理,我们将相关的会计处理分成以下两方面:

(1) A公司个别报表层面的账务处理。

① 计提坏账准备时:

  借:资产减值损失   10(100×10%)

  贷：坏账准备   10

② 确认递延所得税资产：

  上述坏账准备的计提在 A 公司个别资产负债表层面产生了可抵扣暂时性差异，需要确认递延所得税资产。

  借：递延所得税资产   2.5(10×25%)
   贷：所得税费用   2.5

（2）A 公司合并工作底稿会计处理。

① 内部应收应付账款账面余额的抵销：

  借：应付账款   100
   贷：应收账款   100

② 当年计提坏账准备的抵销：

  借：应收账款——坏账准备   10
   贷：资产减值损失   10

③ 当年计提坏账准备产生递延所得税资产的抵销：

  借：所得税费用   2.5
   贷：递延所得税资产   2.5

  母公司在根据上述分录对导入合并工作底稿中的 A、B 公司个别财务报表数据抵销处理后，即可得出用于填列在 2×16 年年末合并财务报表上的报表数据。对于合并工作底稿的编制过程，我们简略展示如表 17-8 所示。

表 17-8 合并工作底稿（简表）

2×16 年 12 月 31 日   单位：万元

项目	A 公司	B 公司	调整/抵销分录 借方	调整/抵销分录 贷方	合并金额
（资产负债表项目）					
……					
应收账款	90		10	100	0
递延所得税资产	2.5			2.5	0
应付账款		100	100		0
……					
（利润表项目）					
……					
资产减值损失	10			10	0
……					
营业利润	-10				0
所得税费用	-2.5		2.5		0
净利润	-7.5				0

续表

项目	A 公司	B 公司	调整/抵销分录 借方	调整/抵销分录 贷方	合并金额
（所有者权益变动表项目）					
年初未分配利润	0				0
……					
年末未分配利润	-7.5		2.5	10	0

如果将本题中的债权债务关系对换，假设改为 B 公司因为向 A 公司出售商品形成应收账款 100 万元，其他数据都不变。则 A 公司合并工作底稿中的会计分录除了上述分录外，还须新增以下分录：

借：少数股东损益　　　1.5［10×(1-25%)×20%］
　贷：少数股东权益　　　　　　　　　　　　1.5

[例 17-11]　接续[例 17-10]，假设 2×17 年 A 公司对 B 公司的应收账款增至 120 万元，至年末 B 公司尚未归还欠款。假设不考虑坏账因素。

本题涉及 A、B 公司之间内部债权债务的抵销以及 A 公司前后两年计提坏账准备的抵销。为了更好地展示合并工作底稿中当年内部债权债务的抵销处理，我们将相关的会计处理分成以下两方面：

（1）A 公司个别报表层面的账务处理。

① 增加计提坏账准备时：

借：资产减值损失　　　2［(120-100)×10%］
　贷：坏账准备　　　　　　　　　　　　　　2

② 确认递延所得税资产：

上述坏账准备的追加计提在 A 公司个别资产负债表层面产生了新的可抵扣暂时性差异，需要追加确认递延所得税资产。

借：递延所得税资产　　　0.5(2×25%)
　贷：所得税费用　　　　　　　　　　　　　0.5

上述两笔会计分录编制完毕后，A 公司个别财务报表层面对 B 公司的应收账款累计计提了 12 万元的坏账准备，确认了 3 万元的递延所得税资产。

（2）A 公司合并工作底稿会计处理。

① 内部应收应付账款账面余额的抵销：

借：应付账款　　　　　　　　　　　　　　120
　贷：应收账款　　　　　　　　　　　　　　120

② 往年计提坏账准备的抵销：

借：应收账款——坏账准备　　　　　　　　10
　贷：年初未分配利润　　　　　　　　　　　10

③ 当年计提坏账准备的抵销：

借：应收账款——坏账准备　　　　　　　　2

贷：资产减值损失　　　　　　　　　　　　　　　　　　2

④ 往年计提坏账准备产生递延所得税资产的抵销：

　　借：年初未分配利润　　　　　　　　　　　　　　　　　2.5
　　　　贷：递延所得税资产　　　　　　　　　　　　　　　　2.5

⑤ 当年计提坏账准备产生递延所得税资产的抵销：

　　借：所得税费用　　　　　　　　　　　　　　　　　　　0.5
　　　　贷：递延所得税资产　　　　　　　　　　　　　　　　0.5

母公司在根据上述分录对导入合并工作底稿中的A、B公司个别财务报表数据抵销处理后,即可得出用于填列在2×17年年末合并财务报表上的报表数据。对于合并工作底稿的编制过程,我们简略展示如表17-9所示。

表17-9　合并工作底稿(简表)

2×17年12月31日　　　　　　　　　　　　　　　　　　　　　　　单位:万元

项目	A公司	B公司	调整/抵销分录		合并金额
			借方	贷方	
(资产负债表项目)					
……					
应收账款	108	12		120	0
递延所得税资产	3			3	0
应付账款		120	120		0
……					
(利润表项目)					
……					
资产减值损失	2			2	0
……					
营业利润	-2				0
所得税费用	-0.5		0.5		0
净利润	-1.5				0
(所有者权益变动表项目)					
年初未分配利润	-7.5		2.5	10	0
……					
年末未分配利润	-9		3	12	0

[**例17-12**]　接续[例17-10],假设2×17年A公司对B公司的应收账款减至80万元,至年末B公司尚未归还欠款。假设不考虑坏账因素。

本题涉及A、B公司之间内部债权债务的抵销以及A公司往年计提坏账准备的抵销和当年转回坏账准备的抵销。为了更好地展示合并工作底稿中当年内部债权债务的抵销处理,我们将相关的会计处理分成以下两方面:

(1) A 公司个别报表层面的账务处理。

① 转回计提坏账准备时：

借：坏账准备　　　　　　　2[(100-80)×10%]
　　贷：资产减值损失　　　　　　　　　　2

② 转回递延所得税资产：

上述坏账准备的转回在 A 公司个别资产负债表层面导致了可抵扣暂时性差异的减少，需要转回递延所得税资产。

借：所得税费用　　　　　　0.5[2×25%]
　　贷：递延所得税资产　　　　　　　　　0.5

上述两笔会计分录编制完毕后，A 公司个别财务报表层面对 B 公司的应收账款累计计提了 8 万元的坏账准备，确认了 2 万元的递延所得税资产。

(2) A 公司合并工作底稿会计处理。

① 内部应收应付账款账面余额的抵销：

借：应付账款　　　　　　　　80
　　贷：应收账款　　　　　　　　　　　　80

② 往年计提坏账准备的抵销：

借：应收账款——坏账准备　　10
　　贷：年初未分配利润　　　　　　　　　10

③ 当年转回坏账准备的抵销：

借：资产减值损失　　　　　　2
　　贷：应收账款——坏账准备　　　　　　2

④ 往年计提坏账准备产生递延所得税资产的抵销：

借：年初未分配利润　　　　　2.5
　　贷：递延所得税资产　　　　　　　　　2.5

⑤ 当年因转回坏账准备而转回递延所得税资产的抵销：

借：递延所得税资产　　　　　0.5
　　贷：所得税费用　　　　　　　　　　　0.5

母公司在根据上述分录对导入合并工作底稿中的 A、B 公司个别财务报表数据抵销处理后，即可得出用于填列在 2×17 年年末合并财务报表上的报表数据。对于合并工作底稿的编制过程，我们简略展示如表 17-10 所示。

表 17-10　合并工作底稿(简表)

2×17 年 12 月 31 日　　　　　　　　　　　　　　　　　单位：万元

项目	A 公司	B 公司	调整/抵销分录		合并金额
			借方	贷方	
(资产负债表项目)					
……					
应收账款	72		10	82	0

续表

项目	A公司	B公司	调整/抵销分录		合并金额
			借方	贷方	
递延所得税资产	2		0.5	2.5	0
应付账款		80	80		0
……					
(利润表项目)					
……					
资产减值损失	-2		2		0
……					
营业利润	2				0
所得税费用	0.5			0.5	0
净利润	1.5				0
(所有者权益变动表项目)					
年初未分配利润	-7.5		2.5	10	0
……					
年末未分配利润	-6		4.5	10.5	0

第四节 内部固定资产交易的抵销

一、基本抵销分录

本节我们将分别按照母子公司之间顺流、逆流以及子公司之间内部交易的顺序介绍内部固定资产交易的抵销。与之前介绍的内部存货交易抵销一样,内部固定资产交易的抵销处理中母子公司之间顺流交易的抵销分录具有通用性,即母子公司之间逆流交易和子公司之间交易的抵销也要遵循这几笔会计分录的编制,只不过它们需要在此基础上增加额外的会计处理。为此,我们将母子公司之间顺流交易的抵销分录称之为基本抵销分录。

关于内部固定资产交易通常有两种类型:第一种类型为内部交易的固定资产交易之前在卖方作为固定资产,买方购入后也作为固定资产;第二种类型为内部交易的固定资产交易之前在卖方作为存货,买方购入后作为固定资产。其实这两种内部固定资产交易的抵销处理基本一样,只是在内部交易当年的抵销分录略有区别。

内部交易固定资产抵销的复杂性在于固定资产交易后还要发生后续的折旧抵销以及固定资产将来清理时可能出现期满清理、超期清理或提前清理等诸多变数。以下我们介绍内部固定资产交易的基本抵销分录。另外,出于简化考虑,本节涉及的内部交易固定资产均假设为管理用固定资产,交易中固定资产的售价＞出售前账面价值。

（一）内部固定资产交易当年的抵销分录

1. 内部交易损益的抵销

（1）固定资产交易之前在卖方作为固定资产,买方购入后也作为固定资产。

  借：营业外收入
   贷：固定资产——原价

卖方因为交易中固定资产的售价＞出售前账面价值,导致其个别利润表中确认了营业外收入,在集团看来这部分内部交易损益在"外部化"之前是不能出现在合并利润表上的。而(管理用)固定资产的外部化与本章第二节的内部存货交易的外部化不同,前者是指通过计提折旧的方式实现外部化,后者则是通过对外出售的方式实现外部化。

买方按照实际成交价对购入的固定资产入账,但是在集团看来其中存在的内部交易损益使得固定资产原价金额高估,需要抵销。此外这种高估会直接导致买方在固定资产持有期间高估折旧,导致后续期间要对多计提的折旧进行抵销处理。

（2）固定资产交易之前在卖方作为存货,买方购入后作为固定资产。

  借：营业收入
   贷：营业成本
     固定资产——原价

上述分录的编制原理与(1)相同,只不过由于此处假设卖方在固定资产出售前将其作为存货归类,因此需要抵销其个别利润表中的营业收入和营业成本。

2. 当年多计提折旧金额的抵销

由于我们假设交易中固定资产的售价＞出售前账面价值,因此导致买方在交易当年即可能存在高估折旧的情况,对于多计提的折旧我们需要予以抵销,具体会计分录如下：

  借：固定资产——累计折旧
   贷：管理费用

[例17-13] 假设 A 公司持有 B 公司80%股权,A 公司 2×16 年 6 月向 B 公司出售一件商品,该件商品成本为 90 万元,售价为 120 万元。B 公司购入后将其作为管理用固定资产,假设采用年限平均法计提折旧,预计剩余寿命为 3 年,无残值。本题不考虑税收因素。

本题中 A 公司与 B 公司之间发生的内部固定资产交易属于顺流交易,在 A 公司编制 2×16 年合并财务报表时需要予以抵销。

为了更好地展示合并工作底稿中当年内部固定资产交易的抵销处理,我们将相关的会计处理分成以下两方面：

（1）A、B 公司个别报表层面的账务处理。

① A 公司当年向 B 公司出售固定资产时：

  借：银行存款   120
   贷：主营业务收入   120
  借：主营业务成本   90
   贷：库存商品   90

上述销售业务使得 A 公司个别利润表中确认了 120 万元的营业收入和 90 万元的营业成本。但对于集团来说,这件商品只是从 A 公司搬到了 B 公司,所谓的营业收入和营业成本属于内部交易的结果,不能出现在合并利润表上,在之后的合并工作底稿中需要予以抵销。

② B 公司购入固定资产并计提当年折旧。

借:固定资产　　　　　　　　　　　　120
　　贷:银行存款　　　　　　　　　　　　120
借:管理费用　　　　　　　　　　　　20 = 120/3 × 6/12
　　贷:累计折旧　　　　　　　　　　　　20

(2) A 公司合并工作底稿会计处理。

在集团看来,B 公司将实际价值只有 90 万元的商品按照 120 万元划分为固定资产,使得资产的金额高估,对于高估部分需要予以抵销。此外,B 公司按照 120 万元的基数计提折旧,对于多计提的折旧也应该一并抵销。

① 抵销当年内部交易损益:

借:营业收入　　　　　　　　　　　　120
　　贷:营业成本　　　　　　　　　　　　90
　　　　固定资产——原价　　　　　　　　30

② 当年多计提折旧金额的抵销:

借:固定资产——累计折旧　　　　　　5(30/3 × 6/12)
　　贷:管理费用　　　　　　　　　　　　5

A 公司在根据上述两笔分录对导入合并工作底稿中的母子公司个别财务报表数据抵销处理后,即可得出用于填列在 2×16 年年末合并财务报表上的报表数据。对于合并工作底稿的编制过程,我们简略展示如表 17-11 所示。

表 17-11　合并工作底稿(简表)

2×16 年 12 月 31 日　　　　　　　　　　　　　　　　　　　　　　　　单位:万元

项目	A 公司	B 公司	调整/抵销分录		合并金额
			借方	贷方	
(资产负债表项目)					
……					
固定资产		100	5	30	75
……					
(利润表项目)					
营业收入	120		120		0
营业成本	90			90	0
管理费用		20		5	15
……					
营业利润	30	−20			−15
……					

续表

项目	A公司	B公司	调整/抵销分录		合并金额
			借方	贷方	
净利润	30	−20			−15
（所有者权益变动表项目）					
年初未分配利润	0	0			0
……					
年末未分配利润	30	−20	120	95	−15

（二）内部固定资产交易以后年度至处置前的抵销分录

1. 需要重复编写的部分

为了保持合并财务报表数据的连续性，我们需要将前期在合并工作底稿中编制的抵销分录重复编写如下：

借：年初未分配利润
　　贷：固定资产——原价
借：固定资产——累计折旧
　　贷：年初未分配利润

需要指出的是，上述第二笔分录中的金额应当为内部交易当年至上期期末为止累计多计提的折旧金额。

2. 当年多计提折旧金额的抵销

借：固定资产——累计折旧
　　贷：管理费用

该分录的编制原理与前述相同，不再赘述。

[例17-14] 接续[例17-13]，编制2×17年和2×18年A公司合并工作底稿中相关会计分录。

为了更好地展示合并工作底稿中关于内部固定资产交易的抵销处理，我们将相关的会计处理分成以下两方面：

（1）2×17年度会计处理。

① B公司个别报表层面的账务处理：

B公司计提当年折旧：

借：管理费用　　　　　　　　　　　　　　40 = 120/3
　　贷：累计折旧　　　　　　　　　　　　　　　40

② A公司合并工作底稿会计处理：

a 需要重复编写的部分：

为了保持合并财务报表数据的连续性，A公司需要将前期在合并工作底稿中编制的抵销分录重复编写如下：

借：年初未分配利润　　　　　　　　　　30（120 − 90）
　　贷：固定资产——原价　　　　　　　　　　　30

　　　　借：固定资产——累计折旧　　　　　　　　　5
　　　　　贷：年初未分配利润　　　　　　　　　　　5
　　b 当年多计提折旧金额的抵销：
　　　　借：固定资产——累计折旧　　　　　　　　10（30/3）
　　　　　贷：管理费用　　　　　　　　　　　　　10

A 公司在根据上述分录对导入合并工作底稿中的母子公司个别财务报表数据抵销处理后，即可得出用于填列在 2×17 年年末合并财务报表上的报表数据。对于合并工作底稿的编制过程，我们简略展示如表 17-12 所示。

表17-12　合并工作底稿（简表）

2×17 年 12 月 31 日　　　　　　　　　　　　　　　　　　单位：万元

项目	A 公司	B 公司	调整/抵销分录		合并金额
			借方	贷方	
（资产负债表项目）					
……					
固定资产		60	15	30	45
……					
（利润表项目）					
管理费用		40		10	30
……					
营业利润		−40			−30
……					
净利润		−40			−30
（所有者权益变动表项目）					
年初未分配利润	30	−20	30	5	−15
……					
年末未分配利润	30	−60	30	15	−45

（2）2×18 年度会计处理。

① B 公司个别报表层面的账务处理：

B 公司计提当年折旧：

　　　　借：管理费用　　　　　　　　　　　　　40（120/3）
　　　　　贷：累计折旧　　　　　　　　　　　　40

② A 公司合并工作底稿会计处理：

a 需要重复编写的部分：

为了保持合并财务报表数据的连续性，A 公司需要将前期在合并工作底稿中编制的抵销分录重复编写如下：

　　　　借：年初未分配利润　　　　　　　　　　30（120−90）
　　　　　贷：固定资产——原价　　　　　　　　30

借：固定资产——累计折旧　　　　　　　　　　　　　15
　　贷：年初未分配利润　　　　　　　　　　　　　　　　　15
b 当年多计提折旧金额的抵销：
借：固定资产——累计折旧　　　　　　　　　　　10(30/3)
　　贷：管理费用　　　　　　　　　　　　　　　　　　　　10

A 公司在根据上述分录对导入合并工作底稿中的母子公司个别财务报表数据抵销处理后，即可得出用于填列在 2×18 年年末合并财务报表上的报表数据。对于合并工作底稿的编制过程，我们简略展示如表 17-13 所示。

表 17-13　合并工作底稿(简表)

2×18 年 12 月 31 日　　　　　　　　　　　　　　　　　　　　　单位：万元

项目	A 公司	B 公司	调整/抵销分录		合并金额
			借方	贷方	
(资产负债表项目)					
……					
固定资产		20	25	30	15
……					
(利润表项目)					
管理费用		40		10	30
……					
营业利润		-40			-30
……					
净利润		-40			-30
(所有者权益变动表项目)					
年初未分配利润	30	-60	30	15	-45
……					
年末未分配利润	30	-100	30	25	-75

(三)内部固定资产交易期满当年的抵销分录

固定资产清理时可能出现三种情形，分别为期满清理、超期清理和提前清理。出于简化考虑，假设固定资产清理时产生正收益。以下分别介绍其会计处理：

1. 期满清理

固定资产期满清理当年年末编制合并财务报表时，由于合并财务报表中已不存在之前内部交易的固定资产，所以但凡涉及固定资产项目(包括原价和累计折旧)的调整或抵销一律计入清理净收益(营业外收入)。具体会计分录为：

(1) 需要重复编写的部分。

为了保持合并财务报表数据的连续性，我们需要将期满以前年度在合并工作底稿中编制的抵销分录重复编写如下：

借：年初未分配利润
　　贷：营业外收入
借：营业外收入
　　贷：年初未分配利润

上述两笔分录中的"营业外收入"分别代替"固定资产——原价"和"固定资产——累计折旧"。

（2）期满当年多计提折旧金额的抵销。

借：营业外收入
　　贷：管理费用

该分录中"营业外收入"代替"固定资产——累计折旧"，分录编制原理与前述相同，不再赘述。另外，如果固定资产期满清理时无残值，则上述会计分录（1）和（2）中的营业外收入借贷方合计金额相等。

[**例 17-15**] 接续[例 17-14]，假设上述内部交易固定资产在 2×19 年按期清理，清理净收益为 10 万元。

本题中固定资产的折旧期间为 2×16 年 7 月—2×19 年 6 月。假设该项固定资产正好到期报废。为了更好地展示合并工作底稿中内部固定资产交易的抵销处理，我们将相关的会计处理分成以下两方面：

（1）B 公司个别报表层面的账务处理。

B 公司计提当年折旧：

借：管理费用	20（120/3×6/12）	
贷：累计折旧		20

（2）A 公司合并工作底稿会计处理。

① 需要重复编写的部分：

借：年初未分配利润	30	
贷：营业外收入		30
借：营业外收入	25	
贷：年初未分配利润		25

② 期满当年多计提折旧金额的抵销：

借：营业外收入	5（30/3×6/12）	
贷：管理费用		5

A 公司在根据上述分录对导入合并工作底稿中的母子公司个别财务报表数据抵销处理后，即可得出用于填列在 2×19 年年末合并财务报表上的报表数据。对于合并工作底稿的编制过程，我们简略展示如表 17-14 所示。

表 17-14 合并工作底稿(简表)

2×19 年 12 月 31 日　　　　　　　　　　　　　　　　　　　单位:万元

项目	A 公司	B 公司	调整/抵销分录 借方	调整/抵销分录 贷方	合并金额
(资产负债表项目)					
……					
(利润表项目)					
管理费用		20		5	15
……					
营业利润		−20			−15
……					
营业外收入		10	30	30	10
……					
净利润		−10			−5
(所有者权益变动表项目)					
年初未分配利润	30	−100	30	25	−75
……					
年末未分配利润	30	−110	60	60	−80

2. 超期清理

固定资产期满未报废而超期使用的,其合并工作底稿中的抵销处理分为两步:

第一步:原定期满当年的会计处理。

当年年末编制合并财务报表时,合并财务报表中原内部交易的固定资产虽然账面价值为 0,但是毕竟其仍未报废,实体依旧存在。所以抵销分录中仍然允许使用固定资产项目。

(1) 需要重复编写的部分:

为了保持合并财务报表数据的连续性,我们需要将原定期满以前年度在合并工作底稿中编制的抵销分录重复编写如下:

　　借:年初未分配利润
　　　　贷:固定资产——原价
　　借:固定资产——累计折旧
　　　　贷:年初未分配利润

(2) 期满当年多计提折旧金额的抵销:

　　借:固定资产——累计折旧
　　　　贷:管理费用

第二步:期满以后年度的会计处理。

当我们将上述第一步的抵销分录重复编制时,会计分录编写如下:

　　借:年初未分配利润
　　　　贷:固定资产——原价

借：固定资产——累计折旧
　　贷：年初未分配利润

（1）假设固定资产无残值：

由于固定资产已提满折旧，所以当固定资产无残值时，上述两笔分录金额相等，可以合并清零，因此无需再编制抵销分录。

（2）假设固定资产有残值：

如果固定资产有残值存在，则将上述两笔分录合并编写即可。

[**例 17-16**]　接续[例 17-14]，假设上述内部交易固定资产在 2×19 年期末仍可以使用尚未清理。

为了更好地展示合并工作底稿中内部固定资产交易的抵销处理，我们将相关的会计处理分成以下两方面：

（1）B 公司个别报表层面的账务处理。

B 公司计提当年折旧：

　　借：管理费用　　　　　　　　20（120/3×6/12）
　　　　贷：累计折旧　　　　　　　　　　　　20

（2）A 公司合并工作底稿会计处理。

① 需要重复编写的部分：

　　借：年初未分配利润　　　　　　30
　　　　贷：固定资产——原价　　　　　　30
　　借：固定资产——累计折旧　　　25
　　　　贷：年初未分配利润　　　　　　　25

② 期满当年多计提折旧金额的抵销：

　　借：固定资产——累计折旧　　　5（30/3×6/12）
　　　　贷：管理费用　　　　　　　　　　　5

A 公司在根据上述分录对导入合并工作底稿中的母子公司个别财务报表数据抵销处理后，即可得出用于填列在 2×19 年年末合并财务报表上的报表数据。对于合并工作底稿的编制过程，我们简略展示如表 17-15 所示。

表 17-15　合并工作底稿（简表）

2×19 年 12 月 31 日　　　　　　　　　　　　　　　　　　单位：万元

项目	A 公司	B 公司	调整/抵销分录 借方	调整/抵销分录 贷方	合并金额
（资产负债表项目）					
……					
固定资产			30	30	0
……					
（利润表项目）					
管理费用		20		5	15

续表

项目	A公司	B公司	调整/抵销分录 借方	调整/抵销分录 贷方	合并金额
……					
营业利润		−20			−15
……					
净利润		−20			−15
（所有者权益变动表项目）					
年初未分配利润	30	−100	30	25	−75
……					
年末未分配利润	30	−120	30	30	−90

本题中固定资产提满折旧后账面价值为0,2×19年度以后,如果该固定资产仍超期使用,无需再编制新的抵销分录。

3. 提前清理

所谓提前清理并不一定是指固定资产提前报废,也可能是对外出售。固定资产提前清理当年年末编制合并财务报表时,与前述"期满清理"情形一样,由于合并财务报表中已不存在之前内部交易的固定资产,所以但凡涉及固定资产项目(包括原价和累计折旧)的调整或抵销一律计入清理净收益(营业外收入)。具体会计分录为:

(1)需要重复编写的部分。

为了保持合并财务报表数据的连续性,我们需要将提前清理以前年度在合并工作底稿中编制的抵销分录重复编写如下:

借：年初未分配利润
　　贷：营业外收入
借：营业外收入
　　贷：年初未分配利润

上述两笔分录中的"营业外收入"分别代替"固定资产——原价"和"固定资产——累计折旧"。

(2)提前清理当年多计提折旧金额的抵销。

借：营业外收入
　　贷：管理费用

该分录中"营业外收入"代替"固定资产——累计折旧",分录编制原理与前述相同,不再赘述。另外,由于固定资产是提前清理,所以上述会计分录(1)和(2)中的营业外收入借贷方合计金额不相等。

[例17-17] 接续[例17-14],假设上述内部交易固定资产在2×19年3月末提前清理,清理净收益为15万元。

为了更好地展示合并工作底稿中内部固定资产交易的抵销处理,我们将相关的会计处理分成以下两方面：

(1) B 公司个别报表层面的账务处理。

B 公司计提当年折旧：

借：管理费用　　　　　　　　　10（120/3×3/12）
　　贷：累计折旧　　　　　　　　　　　　　10

(2) A 公司合并工作底稿会计处理。

① 需要重复编写的部分：

借：年初未分配利润　　　　　　30
　　贷：营业外收入　　　　　　　　　　　30
借：营业外收入　　　　　　　　25
　　贷：年初未分配利润　　　　　　　　　25

② 期满当年多计提折旧金额的抵销：

借：营业外收入　　　　　　　　2.5（30/3×3/12）
　　贷：管理费用　　　　　　　　　　　　2.5

A 公司在根据上述分录对导入合并工作底稿中的母子公司个别财务报表数据抵销处理后，即可得出用于填列在 2×19 年年末合并财务报表上的报表数据。对于合并工作底稿的编制过程，我们简略展示如表 17-16 所示。

表 17-16　合并工作底稿（简表）

2×19 年 12 月 31 日　　　　　　　　　　　　　　　　　　　单位：万元

项目	A 公司	B 公司	调整/抵销分录		合并金额
			借方	贷方	
（资产负债表项目）					
……					
（利润表项目）					
管理费用		10		2.5	7.5
……					
营业利润		−10			−7.5
……					
营业外收入	15	27.5	30		17.5
……					
净利润		5			10
（所有者权益变动表项目）					
年初未分配利润	30	−100	30	25	−75
……					
年末未分配利润	30	−95	57.5	57.5	−65

二、所得税因素的引入

与之前的内部存货交易一样,内部固定资产交易抵销的会计处理中引入所得税因素时需要关注同样的固定资产在集团成员个别财务报表和集团合并财务报表上的账面价值可能不一致,但是它们的计税基础却只能有一个版本。这就导致合并工作底稿中可能会出现递延所得税的发生、转回或抵销。

[例17-18] 沿用[例17-13]和[例17-14],但考虑所得税因素。

原题中内部交易固定资产的折旧期间为2×16年7月—2×19年6月。我们出于简化起见,只分析2×16年和2×17年两年中引入所得税因素时合并工作底稿中的相关会计分录,剩余年份不再赘述。

（1）2×16年度会计处理。

① 原有抵销分录：

借：营业收入　　　　　　　　　　　120
　　贷：营业成本　　　　　　　　　　　90
　　　　固定资产——原价　　　　　　　30
借：固定资产——累计折旧　　5(30/3×6/12)
　　贷：管理费用　　　　　　　　　　　5

② 新增所得税分录：

B公司期末持有的内部交易固定资产在其个别财务报表上按照120 − 120/3×6/12 = 100万元列示,站在税法角度因为这笔交易是A、B公司之间的合法交易且承担纳税义务,所以这项固定资产的计税基础也等于100万元,在B公司的个别资产负债表上不会产生暂时性差异。但是,在合并资产负债表看来,这项固定资产只不过是从A公司搬到了B公司,没有发生实质性的增值,所以这项固定资产在合并资产负债表上应该按照90 − 90/3×6/12 = 75万元列示,与计税基础100万元相比就产生了25万元的可抵扣暂时性差异,需要在合并工作底稿中确认递延所得税资产,具体会计分录如下：

借：递延所得税资产　　　　　6.25(25×25%)
　　贷：所得税费用　　　　　　　　　　6.25

A公司在根据上述分录对导入合并工作底稿中的母子公司个别财务报表数据抵销处理后,即可得出用于填列在2×16年年末合并财务报表上的报表数据。对于合并工作底稿的编制过程,我们将[例17-13]中的表17-11修改如表17-17所示。

表17-17　合并工作底稿(简表)

2×16年12月31日　　　　　　　　　　　　　　　　　　　　　单位:万元

项目	A公司	B公司	调整/抵销分录		合并金额
			借方	贷方	
(资产负债表项目)					
……					
固定资产		100	5	30	75

续表

项目	A公司	B公司	调整/抵销分录 借方	调整/抵销分录 贷方	合并金额
递延所得税资产			6.25		6.25
……					
（利润表项目）					
营业收入	120		120		0
营业成本	90			90	0
管理费用		20		5	15
……					
营业利润	30	−20			−15
……					
所得税费用				6.25	−6.25
净利润	30	−20			−8.75
（所有者权益变动表项目）					
年初未分配利润	0	0			0
……					
年末未分配利润	30	−20	120	101.25	−8.75

（2）2×17年度会计处理。

① 原有抵销分录：

借：年初未分配利润　　　　　　　　　　30（120−90）
　　　贷：固定资产——原价　　　　　　　　　　　30
借：固定资产——累计折旧　　　　　　　5
　　　贷：年初未分配利润　　　　　　　　　　　　5
借：固定资产——累计折旧　　　　　　　10（30/3）
　　　贷：管理费用　　　　　　　　　　　　　　　10

② 新增所得税分录：

通过前述对2×16年合并工作底稿中会计分录的分析，我们可知B公司的个别财务报表上并未出现递延所得税资产，所谓的递延所得税资产6.25万元只是出现在集团合并财务报表上，因此为了保持合并财务报表数据的连续性，我们必须将2×16年合并工作底稿中的递延所得税资产重复编写如下：

借：递延所得税资产　　　　　　6.25（25×25%）
　　　贷：年初未分配利润　　　　　　　　　　　6.25

但是2×17年上述固定资产又计提了一年的折旧，折旧的计提势必导致暂时性差异的转回，为了体现这一过程，我们需要在2×17年合并工作底稿中新增以下会计分录：

借：所得税费用　　　　　　　　2.5（10×25%）
　　　贷：递延所得税资产　　　　　　　　　　　2.5

A公司在根据上述分录对导入合并工作底稿中的母子公司个别财务报表数据抵销处理

后,即可得出用于填列在 2×17 年年末合并财务报表上的报表数据。对于合并工作底稿的编制过程,我们将[例 17-14]中的表 17-12 修改如表 17-18 所示。

表 17-18 合并工作底稿(简表)

2×17 年 12 月 31 日　　　　　　　　　　　　　　　　　单位:万元

项目	A 公司	B 公司	调整/抵销分录 借方	调整/抵销分录 贷方	合并金额
(资产负债表项目)					
……					
固定资产		60	15	30	45
递延所得税资产			6.25	2.5	3.75
……					
(利润表项目)					
管理费用		40		10	30
……					
营业利润		-40			-30
……					
所得税费用			2.5		2.5
净利润		-40			-32.5
(所有者权益变动表项目)					
年初未分配利润	30	-20	30	11.25	-8.75
……					
年末未分配利润	30	-60	32.5	21.25	-41.25

▶▶ 三、逆流交易特有的抵销分录

修订后《企业会计准则第 33 号——合并财务报表》第 36 条对母子公司之间逆流交易抵销处理的规定,既适用于内部存货交易也适用于内部固定资产交易。

也就是说我们在对集团内部固定资产逆流交易进行抵销处理时,除了编写之前介绍的基本抵销分录外,还需要按照少股股东分摊的未实现内部交易损益编制以下特有抵销分录:

借:少数股东权益
　　贷:少数股东损益

[例 17-19] 沿用[例 17-13]和[例 17-18],但假设商品是由 B 公司销售给 A 公司,A 公司购入该商品后划分为管理用固定资产并计提折旧。

本题业务中将 A、B 公司之间的顺流交易改为逆流交易,只是交换了两者账簿中的会计处理,我们主要将 A 公司 2×16 年和 2×17 年合并工作底稿中的会计处理归纳如下:

(1) 2×16 年合并工作底稿会计处理。

① 原有抵销分录:

借:营业收入　　　　　　　　　　　　　　　　　　　　　120

贷：营业成本　　　　　　　　　　　　　　　　　　　90
　　　　　固定资产——原价　　　　　　　　　　　　　　30
　　借：固定资产——累计折旧　　5（30/3×6/12）
　　　贷：管理费用　　　　　　　　　　　　　　　　　　　 5
　　借：递延所得税资产　　　　　6.25（25×25%）
　　　贷：所得税费用　　　　　　　　　　　　　　　　　6.25
② 新增逆流交易特有抵销分录：
　　借：少数股东权益　　3.75[25×(1-25%)×20%]
　　　贷：少数股东损益　　　　　　　　　　　　　　　　3.75

(2) 2×17年合并工作底稿会计处理。
① 原有抵销分录：
　　借：年初未分配利润　　　　　30（120-90）
　　　贷：固定资产——原价　　　　　　　　　　　　　　30
　　借：固定资产——累计折旧　　5
　　　贷：年初未分配利润　　　　　　　　　　　　　　　　5
　　借：固定资产——累计折旧　　10（30/3）
　　　贷：管理费用　　　　　　　　　　　　　　　　　　　10
　　借：递延所得税资产　　　　　6.25（25×25%）
　　　贷：年初未分配利润　　　　　　　　　　　　　　　6.25
　　借：所得税费用　　　　　　　2.5（10×25%）
　　　贷：递延所得税资产　　　　　　　　　　　　　　　 2.5
② 新增逆流交易特有抵销分录：
　　借：少数股东权益　　3.75[25×(1-25%)×20%]
　　　贷：年初未分配利润　　　　　　　　　　　　　　　3.75
　　借：少数股东损益　　1.5[10×(1-25%)×20%]
　　　贷：少数股东权益　　　　　　　　　　　　　　　　 1.5

▶▶ 四、子公司之间交易特有的抵销分录

　　修订后《企业会计准则第33号——合并财务报表》第36条对子公司之间内部交易抵销处理的规定,既适用于内部存货交易也适用于内部固定资产交易。
　　也就是说在集团内子公司之间发生内部交易时,除了编制基本抵销分录外,还需要按照母公司对出售方子公司的分配比例（持股比例）分摊的未实现内部交易损益编制以下特有抵销分录：
　　借：少数股东权益
　　　贷：少数股东损益

第五节　内部无形资产交易的抵销

一、基本抵销分录

本节我们将分别按照母子公司之间顺流、逆流以及子公司之间内部交易的顺序介绍内部无形资产交易的抵销。与之前介绍的内部存货交易抵销一样，内部无形资产交易的抵销处理中母子公司之间顺流交易的抵销分录具有通用性，即母子公司之间逆流交易和子公司之间交易的抵销也要遵循这几笔会计分录的编制，只不过它们需要在此基础上增加额外的会计处理。为此，我们将母子公司之间顺流交易的抵销分录称之为基本抵销分录。

由于无形资产和固定资产的会计处理非常相似，前者需要摊销，后者需要折旧。因此，在处理内部无形资产交易抵销时，我们一般可以效仿固定资产的做法。另外，出于简化考虑，假设内部交易中无形资产的售价＞出售前账面价值，即产生正收益。

与内部固定资产交易抵销处理相似，内部无形资产交易的抵销处理可分为三个阶段，我们将其归纳如下。因其原理与固定资产抵销相似，本节不再举例，此处我们只归纳抵销分录，推导原理请参考上一节的相关分录。

（一）内部无形资产交易当年的抵销分录

1. 内部交易损益的抵销

　　借：营业外收入
　　　　贷：无形资产——原价

2. 当年多摊销金额的抵销

　　借：无形资产——累计摊销
　　　　贷：管理费用

（二）内部无形资产交易以后年度至摊销期满的抵销分录

1. 需要重复编写的部分

为了保持合并财务报表数据的连续性，我们需要将前期在合并工作底稿中编制的抵销分录重复编写如下：

　　借：年初未分配利润
　　　　贷：无形资产——原价
　　借：无形资产——累计摊销
　　　　贷：年初未分配利润

需要指出的是，上述第二笔分录中的金额应当为内部交易当年至上期期末为止累计多摊销的金额。

2. 当年多摊销金额的抵销

　　借：无形资产——累计摊销

贷：管理费用

当无形资产摊销期满且无残值时,上述三笔分录中无形资产借贷方合计金额相等。

二、逆流交易特有的抵销分录

修订后《企业会计准则第33号——合并财务报表》第36条对母子公司之间逆流交易抵销处理的规定,既适用于内部存货交易也适用于内部无形资产交易。

也就是说我们在对集团内部无形资产逆流交易进行抵销处理时,除了编写之前介绍的基本抵销分录外,还需要按照少股股东分摊的未实现内部交易损益编制以下特有抵销分录:

　　借：少数股东权益
　　　　贷：少数股东损益

三、子公司之间交易特有的抵销分录

修订后《企业会计准则第33号——合并财务报表》第36条对子公司之间内部交易抵销处理的规定,既适用于内部存货交易也适用于内部无形资产交易。

也就是说在集团内子公司之间发生内部交易时,除了编制基本抵销分录外,还需要按照母公司对出售方子公司的分配比例(持股比例)分摊的未实现内部交易损益编制以下特有抵销分录:

　　借：少数股东权益
　　　　贷：少数股东损益

本节内容与固定资产相似,故而不再举例介绍。但是大家需要注意无形资产摊销和固定资产折旧在起止时间方面存在的差异对抵销分录金额的影响。例如:[例17-13]中如果我们把原题改为无形资产交易,那么B公司是从当年6月就开始摊销了。

本章小结

本章所讲的内部交易抵销是指发生在集团成员之间(包括母子公司和子公司之间)的买卖交易以及由此形成的债权债务交易的抵销。对于整个集团来说,成员之间的内部交易无法出现在合并财务报表上,需要予以抵销。

内部存货交易、内部固定资产交易和内部无形资产交易的抵销处理均分为基本抵销分录和特有抵销分录。前者表示任何交易情形下都需要编制的抵销分录,而后者表示母子公司之间逆流交易或子公司之间交易时才需要编制的抵销分录。

内部债权债务抵销(以应收应付账款为例)要注意抵销债权债务时引起的坏账准备和递延所得税处理的连锁反应。

【思考题】

1. 内部存货交易的基本抵销分录有哪些？逆流交易和子公司之间交易的特有抵销分录如何编写？
2. 内部固定资产交易的基本抵销分录有哪些？逆流交易和子公司之间交易的特有抵销分录如何编写？
3. 内部无形资产交易的基本抵销分录有哪些？逆流交易和子公司之间交易的特有抵销分录如何编写？
4. 内部应收应付账款的基本抵销分录有哪些？

【自测题】

1. 甲公司和乙公司系同一集团内的两家公司，两者所得税税率均为25%。

（1）2×16年乙公司从甲公司购进A商品400件，购买价格为每件2万元。甲公司A商品每件成本为1.5万元。当年乙公司对外销售A商品300件，每件销售价格为2.2万元；年末结存A商品100件。年末，A商品每件可变现净值为1.8万元；乙公司对A商品计提存货跌价准备20万元。

（2）2×17年乙公司对外销售A商品20件，每件销售价格为1.8万元。年末，乙公司年末存货中包括从甲公司购进的A商品80件，A商品每件可变现净值为1.4万元。A商品存货跌价准备的期末余额为48万元。

要求：分以下两种情形编制内部存货交易抵销分录。

（1）甲公司是乙公司的母公司，持股比例80%；

（2）乙公司是甲公司的母公司，持股比例70%。

2. 甲公司和乙公司系同一集团内的两家公司，因为双方之间的内部交易，甲公司账上长期保持对乙公司的应收账款。具体数据如下：

甲公司账簿数据

期末	应收账款——乙公司	坏账准备——乙公司
1	150	15
2	200	20
3	240	24
4	220	22
5	300	30

要求：分以下两种情形编制上述连续5个期间内内部债权债务的抵销分录，包括递延所得税的相关分录。

（1）甲公司是乙公司的母公司，持股比例80%；

（2）乙公司是甲公司的母公司，持股比例70%。

主要参考文献

[1] 常勋.高级财务会计[M].沈阳:辽宁人民出版社,1995.
[2] 财政部.企业会计准则第7号——非货币性资产交换[M].北京:经济科学出版社,2006.
[3] 财政部.企业会计准则第11号——股份支付[M].北京:经济科学出版社,2006.
[4] 财政部.企业会计准则第12号——债务重组[M].北京:经济科学出版社,2006.
[5] 财政部.企业会计准则第18号——所得税[M].北京:经济科学出版社,2006.
[6] 财政部.企业会计准则第19号——外币折算[M].北京:经济科学出版社,2006.
[7] 财政部.企业会计准则第21号——租赁[M].北京:经济科学出版社,2006.
[8] 财政部.企业会计准则第22号——金融工具确认与计量[M].北京:经济科学出版社,2006.
[9] 财政部.企业会计准则第24号——套期保值[M].北京:经济科学出版社,2006.
[10] 财政部.企业会计准则第33号——合并财务报表[M].北京:经济科学出版社,2006.
[11] 财政部.企业会计准则第37号——金融工具列报[M].北京:经济科学出版社,2006.
[12] 财政部会计司编写组.企业会计准则讲解[M].北京:人民出版社,2010.
[13] 陈玲娣,花爱梅.高级财务会计理论与实务[M].北京:清华大学出版社,2011.
[14] 陈信元.高级财务会计[M].上海:上海财经大学出版社,2005.
[15] 陈玉菁,薛跃.高级财务会计[M].上海:华东师范大学出版社,2013.
[16] 程明娥,孙灿明.高级财务会计[M].北京:中国农业大学出版社,2008.
[17] 戴德明.高级财务会计学[M].北京:高等教育出版社,2011.
[18] 邓小洋.高级财务会计学[M].上海:立信会计出版社,2013.
[19] 杜兴强.高级财务会计学[M].厦门:厦门大学出版社,2007.
[20] 高天宏,苏强.高级财务会计[M].北京:经济科学出版社,2013.
[21] 耿建新,张天西.高级会计学[M],北京:经济科学出版社,2000.
[22] 来明敏.高级财务会计[M].杭州:浙江大学出版社,2006.
[23] 李青,陈红.高级财务会计[M].北京:清华大学出版社,2011.
[24] 刘三昌,韩伟爱,刘胜强.高级财务会计[M].北京:清华大学出版社,2011.
[25] 刘永泽,傅荣.高级财务会计[M].大连:东北财经大学出版社,2016.
[26] 李现宗.高级财务会计学[M].北京:清华大学出版社,2013.

[27] 罗勇.高级财务会计[M].上海:立信会计出版社,2012.
[28] 彭晓洁.高级财务会计[M].大连:东北财经大学出版社,2015.
[29] 荣莉,彭晓洁.高级财务会计[M].北京:中国财政经济出版社,2013.
[30] 尚洪涛,王宛秋.高级财务会计[M].北京:清华大学出版社,2013.
[31] 石本仁.高级财务会计[M].北京:中国人民大学出版社,2011.
[32] 徐丽军,孙莉.高级财务会计[M].大连:东北财经大学出版社,2014.
[33] 汤湘希,王昌锐,谭艳艳.高级财务会计[M].北京:经济科学出版社,2013.
[34] 汤云为.高级财务会计[M].上海:上海三联书店,1995.
[35] 黄中生,路国平.高级财务会计[M].北京:高等教育出版社,2014.
[36] 王文彬,林钟高.高等会计学[M].上海:立信会计出版社,1995.
[37] 阎达五,耿建新,戴德明.高级会计学[M].北京:中国人民大学出版社,2002.
[38] 余国杰.高级财务会计[M].北京:科学出版社,2013.
[39] 张宏亮.高级财务会计[M].沈阳:辽宁大学出版社,2011.
[40] 张志英.高级财务会计[M].北京:对外经济贸易大学出版社,2012.
[41] 王竹泉,王苼,高芳.高级财务会计[M].大连:东北财经大学出版社,2014.
[42] 中国注册会计师协会.会计[M].北京:中国财政经济出版社,2017.